LE ROMAN D'HIER À DEMAIN

JEAN-YVES TADIÉ
BLANCHE CERQUIGLINI

LE ROMAN
D'HIER À DEMAIN

GALLIMARD

© Éditions Gallimard, 2012, pour la présente édition.

NOTE SUR L'ÉDITION

Cet ouvrage est composé de deux parties. La première, « Le roman au XXe siècle », a été achevée en 1990, à l'exception du chapitre sur le roman historique, qui date de 2011. Elle porte donc la marque de la perspective que l'on pouvait avoir à cette époque. La méthode consiste à classer par grands concepts les différents traits de ce genre littéraire, le roman, en juxtaposant les œuvres marquantes d'une période si riche, de Proust à Musil, de Joyce à Kafka, de Malraux à Woolf ou à Beckett. Les œuvres apparaissent ainsi moins comme des objets à décrire complètement que comme l'illustration d'une description générale. La seconde partie, « Le roman aujourd'hui », porte sur le roman français de 1990 à nos jours. La méthode n'est pas différente. Loin de tout palmarès, il s'agit de montrer les problèmes que pose le roman contemporain : sa manière de mettre en question l'Histoire, la société mais aussi la tradition littéraire. De même que la première partie espérait s'intéresser aux œuvres les plus novatrices, la seconde se consacre à un roman de recherche et non pas, malgré tous ses mérites, à « la grande convention littéraire », comme le disait Malraux des œuvres de divertissement.

C'est ainsi une histoire structurale du roman qui s'écrit, à la recherche des manières de penser le roman comme des manières dont pensent les romanciers dans le roman. Des structures qui demeurent, d'hier à demain.

JEAN-YVES TADIÉ
et BLANCHE CERQUIGLINI

LE ROMAN AU XXe SIÈCLE

JEAN-YVES TADIÉ

D'une affirmation à une négation

Toute civilisation, toute culture se détache sur un horizon religieux. Mais, si la religion se constitue autour d'un livre, s'y condense, s'y nourrit, s'y rassemble, s'y ressource, on ne peut comprendre l'Inde sans le Veda, la Chine sans Confucius, l'islam sans le Coran, le monde chrétien sans l'ensemble de la Bible, le monde juif sans la Torah. Ces structures profondes s'effacent au XXe siècle, ou plutôt se cachent, sous l'effet des progrès de l'incroyance, ou de l'indifférence. Mais, au-dessus de ces structures occultées, le monde littéraire crée d'autres livres matrices, qui, à leur tour, rayonnent, produisent d'innombrables enfants, servent de référence, même si on ne les lit pas. Ce n'est pas un jeu stérile que de se demander si la littérature anglophone ne culmine pas avec Joyce, l'autrichienne avec Musil et Broch, l'allemande avec Mann, Jünger et, si on l'y rattache, Kafka, la française avec Proust. Cependant, la littérature de notre temps parcourt un chemin qui va de la synthèse encyclopédique — dont même des écrivains un peu déclassés maintenant, comme Martin du Gard, Romains, donnent un ersatz — à l'éclatement, des grands sommets à l'air libre aux mille secrets du laboratoire de recherche. Superposons ces œuvres chocs, ces miracles, ces révolutions : il en jaillira des concepts, qui permettront de classer l'inclassé, ou l'inclassable, une carte, fût-elle aérienne, l'histoire d'une longue durée dans un grand espace. Qu'ont en commun ces œuvres où s'est incarnée un moment, où se cache peut-être encore, chère à Breton, la beauté « convulsive » ?

I
QUI PARLE ICI ?

Le roman au XXe siècle va d'une affirmation à une négation, d'une présence encombrante à une absence totale, d'un immense bruit à un silence quasi complet. Deux tendances semblent partager le genre au cours du siècle : l'une consiste à bousculer les conventions objectives de la fiction pour donner à la voix de l'auteur une extension proliférante ; l'autre abolit, au contraire, cette parole pour annoncer la mort de l'écrivain, et peut-être de l'écriture. Dans le premier cas, l'artiste tout-puissant préfère sa personne et sa fonction à son œuvre, ou, plutôt, l'œuvre est non une fin mais le moyen de construire, ou de détruire, sa personne : Gide, Genet, Céline ont édifié un mythe personnel qui domine leurs récits particuliers, leur survit. On trouverait sans peine des équivalents dans les autres arts : Picasso ne se résume dans aucun de ses tableaux, même pas dans *Les Demoiselles d'Avignon*, mais leur échappe, les surplombe, les brise ; dans chacune de ses images se marque la trace d'une main imprévisible, capricieuse et violente. Schönberg n'est pas l'auteur de *La Nuit transfigurée*, ni même de *Moïse et Aaron* : il est la musique moderne, et sa théorie. Le Corbusier n'a reçu de l'État français aucune commande officielle; on ne croit plus guère que sa « cité » soit « radieuse »; sa personnalité échappe à ses luxueuses villas pour rejoindre le paradis des génies incompris, à côté d'Orson Welles, d'Erich von Stroheim. Partout où une voix dépasse les œuvres singulières, dont aucune ne la contient tout entière, on retrouve cette apothéose de l'artiste, aboutissement de l'histoire de l'art et de la littérature au XIXe siècle.

Mais la différence avec Balzac ou Zola est que ceux-ci laissent un univers littéraire construit et clos. Leur voix ne vient pas couper la parole au Père Goriot, ni à Vautrin, ni à Eugène Rougon. Leurs romans sont polyphoniques, certes, mais la parole de l'auteur, fût-elle prêtée pour un instant à un personnage, Rastignac ou Daniel d'Arthez, ou le docteur Pascal, ne s'impose pas par-dessus les autres en brisant toutes les conventions sur lesquelles s'est édifié le roman réaliste. Balzac est derrière *La Comédie humaine*, Zola derrière *Les Rougon-Macquart*, non dedans. Même chez Stendhal, les intrusions de l'auteur ne brisent pas l'homogénéité d'un monde romanesque : l'Italie de *La Chartreuse de Parme*, la France de *Lucien Leuwen* n'en sont pas affaiblies. Il ne s'agit pas non plus d'autobiographie : les autobiographies existent *à côté* des romans, le *Journal du voleur* à côté de *Notre-Dame-des-Fleurs*, et même *Si le grain ne meurt* à côté des *Faux-Monnayeurs*. André Malraux a écrit un roman, *La Lutte avec l'ange* (1943), dont il a réutilisé les principaux chapitres dans ses *Antimémoires*. Cela ne suffit pas à transformer *La Lutte avec l'ange*, roman, en Mémoires : les chapitres réutilisés ont changé de forme, donc de sens. Mais ce processus confirme la présence de Malraux dans, dès, son roman — comme dans *Les Voix du silence*. Au XXe siècle, le montreur de marionnettes est sur la scène avec ses poupées : plus puissant qu'elles, il ne se cache plus et devient le centre du spectacle — comme Maurice Béjart parlant au milieu de ses ballets, art jusque-là muet. Il ne fait pas intrusion, comme au temps de Sterne, de Diderot, de Stendhal, il est Gulliver au milieu d'un peuple de nains. Pour reprendre le vocabulaire linguistique, l'énonciation envahit et perturbe l'énoncé, et le critique littéraire doit étudier cette poétique de l'énonciation[1].

La première personne du singulier envahit alors le roman, dès les premières lignes : « Seuls les jeunes gens connaissent de semblables moments. Je ne veux pas dire les tout jeunes gens » (J. Conrad, *La Ligne d'ombre*) ; « Ce mardi-là, je m'éveillai au moment sans âme et sans grâce où la nuit s'achève tandis que l'aube n'a pas encore pu naître » (W. Gombrowicz, *Ferdydurke*) ; « Je suis dans la chambre de ma mère. C'est moi qui y vis maintenant » (S. Beckett, *Molloy*) ; « Pour parler franc, là entre nous, je finis encore plus mal que j'ai commencé... Oh, j'ai pas très bien commencé... je suis né, je le répète, à Courbevoie, Seine... » (L.-F. Céline, *D'un château l'autre*). Ces débuts à la première personne sont-ils la voix de l'auteur ? Au premier abord, il semble que non. Il faudrait être aussi naïf, pour identifier le narrateur à l'auteur, que les spectateurs qui ont cru que le « train entrant en gare de La Ciotat », des frères Lumière, allait aussi entrer dans la salle. Il n'en reste pas moins que, si nous nous mettons à la place de l'auteur, le fait de dire « je » entraîne des avantages considérables. Il y a, entre le narrateur et l'auteur, une communauté de pensées momentanée, et, d'abord, l'ouverture à la pensée : c'est sans artifice que le lecteur, à son tour, pénétrera dans ce cerveau qui pense, qui discourt, dans ce corps qui souffre et qui agit. Même si « il » est autobiographique, comme celui de *Jean Santeuil*, roman écrit par Proust à la troisième personne, cette non-personne, cet objet du discours oppose une armure aux flèches de notre pénétration intellectuelle : « il » n'est ni moi, lecteur, ni lui, auteur, peut-être. Sur le « je », le soupçon pèse : n'est-ce pas l'auteur ? n'est-ce pas le lecteur ? La narration à la première personne impose la présence massive de l'auteur, même si le narrateur ne se confond pas avec l'écrivain. Celle-ci est d'abord vécue dans l'acte d'écrire — que l'on essaie d'écrire à la première personne, et l'on comprendra tout de suite ce qu'il faut *enlever* à ce « je » pour s'assurer qu'il est bien imaginaire — et retrouvée dans l'acte de lire. *Le Terrier*, de Kafka (« J'ai organisé mon terrier et il m'a l'air bien réussi »), tire une part de sa force claustrophobique d'enfermer l'auteur (qui, du reste, écrivait à Max Brod : « Très cher Max, je cours en tous sens ou bien je reste, assis, changé en pierre, comme devrait le faire un animal désespéré dans son terrier[2] ») et le lecteur dans le « je » narrateur. *La Métamorphose*, à la troisième personne, n'atteint pas à la même violence paranoïaque : le cancrelat est un autre, « il » est un autre.

Il y a des degrés dans l'identification entre l'auteur et le narrateur (comme entre le lecteur et le narrateur). Le degré le plus bas est celui où le personnage qui raconte est pourvu d'un nom et d'une personnalité, d'une biographie que presque tout oppose à ceux de l'auteur. « J'appartiens à l'une des plus vieilles familles d'Orsenna » : l'Aldo du *Rivage des Syrtes* n'est pas Julien Gracq, qui lui-même n'est peut-être pas Louis Poirier. Et pourtant, la deuxième phrase, « Je garde de mon enfance le souvenir d'années tranquilles, de calme et de plénitude... », rend tout à coup un son personnel. Et surtout, le narrateur est l'artisan du dernier exploit et de l'écroulement de la république d'Orsenna, comme Julien Gracq de ceux du roman. Le jeu avec la vie, la mort, l'amour, le pouvoir politique et militaire est un jeu personnel, une trace autobiographique de l'imaginaire. La première personne est un imaginaire vécu.

L'exemple de Proust, si souvent et si diversement interprété, fascine. Il y a longtemps qu'on a montré, sans toujours convaincre, que la biographie du Narrateur d'*À la recherche du temps perdu* n'est pas celle de Marcel Proust[3]. Les ressemblances entre événements de détail ne doivent pas faire oublier les différences. Celles-ci sont gommées lorsqu'on projette à tort toute la vie du Narrateur sur celle de Proust, par exemple pour diviser arbitrairement et dramatiquement la biographie de celui-ci en deux parties : une existence mondaine et oisive, puis une existence recluse, maladive et travailleuse, alors que, comme la publication des brouillons d'*À la recherche du temps perdu* le montre[4], Proust ne s'est interrompu d'écrire que durant la seule année 1906. En outre, la correspondance, notamment des années de guerre, prouve que Proust dînait en ville avec une grande fréquence jusqu'à la fin de sa vie et ne fait pas état de ses autres sorties, plus mystérieuses[5]. De même que l'émiettement des petits faits ne suffit pas à constituer une biographie, de même la comparaison, la ressemblance de menus événements n'engage pas la compréhension de la totalité. L'intervention du Narrateur, témoin et acteur central de l'intrigue, s'explique par une intervention de l'auteur qui n'est pas de l'ordre de l'autobiographie, ni du roman personnel : *Du côté de chez Swann* n'est ni *Si le grain ne meurt* ni *Adolphe*. La première personne permet à Proust d'utiliser le discours analytique, l'interprétation infinie, la lecture de l'essence sous les apparences, avec une liberté que le roman à la troisième personne ne lui aurait pas donnée : on ne sait plus que c'est lui qui parle, qui découvre lois psychologiques et métaphores, celles mêmes qu'un jeune héros aurait été bien en peine d'imaginer. L'énonciation envahit l'énoncé sans le détruire comme fiction, parce qu'elle est prêtée à un personnage imaginaire, qui pourtant dit « je ». On échappe ainsi au monde de l'essai, ou du roman à thèse. En outre, la première personne est proposée au lecteur comme un discours déjà préparé, un discours qu'il était incapable de prononcer jusqu'à ce que l'écrivain lui mette sous les yeux un texte rédigé. À son tour le lecteur, qui s'identifie, s'il le veut — mais peut-il y échapper ? —, au Narrateur, regarde, interprète, crée : double présence dans une seule personne, la première. L'invasion massive de l'auteur n'empêche pas celle du lecteur, au contraire, elle la permet. Si le « je » du *Rivage des Syrtes* représente le degré le plus éloigné de l'identification entre l'auteur et son personnage, celui de Proust représente l'étape intermédiaire où l'individu, la personne de l'auteur, la biographie comptent peu, mais où l'artiste qui se veut intemporel s'identifie avec non plus la vie, les aventures de son personnage, mais sa pensée, son esthétique. La référence est abstraite.

Dans une troisième étape, le héros-narrateur et le romancier ne font qu'un. Aucune règle, aucune intuition, aucun sentiment n'interdit à un roman de décrire le réel, fût-ce celui qu'a vécu, au-dedans et au-dehors, l'auteur. Céline a traversé trois époques, du *Voyage au bout de la nuit* à *Nord* : le premier de ses romans — le seul que Malraux appréciait, ne voyant dans les suivants que des redites[6] — a pour héros Bardamu (mais il est écrit à la première personne). *Mort à crédit* raconte l'enfance de Ferdinand, *Casse-Pipe* son expérience militaire, *Guignol's Band* sa vie à Londres : « *Casse-Pipe* et *Guignol's Band* constituent avec *Mort à crédit* le cycle de Ferdinand. Le héros-narrateur n'y est jamais désigné, surnoms mis à part, que par ce prénom qui est l'élément médian du nom de plume Louis-Ferdinand Céline et dont l'usage définit, entre le Bardamu de *Voyage au bout de la nuit* et le "Céline" des romans d'après 1944, une étape intermédiaire dans l'acheminement vers le roman-autobiographie auquel il aboutira[7]. » Dans les romans antérieurs à 1945, l'autobiographie se remplit d'imaginaire, de rêves, de fantastique ; après la guerre, Céline se borne à une histoire tristement limitée par l'Histoire et par la névrose : « Le symbole de Céline, c'est "Ayez pitié de moi" », dira Malraux[8], qui, cependant, lui reconnaît, et non à Sartre, une « voix ».

La première personne va ainsi de l'imaginaire au roman-autobiographie. Mais le récit à la troisième personne, auquel on peut certes accorder le bénéfice du doute, cache parfois mal la voix de l'auteur. Si *La Lutte avec l'ange* a pu alimenter les *Antimémoires*, c'est aussi parce que tous les romans de Malraux dérivent d'une expérience vécue, de l'imaginaire au réel. Le moins autobiographique de ses romans, *Le Temps du mépris*, est aussi le moins réussi, au point que l'auteur en interdit la réimpression. *La Voie royale* (qui dialogue avec *Les Voix du silence*) est inspiré de l'expérience indochinoise, où Claude est André. *Les Conquérants*, *La Condition humaine* viennent aussi du séjour en Asie, se calquent, dira Malraux, sur la forme du reportage et imposent, jusqu'à l'apparition de la biographie de Jean Lacouture, l'idée fausse que l'auteur a vécu les mouvements révolutionnaires chinois, qu'il en a été le héros. *L'Espoir*, enfin, où Manuel est le déguisement de l'écrivain, ne prend plus la peine de transformer la biographie, sans doute parce que Malraux a réellement joué, pendant la guerre d'Espagne, le rôle qu'il aurait aimé tenir pendant la Révolution chinoise. Lorsque le rêve coïncide avec la réalité, quel besoin a-t-on de fiction ? Il suffira de faire disparaître le nom de Vincent Berger pour que *Les Noyers de l'Altenburg* deviennent des chapitres du *Miroir des limbes*. Le héros, masque et visage de l'auteur, dialogue avec les révolutions politiques et militaires comme avec les révolutions artistiques des *Voix du silence* et de *La Métamorphose des dieux* : entre les fictions et les écrits sur l'art, il y a non pas rupture, mais continuité. L'artiste écrase ses œuvres et celle des autres, c'est pourquoi Malraux donne à la première, à la quatrième et à la cinquième partie des *Antimémoires* le titre de trois de ses romans, « Les noyers de l'Altenburg », « La voie royale », « La condition humaine ». C'est pourquoi aussi ces titres, qui figuraient dans l'édition « Blanche » Gallimard de 1967 et l'édition « Folio » de 1972, disparaissent dans celle de la « Bibliothèque de la Pléiade » de 1976.

De même, si la plupart des romans d'André Gide sont racontés à la première personne, sauf les deux plus longs, et pour certains les plus importants, *Les Caves du Vatican* et *Les Faux-Monnayeurs*, l'utilisation du journal intime dans le second (forme utilisée aussi dans *Paludes*, *La Porte étroite*, *La Symphonie pastorale*, *L'École des femmes*, avec une insistance que peu de romanciers auront mise, et dont on s'étonnerait davantage sans l'énorme *Journal* signé par Gide lui-même) modère l'effet de la narration à la troisième personne : « Édouard, a écrit Du Bos, est l'associé dans la bouche de qui Gide met tout ce dont il a envie que ce soit dit sans toutefois pour cela aller jusqu'à souhaiter le prendre à son propre compte[9]. » *Les Caves du Vatican*, au contraire, a d'abord été salué par Ramon Fernandez comme un roman d'aventures doublé de celui d'une génération : Lafcadio incarne la jeunesse de 1914, non celle de Gide. Quand celui-ci rédige son livre, il sent ses personnages, d'abord fantoches, « s'emplir peu à peu de sang réel » : « Ils exigent de plus en plus, me forcent de les prendre de plus en plus au sérieux et ma fable première se montre de moins en moins suffisante »[10]. L'intrigue elle-même a été inspirée par un fait divers : des escrocs lyonnais avaient fait croire à des catholiques naïfs que Léon XIII était séquestré par des cardinaux francs-maçons dans les caves du Vatican et qu'un sosie occupait son trône[11] ; la conversion d'un franc-maçon, Casin de Zola, a également inspiré l'auteur. Lafcadio, selon Cocteau, dérive d'Arthur Cravan[12], et Gide a déclaré ne pas croire à un « acte gratuit » : une distance ironique le sépare de son triste héros, de même que *Les Caves* est, comme l'a noté Ramon Fernandez, la reprise burlesque des *Nourritures terrestres*. Chez le plus autobiographique des écrivains, voici donc un récit à la troisième personne, où il est difficile, sans être de mauvaise foi, de lire une confession de l'auteur : sources empruntées à l'histoire réelle, l'histoire des faits divers qui, depuis Stendhal, alimente le roman, fiches « objectives » sur les héros, recours constant à l'ironie, jusque dans la marque générique « Sotie » (« Récits, soties, il m'apparaît que je n'écrivis jusqu'aujourd'hui que des livres ironiques[13] »).

Nous quittons alors le monde du roman personnel et celui où l'on entend la voix de l'auteur. Mikhaïl Bakhtine, étudiant les relations du romancier et de ses personnages, avait ainsi noté que l'auteur devait devenir autre par rapport à lui-même, se voir par les yeux d'un autre. En effet, s'il vit sous l'emprise du héros, par son intermédiaire, le livre est dépourvu d'arrière-plan, de profondeur, de relief : il est sans forme. Dans une phase intermédiaire, l'auteur a la maîtrise du héros. Si celui-ci cesse d'être autobiographique, il perd en volonté et en émotion pour être soumis à un principe esthétique ; s'il reste autobiographique, si l'auteur s'y est encore projeté, il devient « infini » pour son créateur, exige toujours de nouvelles formes d'achèvement : non plus classique, mais romantique. Enfin, dans ce qui est sans doute pour le grand critique soviétique le stade de complet achèvement, le héros est son propre auteur. L'événement esthétique exige, pour s'accomplir, « deux participants, présuppose deux consciences qui ne coïncident pas[14] ». En revanche, une « conscience absolue » relève non plus de la création esthétique mais du domaine religieux.

La voix que nous entendons, lorsque le lien est coupé entre l'auteur et les personnages, peut être celle d'un témoin-acteur important ou secondaire de l'intrigue. Henry James est le maître de la narration par témoin-acteur secondaire. Cette formule, qui a connu son apogée entre les deux guerres mondiales, a même été utilisée par le roman policier (d'où l'invasion du double, narrateur, mais qui en sait moins que le héros, figurant en cela les lecteurs : Watson chez Conan Doyle, Hastings chez Agatha Christie). Que le narrateur soit à la première ou à la troisième personne n'importe plus qu'à l'identification du lecteur au personnage (mais non à l'auteur). Chez Faulkner, les événements peuvent être montrés par quatre témoins différents (*Le Bruit et la Fureur*). Le témoignage porte sur les mêmes événements ou sur des événements distincts. Le cinéma a utilisé cette technique dans quelques chefs-d'œuvre (*Citizen Kane*, *La Comtesse aux pieds nus*, *Rashômon*). En peinture, la justification théorique, les principes esthétiques (que l'on voit derrière certaines œuvres de Marcel Duchamp tel *Nu descendant un escalier*) ou du cubisme mettent en avant des perspectives différentes et simultanées. On les retrouve, portées jusqu'à tous les jeux de la contradiction, chez Robbe-Grillet (*La Jalousie*). Plusieurs voix s'entendent alors, d'abord parallèles et encore ordonnées, puis concurrentes et stupides (l'idiot Benjy, du *Bruit et la Fureur*), enfin brouillées l'une par l'autre : de la polyphonie à la cacophonie [15]. L'auteur du *Voyeur* produit des spectacles contradictoires, dont tous ne peuvent être vrais à la fois (comme, d'ailleurs, dans ses films). Dans certains récits de Nathalie Sarraute, la narration semble confiée à des voix anonymes, appartenant à l'opinion publique (*Les Fruits d'or*, qui raconte l'ascension et la chute d'un roman qui porte ce titre) : ce qui compte, depuis *Tropismes* jusqu'à *L'Usage de la parole*, n'est plus l'individu cohérent, autonome, en relief, mais ce qui se cache sous chaque parole. La même époque voit les linguistes analyser les présupposés et les sous-entendus d'une phrase comme la romancière dans ses nouvelles. Dans les deux cas, la psychologie individuelle du locuteur ne compte plus : le discours ne renvoie pas à un caractère, comme chez Balzac. La « sous-conversation [16] » est transpersonnelle. Même lorsque Tchekhov dit : « *Ich sterbe* », « Je meurs », dans le premier texte de *L'Usage de la parole*, ce « Je meurs », dont le locuteur met quelque temps à être identifié, pourra passer ensuite de bouche en bouche, dans un immense anonymat, aussi anonyme que les voix des enfants de *Vous les entendez ?* ou que ce que « *Disent les imbéciles* ». Tout se passe comme si cette sémantique romanesque atteignait un niveau de profondeur où l'individu, ni l'auteur, ne compte plus : le lecteur lui-même est invité à comprendre qu'il est traversé par des énoncés qu'il ne maîtrise pas. Cette dissolution reprend ironiquement le rêve classique d'une œuvre où « tout ce qui compte est ce qui n'est pas dit ».

Y a-t-il donc une narration pure, une voix sans fiction ? En quelque sorte, une narration à la troisième personne du pluriel ? (La narration à la deuxième personne du singulier, pratiquée par Michel Butor et Georges Perec, ne nous a pas retenu : il s'agit d'une transgression grammaticale, qui ne modifie qu'en surface les rapports entre l'auteur et ses héros ; la relation est affichée au lieu d'être masquée.) Le signe de ce degré zéro du récit est l'introduction de fragments, de textes, de chapitres, comme extérieurs et indifférents à l'intrigue. C'est ainsi qu'a procédé John Dos Passos[17], dans *USA*, en montant des bandes d'actualité, des extraits de presse, de la publicité, des biographies, des sections de récit appelées « œil de la caméra », une caméra qui se veut objective et se pose partout. C'est, comme l'a noté Sartre, le « point de vue du chœur, de l'opinion publique » ; les gestes sont « de simples *dehors* » ; les personnages, des « bêtes vivantes » vues par une « conscience collective ». Malraux a également été tenté par la voix du reportage, des télégrammes, qui s'accorde avec l'urgence des événements décrits et l'ellipse de son style : « La grève générale est décrétée à Canton » est la première des dépêches qui rythment l'ouverture des *Conquérants*, reprises au long du récit par des synthèses de journaux : « Les journaux de Shanghai déclarent que le trafic britannique se trouvera réduit de 80 %[18] » ; « Le Gouvernement anglais s'oppose à toute intervention militaire[19] » ; jusqu'à la dernière page : « Troisième agent pris. Porteur huit cents grammes cyanure. Débâcle ennemie. Plusieurs régiments préparés par Propagande passés à nous. Approvisionnements et artillerie entre nos mains. Quartier général désorganisé. Cavalerie poursuit Tcheng en fuite. » De même *L'Espoir* s'ouvre sur les hurlements des radios : « Allô, Huesca? [...] Allô, Avila? [...] Allô, Madrid? [...] Allô, Valladolid? », et les cris des haut-parleurs : « Les troupes mutinées marchent sur le centre de Barcelone. » À la dernière page, une voix anonyme transcende tous les personnages : « L'Espagne exsangue prenait enfin conscience d'elle-même. »

Jules Romains, dont on oublie trop ce que *Les Hommes de bonne volonté* (t. I, 1932) contient de puissance novatrice, ouvre son premier volume, *Le 6 octobre*, en sautant d'un journal à l'autre, d'une rubrique à sa voisine : la météorologie, un article intitulé « La saleté de Paris », le choléra à Saint-Pétersbourg, la peste ou la fièvre jaune à Rabat, l'indépendance de la Bulgarie, la menace autrichienne : « Journée historique, constatent les manchettes de journaux. Ainsi nous avons vécu, hier 5 octobre, une journée historique. Latéralement, il est vrai. Nous étions, pour cette fois, tout à fait sur le bord de l'Histoire. Notre déveine voudra sans doute que nous allions tôt ou tard nous y fourrer en plein milieu[20]. » Et enfin : « En tournant la page, les messieurs corrects et les employés économes tombaient sur un titre fâcheux : PANIQUE EN BOURSE. » Ne croirait-on pas déjà entendre Sartre, celui des *Chemins de la liberté* ? D'abord par l'utilisation de l'Histoire, de la voix de l'Histoire qui recouvre celle des individus : « Dix-huit heures dix à Godesberg. Le vieillard attendait. À Angoulême, à Marseille, à Gand, à Douvres, ils pensaient : "Que fait-il ? Est-il descendu ? Est-ce qu'il parle avec Hitler ?"[21] » Ainsi, une seconde du 25 septembre 1938 évoque pour nous le 6 octobre de Romains, qui unit plusieurs personnages de fiction, « pendant que Daladier, enfoncé dans les coussins, suce une cigarette éteinte en regardant les piétons[22] », et qu'une évocation de Madrid suit, sans rupture. Si bien que la véritable héroïne du *Sursis*, c'est la guerre, beaucoup plus que les personnages fictifs : « La guerre : chacun est libre et pourtant les jeux sont faits. Elle est là, elle est partout, c'est la totalité de toutes mes pensées, de toutes les paroles d'Hitler, de tous les actes de Gomez ; mais personne n'est là pour faire le total[23]. » La voix de la guerre, ou de la fausse paix de Munich, parle par celle des nombreux personnages empruntés par Sartre à la réalité historique (de Beneš à Hitler, de Daladier à Mussolini) et par celle des héros inventés.

La narration neutre, historique, du XXe siècle n'est plus celle du roman historique du XIXe siècle : Sartre n'est ni Walter Scott ni même Tolstoï ; il veut non plus reconstruire une époque mais la détruire. Le discours de l'actualité éclate en morceaux. Jules Romains, dès *Mort de quelqu'un* (1908-1910), avait rêvé la dissolution de ses personnages dans la collectivité : « Jacques Godard existait modérément par lui-même ; il n'existait qu'à peine par les autres[24]. » Mais il y a une autre manière d'écrire, où l'auteur dissout ses personnages en même temps que lui-même, où les événements comptent pour presque rien. Georges Bataille a rêvé d'une écriture où il s'ouvrirait à l'absence de soi : « J'atteins le pouvoir que l'être avait de parvenir au contraire de l'être. Ma mort et moi, nous nous glissons dans le vent du dehors où je m'ouvre à *l'absence de moi* » (*Le Coupable*). Maurice Blanchot, à la fois romancier, critique, philosophe de la littérature, n'a cessé de rechercher, à la suite de Mallarmé, une écriture habitée par le néant. *Thomas l'Obscur* (version de 1950), *L'Arrêt de mort* (1948), *Le Dernier Homme* (1957) jalonnent cet itinéraire romanesque qui évoque les tableaux monochromes de Fontana ou de Klein, et qui résulte d'un *cogito* négatif (« Je pense, donc je ne suis pas »). S'il est difficile de dater l'origine d'une mode, le thème de la disparition du sujet et de l'écrivain prend pourtant peut-être sa source dans *La Part du feu* (1949) : « La littérature se passe maintenant de l'écrivain : elle n'est plus cette inspiration qui travaille, cette négation qui s'affirme, cet idéal qui s'inscrit dans le monde comme la perspective absolue de la totalité du monde[25]. »

Il est clair — presque trop — que, dans les romans, récits, nouvelles et textes de fiction de Samuel Beckett, à partir de *L'Innommable* (1953), sur le cimetière des personnages détruits et de l'intrigue inexistante ne s'élève plus qu'une voix blanche, souvent anonyme, qui lutte contre la mort, par le simple jeu de la parole indéfiniment prolongée. Qui parle, en effet, dans *L'Image* (1988, mais daté en dernière page des « années 1950 »), dès les premières lignes : « La langue se charge de boue un seul remède alors la rentrer et la tourner dans la bouche la boue l'avaler ou la rejeter[26] » ? Un monologue qui ne peut être attribué à personne emplit les derniers textes, de plus en plus brefs, de l'auteur du *Dépeupleur*. Si parler de presque rien ne sert presque plus à rien, ne vient de personne, il faut trouver là l'explication des silences de plus en plus longs de l'écrivain, entre deux œuvres ; ne pas publier est alors encore faire entendre sa « voix du silence » : « Seule la voix est, bruissant et laissant des traces. Des traces, elle veut laisser des traces. » Dans ce silence, il est rejoint par un écrivain qui, pourtant, ne lui ressemble pas, Louis-René Des Forêts, auteur des *Mendiants*, du *Bavard* et de *La Chambre des enfants* : trois livres en quarante-cinq ans. La plus significative des nouvelles de ce dernier volume est « Les Grands Moments d'un chanteur » : le héros abandonne le chant qui avait fait sa gloire, et la dernière phrase montre une héroïne « à qui une belle voix avait été si chère qu'elle semblait en porter le deuil[27] ».

Si nous inversons la perspective et nous mettons à la place des lecteurs, comment l'auteur qui se cache, cherche à disparaître, à se taire, apparaît-il ? D'abord dans son nom[28]. Rappelons que le choix d'un pseudonyme était, au début du XXe siècle, une habitude sociale très répandue. Le *Tout-Paris* de 1914 donne douze grandes pages sur deux colonnes (de quatre-vingt-cinq noms) de « Pseudonymes littéraires, artistiques et mondains, de "A-B : Marie-Anne de Bovet" à "Zut : Ctesse de Mirabeau" ». Cet usage, principalement français (connaît-on beaucoup de pseudonymes de romanciers américains[29], allemands, italiens ?), continue jusqu'à la fin du XXe siècle : Anatole France, Pierre Loti, Jules Romains, Louis-Ferdinand Céline, Marguerite Yourcenar, Marguerite Duras, Julien Gracq, Romain Gary (et Émile Ajar), Cecil Saint-Laurent, San Antonio, par exemple. Pourquoi ce choix mystérieux, arbitraire, d'un nouveau nom ? Tous les fonctionnaires ne s'abritent pas derrière un pseudonyme : Giraudoux reste Giraudoux. Toutes les femmes ne jouent pas avec les lettres de leur nom : Nathalie Sarraute s'appelle bien Nathalie Sarraute. On retiendra que le romancier qui choisit un pseudonyme se met en situation de demi-rupture, ou avec sa famille, ou avec le moi de son enfance, ou avec son livre, ou avec la société, comme s'il disait : je ne suis pas l'auteur (ou : l'auteur n'est pas moi) ; je vaux mieux (ou moins) que ce livre ; j'ai peur d'être identifié[30] (ou de ne pas être identifié, et, dans ce cas, je prends les devants) avec ce livre ; je joue avec vous : attrapez-moi si vous pouvez ! ; je dénonce le système littéraire (on connaît l'aventure de Doris Lessing présentant un roman à son éditeur sous un autre nom que le sien et se le voyant refuser). On comprendra que Louis Farigoule ait voulu, comme Louis Poirier, se parer du prestige de Rome en se nommant, l'un Jules Romains, l'autre Julien Gracq ; qu'Anatole Thibault se soit donné le pseudonyme de son père. Destouches s'appelle, lui, Céline, patronyme sans grande ambition poétique ou politique ; le manuscrit du *Voyage* avait été déposé sans nom d'auteur chez Denoël. Au moment de le signer, celui-ci choisit le prénom de sa grand-mère maternelle, Céline Guillou, en hommage « au passé, aux heures heureuses ou idéalisées de son enfance[31] ».

En revanche, pour couper d'avec le monde, pour distinguer entre l'individu et le moi qui écrit, il suffit à Beckett, Blanchot, Salinger ou Pynchon de ne pas paraître à la télévision, de ne pas se faire entendre à la radio, de ne pas répondre aux journalistes : le siècle du bruit est aussi celui du mystère. Certains ont un pseudonyme, qui sont très connus ; d'autres gardent leur vrai nom et font disparaître leur image et leur voix. Les ouvrages anonymes sont devenus l'exception : *Madame Solario*, grand roman anglais dans le style de Henry James (1956). Le désir de se cacher va rarement jusqu'à effacer tout nom. De même, les publications posthumes sont involontaires : *Les Hauts Quartiers*, de Paul Gadenne. Peu d'écrivains ont imité, à notre époque, l'exemple d'Agatha Christie (pseudonyme d'Agatha Miller, qui a, d'ailleurs, fait paraître des romans psychologiques sous le nom de Mary Westmacott) ; elle a réservé un volume d'aventures d'Hercule Poirot et un de Miss Marple pour une publication posthume.

Mais, que l'auteur se cache ou qu'il paraisse, le public pourchasse son image à la télévision, sa voix à la radio, ses réponses dans les journaux. Surtout, le développement des biographies — complétées complaisamment par les autobiographies — témoigne d'un besoin sans cesse renouvelé : les lecteurs ne se contentent pas de ce que leur offrent les romans, ils veulent s'assurer qu'il y a une réalité derrière la fiction, une personne derrière (ou dans) le texte. Le biographe montrera à son tour tout ce qui, dans la vie de l'écrivain, inspire son œuvre. Il gagne à tout coup : si le roman ressemble à la vie, la démonstration est faite ; s'il en diffère, c'est pour mieux s'y opposer, donc y ressembler ; enfin, quelques notions de psychanalyse expliqueront l'inexplicable. Tout le monde a droit à sa biographie, et, lorsqu'elle est épuisée, on recommence : combien de vies de Malraux, de Gide, de Proust ? Elles dépendent de la notoriété de l'œuvre plus que du romanesque de la vie. Reconnaissons pourtant que certains monuments biographiques de notre temps découragent l'imitation : le *Henry James* de Léon Edel, le *Joyce* et l'*Oscar Wilde* de Richard Ellmann, eux-mêmes théoriciens de la biographie.

L'auteur apparaît non seulement dans sa signature mais dans ses préfaces[32]. Or celles-ci semblent se raréfier au XXe siècle. Les exemples de préface que donne Gérard Genette sont empruntés en majorité aux époques antérieures : il cite cependant Borges, *Gilles* de Drieu la Rochelle, Aragon (dans les préfaces à ses *Œuvres roma-*

nesques croisées, Laffont, 1974-1981). Mais *À la recherche du temps perdu* ne comporte pas de préface, ni *Ulysse* (c'est par Valery Larbaud que l'on apprendra, et par le titre du roman, que sa structure dérive de celle de *L'Odyssée*), ni les romans de Kafka, ni ceux de Beckett, ni le *Docteur Faustus*, ni *La Mort de Virgile*, ni *L'Homme sans qualités*, ni *Nostromo*.

André Gide, le plus bavard des hommes quand il s'agit de lui-même, ne préface pas *Prométhée mal enchaîné*, ni *La Porte étroite*, ni *Isabelle*, ni *La Symphonie pastorale*, ni *Les Faux-Monnayeurs*. *Paludes*, écrit ironique, est précédé d'une antipréface : « Avant d'expliquer aux autres mon livre, j'attends que d'autres me l'expliquent. Vouloir l'expliquer d'abord c'est en restreindre aussitôt le sens. » D'où ces deux affirmations, que reprendra sans en faire hommage à Gide toute la critique des années 1960 : ce qui intéresse l'auteur, c'est ce qu'il a mis dans son livre sans le savoir ; il attend du public la révélation de ses œuvres, formule qui contient déjà toute la « théorie de la réception[33] ». *L'Immoraliste* est la seule des fictions gidiennes à comporter un texte intitulé « préface », d'ailleurs postérieur à l'édition originale ; on y entend la voix d'un auteur déçu par le premier accueil réservé à son livre, désireux aussi d'affirmer qu'il n'est pas Michel le héros et qu'il ne l'attaque ni ne le défend : le romancier a le droit de rester neutre ou « indécis ». Enfin même appel que dans *Paludes* (écrit en même temps, et comme contrepoids) au public, à celui de demain, puisque aujourd'hui il n'a pas compris : « On peut sans trop de fatuité, je crois, préférer risquer de n'intéresser point le premier jour, avec des choses intéressantes — que passionner sans lendemain un public friand de fadaises[34]. » *Les Caves du Vatican* est précédé d'une lettre-dédicace (Gide affectionne les dédicaces et les épigraphes), qui porte sur la genèse de l'œuvre, étalée sur vingt ans ; il s'agit d'affirmer l'importance d'un long travail : « Par ce temps [35] de production hâtive et de parturitions étranglées je persuaderai difficilement, je le sais, que j'aie pu porter si longtemps ce livre en tête avant de m'efforcer d'en accoucher. » Gide commente également la marque générique : « sotie » s'oppose à « roman », parce que tout le livre est ironique. La fausse préface des *Caves* ne commente donc pas le contenu ni la philosophie du livre, mais le métier et, comme ailleurs, la distance de l'écrivain par rapport à son œuvre.

Avant ses *Œuvres romanesques croisées*, Aragon s'était montré amateur de préfaces, dans *Le Libertinage* (1924), puis dans *Le Paysan de Paris* (1926). La première, ravageuse, destructrice, drôle, parle encore de Dada, puisque le mouvement surréaliste n'apparaît ici que sous le nom de « mouvement flou » : « L'occasion est trop belle, que quelqu'un ne s'en empare pour me demander *alors* ce que signifie une préface pour cet amateur d'ombres que je prétends être. Je fais ici l'apologie du flou, et non celle du compromis. Il s'agit de rendre impraticables plusieurs portes de sortie [36]. » Mais ce texte a peu de rapports avec « le livre qui [le] suit ». La seconde, « préface à une mythologie moderne », permet, par son appel à un « merveilleux quotidien », aux « admirables jardins des croyances absurdes, des pressentiments, des obsessions et des délires », à un « royaume noir », d'entendre la voix de l'auteur définissant son œuvre, voix qui chez Breton s'entend *dans* l'œuvre, *Nadja* par exemple, non avant elle. Julien Gracq, très proche du surréalisme dans *Au château d'Argol*, fait précéder ce premier récit d'un « avis au lecteur » (1938) qui est un « ne vous y trompez pas » : invité à lire un roman noir ou gothique, un récit fantastique sur le thème du « sauveur », mais non pas un ouvrage symbolique, le lecteur est pourvu autoritairement des clés nécessaires. Pour *Le Rivage des Syrtes*, il devra se débrouiller seul.

Un des écrivains les plus énigmatiques du siècle, Borges, a pris soin de faire précéder certains recueils de nouvelles d'une préface (*Fictions*, 1941 ; *Le Rapport de Brodie*, 1970). Des intentions, des indications génériques, des convictions politiques, un propos prétendument classique («Mes contes, comme ceux des *Mille et Une Nuits*, veulent distraire ou émouvoir, ils ne cherchent jamais à convaincre [37] »), des références intertextuelles, une définition de son style. On aura compris que les préfaces de Borges sont, par leur aspect traditionnel, subversives, comme celles de Queneau : *Saint-Glinglin* (1948) est précédé d'indications de genèse et montre comment *Gueule de pierre* (1934) et *Les Temps mêlés* (1941) ont été repris dans une œuvre «presque entièrement nouvelle». Il fait enfin remarquer comment la lettre *x* (remplacée par *ss* : esscuser), absente du livre, ne l'est pas pour imiter le «langage parlé» (à quoi l'on a trop longtemps réduit l'art de l'auteur), mais par une intention symbolique, surtout si l'on «remarque que cette lettre est maintenue dans le dernier mot du livre qui rime d'ailleurs avec la prononciation. "… Le beau temps fixe" ».

Ainsi la préface, qui fait défaut aux plus grands romans du siècle, n'apparaît plus que par hasard : nous sommes encore heureux d'y entendre la voix de l'auteur ; comme beaucoup de survivances, elle est devenue ironique.

Le XXe siècle n'a pas inventé l'ironie, mais il n'y a plus de grand roman sans une énonciation ironique qui le porte : de notre temps, tout est ironie. Bien des manifestes techniques ou artistiques que nous étudierons ailleurs en relèvent aussi. La voix ironique de l'auteur est fondée sur la distance, la dénégation, parfois la destruction du texte : toute audace formelle, jusqu'à l'absence de ponctuation, en porte la trace. Lorsque nous analysons les rapports entre l'auteur et son œuvre, il apparaît que le processus ironique est dans l'énonciation, parce qu'il dénie tout ou partie de sa valeur à l'énoncé, ou inverse celui-ci. L'auteur contemporain, au lieu d'être entièrement dans son œuvre, avec une sorte de naïveté dont Balzac a donné l'exemple, mais dont Flaubert lui-même n'était pas exempt, est celui qui, comme Jean-Jacques Rousseau, abandonne ses enfants à l'hospice, ou, comme Saturne, les dévore, ou, comme le père de Hamlet, les ridiculise en leur imposant une tâche impossible.

Le signal ironique est parfois donné par le titre du roman[38]. Certains titres se moquent du narrateur : *Confessions du chevalier d'industrie Felix Krull* de Thomas Mann, *Thomas l'Imposteur* de Cocteau, *L'Innommable* de Beckett. D'autres intitulés annulent le texte : *Nouvelles et textes pour rien*, de Beckett, ou l'entachent de suspicion par une mention absurde : *Saint-Glinglin* ou *Gueule de pierre*, de Queneau, *Grabinoulor*, de Pierre-Albert Birot, *Vercoquin et le plancton*, de Boris Vian. P.G. Wodehouse, l'un des grands humoristes du siècle, est passé maître en titres absurdes : *Pigs Have Wings* ; *Aunts Aren't Gentlemen*, que l'on rapprochera du *Captain Cap, ses aventures, ses idées, ses breuvages*, d'Alphonse Allais. La voix de l'auteur ironise ou grince dans la préface (*Voyage au bout de la nuit*[39], *Guignol's Band*) ou la postface (Nabokov après *Lolita*). Ensuite le ton est donné, si l'œuvre est entièrement ironique, dès la première page : ruptures syntaxiques, mots inventés, conflits de niveaux de langue, orthographe phonétique, choc du langage parlé sur la page écrite. Encore faut-il que le lecteur partage les normes linguistiques et stylistiques de l'auteur, pour s'apercevoir qu'elles ont été violées.

C'est le comique syntaxique, chez Queneau, de la première phrase du *Dimanche de la vie* («Il ne se doutait pas que chaque fois qu'il passait devant sa boutique, elle le regardait, la commerçante, le soldat Brû»); ou le mélange de violation orthographique (puisqu'une date est écrite en toutes lettres), de niveaux de langue et d'audaces sémantiques (puisque l'Histoire est prise comme un objet visible) dans celle des *Fleurs bleues* («Le vingt-cinq septembre douze cent soixante-quatre, au petit jour, le duc d'Auge se pointa sur le sommet du donjon de son château pour y considérer, un tant soit peu, la situation historique. Elle était plutôt floue. Des restes du passé traînaient encore çà et là, en vrac»). On trouve le même procédé chez Vian. De manière plus classique, Kipling fait précéder ses contes de jeunesse (qui composent une Comédie humaine de l'empire des Indes) d'un préambule où il marque sa distance avec l'histoire racontée : «Ceux qui savent de quoi notre âme est faite et connaissent les limites du Possible pourront expliquer ce conte. J'ai vécu en Inde suffisamment longtemps pour savoir que le mieux est de ne rien savoir, et j'en suis réduit à raconter cette histoire telle qu'elle est arrivée» («De vive voix», *Simples Contes des montagnes*[40]). Conrad, lui, pousse l'ironie jusqu'à la métaphysique, dans les premières pages de *La Ligne d'ombre* ou de *Jeunesse*, avant de lui soumettre situations et nœud de l'intrigue : Lord Jim, qui rêve d'être un héros, se montre, lorsqu'il a l'occasion de le devenir, lâche, et Nostromo, l'homme fidèle, trahit ; l'enfant de *L'Agent secret* transporte, à son insu, une bombe ; l'inversion des valeurs fait entendre le rire amer d'un Polonais devenu anglais, d'un officier de marine au chômage devenu romancier, d'un enfant déporté en Sibérie.

Les héros de Conrad ne sont pas des fantoches ; ceux de Broch, de Musil, de Mann non plus. Chez Kafka, comme chez tous les créateurs de fantoches, l'ironie de l'auteur est constamment présente : c'est elle qui déshumanise les personnages, ou, plutôt, qui les prive, comme chez Beckett, de cet air humain, de cet effet d'humanité, qui était le propre du roman réaliste, du roman sérieux. Ces auteurs, comme James lui-même, gardent, au long de leur récit, un *ton* à la fois mordant et détaché — comme celui de Swann ou des Guermantes prononçant des termes savants — qui déteint sur la fiction. C'est ainsi que se terminent les deux premières parties des *Somnambules* : « Les circonstances de cet événement n'ont plus besoin d'être relatées. On a fourni au lecteur assez d'éléments sur la composition du caractère des personnages pour qu'il lui soit loisible de les imaginer[41] », et : « Ils allèrent la main dans la main et s'aimèrent. Il la battait encore quelquefois mais de plus en plus rarement et finalement plus du tout[42] ». Dans *Docteur Faustus* de Mann, comme dans les romans de James, l'usage d'un témoin peu compréhensif, pas toujours intelligent, ou dépassé, fournit au commentaire son caractère ironique : rien n'est tout à fait compris, ni surtout accepté ou aimé.

La voix de l'ironiste est en effet celle de l'écrivain qui met en question un texte préexistant : roman réaliste, conventions d'un genre littéraire ou d'une tradition, philosophie du bonheur, style convenu, neutralité de la narration, formes habituelles de la perception (*Les Fleurs bleues* de Queneau joue ainsi constamment avec l'espace et le temps, puisque l'histoire du duc d'Auge — s'il y en a une — se passe en 1264, en 1439, en 1614, en 1781 et en 1964, et que chacun des deux personnages principaux est rêvé par l'autre, le duc d'Auge par Cidrolin et Cidrolin par le duc d'Auge). On retrouve ici les « ironies comme mention », dont parlent Sperber et Wilson[43]. L'auteur interroge au lieu d'affirmer ; il détruit au lieu de construire ; parfois il s'autodétruit : quoi de plus ironique que l'extrême brièveté, le silence du dernier Beckett (dont les ultimes récits sont loin d'atteindre cinquante pages), que l'« imagination morte » empêche d'imaginer, la dernière bande jouée ? Silence où il rejoint le Blanchot du *Dernier Homme* et de *L'Écriture du désastre*. Au lieu de Joyce ou de Kafka, c'est Mallarmé romancier — le gel criant de la fiction. Et, à l'autre bout, le rire jovial, et si méconnu, de Max Jacob romancier, éternel parodiste de tout ; que l'on relise les lettres qui composent *Le Cabinet noir* (notamment « La Lettre du poète moderne[44] » : « La berceuse éclate au bruit des cymbales et le chalumeau à soudure autogène remplace les allumettes pour les lampes à arcs ! »), fragments de discours parodiés.

Un dernier aspect du discours ironique doit être souligné. Le contenu de celui-ci semble favorable aux idées, aux personnages, au style que la forme, ou l'énonciation, de ce discours détruit. Cette tension entraîne parfois un sentiment d'indétermination : où l'auteur veut-il en venir ? Le lecteur doit en décider seul : « La parole ironique, comme toute performance paradoxale ou contradictoire, est sibylline. On sait qu'elle veut dire quelque chose, mais elle ne permet pas de savoir quoi. Elle contraint donc à *décider* quoi[45]. » L'ironie est une manœuvre qui déjoue une norme en échappant à toute sanction : c'est pourquoi les écrivains qui ont vécu en régime totalitaire l'ont souvent employée, de la Russie à l'Amérique latine.

Au-delà de la biographie de l'homme, la biographie de l'œuvre. La voix de l'écrivain est enfin — ou d'abord — celle de l'auteur au travail. Il s'en explique lui-même ou laisse, sous la forme de notes préparatoires, de carnets, de cahiers de brouillon, d'épreuves d'imprimerie, de quoi l'expliquer. Il suffit qu'il n'ait pas brûlé — ou fait détruire par testament, à condition que celui-ci soit respecté ; on sait que Max Brod n'a pas exécuté celui de Kafka — les documents pour que nous soyons autorisés à les utiliser. Le fétichisme à l'égard de ses propres manuscrits peut fort bien correspondre à un vœu secret : que *cela* aussi soit sauvé et serve, qu'à côté de la grande œuvre ses ébauches aient droit, aussi, à une petite vie artistique et qu'elles permettent de comprendre. Proust déclare trembler à l'idée que le premier venu puisse, plus tard, se pencher sur ses brouillons et en tirer des conclusions fausses : il en a fait détruire par Céleste Albaret, mais a gardé tous les autres, y compris *Jean Santeuil* abandonné, et des devoirs de français datant du lycée Condorcet. Ici, la dénégation vaut une affirmation. Avoir peur, c'est souhaiter : vaut-il mieux l'oubli ou que les brouillons soient consultés ? C'est pourquoi certains écrivains, comme Aragon[46], ont pris la précaution de laisser leurs manuscrits à des institutions publiques.

Les romanciers contemporains ont, plus que leurs prédécesseurs, raconté la genèse de leurs œuvres. Ils l'ont fait dans leur journal intime (André Gide ou Julien Green), dans leur autobiographie, dans leurs carnets (Henry James, Montherlant, Pierre-Jean Jouve). Un cas plus extraordinaire doit être d'abord réservé : celui de Simenon dans les *Mémoires de Maigret*[47]. C'est en effet le héros fictif qui écrit ses Mémoires, où il dresse le portrait de son créateur dans un premier chapitre, « Où je ne suis pas fâché de l'occasion qui se présente de m'expliquer enfin sur mes accointances avec le nommé Simenon », qui surgit « en 1927 ou 1928 ». Simenon y apparaît sous le nom de Georges Sim (qu'il a en effet porté sur la couverture de certains de ses romans), enquêtant sur le fonctionnement de la police[48]. La méthode d'enquête patiente du romancier est alors décrite : venant tous les jours sur les lieux de l'action policière, sans prendre de notes, mais infiniment sensible à l'atmosphère, et d'ailleurs érudit (« Il avait tout lu »). Puis, les héros : « Ceux qui sont faits comme vous et moi et qui finissent, un beau jour, par tuer sans y être préparés. » Ni les « professionnels » ni les « crimes passionnels » n'intéressent l'auteur. Cependant Maigret ne se reconnaît pas dans les romans que Sim lui envoie : « Je devenais plus gros, plus lourd que nature, avec, si je puis m'exprimer ainsi, une pesanteur étonnante. »

Quant à l'histoire, « elle était méconnaissable, et il m'arrivait, dans le récit, d'employer des méthodes à tout le moins inattendues[49] ». Les romans sont d'ailleurs présentés comme « des publications à bon marché ». Mais le romancier déclare vouloir présenter la police — jusque-là ridiculisée par la littérature française : on pense à Leblanc, à Leroux — « sous son vrai jour », non plus dans une « série populaire », mais dans une œuvre de « semi-littérature ». C'est pourquoi il a besoin d'observer Maigret : « Il m'est difficile de bâtir un personnage si je ne sais pas comment il se comporte à tous les moments de la journée. » En somme, ce qu'affirme Simenon en faisant parler Maigret, c'est que le Maigret au second degré, le Maigret des romans de Simenon dans les *Mémoires de Maigret*, est différent du Maigret au premier degré, de celui qui rédige ses Mémoires (fictifs). À supposer que Maigret ait existé, le roman ne serait pas réaliste ; il l'est encore moins si le Maigret qui se prétend réel est imaginaire. Simenon rivalise ici avec Pirandello et, avec humour et discrétion, s'affirme comme créateur : « La vérité ne paraît jamais vraie [...]. Racontez n'importe quelle histoire à quelqu'un. Si vous ne l'arrangez pas, on la trouvera incroyable, artificielle. Arrangez-la, et elle fera plus vrai que nature[50]. » C'est pourquoi Simenon « simplifie », réduisant cinquante inspections à « trois ou quatre », de nombreuses pistes à « deux ou trois », Maigret à quelques traits (« une silhouette, un dos, une pipe, une façon de marcher, de grommeler »), mais, petit à petit, annonce l'auteur, le commissaire vivra « d'une vie plus subtile, plus complexe », au moment même où le créateur finit par ressembler à sa créature : « C'est un peu [dit Maigret] comme si, sur le tard, il commençait à se prendre pour *moi*[51] ! » Ce qu'a donc tenté Simenon, c'est non seulement le roman de l'artiste (sous-genre qui se développe à partir du XIXe siècle), mais le roman du personnage, comme si Balzac avait fait dire à Goriot ce qu'il pensait de l'auteur du *Père Goriot* et lui avait fait raconter sa « véritable vie », pourtant fictive. Entreprise d'autant plus étonnante que Simenon a aussi écrit un roman qui est l'histoire de sa vie, *Pedigree*[52] (1948), et dicté des *Mémoires*.

Les écrivains ont également multiplié les confidences aux journalistes, qui à leur tour publient des recueils d'interviews[53] (personne n'a égalé *Une heure avec...*, de Frédéric Lefèvre) de plusieurs auteurs ou d'entretiens avec un seul. Ils portent sur la genèse de l'œuvre autant que sur la vie. Roger Martin du Gard a choisi de rédiger lui-même une autobiographie succincte, placée en tête de ses *Œuvres complètes* dans la « Bibliothèque de la Pléiade ». Ces souve-

Qui parle ici ?

nirs sont d'autant plus importants qu'il s'agit de romans d'une longueur considérable : *Les Thibault* ont sept parties, d'abord parues en dix, puis en sept volumes (Gallimard, « Blanche », 1922-1940). *Jean Barois* (1913), nous dit l'auteur, a voulu concilier l'art romanesque avec l'art dramatique, « donner au lecteur une optique de spectateur ». L'intérêt de ces confidences est de mettre en lumière un débat que l'on n'aurait pas soupçonné sans elles et qui a duré des mois, de souligner aussi, grâce aux détours de la genèse, les tensions de la structure finale. Martin du Gard imagine, en effet, « un épisode formant un tout » et en écrit « deux versions différentes, l'une au présent, en scènes dialoguées, l'autre sous la forme habituelle des romans classiques »[54]. Il adopte la première version, mais en comprend les faiblesses : elle est trois ou quatre fois plus longue, à cause des détails, des détours, de la mise en scène ; la seconde, plus sèche, disait l'essentiel. En outre, le présent de l'indicatif appauvrit les moyens (en privant des nuances, des finesses de tous les temps verbaux) : le dialogue de théâtre est toujours écrit au présent. C'est pourquoi, tirant les leçons d'un échec pourtant novateur, et même annonciateur de certaines recherches techniques du « nouveau roman », ou des romans dialogués de Henry Green ou d'Ivy Compton-Burnett, Martin du Gard ne donne pas aux *Thibault* la forme de *Jean Barois*.

Sur le plan des *Thibault*, le romancier s'est également expliqué[55]. Un sujet, d'abord : l'histoire de deux êtres, deux frères, aussi différents que possible, mais avec des similitudes profondes. Si les personnages sont déchirés entre l'ordre et la révolte, c'est à l'instar de l'auteur : « Deux tendances contradictoires de ma nature. » Un hiver passé à prendre des notes et à « ruminer », et un mois décisif, mai 1920, marquent la véritable naissance des *Thibault*. Martin du Gard se compare à ces collectionneurs de soldats de plomb qui manœuvrent leurs armées (comme Larbaud). La sienne est de fiches ; celles-ci s'étalent sur douze ou treize tables, qui représentent autant de périodes : « Pas une ligne de l'œuvre n'était écrite que déjà elle était toute là, sous mes yeux » ; les personnages, avec leur « physionomie particulière et les traits dominants de leur personnalité », puis les scènes principales ; d'où une « douzaine de dossiers bien en ordre », qui évoquent ceux des *Rougon-Macquart*. *Jean Barois* était déjà présenté comme un dossier ; dans *Les Thibault*, le dossier sera recouvert par le récit. Dans *Maumort*, il étouffera l'auteur, incapable de dominer ses fiches, dont la croissance est par nature infinie. Mais en 1931, à la suite d'un séjour en clinique, l'auteur change son plan (comme Jules Romains), son dénouement : ce seront les trois tomes de *L'Été 1914* (1936) et l'Épilogue (1940), après un entracte de deux ans, dû à l'abandon du premier plan et à la destruction d'un volume, *L'Appareillage*.

Proche de Martin du Gard par le projet encyclopédique et la période traitée, Jules Romains a laissé des dossiers, certes moins considérables que ceux de Zola, mais assez importants pour qu'à partir des travaux d'Annie Angremy et de Maurice Rieuneau on en puisse dégager des règles de fonctionnement valables pour d'autres et des concepts qu'on appellera génétiques : fiches, dossiers sur les personnages, les périodes, les thèmes, plans, résumés. C'est ainsi que Jules Romains a laissé un « feuillet antérieur aux premiers plans », un premier mémento[56] où figurent les dimensions géographique et historique de l'œuvre future et « les diverses ambitions des individus et des groupes », ainsi qu'une liste de personnages. Une deuxième phase

Qui parle ici ? 43

donne naissance à des «dossiers généraux», «cent vingt-huit feuillets, répartis en onze grandes catégories»[57]. Parmi ces catégories : «Grands thèmes conducteurs», «Ressorts et mouvements de l'action», «Technique», «Onomastique», «Personnages principaux», «Personnages secondaires», «Relations entre les personnages», «Personnages collectifs», «Plan du tome I». Romains prévoit déjà ses «journées simultanées», «coupes», «morceaux d'ensemble» : «Dans le sens longitudinal, je prévoyais plusieurs morceaux d'ensemble, placés à des distances à peu près égales, et qui ramasseraient la situation, rassembleraient les décors, les lieux, les personnages, et répondraient pleinement ainsi aux vœux de l'unanimisme[58].» Il appartient donc à cette catégorie de romanciers qui définissent leur plan d'ensemble, leurs principaux personnages, leur thème central (Paris, l'aventure unanime), la durée de la fiction (vingt-cinq ans à partir de 1908), *avant* de rédiger, et qui notent les procédés techniques à employer : «Style narratif. Monologue intérieur. Rapports. Documents directs, etc.[59]», et même la double vision : «ubiquitaire et omnisciente» ou «découverte graduelle pour ménager l'intérêt».

À ces dossiers s'ajoutent des plans par volume et des plans synoptiques qui se modifient en cours de rédaction. Il envisage, en effet, neuf volumes vers 1929 et, huit ans plus tard, vingt-sept, auxquels il se limitera. Il s'agit donc d'une croissance organique qui modifie la structure logique de départ.

La première version du tome I porte la remarque : «Progressivement :/ évocation de scènes constituées par de petits groupes ou des individus, mais avec peu de détails, et sans les nommer/ sans que jamais cela fasse une poussière impressionniste. Toujours continuité d'une description organique[60]. » Il est intéressant de savoir que Romains esquisse d'abord trente-cinq pages sur Paris, sans individus. Au fil des six versions de ce début, descriptions et aventures vont de la continuité initiale (dans la genèse de l'écriture) à la fragmentation finale. Contrairement à celui de Proust, c'est un art du « découpage » — et pourtant, Proust lui-même a coupé en deux l'épisode de « François le Champi », réparti entre *Du côté de chez Swann* et *Le Temps retrouvé*, ou celui du bois de Boulogne, entre la fin de *Du côté de chez Swann* et *À l'ombre des jeunes filles en fleurs*.

Le titre général est trouvé un peu plus tard : « Sauf exception, je ne m'occupe du titre qu'à la fin », écrit Romains en 1928[61]. Il n'est pas le seul (Proust, encore). Les volumes avanceront selon un rythme binaire. Mais en 1932 (comme Martin du Gard) l'auteur élabore un nouveau plan, « vaste tableau distribuant protagonistes et thèmes par constellations de bulles s'interférant les unes les autres[62] ». La composition n'est plus centrée sur l'individu. Personnages, thèmes, vastes tableaux, tout s'entrelace : « roman-ville », « roman-maison », « vision — comme architecte rêverait monument, ou, mieux, ville nouvelle[63] », note encore Romains en vue d'une conférence sur son roman. Et encore : « Lieu de l'action : [...] Paris — France — Europe — Civilisation moderne. » « Durée : un quart de siècle. » Et, si l'auteur n'a pas écrit de « récits distincts », autonomes, mais un seul roman en vingt-sept volumes, dont il ne connaît pas, au départ, le nombre exact, c'est pour écrire une « symphonie », non des « mélodies isolées ». L'importance de l'étude génétique est particulièrement grande lorsque l'œuvre a, comme ici, une « croissance organique ».

Qui parle ici ?

Ainsi, Jules Romains attend jusqu'en 1937, arrivé au tome XIII, pour fixer définitivement le nombre de volumes de son roman[64]. Il y aura donc une « montée » de quatorze volumes, jusqu'aux deux volumes de Verdun, et onze tomes pour la « descente de l'onde, par paliers » : ces onze tomes s'organisent deux à deux, et le dernier est symétrique du premier (*Le 6 octobre*), effet prévu dès le début. Le processus proustien n'a donc rien d'exceptionnel. Tout se passe comme si l'auteur d'une grande symphonie littéraire, pour ne pas parler de saga, ou de suite, n'en connaissait pas d'abord l'étendue, les divisions, le nombre de volumes, qui s'accroît (ou, dans le cas de Martin du Gard, à la suite de la crise de 1931, diminue) avec le temps. Wagner lui-même a développé *Le Jeune Siegfried* d'une manière qu'il n'avait pas prévue, en une trilogie et un prologue, ou tétralogie, *L'Anneau du Nibelung*.

Les esquisses que nous avons publiées[65] de Marcel Proust témoignent officiellement de la naissance et du progrès de sa voix, l'une des plus importantes de la littérature. On peut, du carnet dit « de 1908[66] » au texte complet d'*À la recherche du temps perdu*, voir Proust passer d'un plan, ou d'une suite de notes, d'une demi-page à trois mille feuillets « définitifs » en traversant divers livres fantômes : un *Contre Sainte-Beuve* de quatre cent cinquante pages en 1908-1909, des *Intermittences du cœur* ou un *Temps perdu* de mille cinq cents pages (1914). Les tables des matières ou sommaires successifs montrent comment le plan a changé : la belle trilogie dialectique, Swann s'opposant à Guermantes jusqu'à la synthèse du *Temps retrouvé*, est bouleversée en 1914 par l'introduction de l'épisode d'Albertine, et *Le Temps retrouvé* lui-même s'accroît de la peinture de la guerre de 1914-1918, vue par le baron de Charlus. La vie donne naissance à une vision et à une nouvelle écriture. Ainsi, Marcel Proust, déchiré depuis la jeunesse entre l'essai et la fiction (c'est le projet de *Contre Sainte-Beuve*, récit et essai), trouve, de brouillon en brouillon, la solution de ce conflit — comme de celui qui oppose la prose et la poésie. La critique génétique permet de lire une somme, qui additionne aussi tâtonnements et repentirs, comme les modifications de style qu'à Notre-Dame de Paris nous embrassons d'un long coup d'œil. Ainsi la comparaison des différentes genèses, des écrivains différents, permettra-t-elle, sinon de découvrir toutes les lois de la création, du moins de classer les multiples procédés, d'en donner une typologie. Le culte de l'autographe se confond avec celui de la voix qui s'est tue.

II

LE PERSONNAGE SANS PERSONNE

L'histoire du roman moderne est celle de la disparition du personnage classique, non celui du XVIIe siècle, mais celui du XIXe siècle : le héros de Balzac, de Dickens, de Zola, Vautrin, Mr. Dombey, Eugène Rougon. Certes, ni les Italiens, ni les Irlandais, ni les Autrichiens n'ont eu leur Balzac à qui s'opposer, ni les Américains. Le résultat est le même. À un certain moment de l'histoire du genre, on est arrivé, en France et en Angleterre, à un équilibre miraculeux, où la fiction dresse de grandes figures, dont l'apparence physique, la profondeur psychologique, l'évolution donnent, par des moyens imaginaires, l'illusion du réel et qui, comme échappés à l'intrigue où ils étaient pris, hantent nos mémoires. Simultanément, le théâtre connaît ce développement[1]. La peinture voit disparaître — malgré les diverses *Jacqueline* de Picasso — l'art du portrait, au moment où toute tentative pour dresser des bustes officiels sur les places publiques se solde par un désastre esthétique. L'opéra se fige — malgré les œuvres de Berg, de Britten — dans le souvenir du XIXe siècle.

Faut-il penser que le cercle s'est refermé et que l'on est revenu aux fantômes monolithiques des origines du roman ?

Sous l'effet de quelles forces ? Le développement des sciences humaines, séparées de la philosophie, accompagne l'individu vers sa disparition. La sociologie s'intéresse aux classes et aux groupes sociaux ; la linguistique, aux grandes structures verbales qui dépassent le sujet parlant après l'avoir traversé ; la psychanalyse, qu'elle se réclame de Freud ou même de Jung, qui manie archétypes et inconscient collectif, donne voix à un inconscient qui, par-delà les métamorphoses individuelles, est structuré selon le même mythe œdipien, chante la même banale et triste chanson ; l'anthropologie, dont certains maîtres, comme Lévi-Strauss, ont eu une grande influence sur la critique littéraire, décrit les sociétés indiennes ou africaines grâce à des schémas abstraits : les « structures élémentaires de la parenté », les « manières de table ». De Marx à Freud, de Benveniste ou Jakobson à Lévi-Strauss, une pensée se répand à travers notre temps, qui semble ne plus laisser de domaine à l'individu, d'ailleurs brisé par l'Histoire, les guerres mondiales, les totalitarismes. De plus, le développement de certains genres, qu'ils appartiennent ou non à la littérature, exploitent et comblent ces besoins que jadis satisfaisait le roman. L'extraordinaire vogue, dans le grand public, des ouvrages historiques, fussent-ils, non de vulgarisation, mais de première main (*Montaillou, village occitan* de Le Roy Ladurie marque sans doute une date, bientôt suivi par le succès des œuvres de Georges Duby ; notons que cette « nouvelle histoire » n'est nullement celle des « grands hommes » et qu'elle a, depuis ses maîtres, Marc Bloch et Lucien Febvre, tué le personnage), répond au désir de réalisme. À l'opposé de ces historiens, le développement des biographies montre que le goût pour les destins individuels n'a pas disparu : mais il ne s'exprime plus à travers les romans, qu'il délaisse. Alors, de qui n'écrit-on pas la vie ? Des écrivains, de leur épouse, de leurs enfants, de leur concierge. Les Mémoires, les autobiographies, et la critique littéraire qui les accompagne, témoignent encore du même transfert : le «je» se livre nu, n'éprouve plus la peine de se masquer dans une fiction. Tel, qui fut grand romancier, ne donne plus, dans son grand âge, que des notes personnelles, des carnets, des récits de voyage : Julien Gracq, de *Préférences* ou *Lettrines* à *La Forme d'une ville* et *Autour des sept collines*. Autrefois, l'autobiographie accompagnait le roman (chez Julien Green, à cet égard une survivance, elle ne l'a jamais étouffé) ; maintenant, elle le remplace. En outre, lorsque, dans les années 1920 ou 1930, Malraux sentit le roman menacé par le reportage — certains, comme Kessel ou Simenon, ont été à la fois grands reporters et grands romanciers (de Kessel voir la série «Témoin parmi les hommes», 1956, les feuilletons pour *Paris-Soir* ou *France-Soir*, ainsi que *Stavisky, l'homme que j'ai connu*, ou *Les Mains du miracle* ; de Simenon, F. Lacassin a recueilli les principaux reportages : *À la recherche de l'homme nu*, *À la découverte de la France*[2]) —, lorsqu'il disait même que *La Condition humaine* n'était qu'un reportage (ce qui est contredit par sa biographie — et par l'art), il voulait reprendre au journalisme ses moyens pour lui arracher ses lecteurs. De nos jours, le grand reportage a disparu des quotidiens, des hebdomadaires : il a été tué par la télévision, où on le retrouve. Elle étanche la soif d'un *ailleurs* que les lecteurs de Pierre Loti trouvaient encore dans *Les Désenchantées*, ceux de Barrès dans *Un jardin sur l'Oronte*. Le journal est plus fort que le livre, et la télévision plus que le journal. Le cinéma, contrairement à ce que certains avaient cru, ne menaçait pas le roman, parce qu'il était un art. La télévision le tue, parce qu'elle n'en est pas un et que l'image à domicile (il fallait, tout de même, se déplacer, et payer, comme chez le psychanalyste, pour aller au cinéma) est plus puissante que le texte. Aussi bien s'annexe-t-elle les feuilletons. Ce qui reste alors de goût pour l'imaginaire, les personnages stylisés, irréels, est encore appelé par une autre forme d'expression, ancienne comme les reliefs des tombes de Sakkarah, mais de nouveau présente depuis le XIXe siècle de Töpffer et Christophe : la bande dessinée. Combien, parmi les dizaines de milliers d'acquéreurs du *Voyage au bout de la nuit* illustré par Tardi (Gallimard, 1988), liront-ils le texte de Céline ?

Cependant, ces causes, ces signes, cet environnement, cet air du temps comptent peu au regard de l'évolution interne du genre lui-même. Les premières années du siècle, par-delà le foisonnement que les histoires de la littérature décrivent, sont rétrospectivement dominées par deux géants, Henry James et Marcel Proust. Ils sont au roman psychologique ce que la bombe atomique est à l'arbalète. Et surtout, ils proposent un type de personnage dévoré par sa vie intérieure. Une dialectique parcourt le siècle : la thèse affirme qu'il n'y a que la vie intérieure qui compte ; l'antithèse, que la vie intérieure n'existe pas. La synthèse est déjà derrière eux, derrière nous. En réalité, cette tension conduit à la mort du héros, dans la littérature contemporaine d'avant-garde.

L'INVASION DE L'INTÉRIORITÉ

L'accueil réservé à Marcel Proust est significatif : ce que l'on salue en lui, c'est la « révélation psychologique » (titre d'un des premiers livres qu'on lui a consacré, celui d'Arnaud Dandieu). *La Nouvelle Revue française* tout entière, et d'abord Jacques Rivière[3], André Gide, et ses proches, comme Charles Du Bos, le soulignent à plaisir. Les personnages, soumis à des perspectives différentes, donc dissociés en images diverses et évoluant à travers le temps, rendus méconnaissables par le changement et le vieillissement, n'apparaissent plus que comme une collection d'états psychologiques juxtaposés, dont il resterait à faire la somme. De toute manière, l'ensemble des personnages proustiens (plus de cinq cents) est plongé dans le grand monologue du Narrateur qui se remémore leur histoire, leur apparition, leurs passions — et les siennes. Une intériorité en juge d'autres, comme un peuple effrayant de tortues sans carapace (le portrait en pied, l'apparence physique qui protégeait les personnages de Balzac a disparu) : « Même l'acte si simple que nous appelons "voir une personne que nous connaissons" est en partie un acte intellectuel. Nous remplissons l'apparence physique de l'être que nous voyons de toutes les notions que nous avons sur lui, et dans l'aspect total que nous nous représentons, ces notions ont certainement la plus grande part[4]. » Le cœur, l'esprit sont les principaux objets du romancier, si bien que les limites entre les personnages peuvent en être détruites : peut-être n'y a-t-il qu'une seule intelligence, « dont tout le monde est colocataire, une intelligence sur laquelle chacun, du fond de son corps particulier, porte ses regards[5] » ? L'individu, que Boèce caractérisait comme « *indivisum in se, divisum ab omnialio* », est peint comme « *divisum in se, indivisum ab omnialio* ». Un grand « moi » inconnaissable, celui du Narrateur, se morcèle en une poussière de « moi » successifs : « Ainsi ce n'est qu'après avoir reconnu non sans tâtonnements les erreurs d'optique du début qu'on pourrait arriver à la connaissance d'un être si cette connaissance était possible. Mais elle ne l'est pas ; car tandis que se rectifie la vision que nous avons de lui, lui-même qui n'est pas un objectif inerte change pour son compte, nous pensons le rattraper, il se déplace, et, croyant le voir enfin plus clairement, ce n'est que les images anciennes que nous en avions prises que nous avons réussi à éclaircir, mais qui ne le représentent plus[6]. » Le personnage de roman éprouve une difficulté d'être : « Chaque être est détruit quand nous cessons de le voir[7] », et se dissout comme un personnage de théâtre, sitôt la représentation finie, puisqu'il se désagrège alors en un comédien démaquillé, en un texte sans acteurs, en fard sur un mouchoir, « dissolution consommée sitôt après la fin du spectacle, et qui fait, comme celle d'un être aimé, douter de la réalité du moi et méditer sur le mystère de la mort[8] ». S'il ne se dissolvait pas, il appellerait, comme Albertine, le commentaire infini d'une vérité inaccessible, la glose d'un texte hermétique pour toujours : « Pour Albertine, je sentais que je n'apprendrais jamais rien, qu'entre la multiplicité entremêlée des détails réels et des faits mensongers je n'arriverais jamais à me débrouiller. Et que ce serait toujours ainsi, à moins que de la mettre en prison (mais on s'évade) jusqu'à la fin[9]. » Le Narrateur n'en sait pas davantage sur lui-même, parce que l'âme ne peut mobiliser toutes ses richesses, « refoulées dans un domaine inconnu » : « Car aux troubles de la mémoire sont liées les intermittences du cœur[10]. » Le Narrateur, sous ses paroles d'une certaine époque, ne connaît pas la « vérité subjective » qui les lui dicte et ne la comprendra que plus tard, mais la « vérité objective », troisième strate, restera à jamais inconnue[11]. Le commentaire de l'intériorité fait reculer le moment du secret ; il ne s'y heurte pas moins ; le commentateur ramasse les morceaux d'une vaisselle cassée. Le temps est la figure du mystère, et le mystère, la figure du temps. Le roman, art du temps, de la longue durée, ne s'applique à l'intériorité que pour la détruire, la décomposer en une série de « moi » différents. Rien de plus solide à chercher dans la relation entre les êtres, qui n'existent que dans notre pensée : « L'homme est l'être qui ne peut sortir de soi, qui ne connaît les autres qu'en soi, et, en disant le contraire, ment[12]. » Dans cet univers où tout le monde ment, à soi-même et aux autres, le mensonge n'est pas seulement un thème d'analyse psychologique : il détruit le héros, devenu sans vérité. Il y avait une vérité d'Eugénie Grandet, il n'y en a plus d'Albertine ; de Rastignac, non du Narrateur. L'essence s'est perdue dans une intériorité sans fond — l'essence des êtres, puisque celle des choses, aubépines, trois arbres, pommiers en fleurs, œuvres d'art (objets qui sont aussi des sujets) composent la poésie proustienne, au-delà de la prose du monde.

On ne peut pas dire que *L'Homme sans qualités*, de Robert Musil, n'ait pas d'intériorité. Les deux mille pages de ce roman inachevé témoignent de l'acharnement avec lequel, pendant quarante ans, l'auteur construit l'univers de son héros, y compris, bien entendu, et d'abord, le monde de ses pensées : combien de « il pensait », « il sentait que », « il croyait sentir », « il comprit tout » ! Cependant, l'essentiel de la pensée de Musil se trouve dans le chapitre XXXIX, « Un homme sans qualités se compose de qualités sans homme[13] ». Quel que soit l'effort de l'homme pour se constituer une vie privée, un monde intérieur, un caractère, il en est empêché par l'évolution historique et sociale : « De nos jours, [...] le centre de gravité de la responsabilité n'est plus en l'homme, mais dans les rapports entre les choses entre elles. N'a-t-on pas remarqué que les expériences vécues se sont détachées de l'homme ? Elles sont passées sur la scène, dans les livres, dans les rapports des laboratoires et des expéditions scientifiques, dans les communautés, religieuses ou autres, qui développent certaines formes d'expérience aux dépens des autres comme dans une expérimentation sociale [...]. Il s'est constitué un monde de qualités sans homme, d'expériences vécues sans personne pour les vivre ; [...] il est probable que la désagrégation de la conception anthropocentrique qui, pendant si longtemps, fit de l'homme le centre de l'univers, mais est en passe de disparaître depuis plusieurs siècles déjà, atteint enfin le Moi lui-même. » Cela n'empêchera pas la description de « l'homme sans qualités » (p. 180), dès le chapitre suivant, dans une sorte de psychologie négative (comme il y a, pour dire ce que Dieu n'est pas, une théologie négative), qui procède par interrogations pressées : « Qu'allons-nous faire de tout cet esprit ? [...] Où est-il parti ? Où est-il, qu'est-il ? Peut-être se formerait-il autour de ce mot "esprit", si l'on en savait davantage, un cercle de silence angoissé[14]. » En fait, l'esprit n'a pas de centre, et l'âme n'est qu'un « grand trou » (p. 222). Ce trou s'emplit alors d'aventures politiques, amoureuses, mystiques, et de théories (IIIe partie, t. II, chap. L, « Le problème de génialité », ou l' « Abrégé historique de la psychologie des sentiments », écrit par Ulrich et lu par Agathe — où se trouve le rejet de la psychanalyse, chap. LXXI), mais il reflète un monde éclaté, dans un moi lui-même éclaté. L'extrême morcellement de la structure de *L'Homme sans qualités* exprime cette nouvelle mort du héros classique, un et tout ; tout échappe à la narration, tout se désintègre, rien ne communique : « Nous

Le personnage sans personne 55

autres contemporains avons le sentiment très net qu'il ne nous reste rien à faire » (t. I, p. 236). L'effondrement de l'Autriche, ou Cacanie (t. II, p. 1024), de la culture, entraîne celui de l'individualisme, donc de l'individu. Et lorsque le héros, Ulrich, songe à construire un nouveau système, le roman reste inachevé. Ce qui contribue aussi à l'invasion de l'intériorité, ce monde qui, lorsqu'on le scrute avec une attention extrême, comme Musil, s'évanouit, c'est l'expression du monologue intérieur. Le personnage n'est plus tendu dans une action, à la recherche d'un amour, ou combattant contre la mort : il devient le pur lieu de ses pensées (comme le héros, structure poétique mise à part, des derniers poèmes de Mallarmé). Il n'en est plus d'indifférente, de triviale, de grossière, de pornographique, qui ne puisse être, qui ne doive être retracée : les dernières distinctions entre les niveaux de style (tel qu'Erich Auerbach en a retracé l'évolution dans *Mimésis*) sont abolies, et cette abolition est l'une des caractéristiques du monologue intérieur. Ainsi Joyce retrace-t-il les pensées et impressions de M. Bloom, lisant le journal tout en satisfaisant des besoins élémentaires : « Ça y est. Constipé, une tablette de cascara sagrada. La vie pourrait être ainsi. Ça ne l'agitait ni ne l'émotionnait, mais c'était quelque chose d'adroit et de bien amené. En ce moment on imprime n'importe quoi. Saison des remplissages. »

La marque formelle du monologue intérieur[15] — dont l'inventeur a été Édouard Dujardin, dans *Les lauriers sont coupés* (1887), bien oublié et peu lisible, mais à qui Joyce et Larbaud ont rendu hommage, c'est la modification de la ponctuation jointe aux bouleversements syntaxiques. Tantôt la ponctuation hache des phrases brèves, tantôt, comme dans le long monologue de Molly Bloom (figure de Pénélope) à la fin d'*Ulysse*, elle est absente. La phrase est inachevée, nominale, adjectivale, faite de subordonnées sans principale : « Le verre flamboie. C'est ça que ce savant comment s'appelait-il et sa lentille qui incendiait. Et quand la lande prend feu. » Ou encore, à la lecture du journal : « À maintenant annexé *Le Chasseur irlandais*. Lady Mountcashel tout à fait remise de ses couches a chassé à courre avec l'équipage du Ward Union hier à Rathoutle. Renard immangeable. [...] Monte à califourchon. Autant d'assiette qu'un homme. Chasseresse émérite. »

Le monologue intérieur, chez Joyce, est fondé sur l'« association des idées et des sentiments », mais aussi des angoisses, des obsessions [16] : c'est aussi le discours de l'inconscient. « Si je pensais tout ce qui me passe par la tête », a écrit un jour Tchekhov dans une de ses lettres. Cette nouvelle technique retrace, de manière parfois choquante ou bouleversante, « tout ce qui passe par la tête », avant le style qui donne forme aux pensées. Mais il y a toujours du style, on recherche donc un effet de non-style, de pensée brute — comme, à la même époque, les surréalistes dans l'écriture automatique. Chaque personnage d'*Ulysse* a ainsi son monologue intérieur, différent des autres : à chacun sa sensibilité, ses fantasmes, son inconscient, l'enregistrement des événements extérieurs, un système de symboles, de leitmotive.

À son tour Larbaud, devenu ami de Joyce, écrit et lui dédie sa nouvelle « Amants, heureux amants » (*La Nouvelle Revue française*, 1er novembre 1921) : « *To James Joyce, my friend, and the only begetter of the form I have adopted in this piece of writing*[17]. » Dans sa conférence sur Joyce, Larbaud ne s'était guère étendu sur le monologue intérieur (« Mais pour nous, lecteurs, Bloom et Stephen sont comme les véhicules dans lesquels nous passons à travers le livre. Installés dans l'intimité de leur pensée, et quelquefois dans la pensée des autres personnages, nous voyons à travers leurs yeux et entendons à travers leurs oreilles ce qui se passe et ce qui se dit autour d'eux », *Œuvres complètes*, t. III, p. 335). Il y reviendra dans son étude de 1924 sur Dujardin (*Domaine français*, dans *Œuvres complètes*, t. VII). Il trouve l'origine du mot dans *Cosmopolis* de Paul Bourget (« pour désigner les monologues, d'origine stendhalienne, d'un de ses personnages ») et de la chose dans *Les lauriers sont coupés* (dont Joyce lui-même lui avait signalé l'existence). Cependant, Larbaud retrace l'histoire du genre, qu'il fait remonter aux *Essais* de Montaigne, pour traverser la poésie lyrique du XVIIe au XIXe siècle, puis les prosateurs (sous la forme du journal intime ou du roman par lettres, et des soliloques stendhaliens). Le véritable créateur de cette forme reste pourtant Dujardin, dans *Les lauriers sont coupés*[18]. Mais ici, non plus, Larbaud ne donne de définition autre que celle de quelques-uns des effets produits : « Exprimer avec force et rapidité les pensées les plus intimes, les plus spontanées, celles qui paraissent se former à l'insu de la conscience et qui semblent être antérieures au discours organisé [...], atteindre si profondément dans le Moi le jaillissement de la pensée » (p. 318-319). Dans « Amants, heureux amants », Larbaud met en pratique ce qu'il a analysé chez Joyce, dès la première page et jusqu'à la dernière, sans couper le récit, contrairement à Joyce, par l'emploi d'autres techniques : « Ne pas bouger. Mais non. J'irai les regarder dormir[19]. Doucement, pourvu que le chien de Cerri ne se mette pas à aboyer. Zitto, Zitto. » Mais les phrases de Larbaud gardent quelque chose de classique, de clair[20], qui témoigne d'une invention importée, empruntée : certes, le personnage n'a plus d'extériorité, mais il relève encore de l'analyse classique, il s'analyse sans jaillissement inconscient, dont témoigneraient des bouleversements linguistiques, hélas ! absents.

Faulkner ne s'y trompe pas, dans *Le Bruit et la Fureur* (1929 ; traduction française 1938) : « J'avais déjà entrepris, dit-il dans une interview publiée en mai 1956, de relater l'histoire à travers les yeux du jeune idiot, pensant qu'elle aurait plus de portée si elle était racontée par quelqu'un en mesure de constater ce qui se passait, mais incapable de comprendre. Toutefois je me rendis compte que je n'avais pas réussi à raconter mon histoire. Je recommençai la même histoire à travers les yeux d'un autre frère. Ce n'était pas encore ça. Je tentai alors de rassembler ces divers éléments et de les lier en tenant moi-même le rôle du narrateur[21]. » Une histoire éclatée, dans un personnage lui-même éclaté, et finalement châtié, celui de l'idiot Benjy, si cher à l'auteur, qui en parle ainsi, dans un projet d'introduction (1933), définissant du même coup le type de discours écrit, de monologue intérieur que nous allons entendre : « Être sans pensée ni compréhension — informe, neutre, comme une créature sans yeux ni voix qui, au début de la vie, eût pu exister du seul fait de sa capacité à souffrir, à demi fluide, tâtonnant : masse blême et perdue, incarnation de toute la douleur qui harcèle les corps sous le soleil, dans le temps mais non du temps sauf en ceci qu'il était capable, la nuit, d'emporter avec lui jusque dans les formes lentes et brillantes du sommeil cet être farouche et courageux qui pour lui n'était qu'un contact, un son qu'il pouvait entendre sur n'importe quel terrain de golf, une odeur comme celle des arbres[22]. » Notons que Faulkner cite parmi ses maîtres Flaubert, Dostoïevski, Conrad,

James, Balzac, Tourgueniev, non Joyce. La difficulté, chez lui, tient en outre plus au télescopage des dates et des temps, et au découpage sur la page blanche, qu'à un bouleversement de la syntaxe, de la ponctuation, à la longueur des monologues. En fait, le romancier est partagé entre la technique du monologue intérieur [23] et celle de la réfraction d'un même spectacle en plusieurs points de vue, comme le montre son roman de 1930 *Tandis que j'agonise*. Celui-ci est, en effet, composé de cinquante-neuf monologues. Le titre est, selon Faulkner, emprunté (comme *Ulysse*) à *L'Odyssée*, au discours d'Agamemnon adressé à Ulysse aux enfers [24]. Quinze personnages autour de la mort d'une mère, dont le personnage est ainsi dispersé, a explosé, à part un monologue bouleversant (p. 1009-1015), à travers tant de consciences. La technique de James ajoutée à celle de Joyce a produit cet effet détonnant, où il serait absurde de ne lire, comme certains critiques, qu'un roman réaliste, de « mœurs rurales [25] ». La décomposition de la mère en tant de points de vue différents est comme l'accompagnement technique non seulement d'une théorie de l'inconnaissable, mais d'une autre décomposition, celle de la terre et de la mort. Dans ce chapitre où nous étudions la mort du héros, ce roman occupe une place essentielle, puisqu'il exprime ce thème par son sujet comme par sa technique — qui allait avoir tant d'influence, bien avant James inconnu, sur ses lecteurs français : Camus, Sartre (qui consacre à Faulkner l'un de ses articles de *La NRF* : « À propos de *Le Bruit et la Fureur*, la temporalité chez Faulkner », *La NRF*, juillet 1939), Louis-René Des Forêts (*Les Mendiants*), Claude Simon.

Virginia Woolf, à la recherche de l'intériorité, à partir de *La Promenade au phare* (*To the Lighthouse*, 1927 ; traduction française 1929), pratique le même effort de « dépersonnalisation[26] ». L'héroïne du roman, Mrs. Ramsay, n'est plus qu'une sorte de « médium » qui reflète les autres et les grandes questions que pose l'existence. La technique employée n'est pas exactement celle du monologue intérieur : nulle rupture syntaxique, nulle provocation ; plutôt le style indirect libre : « Quelle était la valeur, la signification des choses ? [...] "Je vous en prie, dites quelque chose", demandait-elle intérieurement, n'éprouvant que le désir d'entendre sa voix. Car l'ombre, la chose qui les enveloppait, commençait, elle le sentait, à l'entendre de nouveau. "Dites n'importe quoi", lui demandait-elle, en le regardant pour implorer son appui[27]. » En commençant à construire son roman, Virginia Woolf a eu le sentiment d'échapper au genre traditionnel : « Un nouveau... par Virginia Woolf. Un nouveau quoi ? Une élégie[28] ? » L'élégie est justement la « plaintive élégie en longs habits de deuil » (Boileau, *Art poétique*, II), le genre poétique qui exprime les regrets de l'âme. Le *Journal*, qui retrace la genèse du livre, parle encore d'« analyser les sentiments plus à fond » (30 juillet 1925). Les personnages sont dissous dans le temps, l'incommunicabilité, le silence. Que la technique diffère de Joyce, on n'en sera pas surpris en lisant les jugements sévères que Virginia Woolf porte sur *Ulysse*, « livre inculte et grossier », « diffus et bourbeux ; prétentieux et vulgaire »[29]. Le caractère, chez elle, est, comme l'a noté Marguerite Yourcenar (qui a traduit *Les Vagues*, Stock, 1937), dissous dans l'Être : « Les quelques personnages ne sont plus que des mouettes au bord d'un Temps-Océan, et les souvenirs, les rêves, les concrétions parfaites et fragiles de la vie humaine nous font l'effet de coquillages au bord de majestueuses houles éternelles. » Dans *Les Vagues*, comme chez Faulkner, se succèdent les monologues de six

Le personnage sans personne 61

personnages, coupés d'intermèdes (« essentiels pour jeter des ponts et fournir une toile de fond », *Journal*, p. 252), un septième n'est perçu qu'à travers les autres. La perception de la vie, ou de ses substituts, est tissée dans un long discours qui change de bouche, que l'on se passe et repasse sans réel effet de différenciation entre les personnages (malgré les « dit Neville », « dit Bernard »). L'intériorité se fait musique, et l'opéra devient symphonie. L'écoulement de la vie, les vagues intérieures qui répondent aux vagues extérieures ont recouvert les héros : « Je me demande maintenant : "Qui suis-je ?" J'ai parlé de Bernard, de Neville, de Jinny, de Suzanne, de Rhoda et de Louis. Est-ce que je fais partie de leur groupe ? Suis-je séparé, unique ? Je n'en sais rien. Nous sommes assis ensemble. Mais Perceval est mort et Rhoda est morte ; nous sommes dispersés ; nous sommes absents. Et cependant, il me semble que rien ne nous sépare. Aucun obstacle ne s'élève entre nous. En vous parlant, j'avais l'impression que vous étiez moi-même. Ces différences qui nous paraissent si importantes, cette identité dont nous faisons tant de cas étaient depuis longtemps surmontées [30]. »

Sur cette voie dangereuse qui mène à la dissolution des personnages aussi bien que du « moi » de l'auteur, nous rencontrons deux grands écrivains italiens : Italo Svevo et Luigi Pirandello. *La Conscience de Zeno* (1923), du premier, est l'autoanalyse de Zeno Cosini, personnage incapable de vouloir et d'agir, en proie à l'ennui (thème repris par Pavese et Moravia), créature baudelairienne revue par Joyce. Cette analyse, qui d'ailleurs refuse Freud et la psychanalyse, est la décomposition d'un personnage lui-même en décomposition (ce que n'est nullement M. Bloom) : technique et psychologie s'accordent.

Pirandello, dans *Feu Mathias Pascal* (1904), avait abordé le problème du dédoublement de la personnalité (un personnage, malheureux en ménage, est par hasard réputé mort ; il entreprend de vivre sous un autre nom, mais n'y arrive pas et retourne dans sa ville[31]). Par ailleurs, sous le nom d' « humorisme », il a, en 1908, défini une attitude intellectuelle caractérisée par le « sentiment du contraire » et qui « décompose et désordonne »[32]. La création romanesque sera donc une activité de dissociation : « En des moments orageux, toutes nos formes factices s'effondrent misérablement sous la ruée du flux[33]. » C'est avec *Un, personne et cent mille* (1926 ; Pirandello mit plus de dix ans à écrire ce roman) que le romancier présente, sous tous ses aspects, la conception de la personne et du personnage. Une conscience y souffre de n'être que son reflet dans le regard des autres et affirme qu'il en est de même pour chacun : « Une minute avant que ne se produise le fait qui vous occupe, vous étiez non seulement un autre, mais aussi cent autres, cent mille autres[34]... » Moscardo devient alors « fou par force », à la recherche de « noms à volonté », selon les « diverses places » de ses sentiments et de ses actes[35]. Ses actes sont, chacun, accomplis par un moi différent, qui, ensuite, nous demande des comptes. Le héros, dans son analyse sans fin, est donc, selon le vocabulaire sartrien, sans « pour soi », et finalement sans « pour autrui » : « Ce que je puis être pour moi-même, non seulement vous n'en pouvez rien savoir, mais moi non plus[36] !... » Il simule alors la folie, retournant sans cesse à son intuition centrale : « À qui dire "moi" ? Que servait de dire "moi", puisque pour autrui ce mot avait un sens et une valeur qui ne seraient jamais les miens, et puisque pour moi, ainsi isolé des autres, le fait de donner à ces mots un sens et une valeur suffisait pour me précipiter aussitôt dans l'horreur sans fond de cette solitude[37]... » À la fin, le héros connaît une sorte de bonheur dans l'absence de tout nom, dans la perte totale de soi et la fusion avec le monde extérieur, les choses : « Je suis cet arbre ; l'arbre, le nuage. Demain, je serai le livre ou le vent [...]. À chaque instant je meurs et renais, neuf et lavé de souvenirs ; dans mon intégrité et vivant, non plus en moi, moi en toutes les choses extérieures[38]. » Dans cette démence assumée, cette déperdition totale, cette vie au plus près de la mort, on n'est pas loin de Blanchot, de Beckett. Le héros a volé en miettes.

Chez ce grand romancier qu'est Pierre-Jean Jouve, les personnages tendent parfois au néant, à ne plus exister que comme des fantômes. Dans *Le Monde désert*, Jacques veut « se supprimer comme cause de tout ce qu'il voit » ; *Dans les années profondes* montre un narrateur décomposé en une suite d'états : « Des états, de mélancolie, de joie, d'annonciation, de désespoir, des états faux en regard du monde de la douleur et de la solitude, mais plus véritables que le monde et sauvés par une étincelle intime. » Comme dans *Le Don Juan de Mozart* analysé par Jouve, « la rupture est la loi de cet art d'harmonie suprême ». *Vagadu* (1931), suite d'*Hécate*, est l'histoire, l'une des premières du roman français, d'une cure psychanalytique : la matière d'une cure vécue par l'auteur est réutilisée, projetée dans les rêves de l'héroïne, et dans une descente intérieure qui va plus loin que toute analyse psychologique consciente. La structure en est discontinue, car il s'agit de rassembler symboliquement les membres épars d'Hécate (le thème de cette déesse inanimée sera repris en 1954 par le roman de Paul Morand *Hécate et ses chiens*). La descente dans l'intériorité opérée par le roman ne peut aller plus loin qu'au fond de l'inconscient, dans les profondeurs du «ça». Groddeck, auteur du *Livre du ça*, a aussi écrit un roman psychanalytique : *Le Chercheur d'âmes* (Gallimard, 1982). On a d'ailleurs montré[39] comment, avant Freud, la psychologie anglaise, *De l'intelligence* de Taine, la traduction de la *Philosophie de l'inconscient* de Hartmann (1869), la trilogie de Ribot *Les Maladies de la mémoire* (1881), *Les Maladies de la volonté* (1883), *Les Maladies de la personnalité* (1885), avaient pu influencer de nombreux romanciers, et Bourget lui-même. Mais, comme le note encore Michel Raimond, «ce sont les romanciers et les critiques qui ont assuré le succès de Freud en France[40]».

On voit donc que lorsque Jean-Paul Sartre, à vingt-six ans, en 1931, commence le roman qui deviendra *La Nausée*[41], il s'insère dans une lignée, et presque une tradition. Quoique l'on puisse affirmer que Roquentin n'y ait pas d'intériorité[42], il reste bien que dans les formes et les techniques choisies par Sartre, et qui s'accordent parfaitement avec la crise qu'il dépeint, le lecteur est amené à sentir avec Roquentin, à revivre son expérience de l'intérieur. Il s'agit en effet d'un «journal», comme l'écrit le romancier lui-même ; un «journal» retrouvé parmi les papiers d'Antoine Roquentin : ce procédé du journal retrouvé se rattache, lui aussi, à une tradition littéraire ; bien loin d'être la garantie de réalité qu'il voulait être au XVIII siècle, dès que nous lisons «manuscrit trouvé dans, à... », nous savons que nous entrons dans un monde littéraire — qui n'est pas celui de Céline, quoi que celui-ci en ait dit, d'abord parce que ni *Voyage au bout de la nuit* ni *Mort à crédit* ne se présentent sous la forme fragmentée du journal. Celle-ci s'harmonise avec la décomposition du moi, avec l'expérience de la contingence (que l'on trouve déjà dans *Le Chiendent*, de

Queneau, en 1932), avec l'angoisse existentielle qu'indique le titre, *La Nausée*, lorsque le livre paraît en 1938. Personnage solitaire, névrosé, Roquentin s'efforce de comprendre l'expérience négative qu'il est en train de vivre, celle du sentiment d'être en trop : « À présent, quand je dis "je", ça me semble creux. Je n'arrive plus très bien à me sentir, tellement je suis oublié. Tout ce qui reste de réel, en moi, c'est de l'existence qui se sent exister. Je bâille doucement, longuement. Personne. Pour personne, Antoine Roquentin n'existe[43]. »

À la même époque, un romancier qui n'a rien à voir avec Sartre ni par l'art, ni par la profession, ni par les croyances, donne à un roman la forme du journal pour exprimer, lui aussi, lui d'abord, une vie existentielle[44] : Georges Bernanos dans *Journal d'un curé de campagne* (1936). Une vie décomposée en instants, d'ailleurs non datés, y rencontre « l'effrayante présence du divin[45] » et, parfois, celle de Satan : « Résolu que je suis à ne pas détruire ce journal, mais ayant un devoir de faire disparaître ces pages écrites dans un véritable délire, écrit le héros, je veux néanmoins porter contre moi ce témoignage que ma dure épreuve [...] m'a trouvé un moment sans résignation, sans courage, et que la tentation m'est venue de... (*La phrase reste inachevée. Il manque quelques lignes au début de la page suivante.*)[46] » Tout inverse ici *La Nausée*, y compris l'intervention d'un narrateur étranger, dans une lettre située, non plus au début, mais à la fin du livre, et pour raconter les derniers instants du curé d'Ambricourt, mourant en citant les mots de sainte Thérèse de Lisieux (alors que nous ne savons pas comment est mort Roquentin). L'un évanoui dans la grâce, l'autre dans le néant, ces deux figures antagonistes du roman français des années

1930 témoignent également de l'écrasement du personnage par des forces qui le dépassent ; transcendance ou contingence font voler en éclats la fiction traditionnelle.

Bernanos n'aura pas, en France, de successeur, et peu d'imitateurs ; Sartre, beaucoup. Dans *La Nausée*, il n'a pas encore l'audace de pousser le monologue intérieur jusqu'où Joyce l'avait conduit : le journal est sa forme polie, classique, élégante. Rien n'est dynamité. Lorsque *Les Chemins de la liberté*, après la Seconde Guerre mondiale, adoptent les techniques les plus modernes, il sera trop tard : tout le monde connaît *Ulysse*, et les grands Américains — que d'ailleurs le critique de *La NRF* a contribué à faire connaître, presque autant que Malraux dans sa préface à *Sanctuaire*. Mais Sartre sert de médiateur : son succès véhicule des formes, comme les insectes le pollen, qui fertiliseront d'autres œuvres. Tout un courant « noir », longtemps démodé, oublié, mais qui reparaît à la fin des années 1980, en dérive, du *Vent noir* de Paul Gadenne (1947) aux romans d'Emmanuel Bove, à *Passage du malin* de Marius Grout, qui a obtenu le prix Goncourt. Le courant provient peut-être aussi d'une autre source, *Le Sang noir* (1935) de Louis Guilloux, qui raconte la déchéance de Cripure, pauvre professeur de lycée chahuté (roman que Malraux a préfacé), et, en deçà encore, nous trouvons Eugène Dabit (*Hôtel du Nord*, *P'tit Louis*) et, bien entendu, Céline. *L'Apprenti*, de Raymond Guérin (écrit en captivité en Allemagne ; paru en 1946), continue l'atmosphère sombre de cette lignée, avec la technique du monologue intérieur (qui, rappelons-le, à l'exception toute relative de Valery Larbaud, s'accorde beaucoup plus à un univers tragique qu'à un monde lumineux) : un récit à la troisième personne passe, sans transition, mais sans cesse, à l'expression syncopée des pensées et des visions du triste protagoniste, M. Hermès, garçon d'hôtel onaniste : « Pourquoi se laisser enfermer dans un moule, un moule, un moule ?... Ce serait bon, maintenant, de sombrer dans le néant, que tout se défasse dans le cerveau, plus de nœuds, plus de carrefours, comme si de l'eau vous entrait dedans... entrait dedans, entrait dedans, entrait dedans... oui... les genoux de la femme du coin... se laver les mains... si on déraillait... déraillait, déraillait[47]... » Ce chemin de fer n'est pas celui qui emmenait Barnabooth à la conquête du monde.

Un dernier feu d'artifice illumine l'histoire plutôt sombre du monologue intérieur : *La Mort de Virgile* (1945), d'Hermann Broch. Les vingt-quatre heures dernières de la vie du poète, en quatre cent trente-neuf pages (de la traduction française ; cinq cent trente-trois pages dans l'édition allemande). Le livre, qui se veut aussi poème, combine la dissolution des pensées avec le regard rétrospectif qui s'efforce de reconstituer l'unité d'une vie et d'une œuvre : « Le monologue de Broch, écrit-il lui-même dans *Création littéraire et connaissance*[48], ne saurait donc se comparer à celui de Joyce[49], car celui-ci place les contraires côte à côte à la manière pointilliste. Mais il n'a non plus rien de commun avec la méthode mémorative de Proust et encore moins avec les tentatives de Thomas Mann qui vont dans la même direction. Non, ici on tente une chose absolument nouvelle, une chose que l'on pourrait appeler un autocommentaire lyrique. » Le désordre du monologue apporte les éléments contradictoires de l'âme ; sa rédaction leur donne une unité. La phrase oscille entre la lucidité du mourant — c'est sa part de clarté — et le rythme musical, « reproduction fidèle du mouvement ondulant de la nacelle funèbre, qui emporte le mourant vers le large[50] ». Broch a conscience d'inventer une forme nouvelle, en s'insérant ainsi dans la « naissance organique » de l'histoire de l'art, grâce à la structure et à la longueur des phrases. Le monologue intérieur « apporte des souvenirs et la confusion de sentiments, qui descend jusqu'aux sentiments corporels mais ira ici encore plus loin en montrant comment tout cela développe par association des attitudes métaphysiques fondamentales et des théorèmes philosophiques. Même les scènes de conversation du livre entrent dans le monologue intérieur. Elles ne sont rien d'autre que la reproduction de l'événement extérieur et du dialogue réel, reproduction monologuée et [...] abstractrice [...]. Cette catégorie de monologue intérieur entraîne certaines exigences de style[51] ». Une seule seconde supporte des groupements de pensée, d'émotion, de perception qui le développent en une longue phrase : « Une phrase, une pensée, une seconde[52]. » Une pensée instantanée ne peut s'exposer que dans le temps, la simultanéité que par la durée. Virgile est alors déchiré entre la vie, le monde et la mort. Le monologue poétique du héros mourant signifie qu'au moment où il unifie toute son existence, il va pourtant être détruit ; ne subsiste alors que « le Verbe qui est au-delà de tout langage[53] » et aussi au-delà de tout monde : la méditation de l'auteur de l'*Énéide* abolit la frontière entre le monde extérieur et le monde intérieur, sous le signe des quatre éléments qui donnent leur nom aux autres parties du livre.

L'intériorité qui dévore tout et détruit l'individualité des personnages se retrouve encore dans les récits de Nathalie Sarraute, admiratrice de Virginia Woolf et lectrice de Henry Green et d'Ivy Compton-Burnett, deux romanciers anglais dont les ouvrages sont composés entièrement de dialogues. L'enveloppe extérieure du personnage compte peu, même lorsqu'il s'agit de faire le « portrait d'un inconnu » (1948), ou d'un livre (*Les Fruits d'or*), ou d'un romancier (*Entre la vie et la mort*). En 1950, dans un article intitulé « L'Ère du soupçon[54] », Nathalie Sarraute décrète que les personnages de Balzac et de Flaubert, les héros de romans d'analyse sont bien morts. Restent, d'une part, les livres où règne le « je tout-puissant » (de Proust, Gide, Genet, Rilke, Céline et Sartre), d'autre part le roman américain. Le récit à la première personne survit, parce qu'il cherche à découvrir des « états complexes et ténus ». « Conversation et sous-conversation », article de Nathalie Sarraute de 1956[55], ne retient que la place du dialogue dans le roman (chez Henry Green et Ivy Compton-Burnett). « Ce que voient les oiseaux » (1956) se demande : « Comment le romancier pourrait-il se délivrer du sujet, des personnages et de l'intrigue ? » La réalité à dévoiler, en effet, s'est réfugiée dans des « frémissements à peine perceptibles ». Le romancier novateur doit donc renoncer à des formes périmées, mais aussi heurter le goût réactionnaire du lecteur. *L'Ère du soupçon* métamorphose la littérature en une partie d'échecs que le romancier joue contre son lecteur. Tantôt, il faut apaiser celui-ci, le « tenir en respect » : la « première personne » satisfait sa curiosité et le rassure. Tantôt, il faut l'empêcher d'agir. Le lecteur, en effet, est attaché aux « types » littéraires, « tel le chien de Pavlov, à qui le tintement d'une clochette fait sécréter de la salive, sur le plus faible indice il fabrique des personnages ». Comme le romancier doit libérer l'« élément psychologique » de son support individuel, il doit empêcher son partenaire de s'attacher à des héros, en le privant des indices qui lui permettent de « fabriquer des trompe-l'œil » ; au contraire, il l'attirera sur le « terrain de l'auteur », à une profondeur où rien ne subsiste de l'apparence des personnages. En ce lieu se forment les « mouvements souterrains » communs à l'auteur et au lecteur : c'est là que le premier doit faire descendre le second. Le langage parlé et le langage pensé sont donc les deux seuls sujets de la fiction selon Nathalie Sarraute. On comprend qu'ils traversent et détruisent toute enveloppe individuelle : l'apparence corporelle n'est plus qu'une défroque abandonnée au vestiaire de l'Histoire. « Voilà pourquoi le personnage n'est plus aujourd'hui que l'ombre de lui-même. C'est à contrecœur que le romancier lui accorde tout ce qui peut le rendre trop facilement repérable : aspect physique, gestes, actions, sensations, sentiments courants, depuis longtemps étudiés et connus, qui contribuent à lui donner à si bon compte l'apparence de la vie et offrent une prise si commode au lecteur[56]. »

L'entité, l'unité de base des récits de Nathalie Sarraute n'est donc plus le personnage, mais la relation interpersonnelle. Les drames intérieurs qu'elle décrit ne peuvent se passer d'un partenaire, imaginaire parfois, réel le plus souvent. Ils sont faits, non d'actes, mais de « mouvements souterrains », que les paroles captent, protègent et portent au-dehors : « Je n'ai plus en vous la même confiance », pense, ou dit, l'écrivain d'*Entre la vie et la mort*. « C'est que nous ne sommes plus seuls comme autrefois, vous et moi. Ils sont tous là, ils se pressent autour de nous, autour de vous, j'entends cette rumeur qui monte d'eux et couvre votre voix [...]. La couvre ? Ou avec elle se confond ? » Les mouvements secrets sont exprimés par les mots, et ceux-ci, à leur tour, doivent être décryptés pour suggérer, par un jeu de comparaisons et de métaphores, ce qu'ils

Le personnage sans personne

recouvrent : « Des mots surgis de n'importe où, poussières flottant dans l'air que nous respirons, microbes, virus [...] on est tous menacés [...]. Ils restent là, en vous, toujours en activité, ils entrent de temps en temps en éruption, ils dégagent des vapeurs, des fumées [...]. Ou plutôt ils agissent comme certaines drogues, tout ce qui vous entoure est transformé [...]. Un ailleurs était là, qu'on ne soupçonnait pas [57]... »

L'évolution des personnages, dans les romans de Samuel Beckett, témoigne encore d'une destruction progressive par l'intérieur. *Murphy* (version anglaise : 1938, française : 1947 [58]) a encore un héros, des aventures extérieures, des vêtements, soigneusement, quoique ironiquement, décrits : « Ces pauvres restes d'une confection convenable, Murphy les éclairait d'un papillon couleur citron tout fait d'une grande simplicité, assis comme dérisoirement sur une combinaison col-plastron, taillée dans une seule pièce de celluloïd caoutchouté, contemporaine du costume et une des dernières de son espèce. » *Watt* (version anglaise : 1953, française : 1968), *Molloy* (1951), *Malone* (*Malone meurt*, 1952) demeurent des personnages, qui se déplacent encore à la recherche d'un homme, d'une mère, d'une ville. C'est véritablement dans *L'Innommable* (1953) que le héros est submergé par sa propre voix, que son intériorité, comme un abcès, éclate en langage : « Que d'histoires je me suis racontées, accroché au moisi, et enflant, enflant. En me disant, Ça y est, je la tiens ma légende [59] », déclarait Malone. Et dans *L'Innommable* : « Ce qui se passe ce sont des mots. » La voix intérieure qui lutte contre la mort, et que l'on entend encore dans *Comment c'est* (1961), sera plus tard remplacée, dans *Compagnie* (1980), beaucoup plus court, par une voix extérieure qui s'adresse au héros à la deuxième personne ; il est alors totalement dépossédé de lui-même : « Une voix parvient à quelqu'un sur le dos dans le noir. [...] L'emploi de la deuxième personne est le fait de la voix. »

LE PERSONNAGE COMME OBJET :
LE TRIOMPHE DE L'EXTÉRIORITÉ

Et si la vie intérieure n'existait pas ? Si l'objet du romancier était de posséder l'Histoire, la vie, la société, dans son grouillement, son immense agitation collective ? Si le héros n'était plus qu'un objet, une épave ballottée sur cet océan ? Le roman d'analyse, le roman psychologique peut être contesté de l'intérieur, nous venons de le voir, vaincu par un supplément d'analyse, renouvelé par implosion. Il peut aussi être contesté, refusé, de l'extérieur. On voit alors apparaître des personnages décérébrés, sans âme, parfois sans corps : individus réduits à leur langage, à des opinions toutes faites (descendants de Bouvard et de Pécuchet), à quelques traits. Ils n'ont plus ni volonté, ni ambition, ni permanence, ni caractère, parce qu'ils sont décrits, traités, répartis comme des choses. Plusieurs étapes, ou plusieurs courants, dans cette dépersonnalisation : le roman américain, Kafka et sa descendance, le cubisme littéraire, les grands cycles romanesques français, le formalisme du Nouveau Roman.

Claude-Edmonde Magny, qui fut l'un des plus grands critiques français du siècle, a, dans un brillant essai, résumé ce que fut *L'Âge du roman américain*. Nous en retiendrons surtout son apport au « roman impersonnel », dont les conséquences se sont fait sentir jusqu'à Robbe-Grillet. Les deux innovations principales du roman américain concerneraient, l'une, la narration, dont l'objectivité est poussée jusqu'au behaviorisme, l'autre, des techniques de prise de vues empruntées à la caméra[60]. Il faut remonter aux principes de la philosophie behavioriste pour comprendre les principes du roman américain : celle-ci « se définit par un parti pris de tenir pour seul réel, dans la vie psychologique d'un homme ou d'un animal, ce qu'en pourrait percevoir un observateur purement extérieur[61] ». La psychologie est alors réduite à « une suite de comportements ». Les principaux romanciers américains de l'entre-deux-guerres ont adopté cette technique (chez Faulkner, elle est toutefois nuancée par l'emploi du monologue intérieur et la poésie de la vision) : Dos Passos, Hemingway, Caldwell, Steinbeck ; mais aussi Dashiell Hammett (*Le Faucon maltais*, 1930 ; *La Clé de verre*, 1931). Celui-ci, pour signifier la corruption d'une petite ville, à la première page de *La Moisson rouge*, décrit trois policiers : le premier aurait besoin de se raser ; le deuxième a perdu deux boutons de son uniforme, d'ailleurs sale ; le troisième règle la circulation un cigare au coin de la bouche. Cette attention exclusive à l'extériorité entraîne l'introduction de tout un peuple nouveau de vagabonds, d'ivrognes, de voyous, de demeurés mentaux, de policiers corrompus, de tueurs, de soldats, d'aventuriers : l'analyse intérieure rendrait peu ; la peinture extérieure, au contraire, les traite comme et par des objets.

Le récit n'est donc plus interprété, ni les personnages : il montre — mais non pas tout ; il procède par ellipses, par détails significatifs (comme chez Jules Renard) : « Seuls l'ellipse, le silence, le refus de conter peuvent exprimer adéquatement ce qui est la perte de réalité, l'absence de soi, la démission devant l'existence[62]. » Aucun texte n'est plus représentatif de cet art que la nouvelle de Hemingway « Les Tueurs » (écrite en 1926) : un récit bref, qui laisse la place à plusieurs interprétations — et à deux grands films de Siodmak et de Siegel. L'ellipse, d'abord : « J'ai exclu le plus de détails que j'ai pu, a déclaré Hemingway. J'ai exclu la ville de Chicago tout entière[63]. » L'histoire est connue : deux tueurs entrent dans un restaurant pour abattre un Suédois ; celui-ci, prévenu par le témoin principal, Nick, refuse de s'enfuir ; on ne verra pas le meurtre ; on n'en connaîtra pas les raisons. La pensée est comme chassée de la fiction : « Je ne peux pas supporter l'idée qu'il est là, dans sa carrée, sachant qu'on va le tuer. C'est trop affreux. — Alors, dit Georges, vaut mieux ne pas y penser[64]. » Face aux personnages, les narrateurs de Hemingway ne vont pas au-delà de quelques timides hypothèses : « Après la tempête » raconte une plongée sous-marine, la découverte d'une épave, d'un paquebot qui a fait naufrage avec quatre cent cinquante passagers : « Croyez-vous qu'ils soient restés à l'intérieur de l'habitacle, ou qu'ils soient sortis sur la passerelle ? On n'a jamais retrouvé aucun cadavre. Pas un seul. Personne à la surface, et pourtant ils flottent longtemps avec des bouées de sauvetage. Ils ont dû rester dedans. Oui. Et finalement les Grecs ont tout raflé, absolument tout. Ils n'ont pas dû perdre de temps. Ils l'ont vraiment ratissé. D'abord sont venus les oiseaux, puis moi, puis les Grecs, et les oiseaux eux-mêmes en ont tiré plus que moi[65]. » Albert Camus s'inspirera de cette technique dans *L'Étranger*. Meursault, bien qu'il raconte son histoire à la première personne, ne la comprend pas de l'intérieur ; c'est un tissu d'actes sans causes. En fait, ce type de romans nous suggère qu'il n'y a plus de psychologie, plus de conscience, plus d'inconscient : la personne est impersonnelle ; le « je » devient un « on », ou un « ils », comme dans la première phrase du *Chiendent* de Queneau (1933) : « La silhouette d'un homme se profila ; simultanément, des milliers. Il y en avait bien des milliers. » L'individu est alors, non pas irremplaçable dans l'amour de Dieu comme chez Mauriac ou Bernanos, mais interchangeable dans l'indifférence sociale : « Détachée du mur, la silhouette oscilla bousculée par d'autres formes, sans comportement individuel visible, travaillée en sens divers, moins par ses inquiétudes propres que par l'ensemble des inquiétudes de ses milliers de voisins. Mais cette oscillation n'était qu'une apparence ; en réalité, le plus court chemin d'un labeur à un sommeil, d'une plaie à un ennui, d'une souffrance à une mort. » Le plus concret rejoint ici le plus abstrait, le multiplie, mais toujours en traversant la personne.

Ce que Proust, qui n'allait pas au cinéma, appelle une « vision cinématographique des choses », la littérature même qu'il condamne, est au contraire celle qui triomphe dans les *USA* de Dos Passos, où les nouvelles, qui reviennent à intervalles réguliers, s'appellent « Actualités », ou « L'Œil de la caméra ». La vie sociale est enregistrée comme dans un documentaire, pris au hasard ; l'observateur est insignifiant : ce n'est plus même Fabrice del Dongo à Waterloo, c'est un individu anonyme, un « œil » comme tous les autres (on songera aux tentatives contemporaines du cinéaste soviétique Dziga Vertov). Il ne reste plus qu'un « être collectif[66] ». Dans *Les Chemins de la liberté*, Sartre décrit, comme Dos Passos, cet être collectif, y intègre l'actualité, les journaux, la radio ; mais il ne renonce pas aux héros, conçus, qu'on le veuille ou non, comme des personnages classiques. Steinbeck, au contraire, dans *Des souris et des hommes*, a pris pour héros une brute, un demeuré mental, guère plus intelligent que les souris qu'il étrangle et que le titre place avant lui.

« Il n'y a pas d'imbéciles dans vos livres... », disait Gide à Malraux — qui répondait : « Quant aux idiots, la vie suffit ». Voici venu le temps des imbéciles, inauguré par les créatures de Flaubert. C'est une révolution esthétique ; c'est aussi l'avènement de la société, des classes sociales, du groupe, comme sujet du roman. Le roman américain a donné à des thèmes qui remontaient au XIXe siècle, à Balzac peut-être, au naturalisme en tout cas, la technique nouvelle qui leur manquait. Elle additionne un peu ; elle soustrait beaucoup.

C'est du côté des romans fleuves, des « romans cycles », qu'il faudra chercher en France l'équivalent de ce double mouvement : la socialisation, la collectivisation des personnages y est inversement proportionnelle à leur dépersonnalisation. Jules Romains, dès *Le Bourg régénéré* (1906), *Mort de quelqu'un* (1911) et *Sur les quais de la Villette*, se consacre aux foules : « C'est l'âme individuelle, a-t-il écrit, que nous considérions (jusqu'ici) comme le chef-d'œuvre de la vie, comme le sommet de la terre. Or les Groupes, les groupes faits d'hommes, les plus petits et les plus vastes, les couples, les rassemblements, les foules, les villages, qui menaient depuis des siècles une vie mystérieuse et muette [...], viennent d'affirmer enfin leur présence surhumaine. » En effet, Jacques Godard, héros de *Mort de quelqu'un*, ne vit que dans la mémoire du groupe de ses voisins, de ses camarades, sans laquelle « il n'aurait même pas ça d'existence[67] ». Car si le groupe est le héros, l'individu n'existe plus. La préface au tome I des *Hommes de bonne volonté* (1932) retourne à ces sources : « Dès l'époque où j'écrivais *La Vie unanime*[68], je sentais qu'il me faudrait entreprendre tôt ou tard une vaste fiction en prose, qui exprimerait dans le mouvement et la multiplicité, dans le détail et le devenir, cette vision du monde moderne, dont *La Vie unanime* chantait d'emblée l'émoi initial. » Il n'est plus question de recommencer Balzac, ou Zola, profession par profession (comme Pierre Hamp) : « Le roman sur les milieux financiers, venant après le roman sur les milieux politiques et le roman sur les milieux sportifs [...], oui, ce serait un peu trop comme le n° 17 sur les Animaux de basse-cour venant après le 16 sur les Arbres fruitiers et le 15 sur les Parasites de la vigne[69]. » Il ne s'agit pas non plus d'ordonner la perception de la société autour de la carrière, ou de la perspective, d'un individu (comme *Jean-Christophe* de Romain Rolland, ou même *À la recherche du temps perdu* : l'un des sous-titres du sommaire du *Temps retrouvé* est non « La guerre » mais « M. de Charlus pendant la guerre ») ou d'une famille : Jules Romains cite ici la *Forsyte Saga* de John Galsworthy, *Les Buddenbrook* de Thomas Mann (on pourrait ajouter[70] *Les Hauts Ponts*, de Jacques de Lacretelle, *Chronique des Pasquier*, de Georges Duhamel, et bien entendu *Les Thibault*).

Jules Romains affirme avoir toujours voulu échapper à un mode de vision « centré sur l'individu », à « un monde laborieusement rétréci aux dimensions d'un homme ». Au contraire, on trouvera chez lui « tout un pathétique de la dispersion, de l'évanouissement, dont la vie abonde, mais que les livres se refusent presque toujours, préoccupés qu'ils sont, au nom de vieilles règles, de commencer et de finir le jeu avec les mêmes cartes[71] ». On peindra la marche, par lourdes secousses, de l'Ensemble, où se trouvent les « hommes de bonne volonté ». La ressemblance que l'on pourrait suggérer avec les premiers films (sans héros) d'Eisenstein, ou *La Foule*, de King Vidor, est fortuite : Romains a commencé à écrire — comme Proust — alors que le cinéma en était encore à ses balbutiements. Contrairement à Dos Passos, il ne lui doit pas sa technique du montage parallèle, ni son goût pour les actualités. Il suffit, cependant, de lire le début du premier résumé (il en a rédigé lui-même pour chaque volume) pour constater combien son entreprise écrase le personnage : « Le 6 octobre 1908. Le petit matin. Soleil et fraîcheur. Le Paris des faubourgs descend au travail. L'allure des gens. Leurs façons de s'habiller. Leurs préoccupations, grandes et petites. Le choléra ; le métro ; l'aviation ; le mouvement syndicaliste ; le crime du jour. » Il y a pourtant ici un élan, une force dans la foule, que l'on retrouve certes dans les romans qui décrivent une révolution (de Victor Serge à Malraux), mais non dans les grandes œuvres de la dépersonnalisation objective, celle où le héros est changé en objet, non au profit des masses, mais par on ne sait quel obscur destin.

PERTE D'IDENTITÉ

Le roman d'aventures, le mélodrame avaient connu, depuis toujours, le héros qui se déplace sous un faux nom, ou même n'en a pas. Ulysse, dans l'*Odyssée*, n'a pas de nom pour les prétendants qu'il va tuer, ni d'abord Jésus-Christ, après sa résurrection, pour les disciples d'Emmaüs. La révélation du nom a quelque chose de sacré, qui, partant des livres saints, traverse l'épopée, le théâtre (on connaît la part des reconnaissances à la fin des comédies, de Rome à Beaumarchais), pour aboutir à Wilkie Collins (*No Name*) et à Jules Verne (*Famille sans nom*). Au XXe siècle, le nom perdu n'est jamais retrouvé. Le Narrateur d'*À la recherche du temps perdu* n'a pas de nom de famille, alors que Jean Santeuil en avait un ; il n'a un prénom que deux fois dans le roman, assorti de précautions : « Ce qui, en donnant au narrateur le même prénom qu'à l'auteur de ce livre, eût fait : "Mon Marcel"[72]. » Ce que permet cet anonymat, c'est l'identification, la généralisation : tout lecteur est comme cet inconnu qui dit « je », il devient ce « je ». Il est aspiré par le vide de l'absence nominale. Mais ce qui est perdu, c'est le relief, la personnalité extérieure : nous n'imaginons jamais le Narrateur proustien comme nous voyons le Cousin Pons, Charles Bovary, Gervaise. Nous ne le voyons pas plus que nous ne nous voyons nous-mêmes (sans miroir). Qu'au long des trois mille pages du roman, personne ne l'appelle par son nom, ni son prénom (mis à part les deux interventions d'Albertine), c'est un exploit qui vaut bien les lipogrammes de Georges Perec. Mais si ce fantôme sans nom est nous-mêmes, nous non plus ne nous appelons pas par notre nom.

Le héros de *L'Homme sans qualités* n'a qu'un prénom, Ulrich, mais pas de nom de famille (bien qu'il ait un père, à qui il s'agit justement de ne pas nuire : c'est donc qu'entre le père, personnage classique, et le fils, personnage moderne, il y a une différence, un écart qui ne sera pas comblé). Cet homme sans véritable profession, ni vocation, revenu de tout, et qui sent l'âme comme un

« grand trou », est (après celui du *Spleen de Paris*) le premier étranger sur la terre (mais Meursault a un nom, Roquentin aussi). L'absence du nom de famille s'accorde avec l'expérience du vide, avec tous les héros sans nom qui suivront dans la littérature, avec les personnages sans visage des tableaux de De Chirico, des sculptures de Brancusi, l'héroïne d'*Erwartung* (*L'Attente*, 1909) de Schönberg, qui a pour derniers mots « la recherche ».

Le protagoniste de *L'Amérique*[73], de Kafka, s'appelle Karl Rossmann (Kafka nomme, ou refuse de nommer, ses héros dès la première ligne). Dans *Le Procès*, il n'a plus qu'un prénom et une initiale : Joseph K. Et, dans *Le Château*, l'initiale seule, K., celle du nom de l'auteur (comme si le Narrateur proustien s'était appelé P., ou l'Homme sans qualités, M., mais cela aurait supposé, de la part de Proust et de Musil, un renoncement auquel ils n'étaient nullement préparés). Dans *Le Procès*, la culpabilité de Joseph K., d'ailleurs traitée et vue comme un objet, ressort avec d'autant plus de force que le personnage est anodin, médiocre et finalement anonyme : un personnage sans nom s'accorde à une faute inconnue, à une culpabilité dont le lecteur ignorera toujours la nature : « En poussant dans le conflit avec la loi un Joseph K. peu habile à l'analyser et mal préparé aux aventures qui lui surviennent, Kafka préserve le mystère et le scandale dans toute leur épaisseur. C'est le secret même de son art[74]. » D'où la phrase terrible et dernière de Joseph K. mourant : « Comme un chien ! » Le héros du *Château*, l'arpenteur K., est réduit, dans sa solitude poignante, à la lettre unique de son nom. L'hôtesse de l'auberge pourra donc lui dire : « Vous n'êtes pas du Château, vous n'êtes pas du village, vous n'êtes rien[75]. » Un néant entre deux sommeils, celui qui ouvre et celui qui

Le personnage sans personne 81

ferme le récit. Celui-ci reste inachevé, mais aurait mené à la mort du héros, au septième jour de l'action.

On ne sera donc pas surpris que *L'Arrêt de mort* (1948), de Maurice Blanchot, ne donne pas de nom à son narrateur et personnage principal, et que les personnages féminins y soient désignés par des initiales. Dans *Le Pas au-delà* (1973), les personnages qui prennent la parole (dans des fragments en italique) ne sont pas non plus nommés. Quant à Thomas, il est l'Obscur (*Thomas l'Obscur*, 1941, 1950). Romans de l'absurde, de la conscience de la mort, du langage : tout y tourne autour de l'expérience du néant, ou plutôt de ce moment, « à la fois néant et existence », « à la fois réalité et mort », qui introduit un nouveau *cogito* : « Je pense, donc je ne suis pas. » Comme l'œuvre romanesque de Georges Bataille (*Le Mort*), celle de Blanchot est fascinée par la mort, leurs personnages sont des morts vivants.

À partir de *L'Innommable*, il semble que Samuel Beckett ait abandonné l'idée de nommer ses héros, ou tout au moins la voix qui parle : *Comment c'est* fait allusion à Pim (« avant Pim avec Pim après Pim »), compagnon du locuteur, nom d'ailleurs réduit à un minimum, un monosyllabe, comme dans les pièces de théâtre, comme Klamm dans *Le Château* de Kafka. Un corps dans la boue, quelques images, une voix dans le noir, voilà à quoi est ramené le héros de roman. Dans les derniers textes, très brefs, de fiction, des êtres à peine humains sont décrits de l'extérieur, dans leurs mouvements infimes, comme saisis dans un vivarium : « Ni gros ni maigres, ni grands ni petits, les corps paraissent entiers et en assez bon état, à en juger d'après les parties offertes à la vue » (*Imagination morte imaginez*). Dans *Compagnie* (1980), la voix qui tutoie le héros (lequel est désigné à la troisième personne) le transforme, aussi, en non-personne, en objet : « L'emploi de la deuxième personne est le fait de la voix. Celui de la troisième celui de l'autre. » La voix le lui signifie : « Ton esprit de tout temps peu actif l'est maintenant moins que jamais. » C'est l'existence minimale de la vieille au bord de la mort (figure maternelle ? figure de la mort ? Celle qui, dans *Compagnie*, tenait la main du petit garçon à la sortie de la boucherie Conolly et lui avait fait, à une question sur l'éloignement du ciel, une « réponse blessante inoubliable ») : « Motif d'encouragement en revanche les paupières obstinément closes. Sans doute un record dans cette position. Du moins du pas encore vu. Soudain le regard. » Les parents morts, le héros n'est plus qu'un « vieux fœtus » : « Oui, voilà, je suis un vieux fœtus à présent, chenu et impotent, ma mère n'en peut plus, je l'ai pourrie, elle est morte, elle va accoucher par voie de gangrène, papa aussi peut-être est de la fête, je déboucherai vagissant en plein ossuaire » (*Malone meurt*).

Nathalie Sarraute, dès *Tropismes*, ne nommait pas ses personnages. Il faudra cependant attendre *Les Fruits d'or* (1963), dont le protagoniste est, non une personne, mais un livre, pour voir disparaître les noms propres. *Entre la vie et la mort* (1968), qui retrace l'itinéraire de la conscience d'un écrivain anonyme, désigné par « il », ironise d'ailleurs (comme *L'Ère du soupçon*) sur le concept de personnage : « Hérault, héraut, héros, aire haut, erre haut, R.O. » Ainsi ne connaîtra-t-on pas le nom des imbéciles (« *Disent les imbéciles* », 1976), ni ceux des enfants et des parents dans une maison de campagne (*Vous les entendez ?*, 1972). Ce qui compte en effet est ce qui est dit, non *qui* le dit : les relations de langage et ce qu'elles sous-entendent, non le sujet occasionnel qui les prononce. Même si c'est Anton Tchekhov qui dit : « Je meurs » dans une admirable nouvelle (*L'Usage de la parole*, 1980), ce qui compte est le verbe « mourir », plus que l'auteur de *La Cerisaie* : les mots ne nous appartiennent pas, ils appartiennent à l'écrivain. « Voilà pourquoi le personnage n'est plus aujourd'hui que l'ombre de lui-même [...]. Même le nom dont il lui faut, de toute nécessité, l'affubler est pour le romancier une gêne[76]. » Joyce, note encore Nathalie Sarraute, désigne par « H.C.E.[77], initiales aux interprétations multiples, le héros protéiforme de *Finnegans Wake* ». Si Faulkner, dans *Le Bruit et la Fureur*, donne le même prénom à deux personnages différents, deux fois (il y a deux Quentin, et deux Caddy), c'est pour contraindre le lecteur à reconnaître les personnages « du dedans ». Plus tard, Ionesco donnera à tous les personnages d'une même pièce le même prénom (*Jacques ou La Soumission*).

On retrouvera épisodiquement l'initiale chère à Kafka. Le roman érotique français le plus célèbre du siècle, *Histoire d'O*, ne donne à son héroïne qu'une initiale. Celle-ci renvoie à une signification sexuelle évidente. Le sadomasochisme du livre transforme le personnage en objet, en machine à plaisir et en marchandise qui passe de main en main. Cette même lettre, O, sert à Claude Simon à désigner un écrivain dans ses *Géorgiques*, où les deux autres personnages sont identifiés par les lettres L.S.M. et S. Ces trois héros ont vécu les mêmes aventures et la même passion[78]. Ici, la recherche des analogies entraîne le texte à ne renvoyer qu'à lui-même, et non pas au monde réel. L'initiale est un puissant facteur de dépersonnalisation, de désindividualisation, de déréalisation. Quitte à ce qu'elle s'accorde aux fantasmes (Pauline Réage ; *L'Abbé C.* de Georges Bataille). Si le récit érotique utilise l'initiale, c'est par prudence ou pudeur, pour exciter comme un nu masqué chez Klossowski, parce que la créature de plaisir est interchangeable comme l'érotisme est répétition. Le récit érotique rejoint le nouveau roman (qui l'utilise souvent: Robbe-Grillet, Claude Simon), parce que la lettre est un phénomène de texte. Comme les «personnages» de Robbe-Grillet, qui «n'ont pas vécu avant la première ligne du texte» et «cessent d'exister avec le mot "Fin"»[79]. Il reste que si l'auteur de *La Maison de rendez-vous* a voulu écrire le dernier roman d'aventures sur Hong Kong, celui-ci, enfermé dans son labyrinthe de papiers et ses marionnettes de carton, pèse peu à côté de *The Honourable Schoolboy* (*Comme un collégien*) de John Le Carré.

Dans une histoire et une esthétique (si l'on trouve que ce mot a vieilli, on peut parler de poétique) des formes littéraires, il peut sembler dangereux de s'intéresser aux contenus. Nous avons jusqu'à présent évité de parler du caractère des personnages, de leur profession, de leur fonction sociale: on constate, assez curieusement, que les protagonistes des plus grands romans du siècle n'ont pas de profession ou que, s'ils en ont une (souvent, ils sont artistes), ils ne l'exercent pas devant nous et se sont mis en vacances, de James à Proust, de Virginia Woolf à Nathalie Sarraute (l'écrivain mis à part) ou à Musil. Pourtant, au cours du siècle, la signification du mot «héros» change en même temps que la technique de présentation. Le héros héroïque, celui qui vient d'Homère ou de Virgile, qui traverse les romans de la Table ronde ou pare de son prestige l'amour de Mme de Clèves, le héros qui change Paris, et la France, comme Rastignac ou De Marsay, comme «Son Excellence Eugène Rougon», comme l'incarnation du mythe de Napoléon dans les romans de Hugo, de Stendhal et, pour la Russie, de Tolstoï, ce héros-là meurt au XXe siècle. Mais pas tout de suite : celui que Nietzsche a inspiré, que Barrès a appelé mais a été incapable de créer (et lorsqu'il écrit *Leurs figures*, le mot prend un sens dérisoire), s'incarne quelque temps chez leurs lecteurs — Montherlant, Malraux, sûrement, Drieu la Rochelle peut-être — et chez ces reporters de l'aventure éternelle — Hemingway, Kessel, Saint-Exupéry. *Le Songe, La Condition humaine, Gilles, Pour qui sonne le glas, Courrier Sud, L'Équipage, Les Cavaliers* retracent l'itinéraire d'Hector, de ce guerrier immortel en apparence, et dont le cadavre sera traîné dans la poussière, ou d'Achille dans un monde où ne survivent que les Ulysse.

Le roman héroïque est d'abord un roman militaire ; c'est pourquoi il avait connu une éclipse en France depuis Louis-Philippe : le crédit de Napoléon, sur lequel on avait beaucoup tiré, s'était épuisé. Napoléon III inspire non pas *La Chartreuse de Parme* mais *La Débâcle*. La Première Guerre mondiale, les révolutions qui l'accompagnent ou la suivent ressuscitent le personnage héroïque[80].

Tout se passe comme si ce type de personnage avait besoin de l'Histoire contemporaine et que son créateur y ait participé. Tous ceux que nous avons nommés, et le Jünger d'*Orages d'acier*, ont été des combattants. Ils ont franchi la frontière qui sépare la vie du risque mortel, ont nié un jour en eux le corps peureux : « Alors, tout d'un coup, il s'est produit quelque chose d'extraordinaire. Je m'étais levé, levé entre les morts, entre les larves. J'ai su ce que veulent dire grâce et miracle. [...] Tout d'un coup, je me connaissais, je connaissais ma vie. C'était donc moi ce fort, ce libre, ce héros[81]. » Les uns ne sauront pas dépasser l'individu (Montherlant, Drieu), d'autres, comme Malraux, mettront l'héroïsme individuel au service de la solidarité et de la justice : Manuel, dans *L'Espoir*, se bat pour l'Espagne républicaine, Gilles pour le fascisme. Ce qui nous importe ici n'est pas de tenter, après bien d'autres, un portrait du héros ; c'est de noter que, si la guerre de 1914 l'avait ranimé, il ne survivra pas au massacre plus effroyable encore de la guerre de 1939-1945 et des camps hitlériens. Le héros révolutionnaire — mais Malraux, qui n'avait pas dénoncé les procès de Moscou, était devenu gaulliste et avait abandonné le roman — ne survit pas non plus à la révélation des camps staliniens : alors, les héros, ce sont les victimes chancelantes et immortelles qui se dressent dans *Le Premier Cercle* et *Le Pavillon des cancéreux*, non leurs bourreaux. L'œuvre de Montherlant marque, de manière curieuse, au fil du temps, le passage du héros à l'antihéros, des *Bestiaires* (1926) au *Chaos et la Nuit* (1963), d'Alban de Bricoule à l'ancien combattant de la guerre civile espagnole, Celestino. Dans le premier de ces deux romans, le protagoniste, qui est aussi celui du *Songe*, Alban de Bricoule (mais la chronologie de la fiction inverse celle de la publication : ici, le héros a dix-sept ans), brave la vie et la mort qu'apporte le taureau : « Cela m'est égal d'être tué, si j'ai fait auparavant quelques choses dignes de moi[82]. » Le taureau est comme « la vie qui se dévore elle-même à mesure, dans l'ivresse et la douleur de la création[83] » ; face à lui apparaît à tous la « souveraineté de l'homme ». Près de quarante ans plus tard, un prodigieux renversement : l'homme, loin d'être vainqueur du taureau, est comme lui : « Quand il était jeune, il se disait : la vie est un taureau de combat. Aujourd'hui il pensait que c'était l'homme qui était un taureau de combat. Ce qu'on toréait dans cette arène, dans des centaines d'arènes, chaque dimanche, c'était l'homme[84]. » Comme l'a noté Michel Raimond[85], l'homme est devenu une victime, comme l'animal. Lorsque le taureau meurt, Celestino est tué, comme lui, de quatre coups d'épée symboliques. Le romancier du héros triomphant a rejoint à la fin de sa vie le peuple des vaincus, qu'il incarne dans *Les Célibataires* (1934) et dans le malade mental Exupère (*Un assassin est mon maître*, 1971) : « Si je peins des personnages héroïques, je suis quelqu'un qui peint ce qu'il voudrait être, ou ce qu'il veut faire croire qu'il est. Si je peins des personnages médiocres, c'est pour exorciser la médiocrité que je trouve en moi. Bref, quelque personnage que je peigne, je révèle toujours, à mon insu, que je suis un pauvre type[86]. »

Les « pauvres types », les antihéros, les écrasés et les laissés-pour-compte de l'Histoire sont nombreux dans le roman au XXe siècle. Il les hérite de Balzac, de Dickens, de Flaubert, de Dostoïevski, de Zola : les paysans brutaux de Jules Renard, les misérables de Charles-Louis Philippe, les pensionnaires de *L'Hôtel du Nord* d'Eugène Dabit, le garçon d'hôtel de Raymond Guérin, les criminels médiocres de Simenon (dans le roman à énigme, le criminel est paré momentanément d'une puissance et d'une gloire sataniques ; le détective vengeur révèle sa grandeur à la fin) face à un commissaire petit-bourgeois, dont la femme se promène en bigoudis, les abouliques d'Emmanuel Bove, les prisonniers de Genet, les petits employés de Marcel Aymé et de Raymond Queneau. Deux figures dominent ce peuple médiocre : Cripure et Bardamu.

Dans *Le Sang noir* (1935), dont Malraux préfacera une réédition, Louis Guilloux décrit vingt-quatre heures de la vie d'une ville de province. Cripure (professeur de philosophie auquel ses élèves ont donné ce surnom, formé de la première et de la dernière syllabe de l'ouvrage de Kant), homme marqué par l'échec (le départ de l'épouse se retrouvera, à la fin de la vie de Guilloux, dans *Coco perdu*, 1978), révolté incapable d'agir, raté, désespéré, finit par se suicider, incapable de surmonter ses contradictions. L'ouvrage qu'il écrivait s'appelait *Chrestomathie du désespoir*. Il aura des enfants, qui se réclameront de Sartre et de Camus, plutôt que de lui. Après la guerre, le désespoir devient un thème à la mode : on redécouvre le *Traité du désespoir* de Kierkegaard (traduit en 1932) ; les études de critique littéraire du fondateur d'*Esprit*, Emmanuel Mounier, sont réunies sous le titre *L'Espoir des désespérés*. Deux essais de Pierre-Henri Simon témoignent que le héros ne fait plus recette : *L'Homme en procès* ; *Procès du héros*.

Bardamu est, face à la guerre qui révèle les héros, le type même de l'antihéros : « J'étais devenu devant tout héroïsme verbal ou réel phobiquement rébarbatif » ; d'où le caractère ironique du discours du professeur Destombes : « Nous exigeons le souffle grandiose du poème épique[87] !... » D'où le cri de Ferdinand : « Vivent les fous et les lâches[88] ! » C'est qu'il refuse la mort, que le héros de roman d'aventures, mais aussi celui de Malraux, de Hemingway, accepte. Il veut rester de ce côté-ci de la frontière, refuser la transgression qui sacre les personnages de Kipling, « sauver ses tripes[89] ». Il lui manque « une seule idée, mais alors une superbe pensée tout à fait plus forte que la mort et que j'en arrive rien qu'avec mon idée à en juter partout de plaisir, d'insouciance et de courage. Un héros juteux[90] ». Bardamu ne sera jamais plus fort que la mort, et c'est à ce prix qu'il ne mourra pas. Sa semence en fera naître d'autres : Roquentin est un Bardamu resté civil, et le médecin de *La Peste* n'est pas très loin de celui du *Voyage au bout de la nuit*. Imaginons *À la recherche du temps perdu* abandonné à Cottard ou à Du Boulbon...

LE SENTIMENT DE CULPABILITÉ

Comme opposé à l'héroïsme de l'action (et à son envers, la lâcheté ou la passivité de l'antihéros, étranger à l'Histoire), le personnage que nous avons montré dévoré progressivement par l'analyse intérieure, par le monologue infini, rencontre, comme un contenu, comme s'il était habité, un étrange sentiment qui contribue à le détruire : le sentiment de culpabilité. C'est le règne de Freud, mais certains n'avaient pas lu Freud, qui sont les enfants de Dostoïevski ; Proust lui-même... Le terme « peut désigner un état affectif consécutif à un acte que le sujet tient pour répréhensible, la raison invoquée pouvant d'ailleurs être plus ou moins adéquate (remords du criminel ou autoreproches d'apparence absurde), ou encore un sentiment diffus d'indignité personnelle sans relation avec un acte précis dont le sujet s'accuserait[91] ».

Lorsque, dans *La Prisonnière*, Albertine interroge le Narrateur sur Dostoïevski, la conversation en vient au sentiment de culpabilité : « Mais est-ce qu'il a jamais assassiné quelqu'un, Dostoïevski ? Les romans que je connais de lui pourraient tous s'appeler l'Histoire d'un Crime. C'est une obsession chez lui, ce n'est pas naturel qu'il parle toujours de ça. — Je ne crois pas, ma petite Albertine, je connais mal sa vie. Il est certain que comme tout le monde il a connu le péché, sous une forme ou sous une autre, et probablement sous une forme que les lois interdisent. En ce sens-là il devait être un peu criminel, comme ses héros, qui ne le sont d'ailleurs pas tout à fait, qu'on condamne avec des circonstances atténuantes. Et ce n'était même peut-être pas la peine qu'il fût criminel. Je ne suis pas romancier, il est possible que les créateurs soient tentés par certaines formes de vie qu'ils n'ont pas personnellement éprouvées [...]. Je reconnais tout de même que chez Dostoïevski cette préoccupation de l'assassinat a quelque chose d'extraordinaire[92]. » Le monologue sinueux, intrigué, fasciné du Narrateur (malgré la dénégation : « Tout cela me semble aussi loin de moi que possible ») doit être rapproché d'une note tardive du cahier d'additions n° 59 (où l'on voit que Proust connaît les conférences de Gide sur l'écrivain russe) : « Tous les romans de Dostoïevski pourraient s'appeler *Crime et châtiment* [...]. Mais il est probable qu'il divise en deux personnes ce qui a été en réalité d'une seule. Il y a certainement un crime dans sa vie et un châtiment (qui n'a peut-être pas de rapport avec le crime), mais il a préféré distribuer en deux, mettre les impressions du châtiment sur lui-même au besoin (*Maison des morts*) et le crime sur d'autres[93]. » En fait, Proust ne serait pas si fasciné par l'exemple de Dostoïevski, si, dans *Les Plaisirs et les Jours*, il n'avait créé des personnages (en général féminins) dévorés par le sentiment de culpabilité, et dont les actes érotiques causent la mort d'une mère ou le suicide. Le masochisme de Charlus peut être l'expression d'une même pulsion. Mais c'est le Narrateur encore qui, dans *Le Temps retrouvé*, se sent coupable à la fois de la mort de sa grand-mère et de celle d'Albertine, et souhaite, en des termes étranges, une agonie expiatoire : « O puissé-je, en expiation, quand mon

Le personnage sans personne

œuvre serait terminée, blessé sans remède, souffrir de longues heures, abandonné de tous, avant de mourir[94]!» Il s'agit bien là de la relation entre le moi et le surmoi, reliquat du complexe d'Œdipe ; on peut aussi songer à la remarque de Freud : « Les autoreproches sont des reproches contre un objet d'amour, qui sont renversés de celui-ci sur le moi propre[95]. » Le Narrateur d'*À la recherche du temps perdu* se présente donc ici comme l'un des premiers grands coupables du XXᵉ siècle, de cette culpabilité sans cause apparente, de ce sentiment à moitié inconscient, qui seul nous intéresse ici, car, si le vrai criminel s'élimine, le personnage qui se sent coupable continue, lui, à vivre, mais rongé de l'intérieur, misérable Prométhée.

Il y a, au cœur des plus grands romans de Joseph Conrad, un profond sentiment de culpabilité. Quelques-uns de ses héros les plus importants, Lord Jim, le Nègre du *Narcisse*, Razumov (*Under Western Eyes*), Nostromo, le capitaine Whalley (*The End of the Tether*), ont commis une faute grave, qui les change, et dont le remords les dévore, jusqu'à les tuer. Conrad n'est pas un auteur de romans d'aventures classiques, ni de romans maritimes[96]. Lord Jim se rêvait en héros qui saurait, à lui tout seul, dominer la tempête ; lorsque celle-ci survient, il abandonne navire et passagers ; Jim arrive à refaire sa vie, à régner sur une île ; mais, ayant épargné un criminel, il ne tentera pas de se justifier, et sera assassiné, dans une sorte de vertige d'autopunition. Nostromo, après avoir été un héros, détourne le trésor de la mine dont il avait la charge ; il change de nom (comme Lord Jim) et, ayant perdu son honneur, il sera tué, de nuit, par erreur : « C'en était fini de l'animation de l'aventureuse chevauchée, du retour heureux, du succès couronnant l'entreprise […]. Son désir était tombé, comme s'enfuit l'âme, en laissant le corps inerte sur une terre qu'elle n'habite plus[97].» La raison véritable en est donnée, qui vaut pour d'autres personnages et explique leur destruction : « Une grosse faute ou un crime, qui surviennent dans la vie d'un homme, la rongent comme une tumeur maligne[98]. »

Cette « conscience aiguë de l'honneur perdu » (préface de *Lord Jim*), nul n'en fait montre davantage que Razumov, le héros de *Sous les yeux de l'Occident (Under Western Eyes)*. Étudiant, il voit se réfugier chez lui un terroriste, qu'il livre à la police, par faiblesse. Entre les mains de celle-ci, il est chargé de pénétrer les secrets des réfugiés antitsaristes de Genève. Devenu amoureux de la sœur de l'homme qu'il a livré et ne pouvant plus supporter le poids de ses trahisons, il avouera aux révolutionnaires accablés qui il est réellement et ne se défendra pas lorsqu'on le rossera, incapable de lutter, brisé, sourd ; son bourreau s'exclamera : « Le merveilleux Razumov ! Il ne sera plus bon à espionner personne. Il ne parlera plus, parce qu'il n'entendra plus jamais rien de sa vie. » Mais le bourreau lui-même est un espion. Ainsi, c'est au moment où le héros a reconstruit sa vie, est sur le point d'épouser celle qu'il aime, qu'il détruit tout ce qu'il a édifié, parce qu'il ne peut supporter son ignominie secrète. De ce roman, personne ne sort indemne, ni les tsaristes, dont le régime dictatorial est condamné, ni les terroristes, dont les méthodes sont blâmées. « La réflexion la plus terrifiante, écrit l'auteur dans une préface de 1920, [...] est que tous ces gens sont le résultat non de l'exceptionnel, mais du général — de la normalité de leur lieu, de leur temps et de leur race. » Razumov, pris entre les deux camps, participe à la fois « à la férocité et à l'imbécillité d'une dictature autocratique, qui rejette toute légalité », et à la « réplique non moins imbécile et atroce d'un esprit révolutionnaire purement utopique [...]. Ces gens sont incapables de voir que tout ce qu'ils peuvent produire se ramène à un changement de noms. »

Quatre ans avant *Under Western Eyes*, qui est de 1911, Conrad avait écrit *The Secret Agent* (1907), l'un des premiers, sinon le premier, romans d'espionnage, introduisant ainsi dans la littérature mondiale l'un de ses grands mythes futurs. Le sentiment de culpabilité est rejoint ici par le thème de la trahison, et du terrorisme. Même si Conrad s'est inspiré d'événements historiques déjà passés (un attentat manqué contre l'observatoire de Greenwich), il entrevoit quelle nouvelle sorte de personnages sera lâchée sur le monde, durant tout notre siècle ; c'est le terroriste qui s'éloigne à la fin du récit : « Il était une force. Ses pensées caressaient les images de la ruine et de la destruction. Il marchait, fragile, insignifiant, sordide, misérable — et terrible dans la simplicité de sa pensée, qui demandait à la folie et au désespoir de régénérer le monde. » Dans ce roman admirable et sinistre, tous les exécutants, coupables ou innocents, meurent. Les chefs survivent dans l'ombre, coupables sans sentiment, destructeurs ironiques d'un autre monde, celui du lecteur. Malraux[99], à son tour, dans *La Condition humaine*, peindra un terroriste, Tchen, d'ailleurs tourmenté par les cauchemars, ces pieuvres que l'on retrouvera dans les rêves des personnages sartriens : ils n'en parlent guère, mais Malraux a lu Conrad, et Sartre a lu Malraux (quitte à le faire exécuter par Simone de Beauvoir dans *Les Temps modernes* : « La pensée de droite aujourd'hui »). Dans cet univers, les héros destructeurs rejoignent ironiquement les héros détruits : il n'y a plus de héros.

Le lien entre la trahison des valeurs, la trahison des autres, de soi, de son pays, nul ne l'a mieux senti et illustré par ses romans que Graham Greene. Celui-ci est allé jusqu'à écrire, à propos d'un espion bien réel, et qui inspirera un excellent roman à John Le Carré (*La Taupe*) : « Il a trahi son pays — oui, peut-être l'a-t-il fait, mais qui parmi nous n'a pas trahi quelqu'un ou quelque chose de plus important qu'un pays [100] ? » Tantôt Greene écrit des romans d'espionnage (*The Confidential Agent*, 1939, *Stamboul Train*, 1932, *The Ministry of Fear*, 1943, *Our Man in Havana*, 1958), tantôt il décrit des personnages déchirés, puis détruits par la passion et les remords (*The Heart of the Matter*, 1948, *The End of the Affair*, 1951). La politique, la révolution, les services secrets, le mal et le péché, l'héritage chrétien, servis par un remarquable talent de narration, ne suffisent pas à faire de Greene l'un des premiers créateurs de notre temps : il a parcouru le monde sans égaler un asthmatique enfermé dans sa chambre. Cette culpabilité qui ronge son œuvre, ces taches de sang que tout le whisky de l'Écosse ne saurait laver, c'est pourtant — comme chez Bernanos et chez Mauriac — une importante contribution à l'histoire, grandeur et décadence, du personnage de roman.

Auparavant, il y avait eu Kafka. Lui aussi a fourni une lecture politique de notre temps, mais prophétique et involontaire. La bureaucratie austro-hongroise des Habsbourg, également dénoncée par Musil, n'est pas la dictature hitlérienne. *Le Procès* relève d'autres interprétations : comme toutes les grandes œuvres, de plus d'une [101]. Joseph K. ne sait pourquoi on l'arrête, pourquoi on lui fait un procès : certains sont arrêtés, mais non tous ; ce n'est donc pas véritablement le procès de tous les hommes. Acceptant à la fin sa situation de coupable, K. ne sait cependant pas quelle

Le personnage sans personne 95

faute il a commise. La parabole des gardiens[102] montre qu'il y a une loi, mais qu'elle est impossible à connaître ; K. est une exception, en cela qu'il se pose des questions, cherche à découvrir une vérité que d'autres préfèrent ignorer : « Si tout le monde cherche à connaître la Loi, dit l'homme, comment se fait-il que depuis si longtemps personne que moi ne t'ait demandé d'entrer ? » Le gardien voit que l'homme est sur sa fin et, pour atteindre son tympan mort, il lui rugit à l'oreille : « Personne que toi n'avait le droit d'entrer ici, car cette entrée n'était faite que pour toi, maintenant je pars, et je ferme la porte[103]. » En fait, comme le note Claude David, K. est confronté à une loi, aux exigences de laquelle il ne peut répondre : « Il est hors la loi, quoi qu'il fasse, et donc coupable. » Le paradoxe est que l'accusé réponde aux convocations du tribunal, sans y être contraint : il se sent donc coupable, d'une culpabilité d'autant plus impressionnante que l'existence de K. est plus médiocre, plus banale, mais il ne sait de quoi, et donc condamné, puisque personne n'échappe au tribunal, une fois qu'il y comparaît. Là est le véritable sentiment de culpabilité : se sentir coupable, mais sans savoir de quelle faute. Le héros vit, face à une transcendance inconnue et à une immanence injuste, une existence torturée. Comme s'il était éternellement coupable du péché originel, dont parlent de nombreux passages des *Journaux* : « Il y avait trois manières possibles de châtier l'homme pour le péché originel : la plus douce était la punition réelle : l'expulsion du paradis, la deuxième était la destruction du paradis, la troisième — et c'eût été la plus terrible — était l'interdiction d'accéder à la vie éternelle, tout le reste étant laissé sans changement[104]. »

Des personnages habités, et parfois détruits par le péché originel, culpabilité théologique, nul n'en a créé de plus puissants que Georges Bernanos. Dans le roman français, il introduisait un élément que seul Dostoïevski, avant lui, avait donné au roman russe : la culpabilité, non pas sentimentale, non pas passionnelle — c'est le domaine du roman psychologique, de François Mauriac, par exemple —, mais métaphysique. Les fautes commises, les examens de conscience, les relations entre les personnages, les crises, se rapportent tous à Satan, et à Dieu. C'est d'abord chez Bernanos que la technique renvoie à la métaphysique, ici religieuse, du romancier. Mais au moment où le héros atteint ainsi à une grandeur nouvelle, il est détruit dans ce qui faisait de lui, sans Satan ni Dieu, un personnage classique. Il est dévoré, et parfois tué, par un combat qui le dépasse. Ni le domaine psychologique ni le domaine moral ne retiennent le romancier. La psychologie ne reprend vie que replacée dans un univers spirituel où se trouvent les « racines » des passions, c'est-à-dire le diable et Dieu[105]. C'est pourquoi l'écrivain se moque du « vraisemblable » et du « crédible » ; ceux qui les invoquent ne peuvent rendre compte de l'absurde, de celui qu'a représenté pour Bernanos la guerre de 1914-1918[106]. Les crimes accomplis par les personnages ne sont plus ceux des romans policiers — bien que Bernanos en ait écrit deux, *Un crime* et *Un mauvais rêve* —, parce qu'ils sont moins une transgression de la loi qu'un déicide. Or le public, estime l'auteur de *Sous le soleil de Satan*, accepte le mal en détail, non qu'on traite le problème « en bloc ». Il y a, certes, une joie dans le mal, « cette complainte horrible du péché[107] », qui mène à la haine de soi, en une tragédie dont Satan est le metteur en scène. Dans *Sous le soleil de Satan*, « le cri de désespoir sauvage de Mouchette » est équilibré par l'abbé Donissan, « désespéré qui jette l'espérance à pleines mains ». Crime et rachat dans la communion des saints dépassent donc infiniment le monde visible et les héros classiques. La mort elle-même n'est pas la fin de l'intrigue ; elle découvre l'« univers invisible » dont on se détournait et qui est depuis longtemps au fond de notre âme, à ces profondeurs « où respirent les grandes passions »[108].

La vision du romancier — le verbe « voir » a une importance capitale chez Bernanos — dépasse et détruit l'individu, qui n'est qu'« un grand enfant plein de vices et d'ennui[109] », et se fond dans le « lamentable troupeau humain » ou dans la foule des pénitents qui viennent se confesser au curé de Lumbres. Cette vue globale des personnages culmine en prière : « Regardez ces enfants, Seigneur, dans leur faiblesse[110] ! » et en même temps elle est un supplice pour le romancier : « À certaines heures, voir est à soi seul une épreuve si dure, qu'on voudrait que Dieu brisât le miroir. On le briserait, mon ami... Car il est dur de rester debout au pied de la Croix, mais plus dur encore de la regarder fixement[111]. » La relation du romancier avec ses personnages ne ressemble à aucune autre, parce qu'il les regarde d'un regard venu d'ailleurs : « C'est de là qu'elle est partie, et elle est allée plus loin qu'aux Indes. [...] La voilà donc sous nos yeux, cette mystique ingénue[112]... » L'analyse psychologique cède à « un mystère dont l'idée seule accable l'esprit » : tantôt « un autre se plaît et s'admire en moi », c'est Satan ; tantôt, la présence de Dieu, qui apporte paix et joie. Le véritable héros du récit est le saint, « homme surnaturel », et qui fait montre d'une « connaissance surnaturelle », au-delà des luttes intérieures, de la « tentation du désespoir », des « reniements ». Bernanos s'en est expliqué dans *Les Enfants humiliés* : « J'ai rêvé de saints et de héros, négligeant les formes intermédiaires de notre espèce, et je m'aperçois que ces formes intermédiaires existent à peine, que seuls comptent les saints et les héros. Les formes intermédiaires sont une bouillie, un magma — qui en a pris au hasard une poignée connaît tout le reste [113]. »

C'est justement ce regard venu d'ailleurs que Jean-Paul Sartre reproche à François Mauriac, dans un article jadis fameux de *La NRF* (février 1939) [114] : « M. François Mauriac et la liberté ». En fait, Sartre condamne Mauriac (en termes parfois surprenants, lorsqu'il parle de « sa soudaine vulgarité ») au nom d'une esthétique de la liberté : un personnage de roman doit être autonome et libre, et non pas jugé par l'auteur. Cette esthétique dérive elle-même d'une philosophie qui, bien évidemment, met la liberté en son centre. Non seulement Mauriac a tort de s'installer au cœur d'une conscience, mais il a encore plus tort de n'y pas rester : « Lorsqu'il juge que cela lui est plus commode, il quitte Thérèse et va soudain s'installer au beau milieu d'une autre conscience [...]. Il y fait trois petits tours et puis s'en va, comme les marionnettes. » Donc, le romancier n'aurait pas le droit de quitter une perspective unique, d'avoir plusieurs points de vue à la fois, de pénétrer des mobiles secrets, d'utiliser ces intrusions que le roman pratique depuis le XVIIIe siècle, et dont il a tiré, chez Sterne, Diderot, Stendhal, Thackeray, des effets ironiques. Mais surtout, Mauriac soumet ses personnages à un destin, qui se confond avec la volonté du romancier : « M. Mauriac a décidé que Georges était perdu pour Thérèse. Il l'a décidé comme les dieux antiques ont arrêté le parricide et l'inceste d'Œdipe. » La technique de Mauriac est donc « bizarre » : « Toutes les bizarreries de sa technique s'expliquent parce qu'il prend le point de vue de Dieu sur ses personnages :

Dieu voit le dedans et le dehors, le fond des âmes et les corps, tout l'univers à la fois. De la même façon, M. Mauriac a l'omniscience pour tout ce qui touche à son petit monde, ce qu'il dit sur ses personnages est parole d'Évangile, il les explique, les classe, les condamne sans appel. » Pour Sartre, au contraire, « il n'a pas le droit de porter ces jugements absolus ». Étonnante formule, et qui appellerait au moins une remarque : s'abstenir de juger, c'est encore juger ; inventer des événements, c'est encore condamner, cacher la voix de l'auteur (car c'est bien là le problème posé), c'est la donner à un autre personnage (« Un roman est une action racontée de différents points de vue[115] » ; certes, mais qui les attribue ?). Tout se passe comme si Sartre rêvait que les romans de Mauriac, ou les siens, fussent écrits au moins par le Gide des *Faux-Monnayeurs*, en tout cas par Conrad, et exigeait que l'on restât dans le domaine des « conjectures ».

Pour nous, la lecture sera différente. Ce qui compte, c'est justement la destruction des personnages par l'examen de conscience sous le regard de Dieu, même si Dieu est l'auteur. Mauriac a peut-être cru écrire des romans classiques, raciniens. Il s'insère au contraire dans le processus qui mène à la disparition des héros. Non pour des raisons morales, mais pour des raisons techniques : or, contrairement à ce que croit Sartre (et, s'il avait raison, *Les Chemins de la liberté* seraient un chef-d'œuvre), il n'y a pas de bonne technique, ni de mauvaise. Le critique ne peut avoir une mentalité de correcteur d'examens (« Romanesque, Conrad avait bien vu que ce mot prenait son sens s'il traduisait un aspect du personnage *pour autrui*[116] »). Sartre aura été le *pion* de son époque, mais les mauvais points — ou les bons — qu'il aura distribués, lui qui s'est tellement trompé, et dans tous les domaines, ne font plus impression. Si Mauriac (et Julien Green) a transformé ses créatures en « choses », n'y voyons qu'un procédé, non une erreur. Au moment où, dans l'histoire du héros de roman, la liberté disparaît, une frontière est franchie : de l'autre côté, nous rencontrerons en effet les « créatures » de Beckett et de Robbe-Grillet. Larves, objets, choses, elles n'ont plus aucune liberté, dans un monde d'ailleurs sans Dieu. L'absence de Dieu non plus, ni le néant, ne sont romanciers. L'intérêt de cette polémique, comme d'autres, n'est pas d'indiquer qui a raison, mais de marquer une évolution : entre Sartre, obsédé par ses modèles, notamment américains, et Mauriac, qui n'est pas professeur et ruine spontanément ses personnages pour en faire des images dévorées, semblables aux statues de Giacometti, le plus novateur est le moins conscient, le moins érudit, le plus spontané, celui qui n'a pas fait « un roman » (« *La Fin de la nuit* n'est pas un roman » : Sartre est si content de sa formule qu'il la répète à dix-sept lignes de distance). À mesure que le XXe siècle approchera de sa fin, ceux-ci seront de plus en plus rares : ou plutôt, il faudra accepter d'appeler « roman » des ensembles de formes qui ne répondent plus aux règles, ni aux modèles, ni à une philosophie (que Sartre se réclame de Bergson pour condamner Mauriac est d'ailleurs assez comique). Que le destin soit religieux ou absurde, le retour du tragique, du héros tragique, n'est qu'une étape dans la déshumanisation du personnage. Phèdre comme Thérèse Desqueyroux se savent coupables et incapables d'échapper seules à leur destin. Une étape supplémentaire a été franchie par Kafka : le héros ne sait plus pourquoi il est coupable ; c'est pourquoi, lorsque Camus l'imite, il fait commettre à Meursault un crime de hasard, parent de l'acte gratuit des *Caves du Vatican*. Chez Beckett enfin, les personnages n'en finissent pas d'être rongés par une punition sans cause, par un châtiment sans culpabilité. Nous retrouvons, par l'analyse de la conscience morale et du sentiment de culpabilité (dont le roman d'espionnage et le roman policier, plus répandus à notre époque qu'à aucune autre, donnent une image simpliste, mais puissante jusqu'à l'obsession — jusqu'à être consommés comme des drogues), les mêmes conclusions que nous avait livrées l'histoire des formes : dedans, dehors, même destruction[117].

III

LA STRUCTURE DU ROMAN

Le XXe siècle a vu naître, comme le XIXe siècle, des livres monuments. Ces romans cathédrales ont une architecture. De même qu'il est impossible de construire un immeuble en posant des pierres les unes sur les autres, sans plan d'ensemble, ou de disposer des plaques de béton au hasard, de même on ne connaît guère de romans où les mots s'alignent à l'aveugle. S'il y a des textes en écriture automatique, ou lettristes, ils constituent des exceptions, qui méritent à peine le nom de roman. Il est peu de romanciers qui n'aient fait un plan, ou plusieurs, modifiés en cours de rédaction. Si nous ne possédons pas de documents écrits ou verbaux, manuscrits, brouillons, lettres, qui permettent de le confirmer, par témoignages internes (ce sont les brouillons) ou externes (ce sont les confidences écrites ou orales), le livre publié se donne lui-même à une interprétation structurale. Si nous n'avions aucune confidence de Joyce, ni de ses amis, le titre *Ulysse* suffirait à proposer un découpage en chants[1], et la lecture du texte à suggérer, par l'opposition des thèmes, des techniques, des matières, des styles, que nous passons de l'un à l'autre. La table des matières de *L'Homme sans qualités*, son numérotage abondant, ses parties, indiquent, d'une manière qui serait classique si justement elle n'était exagérément subdivisée, une tentative de construction malgré l'inachèvement. Lorsqu'il s'agit de grands cycles, comme dans *Les Thibault*, *Les Hommes de bonne volonté*, *À la recherche du temps perdu*, *Joseph et ses frères*, chaque volume a, sous le titre général, son propre titre particulier (vingt-sept chez Jules Romains; huit chez Martin du Gard, dont les titres ne recouvrent pas exactement les volumes, deux dans certains, un pour les trois derniers; quatre pour *Joseph et ses frères* de Thomas Mann). Lorsqu'un volume unique ne contient pas de table des matières ni de préface, il est rare que des blancs ne suggèrent pas le passage d'une partie à une autre. Si le roman forme un bloc d'un seul paragraphe, la structure s'en analyse encore par l'étude des phrases récurrentes, du système d'échos et de rappels stylistiques, ces modifications fussent-elles à peine visibles : c'est le cas des dernières fictions de Beckett. De même que certaines œuvres musicales ne se décomposent pas en mouvements, certains textes n'ont pas de découpage apparent; ils n'en sont pas moins construits. Et si l'auteur ne les avait pas voulus tels, le lecteur, quant à lui, ne peut lire sans organiser, ne peut relire sans apercevoir des constantes, ne peut percevoir l'objet littéraire sans le construire. Parler d'un texte, c'est déjà, c'est encore en indiquer la structure.

Or les révolutions littéraires du XXe siècle, loin de diminuer les recherches architecturales, les ont accrues. Notre propos sera, dans ce chapitre, de montrer que le roman contemporain a voulu marquer son originalité, même et d'abord dans sa composition. La question serait facile à traiter si, comme pour la tragédie en cinq actes et en vers, et le sonnet, nous connaissions des règles simples, qu'il suffirait de respecter ou de transgresser. Face à un corpus considérable, et du plus flexible des genres, et dans plusieurs langues, n'y a-t-il pas quelque absurdité à vouloir tenter l'entreprise ? Car, si on nous accorde que la place donnée à la voix de l'auteur, ou enlevée au héros, se reconnaît aisément, comment assembler tous les romans selon un même modèle, bienheureux déjà si l'on convient qu'ils forment un seul genre ?

C'est justement le concept flou de genre littéraire qui nous permet de parler de roman. On peut critiquer le concept de genre, prétendre qu'il a disparu, invoquer Brunetière pour en rire : c'est un problème presque aussi ancien que la philosophie. Nous avons besoin de genre, parce que nous devons penser par catégories, par schèmes. Le discours sur la littérature porte, non seulement sur des œuvres particulières, et quand bien même il leur serait consacré, aussi sur des ensembles : ceux-ci constituent des espèces, des sous-genres, des genres. Le problème de la structure d'une œuvre ressemble à celui du genre : seule la notion de structure nous permet d'appréhender l'ensemble, et non une succession de détails, la totalité, non des miettes, une multiplication, non une série d'additions, une combinaison, non un mélange. C'est grâce à elle que notre lecture est globale et qu'elle a une mémoire. Cette mémoire restitue un tissu, non de différences infinies, mais de différences finies, limitées par des récurrences et organisées en sous-ensembles.

L'analyse structurale d'une œuvre ne la figera pas. Nous savons bien que les formes sont aussi des forces, comme dans une cathédrale. La lecture aussi est mouvement le long des pages, dans un temps qui n'est ni celui de la fiction (on peut lire en vingt heures un roman qui se passe en vingt-quatre heures, ou en trente ans), ni celui de la narration (un retour en arrière ne nous contraint pas à revenir, physiquement, en tournant les feuillets, deux cents pages plus haut), ni, bien entendu, celui de la rédaction (quel écrivain moderne n'a un jour rêvé qu'on passât autant de temps à lire son livre qu'il en a mis à l'écrire) ? N'est-ce pas contre cette vitesse de lecture, qui tourne parfois à la légèreté ou à l'inconscience, que Mallarmé a lutté, et Joyce dans *Finnegans Wake* ? L'hermétisme et la polysémie, en augmentant considérablement la durée de la lecture, en en demandant plusieurs comme il y a plusieurs brouillons ou des ratures, la rapprochent de la durée de l'écriture : l'égaler est le songe d'un monomane ou la pratique du spécialiste exclusif d'un auteur. Comme la musique, la littérature est inscrite dans le temps, donc dans le mouvement. Sa structure mobile, dynamique, oppose des parties, lance un itinéraire, pose des questions au début du récit auxquelles elle répond, fût-ce par le silence, à la fin, se répète ou se contredit : elle bouge dans son sens comme dans ses formes. Objet qui est un sujet, le roman est un organisme vivant. De même qu'un roman est manqué si sa rédaction a obéi à un schéma antérieur, figé, artificiel, ainsi sa structure, si elle est immobile, meurt. Une croissance organique produit une architecture dynamique. Elle garde, certes, des marques, des cicatrices dues aux accidents de la genèse (comme les doubles morts de certains personnages proustiens, ou la disparition de la bataille finale, d'abord rêvée par Gracq comme appelant tout le récit, dans *Le Rivage des Syrtes*), sur lesquelles butent les caresses de la lecture. Ce sont des signes de vie.

STRUCTURE FERMÉE
ET STRUCTURE OUVERTE

Le grand débat qui oppose les romanciers au XXe siècle paraît être entre le choix d'une structure fermée et celui d'une structure ouverte. À l'intérieur de ces deux catégories, nous retrouvons, par contraste, dans la première, des mouvements, dans la seconde, des clôtures. Mais elles ne s'opposent pas comme le classicisme s'oppose à la modernité ; elles ne se succèdent pas dans un ordre chronologique (avant 1950 ; après 1950). Des œuvres fermées sont novatrices, des œuvres ouvertes sont déjà mortes : elles ne constituent pas une hiérarchie, ne relèvent pas d'un jugement de valeur (tout au plus peut-on préférer, par goût, l'une à l'autre, ou par besoin conscient ou inconscient). Une structure n'est ni bonne ni mauvaise, ni belle ni laide (ou alors, il faudrait privilégier son harmonie, son désordre, au nom de quoi ?). Nous la décrirons (contrairement à ce que Sartre a fait pour *La Fin de la nuit*) sans la juger, en songeant à cette ombre, à ce nuage que l'écrivain comme le lecteur voient se préciser à mesure qu'ils avancent dans leur travail, et qui est l'œuvre dans sa totalité : loin d'avoir fini, après avoir à peine commencé, ils savent déjà qu'ils ont affaire à un livre. La critique génétique fait l'histoire de ces ombres et de ces nuages, jusqu'à ce que le mot « fin », ou l'abandon, ou la mort, nous laisse sur une dernière image.

Qu'appellerons-nous structure close ? Un ensemble circulaire qui se referme sur lui-même, dont la fin reprend le commencement ? Ce n'en est qu'une variante. Nous dirons que lorsqu'un récit, terminé par son auteur, a une conclusion claire, sa structure est fermée. Cette impression sera renforcée par l'existence de divisions, de chapitres, voire de tomes, nettement désignés, titrés, numérotés. Ces marques formelles, dont le mot « fin » n'est pas le moindre (écrit, par exemple, par Proust, quatre fois sur le manuscrit de la dernière page du *Temps retrouvé*, mais ni par Malraux, ni par Gracq dans *Le Rivage des Syrtes*, ni par Mauriac dans *Un adolescent d'autrefois*), supposeraient une véritable typologie de la dernière phrase, dont l'importance sera discutée plus loin, de la dernière page, du dernier chapitre : c'est bien le lieu de la fermeture. La comparaison avec un poème versifié montre, en outre, que la structure est donnée à la fois par le découpage (les vers, ou ici, les séquences, les strophes, les chapitres) et par la rime et le jeu musical, rythmique, des assonances et des allitérations. Dans le récit, il s'agit des retours de thèmes, de personnages, de formules qui se reprennent en se modifiant : « La disposition des éléments du contenu provoque un effet esthétique. La structure de l'œuvre littéraire est déterminée par les mêmes principes fondamentaux que celle de l'œuvre musicale : la tendance à la répétition d'une part, la *tension* suivie de détente de l'autre. L'action dramatique doit se conformer, selon Novalis, aux exigences musicales. Les personnages apparaîtront et disparaîtront obéissant à ces contraintes sans égard à la logique des événements (fragment 410, 11, 307). Dans la poésie lyrique, ce plan musical se substitue aux événements, il constitue une sorte d'*action lyrique*[2]. »

Les principaux signes de clôture, ou tout au moins les plus visibles, seront recherchés dans la fiction, dans l'histoire racontée. Le roman a toujours tendu à raconter une biographie fictive, quitte à se limiter à une aventure principale ou à une succession de crises : si l'essentiel est l'enfance, on omettra l'âge adulte, supposé heureux ; si le principal est la jeunesse, l'enfance sera escamotée, et la vieillesse, comme dans *La Chartreuse de Parme*. Cette biographie fictive sera celle d'un individu, ou d'une famille, ou d'une génération, qui suivent un itinéraire social, parfois métaphysique, parfois poétique. Le modèle individuel, le modèle familial, le modèle collectif nous retiendront d'abord.

Modèle individuel

Leur titre l'indique déjà : nombreux sont les romans du XXe siècle qui racontent encore la formation d'un individu, son itinéraire, sa grande crise. Plusieurs romans de Thomas Mann, de *Tonio Kröger* à *Felix Krull* ; *La Mort de Virgile*, de Broch ; *Murphy*, *Molloy*, *Malone meurt*, de Beckett ; *Mrs. Dalloway*, et même *L'Homme sans qualités*, qui a cependant perdu son nom de famille, et même *Le Voyeur*, de Robbe-Grillet, ou *Martereau*, de Nathalie Sarraute (le seul de ses romans qui porte le nom d'un personnage), ou *Ada*, de Nabokov, ou *Un beau ténébreux*, de Gracq (le personnage est alors désigné, non nommé), ou *Thérèse Desqueyroux* : l'habitude du XVIIe siècle (*La Princesse de Clèves*), du XVIIIe siècle (*Jacques le Fataliste et son maître*), du XIXe siècle (*Madame Bovary*), semble continuer.

Quand le titre ne désigne pas le héros principal lui-même, il arrive qu'il renvoie à un symbole abstrait : *Les Ailes de la colombe*, *La Tour d'ivoire*, de James, *La Ligne d'ombre*, de Conrad, le symbole même de l'action, ou du héros. Le titre indique aussi un lieu : *La Montagne magique*, de Thomas Mann, *Sur les falaises de marbre*, de Jünger, *Le Désert des Tartares*, de Buzzatti, *Le Rivage des Syrtes*, *Un balcon en forêt*, de Gracq, *La Promenade au phare* (*To the Lighthouse*), de Woolf ; l'espace ainsi défini est le lieu principal où se déroule l'aventure, où les héros atteignent et dépassent leur limite, l'endroit que, comme *Le Château*, de Kafka, ils espèrent aborder sans y arriver. Certains romanciers choisissent de définir par un terme abstrait une idée, une valeur, l'histoire de leur personnage : *À la recherche du temps perdu*, *La Condition humaine*, *La Joie*, *La Nausée*, *La Chute*, *Le Bruit et la Fureur*, *L'Espoir*, *Entre la vie et la mort*. Proust, Malraux, Bernanos, Sartre, Camus, Sarraute referment le récit de leurs personnages principaux autour d'un grand thème, qui signale un sens philosophique caché : quelques-uns des derniers titres de Beckett, si balbutiants qu'ils se veuillent, *Comment c'est*, *Imagination morte imaginez*, se rattachent à cette catégorie. *Le Dépeupleur*, machine symbolique, rejoint les titres qui choisissent un objet matériel, quitte à y lire un symbole concret : *Le Chiendent*, *Les Lunettes bleues*, de Queneau ; *Le Mur*, de Sartre ; *Pylône*, de Faulkner ; *Le Terrier*, de Kafka ; *Abeilles de verre*, de Jünger.

   Les titres qui désignent ou symbolisent le héros et son aventure semblent indiquer une structure close, celle de la carrière, totale (de la naissance à la mort) ou partielle, du personnage. Vingt-quatre heures suffisent à Broch, Joyce, Virginia Woolf dans certains de leurs livres (mais *Orlando* parcourt les siècles, et *Les Somnambules*, les générations). Il s'agira donc d'abord de comprendre comment la fiction biographique s'organise, dans sa longueur temporelle, dans ses crises, dans les tissus de relation où le personnage principal est pris : c'est à cela que servent les résumés ;

combien d'articles, d'ouvrages de critique littéraire sont-ils composés, en majeure partie, de ces résumés ? La fiction est ce qui attire d'abord, et le seul élément que retiendra le lecteur qui n'appartient pas à ce que Malraux, dans *L'Homme précaire et la Littérature*, appelle la « secte » : les intoxiqués de littérature. On peut en rendre compte en retraçant l'itinéraire du héros — le titre, *Ulysse*, est emblématique de tout le roman — par étapes et par instants, en découpant le récit comme les phrases sur la page (non exactement comme une grande phrase). Mais analyser la structure close d'une fiction, c'est aussi étudier les procédés de narration qui la présentent : tout système de formes qui complique cette présentation tend à l'ouvrir. En ce sens, la narration linéaire, qui suit l'ordre chronologique des événements, qui présente clairement les personnages et qui souligne dans le texte les lieux de l'aventure, correspond parfaitement à la structure close. On découvre ici que des procédés de traitement peuvent rendre l'interprétation, et d'abord la lecture, difficile, multiple, énigmatique : bouleversements temporels, perspectives contradictoires. *Le Bruit et la Fureur* a une structure close, part même d'une unique vision fantasmatique, la culotte souillée d'une petite fille, mais ses quatre parties, qui chacune apporte des éléments nouveaux, ou qui, pour les trois premières, en cachent, vont vers l'ouverture de détail.

À la recherche du temps perdu a une structure close, de multiples manières. C'est bien le récit, de l'enfance à l'âge mûr, d'une carrière d'abord manquée, puis réussie : celle d'un écrivain. L'organisation du roman est dialectique : sa première version, *Contre Sainte-Beuve*, opposait la mauvaise conception de la littérature à la bonne. La version de 1912 oppose d'abord le « temps perdu » au

« temps retrouvé », titres des deux parties closes projetées sous la mention générale « Les intermittences du cœur ». En 1913-1914, *Du côté de chez Swann* dessine le monde, et le paradis perdu, de l'enfance ; *Le Côté de Guermantes*, l'enfer de la vie mondaine ; *Le Temps retrouvé*, le paradis atteint sur cette terre. Cette dialectique ternaire subsiste dans les prolongements que Proust donne ensuite à chacune de ces parties : *À l'ombre des jeunes filles en fleurs* développe *Du côté de chez Swann. Sodome et Gomorrhe, La Prisonnière, Albertine disparue* sortent du *Côté de Guermantes* et de la partie négative du *Temps retrouvé*. La tension binaire entre le temps perdu et le temps retrouvé donne son mouvement à la dialectique ternaire : c'est en vieillissant, en traversant l'enfer du monde, du non-art, et le désert de l'amour, que le héros retrouve le paradis de l'enfance grâce à celui de l'œuvre d'art, et qu'il échappe au temps. Cet ordre général peut être bouleversé, dans les détails, par les hasards de la genèse, les jeux, anticipations, retours en arrière, de la narration, les questions sans réponse ; l'ensemble a bien été voulu et construit comme une cathédrale. Ce qui se remarque dans l'œuvre a également été proclamé, à maintes reprises, par l'auteur — dont les églises romanesques, Combray, Balbec, sont des emblèmes du roman : « Et quand vous me parlez de cathédrales je ne peux pas ne pas être ému d'une intuition qui vous permet de deviner ce que je n'ai jamais dit à personne et que j'écris ici pour la première fois, c'est que j'aurais voulu donner à chaque partie de mon livre le titre : *Porche I, vitraux de l'abside*, pour répondre d'avance à la critique stupide que l'on me fait de manquer de construction dans des livres où je vous montrerai que le seul mérite est dans la solidarité des moindres parties[3]. »

Jean-Christophe présente l'intérêt d'être à la fois un cycle (dix volumes de *L'Aube*, 1904, à *La Nouvelle Journée*, 1912) et la biographie d'un héros, le musicien Jean-Christophe, «Beethoven dans le monde contemporain». Les six dernières parties sont elles-mêmes regroupées sous deux titres : «Jean-Christophe à Paris», «La Fin du voyage». Les dernières pages reprennent l'ensemble des thèmes développés à travers le roman. Ainsi, les cloches qui sonnent auprès de l'enfant, dans *L'Aube*, sonnent-elles de nouveau dans *La Nouvelle Journée*, pour le mourant, de même qu'on entend à nouveau le grondement du fleuve initial. Le finale d'un roman construit comme une symphonie se termine, de manière très classique, sur le couple thématique que forment la mort et la résurrection : «Tu renaîtras. Repose ! […] Et l'enfant dit : *"Je suis le jour qui va naître."*» À la ligne qui unit la vie à la mort, l'enfance à la vieillesse, s'ajoute la figure du cercle : la fin reprend le début, se referme sur lui. Proust n'aimait guère Romain Rolland (qui le lui rendait bien et l'avait attaqué à propos de ses «Portraits de peintre» publiés dans *Les Plaisirs et les Jours* et mis en musique par Reynaldo Hahn[4]), à qui il a reproché d'avoir consacré au monde spirituel un livre tout matériel, de n'avoir rien approfondi, de se servir de clichés, de n'être pas descendu dans la «région spirituelle» d'où sortent les grandes œuvres. Leurs livres sont, tous deux, l'histoire d'un artiste : l'un a survécu, l'autre sombré ; tous deux avaient une structure close.

Comme le *Jean Barois* de Roger Martin du Gard (1913), qui s'ouvre quand le héros a douze ans, malade, dans un lit, et se clôt alors que celui-ci délire et meurt comme chez Rolland, les titres de chapitres marquent les étapes de la biographie intellectuelle du héros : «Le Goût de vivre», «Le

Compromis symboliste », « L'Anneau », « La Chaîne », « La Rupture », « Le Semeur », « Le Vent précurseur », « La Tourmente », « Le Calme », « La Fêlure », « L'Enfant », « L'Âge critique », « Le Crépuscule » ; ces chapitres sont regroupés en trois parties (comme dans *Devenir!*, le premier roman de l'auteur : « I. Vouloir ! II. Réaliser ! III. Vivre... »). L'itinéraire spirituel de Barois est le sujet du livre, dont le dénouement est habilement double : Jean, l'incroyant, revient, sous l'effet de l'angoisse, à la foi, mais laisse un testament où il affirme son incroyance, testament que sa veuve va sans doute brûler. Le cercle est, deux fois, bouclé. Il ne restera plus à l'auteur qu'à passer du roman de l'individu à celui des frères, de la famille, d'une génération.

La mort après l'enfance et l'âge mûr, la fin qui se referme sur le début, deux signes de structure close. *Le Chiendent*, de Queneau (1933), qui abonde en nouveautés, a cette construction circulaire : la première et la dernière phrase sont identiques : « La silhouette d'un homme se profila ; simultanément, des milliers. Il y en avait bien des milliers. » Notons d'ailleurs que *Finnegans Wake*, livre ouvert s'il en est, a une première phrase qui complète la dernière. De même, *À la recherche du temps perdu* se termine par le mot « temps », qui figure dans le premier mot, « longtemps », et dans le titre général. Proust déclarait avoir écrit les premières pages de son livre en même temps que les dernières : ce qui est vrai au sens large, puisqu'une première esquisse du « Bal de têtes » du *Temps retrouvé* a été écrite la même année que « Combray », et que le Narrateur a toujours été destiné à devenir écrivain, même, dans *Contre Sainte-Beuve*, sous la forme modeste de l'auteur d'un article critique sur l'auteur des *Causeries du lundi*. Si l'on admet que le jeune homme qui, vieilli, devient écrivain rédige *À la recherche du temps perdu* (ce qui, comme le notait Nabokov dans son cours sur Proust, n'est nullement prouvé), le cercle est, une fois de plus, bouclé. On peut se demander si le roman de l'artiste, ou seulement de l'écrivain, qui prolifère au XXe siècle, contribue à ouvrir ou à fermer la structure du livre. On peut avancer que si le héros écrit le livre qui porte le titre réel, la structure est circulaire : ainsi du narrateur de *Paludes*, qui écrit *Paludes*.

La même année que *Du côté de chez Swann*, le roman d'Alain-Fournier *Le Grand Meaulnes* (1913) illustre les caractéristiques de la structure fermée. Au début du récit arrive Augustin Meaulnes, au crépuscule du soir ; à la fin du livre, le héros s'en va, au « crépuscule du matin ». Au début de la narration, l'aventure est déjà terminée : « Nous avons quitté le pays depuis bientôt quinze ans, et nous n'y reviendrons certainement jamais. » Les trois parties du roman se correspondent terme à terme, enchâssées dans la narration de François ; de même y a-t-il trois amours, enchâssées l'une dans l'autre : l'amour de François, le narrateur, pour Meaulnes, celui de Meaulnes pour Yvonne, celui de François pour Yvonne[5]. *Les Enfants terribles*, de Jean Cocteau, qui s'ouvrent sur la boule de neige que lance Dargelos contre Paul, et se terminent par la boule d'opium empoisonnée qu'envoie à Paul ce même Dargelos, sont encore un exemple de structure sphérique. Plusieurs romans de Giraudoux ont une architecture identique. *Aventures de Jérôme Bardini* est composé de trois parties, qui décrivent trois évasions suivies de retours. *Églantine* commence et finit par le lit de Fontranges. Un voyage, même autour du monde, est, comme dans *Suzanne et le Pacifique* (qui échoue, d'ailleurs, sur une île), suivi du retour qui l'annule : « Peut-être un voyage dans un seul pays eût-il attristé mes amies, mais elles pensaient que chaque pas loin d'elles me ramenait, et quand le wagon s'arrêta, elles me poussèrent, elles me hissèrent sans trop pleurer, comme si elles m'élevaient simplement à la hauteur où la vitesse de la terre n'emporte plus, et qu'elles viendraient demain à la même heure, avides de nouvelles, me décrocher au passage[6]. » L'espace, comme le temps, est sphérique, dans ce monde auquel Sartre, dans *Situations I*, reprochait son immobilité. La structure fermée a, on le voit, sinon un sens, du moins *du* sens. Tantôt, dans les romans à caractère social, à visée réaliste, elle reflète un ordre, celui d'une vie menée à son terme, à la satisfaction générale : Martin du Gard. Dans les romans chrétiens de Mauriac ou de Bernanos, la mort justifie la vie. Dans les romans poétiques, la structure circulaire est celle des vers qui riment entre eux.

Le Rivage des Syrtes est un bon exemple de structure du roman poétique (que l'on pourrait décrire aussi dans *Le Désert des Tartares* de Buzzati ou *Sur les falaises de marbre* de Jünger), même si Gracq s'est opposé vigoureusement aux études de structure : « Laissez donc de spéculer sur la *composition*. Car si passer d'un être vivant à un squelette a un sens, passer du squelette à l'être vivant n'en a rigoureusement aucun[7] », préférant parler de respiration plutôt que de construction, et soucieux, en écrivain qui se souvient de la genèse, des hasards de l'improvisation, du risque de ne pas terminer le livre, des changements qu'il subit à mesure qu'on l'écrit. Cependant, les textes où il critique l'idée de composition donnent à penser que le *Rivage* relève bien du mode de structure clos : « Je ne crois pas que la métaphore architecturale soit tout à fait acceptable pour la fiction. Un livre naît d'une insatisfaction, d'un vide dont les contours ne se révéleront précis qu'au cours du travail, et qui demande à être comblé par l'écriture. Donc d'un sentiment absolument global [...], ce qui fait que les parties sont d'abord dans le tout et ne s'en différencient qu'ultérieurement, au cours du travail.» Quant au rythme, ce phénomène de répétitions, de rimes internes dont nous avons indiqué l'importance, il est le «contrôle du tout sur la partie». Le roman progresse en emmagasinant un «déjà dit» fait d'images sensibles et de charges affectives : il est de plus en plus complexe à mesure qu'il s'approche de sa fin. Mais cette complexité s'ordonne selon un écoulement linéaire du temps, qui est naturel à l'auteur, plus inexorable que dans la vie réelle, et plus proche du destin[8] : une structure tragique et une structure fermée. Le rythme fait le reste : «Il y a une oreille romanesque comme il y a une oreille musicale : elle est sensible aux rythmes à longue période[9].»

Dans *Le Rivage des Syrtes*, la structure est d'abord spatiale, géographique. Elle oppose, terme à terme, la république d'Orsenna et la contrée ennemie du Farghestan. D'un côté, la province des Syrtes, «perdue aux confins du Sud», Ultima Thulé, séparée de la capitale, Orsenna, par un désert, côte dangereuse, sans port utilisable. C'est la frontière de guerre. La mer des Syrtes est une mer morte, où se trouve une base militaire en ruine, l'Amirauté, dont les fortifications puissantes sont à l'abandon, «ruine habitée», décor «gothique» comme dans *Au château d'Argol*; près de là, la bourgade de Maremma, Venise des Syrtes. Au large, l'île de Vezzano et sa grotte, au centre de la carte comme du roman; il ne s'y passe, en principe, rien : c'est l'œil du cyclone. De l'autre côté, la puissance adverse, le Farghestan, dont on sait peu de chose. «Là-bas», c'est

« l'au-delà fabuleux d'une mer interdite », un pays ruiné, comme Orsenna, et qui n'a pas voulu faire la paix. Sa population fière est une « mosaïque barbare », qui mêle au raffinement extrême de l'Orient des nomades sauvages. Sur la carte, élément capital de la structure géographique, on voit le volcan Tängri, les ports de Rhagès et de Trangés et sept villes. Le volcan et Rhagès figurent, mis en abyme, sur un portrait du traître Aldobrandi. Si la structure spatiale est capitale, c'est que le franchissement de la frontière, ligne marine immatérielle, déclenche la catastrophe finale. Les personnages eux-mêmes sont rattachés aux lieux, comme l'héroïne Vanessa à Maremma.

La structure du livre s'articule autour d'un axe : la frontière. L'action principale est le franchissement de la limite, lorsqu'en croisière le héros commande à son navire de passer outre. L'ennemi donne alors pour la première fois signe de vie. Le personnage féminin, Vanessa, est celui d'une traîtresse, qui a voulu jouir d'une « jouissance presque divine : passer *aussi* de l'autre côté ; éprouver à la fois la pesée et la résistance ». Ceux qui franchissent la limite sont les « poètes de l'événement » (contrairement à Marino, qui s'y refuse) ; d'autres sont des provocateurs, comme Fabrizio : ils poussent à la franchir ; d'autres, des auxiliaires ; d'autres, des espions du Farghestan, qui franchissent la ligne en sens inverse. Toutes ces forces se concentrent sur Aldo, le personnage central, instrument de la ruine d'Orsenna. À la fin du roman, tous les personnages disparaissent, « le décor est planté » pour une fin du monde ; le dernier chapitre se referme sur le premier, où l'on comprend que le narrateur survivant revit son aventure : « Lorsque je revis en souvenir[10]... », et se souvient d'un pays fatalement voué à la mort. Le « décor » évoqué dans la dernière phrase est lui-même symbolique d'une construction circulaire, et «en creux», en entonnoir, habitée par l'absence : l'Histoire est sans repères, la géographie sans situation dans les cartes réelles, la politique sans programme, la philosophie sans contenu, les lieux (la chambre des cartes) déserts, l'action est attente, conformément à la remarque de Breton : «Indépendamment de ce qui arrive, n'arrive pas, c'est l'attente qui est magnifique.»

Modèle familial

Plus qu'à aucune autre époque, et comme un adieu à une structure sociale qui, en Occident, allait bientôt se dissoudre, comme un héritage aussi de Zola, le modèle familial dicte sa structure fermée à de nombreux romans de la première moitié du XXe siècle. Il échappe cependant à l'itinéraire étroit de l'individu, pour retrouver une combinaison plus vaste, héritée de la tragédie : celles de Racine sont, au moins en partie, familiales, Giraudoux le note, qui retrouve dans *Choix des élues* ce modèle. La famille offre au romancier un ordre extérieur[11] déjà prêt, des cases qu'il n'y a plus qu'à remplir ou à laisser vides : trois générations au maximum, grands-parents, parents, enfants ; parfois, les branches collatérales, neveux, cousins. Comme dans la langue selon Saussure, le signe familial est contrastif : le drame se noue par oppositions, entre les générations ou à l'intérieur de celles-ci. Une seconde catégorie oppose deux familles : après *La Thébaïde ou Les Frères ennemis*, *Cinna* ou *Roméo et Juliette*. La première espèce, interne, ressemble au jeu du solitaire ; la seconde, à une partie d'échecs. L'étude de ces arbres généalogiques appelle aussi les méthodes de l'anthropologie ou de la psychanalyse : les structures élémentaires de la parenté, le roman familial du névrosé.

Le véritable roman familial de Proust, c'est *Jean Santeuil*. On y trouve à l'état pur, et quasiment autobiographique, ce qui sera amplifié considérablement, et masqué avec minutie, dans *À la recherche du temps perdu*. Les grands-parents : du côté maternel, M. Sandré[12], qui a connu Mme Récamier en 1806 : « La figure de M. Sandré avait beau être dure : comme elle était vieille, elle était douce. Les vieilles gens ne s'aiment pas, ils aiment leurs enfants. Ils les adorent et ils les quitteront. Ils en souffrent, non pour eux mais parce qu'ils les voient ne pas faire ce qu'ils devraient et que la vie de leurs enfants est la réalisation de plus en plus solide [...] de tout ce qu'ils blâmaient en eux dans leur jeunesse et qu'ils essayaient d'extirper[13]. » Du côté paternel, le grand-père Santeuil. Puis les parents Santeuil, la mère que Jean embrasse, le père plus lointain, dans le bureau duquel son fils n'ose pas entrer[14]. S'il y a peu de drames dans *Jean Santeuil*, la scène essentielle est celle que Proust lui-même (qui n'a pas donné de titre à de nombreux fragments du roman) a appelée[15] « Querelle de Jean avec ses parents à propos du dîner chez Réveillon ». Cette scène violente, illustrée par un vase brisé et des désirs de mort, se termine, comme dans la vie de l'auteur, par une réconciliation avec la mère : « Il ne pouvait pas la quitter et lui avoua tout bas qu'il avait cassé le verre de Venise. Il croyait qu'elle allait le gronder et lui rappeler le pire. Mais restant aussi douce, elle l'embrassa et lui dit à l'oreille : "Ce sera comme au temple le symbole de l'indestructible union[16]". » Une note indique encore les rapports familiaux d'amour-haine et comment ils sont au cœur de la vie du héros : « Tâcher d'opposer que dans sa colère il ne voudrait jamais revoir ses parents, serait plus heureux après leur mort, plus riche, mènerait belle vie avec Réveillon, et que, dans sa tristesse d'après, il ne peut concevoir la vie après ses parents et sent qu'il se tuera après leur mort. Synthèse de la vie[17]. » D'autres pages nous montrent les parents vieillis, usés, puisque le vrai drame, au-delà des conflits internes, est la lutte avec le temps ; c'est le moment où toute la famille se récapitule dans l'aspect physique de la mère : « Au premier moment c'est peut-être la faiblesse ou la difformité qui vous frappe en Mme Santeuil. Approchez-vous plus près, c'est elle, c'est son père, c'est sa mère, c'est son fils[18]. » Dans *À la recherche du temps perdu*, Proust montre aussi les relations du Narrateur avec sa grand-mère (dont la mort est au cœur du roman, au milieu du *Côté de Guermantes* et, par le jeu des intermittences du cœur, dans *Sodome et Gomorrhe*), ses parents (qui, sans mourir, disparaissent peu à peu à partir d'*À l'ombre des jeunes filles en fleurs*, au point de laisser, de manière assez invraisemblable, l'appartement vide pour Albertine et de n'être pas présents dans *Le Temps retrouvé*, éternellement contemporains de l'enfant qu'ils ont trop couvé), ses grand-tantes, sa tante Léonie, son oncle Adolphe. En outre, de manière plus terrifiante, le romancier montre les relations de M. Vinteuil et de sa fille. Le clan Guermantes fait également l'objet de fines distinctions entre les deux frères, le duc de Guermantes et le baron de Charlus, leur neveu, Robert de Saint-Loup, leur cousin, le prince de Guermantes, et la branche rivale des Courvoisier. Ce n'est plus l'entrée de la tragédie (dont Proust avait senti toute la portée œdipienne en écrivant son article de 1907 « Sentiments filiaux d'un parricide ») dans le roman, mais celle des *Mémoires* de Saint-Simon. La généalogie organise *Le Côté de Guermantes*, elle n'est plus mortelle ; de la tragédie, on est passé au ballet. Il faut oublier un instant le thème, qui hante l'auteur depuis *Les Plaisirs et les Jours*, de sa « mère profanée » (sur lequel Georges Bataille a mis l'accent, évidemment, dans un article, repris dans *La Littérature et le Mal*) : « Mais laissons ici ce qui mériterait un chapitre à part : les mères profanées [19]. »

Le Narrateur n'a pas de frère (il en avait eu un dans certains brouillons de 1908 : « Robert et le chevreau », *Contre Sainte-Beuve*, édition B. de Fallois, 1954). C'est autour de l'opposition entre deux frères que Roger Martin du Gard organise *Les Thibault* ; l'un incarne l'ordre, l'autre la révolte (deux tendances de l'auteur, nous l'avons vu). Le conflit avec le père est au cœur du roman, jusqu'à la sixième partie, « La Mort du père ». Celui-ci est un homme en apparence odieux. Jacques Thibault est tué à la guerre, laissant un fils, Jean-Paul, dernier mot du journal que son oncle Antoine rédige avant de mourir. Dans la structure du cycle, le père et les deux fils alternent, constituant chacun à son tour le centre de l'intrigue. Les scènes capitales sont sans doute celles qui confrontent les deux fils au père mourant [20] et la minute (quand le narrateur passe de l'imparfait au présent) où Antoine, avec l'accord de son frère, pique et « achève », comme il dira, son père qui agonisait dans des souffrances atroces [21]. Viennent ensuite le travail du deuil et la découverte des papiers paternels : « Le résidu d'une existence [...]. Et, malgré tout, l'ampleur d'une telle vie [22] ! » C'est alors que le fils découvre la profondeur des relations qui l'unissent au disparu, en quelque sorte a priori, préexistantes, supérieures, selon nous, à l'intrigue romanesque elle-même (à moins d'y voir l'image biblique de la passion du Christ, mais inconsciente chez l'agnostique Martin du Gard) : « Parce qu'il était mon père, parce que je suis son fils [23] ! »

Dans la *Chronique des Pasquier* (1933-1944, dix volumes), Georges Duhamel a, lui aussi, construit une généalogie dramatique autour du père, également peu flatté, de la mère sacrifiée, des trois fils, des deux filles (*Cécile parmi nous*, *Suzanne et les jeunes hommes*). Il élargit ainsi une technique qui, dans le *Cycle de Salavin* (cinq volumes), s'était consacrée à l'itinéraire d'un individu. À la même époque, Jacques de Lacretelle, dans *Les Hauts Ponts* (1932-1936), décrit trois générations autour d'un domaine perdu. Dans la peinture de certaines familles, d'autres romanciers introduisent un mouvement. C'est celui, descendant, de la décadence, dans *Les Buddenbrook* de Thomas Mann (1901 ; le sous-titre en est « Le Déclin d'une famille »): la famille est progressivement tombée, incapable d'action, et s'anéantit dans la mort du dernier héritier[24]. La mort est, en effet, un morceau obligé, et de choix, du roman familial, avec ses répétitions et ses variations, qui frappent plus encore que les mariages et les naissances. Roman de la décadence encore, *Les Somnambules* de Hermann Broch (1928-1931) n'est un roman familial que dans sa première partie, *Pasenow ou le Romantisme (1888)*, où l'on voit analysées avec cruauté les relations du père et du fils Pasenow. Le reste de cette trilogie prend appui sur l'Histoire et les générations, non reliées entre elles par des liens de sang : *Esch ou l'Anarchie (1903)* ; *Huguenau ou le Réalisme (1918)*.

La solide structure familiale et la lutte de deux clans sont illustrées par deux romans que rien ne rapproche, sauf l'époque et la construction : *Bella* de Jean Giraudoux et *La Jument verte* de Marcel Aymé. Dans le premier (1926), les Rebendart s'opposent aux Dubardeau : la structure est archaïque, puisque les deux familles ennemies sont cependant reliées par l'amour de Bella Rebendart pour Philippe

Dubardeau. L'importance du clan familial, derrière lequel s'abrite Giraudoux, se perçoit dès les premières pages : « Mon père avait cinq frères, tous de l'Institut, deux sœurs, mariées à des conseillers d'État anciens ministres, et j'étais fier de ma famille quand je la trouvais rassemblée les jours de fête ou de vacances[25]. » D'autre part « la famille de Rebendart ne le cédait pas à la nôtre en vitalité. [...] Le même nombre de Rebendart et de Dubardeau étaient dressés en bronze sur les places françaises[26] ». Bella Rebendart, née Fontranges (le sous-titre du livre est « Histoire des Fontranges »), meurt en essayant de joindre les mains du père Dubardeau et du père Rebendart, « tâche impossible ». Clans et générations fournissent les cases de ce jeu d'échecs. La formule revient, dans un registre social moins élevé, chez Marcel Aymé (1933), qui oppose deux familles paysannes, cependant rattachées par l'attirance sexuelle, et deux frères[27], l'un demeuré agriculteur, l'autre, vétérinaire, sous le regard ironique d'un narrateur inattendu, qui figure dans un tableau, la jument verte.

Les tragédies familiales, François Mauriac n'a cessé de les décrire, tantôt dominées par la figure menaçante du père (*Le Nœud de vipères*), tantôt par celle de la mère terrible (*Genitrix*). *Le Mystère Frontenac* (1933) tire son originalité d'être un hymne à la gloire de la famille, et d'abord de la mère, qui s'appelle d'ailleurs Blanche : le mystère n'est plus dans la décadence ni dans le drame œdipien ; il est dans cette âme commune et heureuse, par-delà les différences et les fautes de chaque enfant. Comme dans *Jean Santeuil*, la famille est heureuse parce qu'elle n'est pas inventée. Comme le bonheur ne se raconte pas, il a besoin d'avoir été vécu pour s'imposer avec cette force : « J'ai conçu *Le Mystère Frontenac*, écrit l'auteur dans la préface du tome IV de ses *Œuvres complètes*[28], comme un hymne à la famille au lendemain d'une grave opération et de la maladie durant laquelle les miens m'avaient entouré d'une sollicitude si tendre [...]. Mais aussi à ce tournant de ma vie qui risquait d'être le dernier tournant, je remontais à mes sources.» La structure du roman, fondée sur le «groupe éternellement serré de la mère et de ses cinq enfants[29]», inverse, dans sa forme même, le sens apparent des autres romans de l'auteur: «Peut-être le thème même du *Mystère Frontenac* [...] repose-t-il sur l'illusion que j'ai dénoncée dans le reste de mon œuvre: la solitude des êtres demeure sans remède et même l'amour, surtout l'amour, est un désert.» Le sort dramatique des fils n'ébranle pas le corps mystique de la famille. La mort de la mère, scène à faire que les romanciers plus réalistes ne manquent jamais de décrire, n'est pas racontée: cette ellipse fait suite au coup de téléphone proustien au cours duquel Yves, le poète manqué, entend pour la dernière fois la voix de sa mère. L'enterrement, au contraire, fait ressortir l'absence de la mort, et de la morte. L'essentiel est ailleurs.

La génération comme structure

Le roman de l'orphelin, qui descend de l'*Odyssée*, le roman de la famille, qui descend de l'*Iliade*, se retrouvent et se perdent dans le roman des générations. Comme si l'échiquier n'était plus assez vaste, certains romanciers augmentent le nombre de ses cases. Les personnages, sans lien de famille entre eux, sont pris dans une grande structure synchronique, une année, une époque, parfois vingt-cinq ans; une génération: cette dernière est la durée des

Hommes de bonne volonté, des *Somnambules*. Ce qui n'est plus donné par la biographie individuelle du héros solitaire, de l'Ulysse du roman moderne, est fourni aux héros collectifs, au groupe, par l'Histoire. Ces romans sont toujours datés, ils ont des références solides, donc, eux aussi, une structure close.

Le grand cycle de Jules Romains diffère des fresques naturalistes, que composent les œuvres de Zola ou des Goncourt, par l'unité de l'œuvre. Aucun de ses vingt-sept volumes ne forme un tout à lui seul, il est toujours le complément ou l'annonce des autres tomes ; les titres semblent parfois recouvrir une monographie sociale (*Les Superbes*, t. V ; *Les Humbles*, t. VI), psychologique (*Les Amours enfantines*, t. III ; *Éros de Paris*, t. IV), politique (*Montée des périls*, t. IX ; *Les Pouvoirs*, t. X), historique (*Le Drapeau noir*, t. XIV ; *Prélude à Verdun*, t. XV ; *Verdun*, t. XVI ; *Cette grande lueur à l'est*, t. XIX), esthétique (*Les Créateurs*, t. XII), mais, en réalité, ils sont composés de plusieurs pièces d'un grand puzzle, de petites cases de la grande structure. Celle-ci se referme de manière circulaire, puisque le tome I est intitulé *Le 6 octobre* (1908) et le tome XXVII et dernier, *Le 7 octobre* (1933). Les deux volumes s'ouvrent sur la vision du peuple qui se rend au travail ; l'un des deux principaux personnages, Jerphanion, apparaissait à la fin du tome I ; on le retrouve au tome dernier, au milieu de la communauté des hommes de bonne volonté ; les deux sections reflètent également la hantise d'une guerre. Le savant entrelacs d'intrigues érotiques, sociales, psychologiques, le personnel romanesque si abondant qu'on peut lui reprocher de n'être composé que de fantômes, le contrepoint historique remplissent ce grand meuble de rangement. Si beaucoup de lecteurs préfèrent les deux volumes consacrés à Verdun, c'est que l'on y voit la tragédie d'une génération. Le roman de guerre, en effet, grâce à sa simplicité de structure, qui oppose deux camps et montre le déroulement d'une Histoire déjà connue (*Le Rivage des Syrtes* est le roman d'une guerre imaginaire et toujours future), entre dans la catégorie des romans de génération. Les protagonistes sont les représentants de leur camp, des masses, de la foule. La grande différence avec le roman d'aventures est ici : on ne fait pas la guerre tout seul. Ainsi, Jünger, dans *Orages d'acier*, André Malraux, dans *Les Noyers de l'Altenburg*, mais aussi dans *L'Espoir*, Hemingway dans *Pour qui sonne le glas*, ont adopté la structure close et binaire d'une guerre *dont on sait déjà la fin* (comme dans la tragédie classique, et certains romans policiers noirs, qui tuent l'énigme exprès, tels *Complicité* et *Préméditation* de Francis Iles, ou certains romans de Simenon). Un roman de guerre n'est pas n'importe quel roman : il a ses règles qui ne tiennent pas seulement au sujet, mais à la technique. Il obéit à une contrainte considérable, parce qu'il peut choisir son moment (le début de la guerre d'Espagne, la période où la République n'est pas encore écrasée, dans *L'Espoir*), mais ce moment, cette période, est toujours déjà connu. Ici aussi, l'échiquier est préparé ; il suffit de poser les pièces ; elles n'ont que deux couleurs.

Dans ses œuvres philosophiques comme dans ses textes littéraires, Jean-Paul Sartre commence par faire court. *La Nausée* n'est pas un long roman (deux cent dix pages) ; *Le Mur* est un recueil de nouvelles. L'allongement considérable des *Chemins de la liberté*, trois volumes terminés, un quatrième inachevé, près de mille trois cents pages dans la « Bibliothèque de la Pléiade », correspond bien à l'architecture du roman de génération. La chronologie donnée par les éditeurs[30] s'étale sur quinze ans, 1925-1940. Dans un cycle que Sartre a d'abord appelé *Lucifer* et divisé en deux parties, « La Révolte » et « Le Serment[31] », le personnage de Mathieu est pris dans son époque : « Il s'agissait, a dit l'auteur en 1973, de montrer la réussite d'une révolte active à travers une série d'événements contemporains. » Il est vrai qu'il n'était là question que d'un avortement : on n'est pas chez Malraux ; c'est après l'éclatement de la crise de Munich que Sartre décide de l'insérer dans un roman auquel il donne alors une tout autre ampleur. Au début de 1939, le titre définitif apparaît : « On peut en déduire que le projet lui-même évolua alors d'un plan métaphysique à un plan historique, tout en gardant son caractère moral[32]. » C'est pourquoi le deuxième volume, Le Sursis, est le roman de la génération qui voit approcher la Seconde Guerre mondiale, non plus seulement les aventures amoureuses assez miteuses de Mathieu : « J'ai voulu retracer, écrit Sartre[33], le chemin qu'ont suivi quelques personnes et quelques groupes sociaux entre 1938 et 1944. Ce chemin les conduira jusqu'à la libération de Paris, non point peut-être jusqu'à la leur propre. » La crise historique du *Sursis*, chaque chapitre portant une date, du 23 au 30 septembre (1938), répartie entre plusieurs capitales, est représentée par une technique simultanéiste, qui vient de Dos Passos, et nous fait passer d'une capitale à une autre, d'un personnage à un autre. Dans ce qu'il a de meilleur, ce roman est celui des masses, qui lui dictent sa structure : « Tous ces hommes s'étaient fait violence pour partir les yeux secs, tous avaient soudain vu la mort en face et tous, après beaucoup d'embarras ou modestement, s'étaient déterminés à mourir. À présent ils restaient hébétés, les bras ballants, empêtrés de cette vie qui avait reflué sur eux, qu'on leur laissait encore pour un moment, pour un petit moment, et dont ils ne savaient plus que faire[34]. »

Le roman de génération substitue donc, comme *Le Sursis* à *L'Âge de raison*, un destin collectif à un destin individuel. De ce fait, il multiplie les personnages, dont certains symboliques d'un milieu, d'une classe, d'un pays, et les présente sur un horizon historique. À l'Histoire, il emprunte ses hommes d'État, ses généraux, ses événements, son calendrier. Sa structure, volontiers chronologique, comme dans *Les Conquérants*[35], *La Condition humaine*, *L'Espoir*, *Le Sursis*, se clôt lorsque le temps de l'Histoire est interrompu, la pendule arrêtée.

Du roman de génération, Hemingway a donné deux versions. L'une, double, dans *L'Adieu aux armes* (1929), *Pour qui sonne le glas* (1940), plus historique, et militaire, greffe une intrigue amoureuse[36] sur le combat d'un pays pour la liberté ou la dictature. L'autre, *Le soleil se lève aussi* (1926), ne fait plus intervenir l'Histoire directement ; il est pourtant, des deux, le plus proche du roman de génération. Au lieu de refléter des événements déjà connus, il représente, de manière symbolique, ce que Gertrud Stein avait appelé une « génération perdue ». Ce célèbre propos a figuré en épigraphe du roman, en même temps qu'un texte de l'Ecclésiaste[37]. Dans le Paris d'après-guerre[38], chacun des personnages représente beaucoup plus que lui-même. Les héros égarés et sans but retrouvent, comme dans les romans de Fitzgerald (*Tendre est la nuit*, 1934) et de Jean Rhys (*Quartet*, 1928, *Voyage in the Dark*, 1934, etc.), la structure de la tragédie, celle que l'auteur de *La Fêlure* (*The Crack-Up*, 1936 ; éd. 1945) résume en tête de sa plus belle nouvelle : « Toute existence est un processus de démolition. » Ainsi avaient été démolis, après leur ascension,

Gatsby le Magnifique (*The Great Gatsby*, 1925), ou le dernier Nabab (*The Last Tycoon*, 1941, inachevé), ainsi finissaient les « enfants du jazz », qui incarnaient la décadence du rêve américain entre les deux guerres. Gertrud Stein voyait dans la génération qui avait fait la guerre une génération gâchée, parce que celle-ci ne respectait rien et se tuait à boire. Ce propos, Hemingway le modère lui-même : « Je pensai que toutes les générations sont perdues par quelque chose et l'ont toujours été et le seront toujours. » Et, repensant à Gertrud Stein, il ajoute : « Au diable ses idées sur la génération perdue et toutes ces sales étiquettes si faciles à accrocher[39]. » Perdue ou pas, il a lui-même écrit les romans d'une génération, enfermée dans le cercle tragique des plus grands massacres de l'Histoire. *Pour qui sonne le glas* a, du reste, par l'unité de lieu et presque de temps (soixante heures), la construction d'une tragédie[40]. La Seconde Guerre mondiale est sinon racontée, du moins évoquée, dans *Au-delà du fleuve et sous les arbres* (1950).

Roman d'une génération encore, *Les Mandarins* (1954) de Simone de Beauvoir, où les personnages sont à clé, et Sartre au centre ; trop peut-être, parce qu'il a dit lui-même que ce roman « lui avait coupé l'herbe sous le pied ». Dans *Le Jeu de patience*, somme que Louis Guilloux publie en 1949, le narrateur rédige une « chronique » où l'on voit reparaître tous les personnages des précédents romans de l'auteur. Ils se suivent et s'emboîtent les uns dans les autres, comme les pièces d'un jeu de patience ; eux aussi dialoguent avec l'Histoire, les deux grandes guerres, et celle d'Espagne ; de ce monde, le narrateur se sent « responsable ».

La structure arithmétique

Elle découle des plus anciennes traditions de l'humanité, et pourtant ressuscite dans les œuvres les plus modernes : la structure numérique. Elle contribue, bien évidemment, à construire et à clore, lorsque le romancier mesure son texte comme un ingénieur ou un architecte. Cependant, elle annonce l'œuvre ouverte, parce que ces calculs sont le plus souvent cachés et que leur sens est symbolique.

Le roman de Raymond Queneau est un bon exemple de cette structure numérique. Il s'en est expliqué lui-même dans *Bâtons, chiffres et lettres* (1950 ; éd. différente en 1965) et dans ses *Entretiens avec Georges Charbonnier* (1962). Dans ces derniers, il déclare : « J'ai toujours pensé qu'une Œuvre littéraire devait avoir une structure et une forme, et dans le premier roman que j'ai écrit, je me suis appliqué à ce que cette structure soit extrêmement stricte, et de plus qu'elle soit multiple, qu'il n'y ait pas une seule structure, mais plusieurs. Comme à ce moment-là j'étais, disons, un peu arithmomane, j'ai bâti cette construction sur des combinaisons de chiffres, les uns plus ou moins arbitraires, les autres parce qu'ils m'étaient inspirés par des goûts personnels[41]. » La construction ne doit pas être apparente : elle est une aide à la création, non à la lecture. Dans *Le Chiendent* (1933), il y a sept chapitres (et non treize, comme il est dit dans les *Entretiens*), chacun divisé en treize « paragraphes », « et chacun d'eux a sa forme particulière, sa nature, en quelque sorte, soit par le style, soit par des modifications de temps, de lieu. Les personnages apparaissent d'une façon rythmée, à certains moments et à certains endroits. Tout cela était préparé sur des tableaux, des tableaux aussi réguliers qu'une partie d'échecs[42] ». On a donc quatre-vingt-onze sections parce que, indique *Bâtons, chiffres et lettres*, « quatre-vingt-onze étant la somme des treize premiers nombres et sa "somme" étant un, c'est donc à la fois le nombre de la mort des êtres et celui de leur retour à l'existence, retour que je ne concevais alors que comme la perpétuité irrésoluble du malheur sans espoir ». Des critiques[43] retrouveront dans *Gueule de pierre, Les Enfants du limon, Les Temps mêlés, Loin de Rueil*, le « secret de la composition ternaire » qui symbolise les trois principes de la gnose, la triade psychanalytique (ça, moi, surmoi), la dialectique hégélienne. Queneau signale encore que dans *Les Enfants du limon*, « dans le chapitre qui se trouve au milieu, il est dit purement et simplement que c'est le sujet de ce chapitre-là ; il dit de lui-même qu'il se trouve au milieu du roman[44] ». Ensuite, à partir de *Pierrot mon ami*, Queneau se détache d'une « trop grande mathématisation de la structure[45] », d'un souci d'ordre « arithmomaniaque », de ce « jeu dont on invente les règles et auquel on obéit ». Mais il garde le souci de la structure, et considère toujours le langage comme un « jeu avec des règles », un « jeu de raisonnement »[46]. Peut-être Queneau se délivre-t-il de son arithmomanie au cours de la psychanalyse qu'il subit pendant six ans. Il reste que, dans *Le Chiendent*, on trouve des structures superficielles (au sens linguistique) — dialogues, récit, monologue, parodie, etc. —, et une structure profonde qui, elle, est numérique. Faut-il voir, dans ce goût pour les nombres, outre une vocation de mathématicien, une trace de l'intérêt des surréalistes pour la philosophie occulte ? C'est l'époque où Breton déclare, dans le *Second Manifeste du surréalisme* (1929) : « Les recherches surréalistes présentent avec les recherches alchimiques une remarquable analogie de but», où, autour de lui, artistes et écrivains, comme l'indique Sarane Alexandrian, s'initient à l'ésotérisme[47]. Queneau, un temps membre du groupe surréaliste, qu'il caricature plus tard dans *Odile*, insère dans l'un de ses premiers romans, *Les Enfants du limon* (1938), des recherches sur les «fous littéraires[48]», auteurs de nombreuses spéculations mathématiques, notamment sur la quadrature du cercle, et y rêve d'une «Encyclopédie des sciences exactes». Le contenu s'adapte parfaitement à la forme, elle-même entièrement numérotée, du livre.

Compter permet de construire et de symboliser. Il est passionnant de voir les recherches de certains romanciers contemporains rejoindre les plus anciennes philosophies. Depuis Pythagore, dont il ne reste aucun écrit, mais dont l'importance apparaît dans un texte de Proclus : «Pythagore, qui a donné à la philosophie géométrique la forme d'une culture libérale, en reprenant les choses au commencement pour découvrir les principes par un examen des théorèmes mettant en œuvre une méthode non empirique et purement intellectuelle ; c'est précisément lui qui découvrit la théorie des proportions et l'existence d'une structure des formes de l'univers[49].» Depuis, aussi, *Le Livre des nombres*, qui, s'il doit son titre gréco-latin au dénombrement des Juifs par lequel il s'ouvre, n'en est pas moins composé de trente-six chapitres, correspondant à trois périodes temporelles : dix-neuf jours au Sinaï ; trente-huit ans à travers le désert ; cinq mois dans les steppes de Moab.

L'ésotérisme juif s'exprime, depuis le Ier siècle, dans les textes de la kabbale. Le Moyen Âge chrétien a cru, lui aussi, à la suite des Pères de l'Église, à une symbolique des nombres : «La Sagesse divine se reconnaît aux nombres imprimés en toute chose», écrit saint Augustin ; Émile

Mâle, qui le cite dans son *Art religieux du XIIIe siècle en France*, ajoute que, selon le *De Libero Arbitrio* (II, 16) de saint Augustin, le monde physique et le monde moral sont construits sur des nombres éternels. La beauté elle-même est une cadence, un nombre harmonieux. « La science des nombres est donc la science même de l'univers ; les chiffres contiennent le secret du monde. » Isidore de Séville, le dernier des Pères, est à la fois encyclopédiste, comme le sera Queneau, et l'auteur d'un *Liber numerorum* (VIIe siècle). Mâle donne quelques exemples de ces symboles numériques. Le nombre trois, c'est la Trinité, et l'âme, puisque celle-ci est à l'image de la Trinité. Le chiffre quatre est celui des éléments, symbole de la matière, du corps, du Monde. Sept, c'est quatre plus trois, le corps plus l'âme, le nombre humain par excellence, l'union des deux natures. Il y a sept âges de la vie, sept vertus, sept demandes du *Pater*, sept péchés capitaux. Dans le cosmos, le nombre sept renvoie à sept planètes qui commandent la vie humaine, aux sept jours durant lesquels Dieu a créé le monde. « Les sept tons de la musique grégorienne sont, en dernière analyse, l'expression sensible de l'ordre universel[50]. » Dante lui-même a édifié son épopée sur cette arithmétique sacrée : « Dante décida à l'avance que chacune des parties de sa trilogie se diviserait en trente-trois chants en l'honneur des trente-trois dernières années de la vie de Jésus-Christ[51]. » Le tercet qu'il adopte est la marque ultime de ce chiffre mystique.

    Les romanciers contemporains héritent donc une arithmétique qui, jadis sacrée, est devenue profane. Ils ne croient sans doute plus au symbolisme des nombres. Mais ils restent attirés par eux ; et lorsqu'ils ne le sont pas, les lecteurs ou les critiques le sont à leur place. Qui n'est frappé par l'organisation d'*À la recherche du temps perdu* selon un rythme binaire (le temps perdu, le temps retrouvé), ternaire (du côté de chez Swann, le côté de Guermantes, le *Temps retrouvé*), voire par la division finale en sept parties ?

Milan Kundera, dans *L'Art du roman*, note que chacun de ses romans, sauf un, est divisé en sept parties[52]. Ayant ainsi rédigé *La vie est ailleurs* en six parties, insatisfait, il en ajoute une septième. *Risibles Amours* est ramené de dix nouvelles à sept. Même composition dans *Le Livre du rire et de l'oubli*. Écrivant *L'Insoutenable Légèreté de l'être*, l'auteur voulait « casser la fatalité du nombre sept », mais la première partie lui paraissant informe, il se sentit obligé de la diviser et retrouva ainsi le chiffre fatidique : « Je raconte tout cela pour dire que ce n'est de ma part ni coquetterie superstitieuse avec un nombre magique, ni calcul rationnel, mais impératif profond, inconscient, incompréhensible, archétype de la forme auquel je ne peux échapper. Mes romans sont des variantes de la même architecture fondée sur le nombre sept[53]. »

La structure mathématique commande aussi, dans *La Plaisanterie*, la répartition des monologues (le roman est raconté par quatre personnages) et donc l' « éclairage des personnages ». Cet ordre n'est pas prémédité, mais « s'impose tout naturellement comme une nécessité de la forme ». Parties et chapitres de chaque roman sont numérotés : « La division du roman en parties, des parties en chapitres, des chapitres en paragraphes, autrement dit *l'articulation* du roman, je la veux d'une très grande clarté[54]. » Kundera compte comme un musicien, parce qu'il a été d'abord attiré par la musique et qu'il montrait dans ses œuvres musicales la même préoccupation mathématique, véritable obsession.

On peut penser que l'un des signes, l'une des preuves qu'un romancier s'est donné une structure fondée sur les nombres est la numérotation des chapitres. Leur présence, quand même ils seraient peu nombreux, signifie déjà une construction. Même si Joyce ne donne à son Ulysse que dix-huit chants, on sait que les titres d'abord prévus par lui renvoyaient à l'*Odyssée* (qui, elle-même, doit sa division en vingt-quatre chants, comme celle de l'*Iliade*, aux critiques alexandrins). Plus intéressante, en tout cas plus originale, est la numérotation excessive. Raymond Abellio divise son roman *La Fosse de Babel* (1962) en trois parties, vingt et un chapitres, cent séquences numérotées et titrées. Ces recherches n'étonnent pas de l'auteur de *La Structure absolue*, de *L'Introduction à une théorie des nombres bibliques* et d'*Approches de la nouvelle gnose*. Chez lui, les nombres ont un sens ésotérique. Raymond Queneau a divisé *Les Enfants du limon* (écrit de 1930 à 1938) en huit livres et cent soixante-huit chapitres. Les *Exercices de style* sont au nombre de quatre-vingt-dix-neuf. *Saint Glinglin* (1948) est divisé en sept parties. Les trois premières reprennent celles du roman *Gueule de pierre* (1934) ; les trois suivantes corrigent la deuxième et la troisième partie des *Temps mêlés* (1941) ; la septième partie est ajoutée. *Le Dimanche de la vie*, comme *Les Fleurs bleues*, a vingt et un chapitres. Nous retrouverons plus loin le cas de Cortázar, de Perec, de Calvino. Notons que *La Vie mode d'emploi* a quatre-vingt-dix-neuf chapitres et un épilogue, et que *Marelle* est composé de cent cinquante-cinq séquences, ou cases.

Vladimir Nabokov, grand amateur de jeux intellectuels et auteur d'un roman sur les échecs, *La Défense Loujine*, a présenté un exemple extraordinaire de structure numérique, en même temps qu'il donnait à son roman une architecture probablement unique, dans *Feu pâle* (*Pale Fire*, 1962) : il s'agit en effet d'un poème de neuf cent quatre-vingt-dix-neuf vers et de son commentaire érudit, le tout constituant un roman d'apparence policière. Il y a neuf cent quatre-vingt-dix-neuf vers, parce que, indique le commentaire[55], le vers 1000 est analogue au vers 1. Robert Musil, dont *L'Homme sans qualités* a, comme *Feu pâle*, finalement une structure ouverte, numérote cependant les différents chapitres avec un souci peut-être hérité de sa vocation scientifique : ce qui donne cent vingt-trois séquences dans le tome I, cent vingt-huit dans le tome II, de la traduction Jaccottet.

Ainsi voit-on les écrivains tirer de la structure numérique, tantôt un sens symbolique, tantôt un appui génétique, tantôt la réponse à une obsession. Ces calculs sont au service de la construction de l'œuvre, tantôt fermée, tantôt ouverte.

L'ŒUVRE OUVERTE

Cette expression est empruntée à l'ouvrage bien connu d'Umberto Eco (1962 ; traduction française : 1965)[56]. L'œuvre d'art y est considérée comme un système de signes indéfiniment traduisibles : « Toute œuvre d'art, alors même qu'elle est forme achevée et "close" dans sa perfection d'organisme exactement calibré, est "ouverte" au moins en ce qu'elle peut être interprétée de différentes façons sans que son irréductible singularité en soit altérée. » Pour nous, il ne s'agit pas ici de l'ouverture du sens, des significations, mais de la structure. Le lecteur exécutant « contribue à faire l'œuvre », comme dans la musique postsérielle, les mobiles de Calder, l'art cinétique, le mobilier par éléments, l'architecture à cloisons mobiles. C'est le règne de l'indéterminé, du discontinu. Nous saisissons les formes non plus dans leur achèvement, mais dans leur genèse : c'est pourquoi l'intérêt de la critique scientifique pour les brouillons d'un auteur, ceux de Flaubert, de Joyce, ou de Proust, est moderne. Il ne s'agit plus de retrouver un sens unique, que l'esquisse préciserait, mais plutôt l'imprévu, le jaillissement originel, la liberté.

La structure en morceaux

Malgré quelques essais timides de définition, il n'y a pas eu de véritable cubisme romanesque ni de futurisme (malgré le roman de Marinetti *Mafarka le Futuriste*, 1909). Cependant, deux procédés de construction — ou de destruction — proches des arts plastiques se retrouvent dans certains romans : la fragmentation et le collage. Dès 1912 paraît un curieux roman achevé en 1909[57], *Bebuquin ou Les Dilettantes du miracle*, de Carl Einstein (la traduction française en a été rééditée en 1978 par Samuel Tastet). Dans une lettre à D.H. Kahnweiler, de 1923, Einstein a précisé son esthétique : « Ce qui me préoccupe, c'est la transformation de la sensation de l'espace, non de manière théorique — pour qu'on ne nous lance pas la théorie à la figure — mais en montrant par un récit comment les choses, les représentations, etc., se transforment pour l'homme en sensation spatiale [...]. Je sais depuis longtemps que ce qu'on appelle le "cubisme" dépasse largement la peinture. Le cubisme ne se justifie que dans la mesure où l'on crée des équivalents psychiques. » En

1913-1914, Jean Cocteau rédige son plus curieux roman, *Le Potomak*, publié en 1919. Composé de morceaux épars, de textes juxtaposés, et, pour un tiers, de dessins, les «Eugène», ce livre raconte l'histoire d'un monstre, le Potomak, et l'aventure intérieure de l'auteur. Bientôt, Cocteau abandonnera cette esthétique révolutionnaire pour le style néoclassique de *Thomas l'Imposteur*, des *Enfants terribles*, du *Grand Écart*. En 1920, le jeune Malraux, séduit par la peinture cubiste, admirateur de Max Jacob et de Blaise Cendrars, publie «Aux origines de la poésie cubiste» (*La Connaissance*, janvier 1920)[58]. Il est peu de mouvements picturaux qui n'aient eu leur parallèle dans les lettres.

Cette structure éclatée, on la trouvait déjà chez un homme isolé, misérable, perdu dans l'espace qui sépare le symbolisme de la modernité, mais redécouvert par le surréalisme : Alfred Jarry. En 1911, on publie le texte complet de *Gestes et opinions du Dr Faustroll, pataphysicien* (des extraits en étaient parus, du vivant de l'auteur, dans *Le Mercure de France*, en mai 1898, et dans *La Plume*, en novembre 1900). Michel Arrivé a résumé l'originalité de la structure de ce livre : « Sont en effet juxtaposés dans l'ouvrage des textes entre lesquels il paraît impossible d'établir la moindre relation : copies d'exploits d'huissier reproduits avec une scrupuleuse minutie — jusqu'aux cachets et à l'alternance des passages imprimés et manuscrits ! ; relation d'un voyage de "Paris à Paris par mer" où les îles visitées représentent en réalité autant d'univers littéraires, picturaux ou musicaux ; définition pédantesquement pseudo-rigoureuse de la "pataphysique" ; description de tableaux donnés comme imaginaires ; calculs aberrants — mais d'autant plus indiscutables — sur la "surface de

Dieu" ; le tout périodiquement interrompu par le "monosyllabe tautologique" du "grand singe papion Bosse-de-Nage", lequel ne savait de parole humaine que "ha ha"[59]. »
Le sous-titre, marque génétique du livre et contrat avec le lecteur, est bien «Roman néoscientifique», comme *Les Jours et les Nuits* sont sous-titrés «Roman d'un déserteur» (1897); *L'Autre Alceste* est intitulé, de manière plus ambiguë, «Drame en cinq récits»; *Messaline*, «Roman de l'ancienne Rome» (paru dans *La Revue blanche* en 1900, en volume en janvier 1901); *Le Surmâle*, «Roman moderne» (1902). Si Jarry s'insère explicitement dans le genre romanesque, c'est pour le faire éclater. Ce qui sépare, en effet, la structure ouverte de la structure close, c'est que les morceaux en lesquels elle se décompose ne sont pas assemblables, ne peuvent être reconstruits en une unité. *Les Hommes de bonne volonté* sont disposés en innombrables morceaux; mais l'ensemble peut être unifié; on y retrouve un ordre parfaitement logique. L'esthétique du collage[60], au contraire, n'obéit plus à la logique. On en trouverait des traces dans les deux plus beaux romans de Cendrars, *Dan Yack* (1946; réunit *Le Plan de l'aiguille*, écrit de 1917 à 1928, et *Les Confessions de Dan Yack*, 1917-1929) et *Moravagine*. Ces deux livres semblent inspirés par la technique d'un romancier populaire, Gustave Le Rouge, que Cendrars a copié, en le morcelant, dans son recueil de poèmes *Kodak*, et dont il a fait le portrait dans *L'Homme foudroyé*. Dan Yack et Moravagine sont des créatures monstrueuses qui parcourent le monde, comme le «mystérieux docteur Cornélius» de Le Rouge[61]. Leur histoire, la fiction, est morcelée : Cendrars procède par éclairs, et la phrase elle-même est disloquée. C'est le monde du kaléidoscope, comme à la même époque dans certains romans de Ramón

La structure du roman

Gómez de la Serna (*La Veuve blanche et noire*, traduit en français par Jean Cassou, 1924).

Collage

Les surréalistes font du collage un usage constant. Pages de journaux et autres artifices typographiques (Aragon dans *Le Libertinage*[62] et *Le Paysan de Paris*), photographies destinées à remplacer la description condamnée par Breton dans le *Premier Manifeste* (les photos, volontairement non artistiques de *Nadja*, « pièces justificatives des grandes obsessions du récit »), structure en forme de promenades (*Nadja*), voire de pseudo-guides touristiques (« Le Passage de l'Opéra », « Sentiment de la nature aux Buttes-Chaumont », dans *Le Paysan de Paris*). À la recherche de l'instant miraculeux, de la trouvaille, les romanciers surréalistes attendent de la structure brisée, des contrastes violents de matériaux, la marque formelle du choc poétique. La technique du collage s'allie à l'improvisation de l'écriture ; la structure se découvre à mesure qu'elle s'écrit : « Jamais, écrit Aragon, je n'ai écrit une histoire dont je connaissais le déroulement, j'ai toujours été, en écrivant, comme un lecteur qui fait la connaissance d'un paysage ou de personnages dont il découvre le caractère, la biographie, la destinée[63]. » À quoi s'ajoute la « pratique de la contradiction », qui, évidemment, détruit la composition classique en faveur d'une « logique de l'illogisme »[64] : « Si vous voulez, tout roman m'était la rencontre d'un parapluie et d'une machine à coudre sur une table de dissection », une « conjonction de mots ». *Le Paysan de Paris* veut être « une nouvelle espèce de roman enfreignant toutes les lois traditionnelles du genre, qui ne soit ni un récit (une histoire) ni un personnage (un portrait) [65] ». Aragon va jusqu'à dire que ses romans « réalistes socialistes » eux-mêmes, *Les Beaux Quartiers*, *Les Cloches de Bâle*, n'ont d'une œuvre construite que l'apparence.

La vérité, l'essence du roman-collage se trouve dans ceux de Max Ernst : *La Femme 100 têtes* (1929), *Une semaine de bonté* (1934), réalisés grâce à des découpages dans de vieux romans illustrés du XIXe siècle, des encyclopédies. Werner Spies a retrouvé l'origine de la plupart de ces matériaux et mis en lumière l'effet de choc produit, à la fois par le rapprochement, à l'intérieur d'une image de Max Ernst, de plusieurs découpures, et par le passage d'une image montée de Max Ernst à sa voisine : l'enchaînement n'en est nullement rationnel, l'esprit du lecteur et sa sensibilité vont de choc en choc : l'interprétation, la traduction sont ouvertes ; l'absence de texte fait du lecteur un créateur, c'est à lui, s'il le veut, de construire l'histoire, de reconstituer récit et fiction.

Montage

Comparé au collage, qui laisse sa part au hasard et s'accorde donc parfaitement au récit-promenade des surréalistes, le montage est un procédé beaucoup plus conscient. Ce qui est montage du point de vue de l'écrivain est démontage, soulignons-le, pour le lecteur, initié dans sa lecture par les changements de séquence et de fiction. Un des exemples les plus remarquables de roman « monté » nous est fourni par *Wild Palms* (*Les Palmiers sauvages*, 1939) de William Faulkner. Deux histoires, *Wild Palms* et

Old Man, s'y entrelacent ; chacune comporte cinq chapitres, et l'on passe d'un chapitre de la première à un chapitre de la seconde, chacun portant le titre de son histoire. Faulkner s'en est expliqué : « C'était une seule et unique histoire, celle de Charlotte Rittenmeyer et de Harry Wilbourne, qui sacrifient tout pour l'amour, et puis perdent l'amour même. Je ne savais pas qu'il y aurait deux histoires séparées avant de commencer le livre. Quand j'arrivai à la fin de ce qui est maintenant la première section des *Palmiers sauvages*, je me rendis compte que quelque chose y manquait, qu'il fallait la relever, comme avec un contrepoint en musique. Aussi j'écrivis l'histoire intitulée *Old Man* jusqu'à ce que *Wild Palms* revienne à la hauteur. Alors j'arrêtai *Old Man* à ce qui est maintenant la première section, et je repris *Wild Palms* jusqu'à ce qu'à nouveau quelque chose fléchisse. Alors je la remis à la hauteur à l'aide d'une autre section de son antithèse, qui est l'histoire d'un homme qui a trouvé son amour et passe le reste du livre à le fuir [...]. C'est seulement par chance, ou peut-être par nécessité, qu'il y a deux histoires[66]. » Cette technique du montage alterné de plus d'une fiction avait été utilisée sans doute par Homère, et certainement par Tolstoï dans *Anna Karénine*. Chez Faulkner, cependant, les seules relations que l'on puisse établir entre les deux histoires sont d'ordre symbolique — comme dans le grand film de Griffith, *Intolérance* (1916), qui raconte alternativement quatre histoires, situées à quatre époques différentes et qui illustrent le même thème, indiqué par le titre.

Michel Butor a bien mis en valeur le montage cubiste de son roman *Degrés* : « L'organisation de *Degrés* est une organisation par angles droits, c'est une organisation de cubes à quatre dimensions (le cube de chaque classe, les salles de classe les unes à côté des autres, et avec l'unité de temps, ce sont aussi des cubes à quatre dimensions, parce que ce sont les heures de classe)[67]. » Cependant, si la structure n'est pas figée, c'est que l'on passe sans cesse d'une classe à l'autre, d'un « cube » à l'autre. Un des ouvrages ultérieurs de Butor s'appelle *Mobile* : « C'est pour moi une des choses les plus importantes, de saisir la population dans son mouvement et, en particulier, naturellement, ce grand mouvement d'est en ouest qu'a été le peuplement des États-Unis[68]. » Le lecteur est amené à reconstituer l'ensemble à partir des éléments qui lui sont fournis, parce que le texte est « organisation ».

On trouverait des exemples plus commerciaux, plus vulgaires, de montages, chez Louis Aragon, Elsa Triolet, Aldous Huxley (*Contrepoint*), ou dans la somme de Louis Guilloux *Le Jeu de patience*, et dans *Les Chemins de la liberté*. De manière beaucoup plus raffinée, Italo Calvino, dans *Si par une nuit d'hiver un voyageur*, monte plusieurs histoires à la fois, leur commentaire, et l'histoire de leur lecture : « Je fais raconter trop d'histoires à la fois, parce que je veux qu'on sente autour du récit d'autres histoires jusqu'à saturation, des histoires que je pourrais raconter, ou que je raconterai peut-être — ou qui sait si je ne les ai pas racontées dans une autre occasion ? —, un espace rempli d'histoire qui n'est peut-être rien d'autre que le temps de ma vie, où l'on peut, comme dans l'espace, se déplacer dans toutes les directions[69]. » Un des chapitres porte le titre emblématique « Dans un réseau de lignes entrelacées », et le suivant « Dans un réseau de lignes entrecroisées », titres de romans qui figurent dans le roman : comme le signale Calvino lui-même, le montage est en miroir, et même en kaléidoscope[70]. D'où également l'idée d'un livre qui ne serait qu'un montage de débuts, d'*incipit*, emboîtant « un début de narration dans l'autre, comme font *Les Mille et Une Nuits*[71] ». Jouant à ce jeu, Calvino transforme ses titres, en faisant chaque fois un début de roman différent, emporté par un lecteur potentiel : « Il semble bien qu'effectivement le lecteur soit sur le point de partir. Il emportera avec lui *Sur le tapis de feuilles éclairées par la lune* de Takakumi Ekoka[72]. » Mais le lecteur ne lit-il pas plutôt *Autour d'une fosse vide ?*, et c'est un nouveau chapitre, un nouveau début. Ou bien *Quelle histoire attend là-bas sa fin ?*. Mais on avait d'abord lu le début de *Penchée sur la côte escarpée*, de *En s'éloignant de Malhork*, de *Sans craindre le vertige et le vent*, de *Regarde en bas l'épaisseur des ombres*, et, bien entendu, de *Si par une nuit d'hiver un voyageur*. Il y a donc onze romans montés en un seul roman et son commentaire, en vingt-deux chapitres (chaque début de roman et son chapitre critique) plus un, la conclusion, mariage du lecteur et de la lectrice ; dans le lit conjugal, le lecteur termine *Si par une nuit d'hiver un voyageur*. Cette construction savante et ironique n'illustre pas seulement toutes les possibilités du montage, non pas de deux actions simultanées, mais d'un système à tiroirs qui ne renvoie qu'à lui-même, puisque chacun des titres des onze romans est un élément d'une seule phrase, elle préserve encore le charme de l'origine, des possibles, et du pastiche. Elle relève aussi de l'aléatoire, tel que l'a défini l'Ouvroir de littérature potentielle.

L'aléatoire

C'est par une évolution nouvelle que l'œuvre ouverte se change en œuvre aléatoire. À partir du moment où l'on renonce à une structure close et que l'on recherche un modèle hétérogène (tableau cubiste, collage surréaliste, films d'Eisenstein, de Welles), on passe du monde « sérieux », celui qui se veut l'image du réel, à l'univers du jeu, ou des mathématiques. On n'imite plus, on produit. Mais que produire, qui soit nouveau, inédit, surprenant ? D'une part, on peut imaginer une machine à écrire des romans, qui vient au secours de la stérilité de l'auteur et le surprend lui-même. D'autre part, on peut considérer la littérature comme un immense échiquier, où des cases ont été occupées par les livres passés, mais où d'autres restent encore libres, parce que toutes les combinaisons formelles n'ont pas encore été utilisées. On rencontre ici l'Ouvroir de littérature potentielle, ou Oulipo[73].

Parmi les écrivains et mathématiciens qui ont appartenu à ce groupe, on relève les noms de Noël Arnaud, Italo Calvino, Marcel Duchamp, Jacques Duchateau, François Le Lionnais, Jean Lescure, Georges Perec, Raymond Queneau, Jean Queval, Jacques Roubaud, Jacques Bens, Harry Mathews, André Blavier. « L'Oulipo s'occupe de *littérature potentielle*. Il propose des contraintes pour la composition des textes littéraires ; certains de ses membres éventuellement les explorent. » C'est dire que, l'ancienne rhétorique écroulée, au moment même où certains critiques (Jakobson, Genette) en redécouvrent les vertus, on en propose une nouvelle. Ces contraintes, certains auteurs les affichent, d'autres les cachent. On pourra ainsi, sous le titre « S + 7 », « prendre un texte et un dictionnaire, remplacer chaque substantif du texte par le septième qui le suit dans le dictionnaire[74] ». Ce qui donne, à partir de « Notations », des *Exercices de style* de Queneau : « *Œufs*/ Dans l'S + 7 dans une huile d'allumette. Un vapeur de vingt-six appartements, chauffage mou avec du coton remplaçant le sang, cour trop longue comme si on lui avait tiré dessus[75]... » Les *Exercices de style* (1947) eux-mêmes, qui racontent la même histoire de quatre-vingt-dix-neuf manières différentes, empruntent leurs contraintes à la rhétorique (« Litotes », « Métaphoriquement »), à la psychologie (« Le côté subjectif »), à la syntaxe (« Passé indéfini », « Prétérit »), à la poétique (« Sonnet », « Ode »), aux langues, parlers, argots (« Loucherbem », « Poor lay Zanglay »), aux sciences (« Médical », « Zoologique »), à l'arithmétique (« Permutation de 2 à 5 lettres »), à la politique (« Réactionnaires »), à la stylistique (« Lettre officielle »), aux sens (« Olfactif », « Gustatif », « Tactile », « Visuel », « Auditif ») ; ces exercices exploitent toutes les possibilités de l'énonciation, face à un énoncé supposé invariable. On notera que la fiction classique cherche au contraire à varier les énoncés à partir d'une énonciation qui varie peu. C'est que les recherches de la littérature potentielle sont d'abord formelles — non sans conséquences pour la signification. Ainsi le roman de Georges Perec *La Disparition* (1969) se donne-t-il pour contrainte l'élimination de la voyelle *e*, si bien qu'il est le récit d'un exploit rhétorique et grammatical ; mais il est aussi l'histoire d'une disparition, donc un roman d'aventures. L'auteur a raconté (sans *e*, dans *La Littérature potentielle*) comment ce qui avait d'abord été un jeu, un pari, né à une époque où l'on privilégiait le « signifiant », était devenu un roman (« aussi imaginatif qu'un Ponson ou qu'un Paulhan ») où la narration prenait un « tour symbolisant », « divulguant, sans jamais la trahir tout à fait, la loi qui l'inspirait ». Cette loi est une contrainte d'écriture, mais c'est aussi, peut-être, un renvoi à la psychanalyse et à la religion, à l'absence du père et de Dieu, qui marque toute l'œuvre de Perec.

La combinatoire potentielle ne prétend donc pas se couper du monde réel, mais en explore les possibilités : « La *potentialité*, écrit Jacques Bens, plus qu'une technique de composition, est une certaine façon de concevoir la chose littéraire », qui s'ouvre sur un « réalisme moderne. Car la réalité ne révèle jamais qu'une partie de son visage, autorisant mille interprétations, significations et solutions, toutes également probables[76] ». Il en est ainsi de la « machine narrative combinatoire » montée par Calvino (*Le Château des destins croisés*) à partir d'un jeu de tarots[77]. On rencontre de nouveau le *jeu* comme modèle (et non comme thème de la fiction : le jeu d'échecs, on le sait, a été exploité par Zweig et Nabokov, le jeu de go par Kawabata, le « jeu des perles de verre » par Hermann Hesse). L'Argentin, devenu français, Julio Cortázar compose ainsi *Marelle*, précédé d'un « mode d'emploi » (dont Perec, nous allons y revenir, se souviendra) : « À sa façon, ce livre est plusieurs livres mais en particulier deux livres. Le lecteur est invité à *choisir* entre les deux possibilités suivantes : le premier livre se lit comme se lisent les livres d'habitude et il finit au chapitre 56, où trois jolies petites étoiles équivalent au mot "fin". Après quoi, le lecteur peut laisser tomber sans remords ce qui suit. Le deuxième livre se lit en commençant au chapitre 73 et en continuant la lecture dans l'ordre indiqué à la fin de chaque chapitre. » L'ordre conseillé commence donc ainsi : « 73-1-2-116-3-84 », etc. Jusqu'au chapitre 72, c'est la partie « roman », et de 73 à 155 la partie « essai », qui pourraient aussi se lire de manière indépendante (et ont été traduites par deux traductrices différentes).

Georges Perec a fait précéder son roman le plus important et le plus volumineux, *La Vie mode d'emploi* (1978), d'un préambule où il se réfère à l'art du puzzle. Celui-ci est une structure parce que « seules les pièces rassemblées prendront un caractère lisible, prendront un sens : considérée isolément une pièce d'un puzzle ne veut rien dire ». L'immeuble dont le roman est l'histoire est donc découpé en de nombreuses « pièces », ou appartements, et le récit passe de l'un à l'autre, en mêlant de nombreuses intrigues, de nombreux personnages (qu'il ne serait pas impossible de suivre séparément) ; d'où la division en parties, puis en sections numérotées en chiffres romains (jusqu'à XCIX[78] — comme dans les *Exercices de style* : *La Vie mode d'emploi* est dédiée à la mémoire de Raymond Queneau) ; d'où les annexes, qui évoquent une thèse : index, repères chronologiques, « rappel des principales histoires racontées dans cet ouvrage », etc. Perec s'en est expliqué dans « Quatre figures pour *La Vie mode d'emploi*[79] ». Le roman est né de trois points de départ, trois ébauches : appliquer à un roman le « bicarré latin orthogonal d'ordre 10 », décrire un immeuble parisien « dont la façade aurait été enlevée », raconter l'histoire de Bartlebooth (nom inspiré par Barnabooth de Larbaud et Bartleby de Melville) à un moment où Perec reconstituait un gigantesque puzzle. Brusquement l'auteur s'aperçoit que chaque case du bicarré peut devenir une pièce de l'immeuble et un chapitre du livre : « Les permutations engendrées par la structure détermineraient les éléments constitutifs de chaque chapitre [...]. Au centre de ces histoires bâties comme des puzzles, l'aventure de Bartlebooth tiendrait évidemment une place essentielle[80]. » Au lieu de décrire l'immeuble étage par étage, Perec s'inspire, non plus du puzzle, mais du parcours des soixante-quatre cases de l'échiquier par le cavalier (problème dit de la polygraphie du cavalier). Sans entrer dans de fastidieux détails, notons que Perec en arrive à un « cahier des charges », modèle mécanique et ludique qu'il s'est fabriqué lui-même, qui donne une « liste de quarante-deux thèmes qui devaient figurer dans six chapitres » (une liste en est donnée pour le chapitre XXIII). Le lecteur n'est certes pas obligé de redécouvrir ces règles cachées ; le critique, lui, s'intéressera à cette genèse qui doit tant à la machine et au hasard. L'Oulipo souligne les rapports qu'il peut entretenir avec l'ordinateur : « Oulipo et informatique ». Calvino va jusqu'à prétendre que « l'aide de l'ordinateur, loin d'intervenir en *substitution* à l'acte créateur de l'artiste, permet au contraire de libérer celui-ci des servitudes d'une recherche combinatoire[81] ». On retrouve ici la leçon de Raymond Roussel, mais transposée grâce à l'électronique. Celui-ci, dans *Comment j'ai écrit certains de mes livres* (posthume, 1935), s'est proposé d'expliquer le procédé « très spécial » qu'il avait employé pour écrire *Impressions d'Afrique*, *Locus Solus*, *L'Étoile au front* et *La Poussière de soleils*, avec l'intention de permettre non seulement l'analyse de ses œuvres passées, mais surtout l'exploitation de ce procédé par « des écrivains de l'avenir ». La création initiale est fondée sur deux mots presque semblables (« billard » et « pillard »), puis « sur l'accouplement de deux mots pris dans deux sens différents[82] » : « palmier » est pris dans le sens de gâteau, puis d'arbre. Ces mots sont insérés dans des phrases, que l'on place, par exemple, au début et à la fin du récit. Puis l'on procède par amplification. Un procédé inverse consistera à disloquer des phrases toutes faites (« J'ai du bon tabac » devient « Jade tube onde aubade », éléments du début du conte « Le Poète et la moresque »). « Ce procédé, en somme, est parent de la rime. Dans les deux cas il y a création imprévue due à des combinaisons phoniques. C'est essentiellement un procédé de poétique[83]. » Ces métagrammes, ces dislocations, ces à-peu-près engendrent donc des phrases, des pages, des épisodes entiers de fictions. Au contraire, les voyages nombreux (dont le tour du monde en 1920-1921) effectués par Roussel ne l'ont en rien inspiré : « Il m'a paru que la chose méritait d'être signalée tant elle montre clairement que chez moi l'imagination est tout. »

André Breton termine l'étude qu'il a consacrée à Roussel dans son *Anthologie de l'humour noir* en citant le fameux texte de Pierre Janet sur « Martial » (par lequel il désigne Roussel, son patient « pendant de longues années[84] ») : « Rien que des combinaisons tout à fait imaginaires », et commence par une réflexion sur l'automate : vrai automate, ou humain ? (le joueur d'échecs de Poe, Frankenstein de Mary Shelley). Roussel a, en effet, inventé une machine à imaginer, une machine à écrire. Nul doute que, comme l'a pressenti l'Oulipo, l'informatique ne donne à ces spéculations un nouveau départ (comme pour l'animation par l'image). Mais, de même que l'ordinateur agit, sans contempler[85], la faiblesse d'une littérature purement combinatoire est l'absence de contemplation. Le classicisme croyait que le sens produisait la forme ; un certain modernisme espère que la forme produira, même à l'insu de l'auteur ou malgré sa stérilité, le sens, les sens — ou qu'il n'y aura plus de sens, parce que le besoin en sera passé. Le sens n'est-il pas religieux, ou métaphysique ?

L'inachevé

La critique génétique, dont la renaissance et l'expansion dans le monde universitaire ne sont plus à signaler, a pour matériaux principaux des textes incomplets : agendas, notes, brouillons, s'il s'agit de manuscrits ; dactylographies, épreuves d'imprimerie fourniront d'autres avant-textes. À partir de ces documents dont la nature même est d'exhiber leurs manques, on est tenté d'élaborer une théorie du texte comme inachevable. On rejoint ainsi, par bonheur, toutes les philosophies de l'œuvre ouverte, anonyme, plurielle, déconstruite, en morceaux, en mouvement perpétuel, comme discours infini, « écriture du désastre ». Si l'œuvre a une structure, c'est celle d'une ruine, non pas rongée par le temps, mais non terminée, comme ces colonnes que l'on a dressées dans les jardins du Palais-Royal, ruines à l'envers. On invoquera l'exemple, au XXe siècle, de Proust, Kafka et Musil.

Si nous avons affirmé, au début de ce chapitre, qu'*À la recherche du temps perdu* avait une structure close, c'était sans ignorer que l'on prend appui sur la publication posthume de *La Prisonnière*, d'*Albertine disparue*, du *Temps retrouvé*, pour affirmer que Proust n'aurait jamais pu terminer son œuvre, qu'elle était inachevable. Maniaque de l'addition, de la rature, de la correction, l'auteur n'aurait jamais accepté de se séparer de son manuscrit pour le remettre à l'éditeur. La nouvelle édition de la « Bibliothèque de la Pléiade » fait cependant apparaître les faits suivants : Proust est mort en ayant livré à Gaston Gallimard, douze jours avant sa fin, la dactylographie de *La Prisonnière* (corrigée jusqu'à la page 123). Il avait prévu, pour *Albertine disparue*, deux versions, l'une longue, l'autre courte (qu'a publiée Nathalie Mauriac chez Grasset), cette dernière pour le cas où l'éditeur aurait préféré faire paraître, du vivant de Proust, du moins celui-ci le pensait-il, un volume plus bref, incluant *La Prisonnière* et *Albertine disparue*. *Le Temps retrouvé* figure bien sur cinq cahiers manuscrits (numérotés par Proust de XVI à XX). Il est cependant flanqué de cahiers de brouillon ou d'additions : personne ne peut dire lesquelles Proust aurait conservées ; c'est pourquoi l'édition de la « Pléiade » les donne toutes, lorsqu'elles sont différentes du texte du manuscrit. Ce monument, tel qu'il est, est donc à la fois terminé, le mot « fin » ayant été inscrit quatre fois au bas de la dernière page du manuscrit, et inachevé : le texte aurait pu se gonfler de l'intérieur, des discordances disparaître. L'ensemble des brouillons et des additions non retenues donne bien l'image de ces structures mouvantes, mobiles, baroques, caractéristiques de l'art moderne, mais involontairement. La dernière phrase du *Temps retrouvé* porte la marque de cette contradiction : presque entièrement raturée, elle ne peut être publiée sans restauration ; elle ne peut être lue sans ses variantes.

Henry James a laissé deux romans inachevés : *The Sense of the Past* et *The Ivory Tower*. Le premier, écrit au début de 1900, abandonné, repris en 1914-1915, laissé de nouveau, raconte histoire d'un jeune historien qui se trouve soudainement captif du passé, de l'année 1820. Mais le combat avec le passé a sans doute été trop fort, trop angoissant pour l'auteur : « *The Sense of the Past*, écrit Léon Edel, reste un fragment de ce qui aurait pu être une extraordinaire histoire de fantômes, l'ultime découverte de James — si cela avait été possible — de la manière d'achever son voyage à l'intérieur de lui-même et de son passé personnel[86]. » Cette angoisse insurmontable, cause de l'inachèvement qui laisse place aux rêves inventifs des lecteurs, sera celle de Debussy, qui n'a pu ni terminer ni se séparer de son opéra tiré d'Edgar Poe, *La Chute de la maison Usher*. C'est encore l'anxiété éprouvée au début de la guerre de 1914 et une dépression personnelle qui font

abandonner à James *The Ivory Tower*, roman autour d'un objet qui symbolise la retraite de l'artiste : lorsqu'il n'y a plus de retraite possible, plus de refuge, plus de fuite devant l'horreur individuelle et générale, le livre devient impossible (au contraire, Proust a trouvé dans la Grande Guerre un stimulant, qui lui a permis d'accroître *Le Temps retrouvé* de l'épisode « M. de Charlus pendant la guerre »).
À ces grands livres ruinés, on adjoindra le dernier roman d'un ami de James, Joseph Conrad : *Angoisse*[87]. Le thème du livre est le malaise provoqué en Méditerranée par la présence de Napoléon à l'île d'Elbe (par une étrange rencontre, Conrad s'est inspiré, pour ce roman, des *Mémoires* de la comtesse de Boigne, comme Proust pour *Le Côté de Guermantes*). Ici encore, ce malaise pénètre l'auteur, qui écrit à Gide : « J'ai l'idée que je ne finirai jamais cela. Cette pensée ne m'est pas désagréable. Il se trouvera des imbéciles pour dire : "Il a voulu faire tellement grand qu'il en a crevé." Belle épitaphe[88] ! » Le roman s'interrompt (comme *The Sense of the Past* sur une vision) sur un départ en pleine mer, une interrogation nocturne, la quête d'une étoile disparue : « Mais à qui manquera-t-elle dans le ciel[89] ? »
Des trois romans de Franz Kafka, deux, *L'Amérique* (ou « L'Oublié ») et *Le Château*, sont inachevés. Le premier (1912), roman d'aventures, picaresque, de formation, dont la structure linéaire raconte les aventures d'un jeune garçon, est abandonné par son auteur, déchiré par le doute, critique excessif de lui-même. En 1914, Kafka écrit encore un chapitre, « Le Grand Théâtre d'Oklahoma », qui se termine sur un départ en chemin de fer : « Le premier jour ils traversèrent de hautes montagnes [...]. De larges torrents arrivaient [...] et leur haleine glacée faisait frissonner la peau[90]. » Dans son *Journal*, en 1916, Kafka rédige quelques

La structure du roman 155

lignes destinées à ce même roman, qui se terminent sur la question emblématique : « Que pouvaient-ils savoir[91]... » *Le Château* se suspend sur la description d'une parole embarrassée : « Elle parlait difficilement, on avait peine à la comprendre, mais ce qu'elle disait... » Cette vieille femme que l'on n'entendra pas est comme une « prémonition de la mort[92] ». Kafka fait état, dans une lettre à Max Brod de 1922, de son « écroulement », qui l'a forcé à abandonner « l'histoire du Château »[93]. Il en avait pourtant raconté le scénario à son ami Max Brod. Cette peur de finir, cette anxiété face au dénouement, qui ont pour contrepartie à demi involontaire l'ouverture de la fin, nous la retrouvons encore chez le Céline de *Casse-Pipe* et, surtout, plus énigmatique encore, chez le Malraux du *Règne du malin*, du *Démon de l'absolu*, de *La Lutte avec l'ange*. Et Musil...

Comme Proust, comme Kafka, Robert Musil laisse inachevée sa grande œuvre. Comme eux, la mort l'a frappé brusquement, alors qu'il n'avait nullement renoncé à écrire : il travaillait au chapitre XIV (du volume édité par Mme Musil en 1943 ; chap. LV du tome II de l'édition française due à Philippe Jaccottet, « Souffles d'un jour d'été », p. 533-541). Sans pouvoir prendre parti entre les diverses éditions (le choix de Martha Musil, incomplet, mais qui présentait le caractère d'être dû à quelqu'un qui croyait le livre destiné à être achevé, en quatre parties ; l'édition Frisé que traduit Jaccottet ; l'édition Kaiser-Wilkins), l'important est de souligner que Musil laisse, en mourant, un énorme amas de matériaux, chapitres non corrigés, chapitres en projets, ébauches, esquisses, études. Deux volumes avaient été publiés par l'auteur, en 1930 (tome I de l'édition Jaccottet) et 1932 (trente-huit premiers chapitres du tome II de cette édition, intitulés « Vers le règne millénaire ou les Criminels »).

Pendant les dix dernières années de sa vie, Musil n'a pu, du reste, terminer un seul volume. Jaccottet conclut à la vanité des tentatives de reconstruction logique, pour des raisons qui semblent capitales : « L'essentiel de ces difficultés avait son origine en lui, au centre de lui-même, dans la division douloureuse et féconde de sa nature (par laquelle, au demeurant, il est si profondément moderne). À un "homme sans qualités", qui est aussi un "homme du possible", devait correspondre une œuvre ouverte où, à partir d'un certain moment, il n'était plus concevable, ni même souhaitable, en profondeur, d'imposer une forme rigide, d'écarter telle variante au profit de telle autre. Le roman devait, substantiellement, rester fragmentaire, inachevé, ou Musil se serait trahi [94]. » L'éditeur, le traducteur, le lecteur sont invités à choisir entre des « possibles », puisque le romancier, lui, n'a pas tranché. Ulrich, le héros lui-même, dans le fragment numéroté 128, dernier de l'édition Frisé (1952)-Jaccottet, songe à « remplacer l'idéologie close par l'idéologie ouverte. Trois bonnes vraisemblances au lieu de la vérité, un système ouvert [...]. Prendre l'esprit comme il est : quelque chose de jaillissant, de florissant, qui n'aboutit jamais à des résultats fixes [95] ».

Notre époque s'accommode donc parfaitement de ces grandes structures inachevées, qui la portent à redécouvrir et à mettre en valeur les œuvres qui ont pu être terminées, mais dont seuls des fragments nous sont parvenus : celles des présocratiques ; les livres que leur auteur, frappé avant de les avoir terminés, a laissés en fragments : Nietzsche. Ainsi préfère-t-on à toute autre les dernières *Pietà* de Michel-Ange, *Lulu* de Berg, *Moïse et Aaron* de Schönberg (qui n'est jamais parvenu à écrire la musique du troisième acte, dont il avait écrit le texte). Sans fin, le rêve...

IV

ROMAN DE LA VILLE,
VILLE DU ROMAN

Le XXᵉ siècle, en Europe occidentale et aux États-Unis, a vu l'essor extraordinaire des agglomérations urbaines aux dépens des campagnes. Par un parallélisme qui n'est sans doute pas fortuit, la plupart des grands romans de l'époque sont consacrés à la cité. Paris d'*À la recherche du temps perdu*, Canton des *Conquérants*, Shanghai de *La Condition humaine*, Manchester de *L'Emploi du temps*, New York de Dos Passos ou de Robbe-Grillet, Berlin de Döblin, Vienne de Musil, de Doderer, de Schnitzler, Le Caire de Tsirkas, Petrograd de Bielyï et de Schalom Asch, Genève d'Albert Cohen — et la liste n'est pas limitable : un nom, un titre en appelle un autre, de Hemingway à Queneau. Si l'on fait encore paraître de grands romans de la campagne, c'est non plus par exploration mais par réaction. Giono ne découvre pas la Provence, il l'oppose à Paris, à l'industrie, au siècle des guerres. Faulkner n'invente pas le sud des États-Unis, il le dresse, si corrompu qu'il soit, et décadent, comme un paradis perdu en face de l'enfer des mégapoles.

On y ajoutera les villes imaginaires : Héliopolis de Jünger, Orsenna de Gracq, le royaume d'*Ada* de Nabokov. La ville imaginaire revendique, contre le réalisme qui a toujours fasciné le genre romanesque, les droits de la littérature, et d'abord celui, non de reproduire, mais de produire. Nous avons, comme les Ledoux et les Boullée du XXe siècle, nos architectes de l'imaginaire : la ville qui n'a pas été construite (il existe un ouvrage intitulé *Unbuilt Oxford*, fait de projets abandonnés) peut encore être inventée. Elle n'est pas nécessairement un paradis ; l'imaginaire a son enfer. Vaut-il mieux habiter les empires terrorisés de Jünger, ou le Paris du *Soleil se lève aussi* ? La ville du *Procès*, ou celle de *La Nausée* ? Imaginaire et réel se rejoignent-ils dans l'inhabitable ? De même que nous avons entendu la voix de l'auteur dévorer le roman ou se dévorer elle-même, de même que nous avons vu agoniser les personnages et exploser les grandes structures fermées, héritage du XIXe siècle, le roman de la ville nous apparaîtra-t-il comme un dernier refuge où déguster, accoudé au zinc d'un café, le « vin de Paris » (Marcel Aymé), ou bien comme celui de tous les supplices, et du jugement dernier ?

Ici se pose une question de méthode. Nous pourrions dresser un inventaire par pays, une géographie littéraire : mais l'objet de la critique n'est pas (seulement) de dresser un catalogue (encore faut-il qu'ils existent). C'est déjà beaucoup de savoir que Joyce est fasciné par le Dublin qu'il a quitté pour toujours, et qu'il n'écrit que sur la ville qu'il ne reverra plus, comme Henry James sur Boston qu'il a fui, comme Kipling sur une Inde qu'il n'a guère connue au-delà de l'enfance et de la jeunesse. Dis-moi où tu vis (où tu ne vis plus), et je te dirai ce que tu racontes, modeste apport de la biographie : après tout, que nous importe que Malraux n'ait rien connu de la Chine lorsqu'il écrivait *Les Conquérants* ? Canton y est-il moins réel, s'impose-t-il moins au lecteur, que le Madrid de *L'Espoir*, bien connu du combattant de la guerre d'Espagne ? Préférons-nous Orsenna du *Rivage des Syrtes*, ou Nantes de *La Forme d'une ville* ? Franchissons-nous un pas, en comparant la ville du roman à celle du réel ? C'est concevoir la littérature ou comme reflet, ou comme écart. Dans la première hypothèse, partant d'un modèle préexistant, nous examinerions la fidélité, ou l'infidélité, des textes à cette idée platonicienne (au meilleur des cas), celle de la photographie (au pire). Le roman de la ville a-t-il tout dit de ce que nous savions déjà de la ville, ou d'un savoir théorique potentiel, qui n'est pas le nôtre, mais pourrait l'être, puisqu'il est déjà celui des sciences historiques, géographiques, sociologiques ? La seconde hypothèse est celle de l'écart. En quoi le roman diffère-t-il de la norme, lorsqu'il s'agit de décrire la ville ? Est-elle métamorphosée, défigurée, méconnaissable ? Ou simplement sélective, partielle ? De même que le style serait écart par rapport à une norme, la ville littéraire serait différente de la ville moyenne, de la ville des manuels. Ou bien l'on montre que le Paris de Marcel Proust ressemble à l'idée que tout le monde se fait de Paris en 1900, celui des mémorialistes et des historiens : *À la recherche du temps perdu* devient alors l'équivalent de *Mon Paris et ses Parisiens*, d'André de Fouquières, d'*Au temps des équipages*, d'Élisabeth de Gramont, de *Trente Ans de dîners en ville*, de Gabriel-Louis Pringué. Ou bien le Paris de Proust est différent du Paris historique, d'autant plus littéraire qu'il s'en écarte davantage.

Il nous semble cependant que, reflet ou écart, la cité romanesque, proche en cela du personnage de roman, est d'abord un monde verbal et qu'elle doit être traitée comme un espace créé par des mots. Le romancier peut vouloir décrire le monde, ou le détruire ; cette visée est dépassée par le fait qu'il invente aussi un univers imaginaire, comme celui que les peintres de la Renaissance ont dressé à l'horizon de leurs portraits ou de leurs crucifixions, comme les villes de De Chirico, de Delvaux ou de Vieira da Silva. S'il s'agit de peinture, la question du modèle ne se pose plus ; à supposer qu'on puisse y retourner, ce serait commettre ce que Proust, critiquant Ruskin, appelait le péché d'idolâtrie, comme d'aller à Giverny parce que Monet l'a peint. Quelles sont donc les contraintes que le modèle de la ville impose au langage du roman ? La ville est-elle un décor, un arrière-plan ou, au contraire, le personnage principal (parfois indiqué dès le titre : *Petrograd*, de Bielyï, *Berlin Alexanderplatz*, de Döblin, *Dubliners*, de Joyce, *Le Vin de Paris*, de Marcel Aymé) ? On trouvera une totalité, ou une division par quartiers (*Les Beaux Quartiers*, d'Aragon), ou une réduction à un immeuble (*Passage de Milan*, de Butor ; *La Vie mode d'emploi*, qui cite le précédent, de Perec). La ville appelle aussi le parcours, avec ou sans but, démarche, course ou promenade, des individus ou des masses : la déambulation du *Paysan de Paris*, les foules révoltées de Malraux, les travailleurs de Jules Romains. La ville est l'horizon de l'action, mais elle y participe et se fait actrice. Dans *L'Espoir*, Madrid, objet de la lutte des deux camps, en devient aussi le sujet, et le symbole : la ville vit, et reste la République. La rue, l'hôtel, l'immeuble, les moyens de transport, les fleuves, autant de lieux de l'action. Philippe Hamon a mis en valeur le rôle de l'architecture dans le récit[1]. La ville est un « dehors » qui a un « dedans », que l'on cherche à atteindre. Elle accueille et écarte ; et elle hiérarchise. Ainsi la description recherche-t-elle une essence en profondeur, ou une surface à décrire, ou un système de valeurs. « Dessinatrice d'impératifs catégoriques, de prescriptions, de manipulations ou de persuasions, régissant des rituels sociaux ou amoureux, des tactiques sociales ou des stratégies globales, donc des déplacements de personnages, donc de la séquentiabilité, donc du récit, l'architecture, réelle ou de "papier", devient donc accessible (peut-être) à une poétique générale de la narrativité[2]. » Ce qui rend littéraire l'architecture d'une ville, c'est que là où celle-ci ne parlait pas, là où elle n'avait qu'une fonction, donner à habiter et permettre la vie sociale, autour d'un forum où se joue la vie politique, économique et financière, et la vie religieuse autour de ses temples ou églises, la littérature donne une voix à ce silence et fait passer la cité du monde de la fonction à celui du sens. C'est le roman qui rend sensible non seulement l'apparence (et c'est la description) mais le sens de la ville. La poétique de la ville donne à imaginer, à sentir et à comprendre ce qui, sans elle, serait vécu, donc perdu, au fil des jours. On comprend le rôle irremplaçable de la littérature : si l'Histoire et la géographie expliquent et, parfois, font comprendre de grandes lois, la littérature, sans exclure les significations, montre une âme inséparable d'un corps et, de ville à ville, d'immenses individus différents les uns des autres. Non seulement la Vienne littéraire diffère du Paris littéraire, mais le Paris d'Aragon n'est pas celui de Proust. Il n'est même pas celui de Breton.

Comment donc la ville devient-elle roman ? De la reproduction à la destruction, de la destruction à la métamorphose. Comme la critique littéraire doit rappeler l'importance et la joie du détail, et que tout n'est pas théorie, nous nous proposons de lire quelques-uns de ces romans-villes qui ont pris naissance au XIXe siècle et se sont transformés au XXe siècle.

LA VILLE PROUSTIENNE

La ville proustienne n'échappe pas à la dialectique qui, dans *À la recherche du temps perdu*, régit le système des noms. Du rêve au seuil d'un monde enchanté, le Narrateur, donc le lecteur, passe à la désillusion, puis à la transfiguration par la littérature. Cependant l'auteur joue sur plusieurs tableaux à la fois : roman d'une, de plusieurs passions, la *Recherche* décompose Paris en accessoires du désir, en lieux de plaisir. Roman historique, parce que la prose du monde, sans laquelle l'intrigue n'arriverait pas à durer, enserre nécessairement les instants poétiques, le livre ressuscite les innombrables pièces d'un puzzle oublié, d'un « jeu de société ». Ces pièces sont en désordre, ce jeu brouillé par le surgissement de la guerre, prélude au « bal de têtes », au crépuscule des dieux du *Temps retrouvé*.

Il peut paraître paradoxal de parler du Paris de Marcel Proust, lui qui nous avertissait que nous croyons tout dans l'objet alors que tout est dans l'esprit, dans le regard du peintre. Ne suffirait-il pas d'acheter le Baedeker, ou le guide Joanne, et de cocher les lieux, les adresses, les fournisseurs dont le romancier a parlé ? Justement, pourquoi a-t-il consigné avec tant de soin le nom de Poiré-Blanche, de Gouache, de Redfern, la rue Abatucci ? Parce qu'ils allaient disparaître ? Mais ce Paris est aussi celui où s'expose la peinture moderne, fût-elle impressionniste (Monet est mort en 1926, quatre ans après Proust), celui où se joue *Pelléas*, où se produisent les Ballets russes, où l'on écoute Richard Strauss et Stravinski, où apparaissent et se remplacent les « nouveaux écrivains ».

Le phénomène de la mode qui passionnait Proust résume bien le passé et l'avenir, ce qui s'évanouit et la modernité. Avant que ne s'ouvre dans cette même ville un musée du Costume et un musée d'Histoire de la mode... C'est aussi la capitale de la guerre moderne, de la Première Guerre mondiale, de la ville qui connaît la guerre par la présence des militaires, certes, mais aussi des troupes étrangères, et surtout de cette forme moderne de la guerre qu'est le bombardement aérien. Ces avions qui avaient pris à Proust l'être qu'il avait le plus aimé (avec sa mère), voici qu'ils revenaient menacer la ville que le romancier ne quittait plus. Nous parcourons ainsi successivement la géographie et la sociologie de Paris, la cité des arts et de l'intelligence, le Paris du crépuscule des dieux.

Étienne Brunet, dans son irremplaçable *Vocabulaire de Proust*, n'a pas dressé de statistique des noms de lieu (souvent négligés d'ailleurs dans les index des auteurs, Balzac par exemple). On note cependant que le nom « Paris » revient 539 fois dans *À la recherche du temps perdu* : *Du côté de chez Swann*, 65 fois ; *À l'ombre des jeunes filles en fleurs*, 77 fois ; *Le Côté de Guermantes*, 108 fois ; *Sodome et Gomorrhe*, 116 fois ; *La Prisonnière*, 49 fois ; *Albertine disparue*, 45 fois ; *Le Temps retrouvé*, 79 fois. Si l'on ajoute à ces dernières statistiques les noms de rues et de magasins (qui remplissent six cents lignes de l'index de la nouvelle édition de la « Pléiade ») et que l'on compare avec Combray (427 occurrences), Balbec (778), Doncières (109), *À la recherche du temps perdu* apparaît bien à juste titre comme un roman de Paris : Combray, c'est un tiers de *Du côté de chez Swann* et quelques pages d'*Albertine disparue* et du *Temps retrouvé* ; Balbec, c'est la moitié d'*À l'ombre des jeunes filles en fleurs* et de *Sodome et Gomorrhe*. Paris, c'est tout le reste.

Une capitale de la culture

Le Paris de Proust se compose schématiquement de trois cercles : le faubourg Saint-Germain, l'Opéra et les boulevards, les espaces verts des Champs-Élysées et du bois de Boulogne. Naturellement, quelques lieux excentriques, de la rue de l'Ave-Maria au boulevard Montmorency (à cause des Goncourt), des monuments aussi qu'il faut bien citer : Notre-Dame (cinq fois) ou la tour Eiffel (une fois), mais pas le Sacré-Cœur. Le quartier Latin figure peu : la Sorbonne et le Collège de France. La Sorbonne, comment apparaît-elle à cette époque de grandes réformes[3], où se fondent au moins une histoire scientifique et une histoire littéraire (dont les tenants sont attaqués par Péguy)? Proust ne cite ni Lavisse, ni Langlois, ni Seignobos, ni Lanson ; il est vrai que Mlle Legrandin se rendait aux cours de Caro (mort en 1887) et de Brunetière (mort en 1906). En complétant son éducation par les Concerts Lamoureux, Mme de Marsantes suivait également les cours de ce dernier. Brichot incarne tous les professeurs à la Sorbonne. Cottard, quant à lui, « avait peu de sympathie pour la Nouvelle Sorbonne où les idées d'exactitude scientifique, à l'allemande, commençaient à l'emporter sur l'humanisme. Il se bornait exclusivement maintenant à son cours et aux jurys d'examen ; aussi avait-il beaucoup plus de temps à donner à la mondanité, c'est-à-dire aux soirées chez les Verdurin » (t. III, p. 262). C'est le moment où Brichot brille parmi ses collègues parce que la presse parle de lui, et qu'il leur donne des leçons d'élégance (t. III, p. 262) ; Charlus ne l'en place pas plus haut sur l'échelle sociale : « On se demande où un simple petit professeur de Sorbonne, un ancien régent de collège, a pu apprendre tout cela » (t. III, p. 289), échelle sociale distinguée de l'échelle intellectuelle, puisque Charlus va suivre le cours de Brichot : « De chaque côté, une double haie de jeunes professeurs le saluaient ; Brichot, désireux de ne pas avoir l'air de poser pour ces jeunes gens, aux yeux de qui il se savait un grand pontife, leur envoyait mille clins d'œil, mille hochements de tête de connivence, auxquels son souci de rester martial et bon Français donnait l'air d'une sorte d'encouragement cordial, de *sursum corda* d'un vieux grognard qui dit : "Nom de Dieu, on saura se battre." Puis les applaudissements des élèves éclataient » (t. III, p. 292). Autres temps, mais que Proust enregistre parce qu'il devine qu'ils deviendront autres. Si Brichot est un historien moderne, il n'en est pas moins coupé de la littérature contemporaine : « Mais Brichot voulait que j'eusse ma part de festin et, ayant retenu des soutenances de thèses, qu'il présidait comme personne, qu'on ne flatte jamais tant la jeunesse qu'en la morigénant, en lui donnant de l'importance, en se faisant traiter par elle de réactionnaire : "Je ne voudrais pas blasphémer les dieux de la jeunesse, dit-il en jetant sur moi ce regard furtif qu'un orateur accorde à la dérobée à quelqu'un présent dans l'assistance et dont il cite le nom. Je ne voudrais pas être damné comme hérétique et relaps dans la chapelle mallarméenne, où notre nouvel ami, comme tous ceux de son âge, a dû servir la messe ésotérique, au moins comme enfant de chœur, et se montrer déliquescent ou rose-croix. Mais vraiment nous en avons trop vu de ces intellectuels adorant l'Art avec un grand A, et qui, quand il ne leur suffit plus de s'alcooliser avec du Zola, se font des piqûres de Verlaine. Devenus éthéromanes par dévotions baudelairiennes, ils ne seraient plus capables de l'effort viril que la patrie peut un jour ou l'autre leur demander, anesthésiés qu'ils sont par la grande névrose littéraire, dans l'atmosphère chaude, énervante, lourde de relents malsains, d'un symbolisme de fumerie d'opium"» (t. III, p. 346).

Edmond de Goncourt déplore, dans le pastiche du *Temps retrouvé*, que Brichot «n'ait pas une parole qui connaisse nos livres», et se croit victime d'une conspiration de la Sorbonne.

Le Collège de France, autre haut lieu du Paris intellectuel, est moins bien servi par ceux qui, «dans la salle où le professeur de sanscrit parle sans auditeur, vont suivre le cours, mais seulement pour se chauffer» (t. II, p. 626). Brichot lui-même propose une chaire au baron de Charlus : « Décidément, baron, si jamais le Conseil des Facultés propose d'ouvrir une chaire d'homosexualité, je vous fais proposer en première ligne. Ou plutôt non, un Institut de psychophysiologie spéciale vous conviendrait mieux. Et je vous vois surtout pourvu d'une chaire au Collège de France permettant de vous livrer à des études personnelles dont vous livreriez les résultats, comme fait le professeur de tamoul ou de sanscrit, devant le très petit nombre de personnes que cela intéresse. Vous auriez deux auditeurs et l'appariteur soit dit sans vouloir jeter le plus léger soupçon sur notre corps d'huissiers, que je crois insoupçonnable » (t. III, p. 811-812). Quant aux académies, le grand-père du duc de Guermantes et du baron de Charlus était membre de l'Académie française, mais le duc «actuel» n'arrive pas à être «membre libre de l'Académie des beaux-arts». Les membres de l'Académie française ne sont guère plus flattés que ceux de *L'Immortel* de Daudet, que Proust a lu (il évoque l'affaire Vrain-Lucas dans *Du côté de chez Swann*) : «Ce que nous verrons, par exemple dans la cour de l'Institut, au lieu de la sortie d'un académicien qui veut appeler un fiacre, ce sera cette situation, ces précautions pour ne pas tomber en arrière, la parabole de sa chute, comme s'il était ivre ou que le sol fût couvert de verglas.»

Ainsi, lorsqu'il traite des institutions intellectuelles parisiennes, Proust s'intéresse aux formes, non au fond : l'activité des universités, des académies, lui importe peu ; en revanche, il fait d'une candidature à l'Académie une peinture étincelante de drôlerie[4] à propos du prince von Faffenheim-Munsterbourg-Weinigen, faisant sa cour à Norpois (t. II, p. 554-556) et trouvant la clé de l'Académie le jour où il demande à être reçu dans le salon de Mme de Villeparisis : « Rien ne s'accorde mieux avec l'Institut que le salon dont vous parlez », dit alors Norpois. Notons enfin que l'École libre des sciences politiques, que Proust a fréquentée, ne figure dans *Sodome et Gomorrhe* que parce que, combinée plus tard avec la carrière diplomatique, elle a « voué depuis ses vingt ans » M. de Vaugoubert « à la chasteté du chrétien ».

Les salons et les théâtres

Il y a deux lieux privilégiés où, dans la *Recherche*, apparaissent les œuvres d'art : les salons et les théâtres. Le salon ne sert pas seulement aux réunions mondaines, ni à faire élire à l'Académie ; c'est l'endroit où l'on rencontre M. Tiche ou Biche, et où l'on accroche, comme le duc de Guermantes, ses tableaux[5] (quitte à les vendre, comme la princesse de Guermantes, au musée du Luxembourg : *Les Plaisirs de la danse*, qui évoque Degas, et *Portrait de la famille X.*, Renoir) ; c'est le lieu où l'on joue la sonate, puis le septuor, de Vinteuil. Ici, le salon peut se montrer novateur, comme celui de la princesse de Polignac, dont Proust a fait la « chronique » pour *Le Figaro*. Rachel, maîtresse de Saint-Loup, a présenté chez une tante de ce dernier une « pièce symboliste » qu'elle avait jouée une fois sur une scène d'avant-garde : « Mais quand elle était apparue un grand lys à la main, dans un costume copié de l'"Ancilla Domini[6]", et qu'elle avait persuadé à Robert être une véritable "vision d'art", son entrée avait été accueillie dans cette assemblée d'hommes de cercle et de duchesses par des sourires que le ton monotone de la psalmodie, la bizarrerie de certains mots, leur fréquente répétition avaient changés en fous rires, d'abord étouffés, puis si irrésistibles que la pauvre récitante n'avait pu continuer » (t. II, p. 142). Rachel aura sa revanche à l'hôtel de Guermantes du *Temps retrouvé*, où, devenue amie de la duchesse, elle éclipse la Berma abandonnée. Sa diction impressionne le public : « Chacun jetait à la dérobée sur son voisin le regard furtif que dans les repas élégants, quand on a auprès de soi un instrument nouveau, fourchette à homard, râpe à sucre, etc., dont on ne connaît pas le but et le maniement, on attache sur un convive plus autorisé, qui, espère-t-on, s'en servira avant vous et vous donnera ainsi la possibilité de l'imiter. » C'est la duchesse de Guermantes qui « décida de la victoire en s'écriant : "C'est admirable !" au beau milieu du poème, qu'elle crut peut-être terminé ».

Au théâtre encore, et d'ailleurs associé dans le texte du *Côté de Guermantes* à Rachel et à Saint-Loup, Proust représente un danseur de la compagnie de Diaghilev. On peut y voir un portrait de Nijinski (*À la recherche du temps perdu*, éd. Tadié, t. II, p. 1155-1156) dans les coulisses : « Au milieu de ces hommes du monde corrects qui se saluaient, s'arrêtaient un moment à causer comme à la ville, s'élança un jeune homme portant une toque de velours noir, une jupe cerise, et les bras levés au ciel dans des manches de soie bleue. Sa figure était couverte d'une sorte de poudre pastel rose comme certains dessins de Watteau ou certains papillons. Il courait légèrement sur les pointes esquissant un pas, les yeux extasiés et mélancoliques, la bouche souriante, et tout en se balançant de droite et de gauche esquissait une pantomime avec la paume de ses mains puis bondissait légèrement jusqu'aux frises.

« C'était un célèbre et génial danseur d'une troupe étrangère qui avait en ce moment un si grand succès à Paris qu'on adjoignait souvent un acte de ballet à des spectacles différents, et répétant pour la centième fois avant d'entrer en scène le pas de ballet sur lequel le rideau allait se lever tout à l'heure, que ce jeune fou au visage pastellisé, aux regards en extase, qui légèrement, de son vol bleu et rose, poursuivait son rêve au milieu de ces hommes raisonnables et vêtus de noir à la façon de penser, de vivre, de se comporter, à la civilisation et à l'humanité desquels était si entièrement étrangère l'inconstante expression de ses ébats fardés et rapides, que, pour tout ce qu'il manifestait d'une forme différente de vie, et comme d'un autre règne de la nature, je restais ébloui — ainsi que je l'aurais fait devant un papillon égaré au milieu d'une foule — à suivre des yeux dans l'air les arabesques qu'y traçait sa grâce naturelle, ailée, capricieuse et multicolore. La saison de ballets qu'il donnait en ce moment à Paris avec ses camarades était d'actualité, au sens véritable du mot. Comme les dreyfusards quelques années auparavant, étendant par la lecture des journaux qui leur apportaient quelque nouvelle d'un intérêt scientifique pour leur cause, par les conversations entre adeptes, la représentation qu'ils avaient vue l'après-midi au palais de justice, vivant dans une atmosphère passionnante où la vie, la presse, tout continuait et commentait leur rêve, les amateurs d'art se retrouvaient tous les soirs à ces ballets. Les décors des ballets et les costumes des danseurs, chefs-d'œuvre d'un grand peintre, après le spectacle les poussaient à des discussions esthétiques infinies qu'ils allaient le spectacle fini poursuivre en prenant des glaces dans un café où [*un mot illisible*] on reconnaissait et se montrait les peintres et danseurs de la troupe venant eux aussi à d'autres tables prendre des [*un mot illisible*]. On brûlait du plaisir de les admirer dans le ballet du lendemain et on avait le plaisir de se sentir vivre presque littérairement la vie de Milan au moment de *La Chartreuse de Parme*.

« "Bravo ! Bravo ! Oh ! ces petites mains qui dansent ainsi, lui cria la maîtresse de Montargis. C'est pire qu'une femme, moi qui suis femme je ne pourrais pas faire cela." Le danseur tourna la tête vers elle et sa personne humaine apparaissait sous le sylphe qu'il s'exerçait à être, la gelée étroite et bleue de ses yeux sourit entre le vernis noir qui allongeait et frisait ses cils comme des antennes, et sa bouche s'entrouvrit au milieu de sa face rose comme une fleur de zinnia, puis en riant, pour l'amuser il se mit à répéter le mouvement de ses mains, avec la complaisance d'un artiste qui fredonne pour vous faire plaisir l'air où vous lui dites l'avoir admiré, et à le contrefaire avec la gaieté d'un enfant qu'il y aurait en celui qui comprendrait ce que peut avoir d'amusant pour les autres ce que fait avec tant de sérieux le sylphe qu'il est à la fois en une même personne, en cette personne d'artiste qui s'égaye ainsi d'isoler, de reconnaître, de faire remarquer aux autres le mouvement qu'il connaît si bien pour y avoir mis tant de son effort, de sa recherche originale — et lui dit-on avec une particulière réussite qui comptera dans sa carrière. "Oh ! non, c'est trop gentil ce coup de se chiner comme ça soi-même ! oui, c'est bien ça ! Au moins en voilà un qui ne se gobe pas. Et est-ce qu'elles font ça aussi avec les femmes vos petites mains ?" lui dit-elle d'une voix artificiellement cristalline et innocente, car elle jouait les ingénues. "Et encore bien d'autres choses", répondit-il d'un air mystérieux. »

Ce texte sur les Ballets russes est l'occasion d'évoquer la présence de ces spectacles d'avant-garde dans la *Recherche*. Les robes de Fortuny rappellent les « décors de Sert, de Bakst et de Benois, qui en ce moment évoquaient dans les Ballets russes les époques d'art les plus aimées, à l'aide d'œuvres d'art imprégnées de leur esprit et pourtant originales » (t. III, p. 871). Mme Verdurin ne s'y est pas trompée — il est typique de l'art de Proust que l'évolution du goût d'un personnage symbolise l'évolution générale du goût du public : « Et depuis que le goût de celui-ci se détournait de l'art raisonnable et français d'un Bergotte et s'éprenait surtout de musiques exotiques, Mme Verdurin, sorte de correspondant attitré à Paris de tous les artistes étrangers, allait bientôt, à côté de la ravissante princesse Yourbeletieff, servir de vieille fée Carabosse, mais toute-puissante, aux danseurs russes. Cette charmante invasion, contre la séduction de laquelle ne protestèrent que les critiques dénués de goût, amena à Paris, on le sait, une fièvre de curiosité moins âpre, plus purement esthétique, mais peut-être aussi vive que l'affaire Dreyfus. Là encore Mme Verdurin [...] allait être au premier rang. Comme on l'avait vue à côté de Mme Zola, tout aux pieds du tribunal, aux séances de la Cour d'assises, quand l'humanité nouvelle, acclamatrice des ballets russes, se pressa à l'Opéra, ornée d'aigrettes inconnues, toujours on voyait dans une première loge Mme Verdurin à côté de la princesse Yourbeletieff » (t. III, p. 741). On voit réunis la troupe, les décorateurs, les « grands compositeurs » Igor Stravinski et Richard Strauss[7], « ces grands rénovateurs du goût, du théâtre, qui, dans un art peut-être un peu plus factice que la peinture, firent une révolution aussi profonde que l'impressionnisme » (t. III, p. 742)[8]. On ne s'étonnera donc pas de voir cités le cubisme et le futurisme (t. I, p. 532, t. III, p. 811).

L'avant-garde littéraire est également présente dans le Paris de Proust. Nous voyons vieillir au fil des pages, donc du temps, la nouveauté de Bergotte et apparaître un « nouvel écrivain » ; si aucun nom n'est donné, alors qu'on a identifié ce personnage comme étant Giraudoux, et ce texte comme un pastiche de *Nuit à Châteauroux* (Giraudoux écrivait : « Dans le périmètre du GQG, il n'y a pas de troupes ni de convois étrangers. Les routes qui partent en éventail de Foch ou de Pétain sont pures, pendant quarante kilomètres, de toute autre race que la française [...]. Les balayeurs à jupon vert sans leur chapeau à queue de chamois arrosaient déjà le macadam »), c'est qu'il symbolise l'avant-garde littéraire, qui conjugue l'hermétisme, les rapprochements inattendus ou impossibles, les perceptions nouvelles.

« Une œuvre est rarement tout à fait comprise et victorieuse, sans que celle d'un autre écrivain, obscure encore, n'ait commencé, auprès de quelques esprits plus difficiles, de substituer un nouveau culte à celui qui a presque fini de s'imposer. Dans les livres de Bergotte, que je relisais souvent, ses phrases étaient aussi claires devant mes yeux que mes propres idées, les meubles de ma chambre et les voitures dans la rue. Toutes choses s'y voyaient aisément, sinon telles qu'on les avait toujours vues, du moins telles qu'on avait l'habitude de les voir maintenant. Or un nouvel écrivain avait commencé à publier des œuvres où les rapports entre les choses étaient si différents de ceux qui les liaient pour moi que je ne comprenais presque rien de ce qu'il écrivait. Il disait par exemple : "Les tuyaux d'arrosage admiraient le bel entretien des routes" (et cela c'était facile, je glissais le long de ces routes) "qui partaient toutes les cinq minutes de Briand et de Claudel". Alors je ne comprenais plus parce que j'avais attendu un nom de ville et qu'il m'était donné un nom de personne. Seulement je sentais que ce n'était pas la phrase qui était mal faite, mais moi pas assez fort et agile pour aller jusqu'au bout. Je reprenais mon élan, m'aidais des pieds et des mains pour arriver à l'endroit d'où je verrais les rapports nouveaux entre les choses. Chaque fois, parvenu à peu près à la moitié de la phrase, je retombais, comme plus tard au régiment dans l'exercice appelé portique. Je n'en avais pas moins pour le nouvel écrivain l'admiration d'un enfant gauche et à qui on donne zéro pour la gymnastique, devant un autre enfant plus adroit. Dès lors j'admirai moins Bergotte dont la limpidité me parut de l'insuffisance. Il y eut un temps où on reconnaissait bien les choses quand c'était Fromentin qui les peignait et où on ne les reconnaissait plus quand c'était Renoir.

« Les gens de goût nous disent aujourd'hui que Renoir est un grand peintre du XVIIIe siècle. Mais en disant cela ils oublient le Temps et qu'il en a fallu beaucoup, même en plein XIXe, pour que Renoir fût salué grand artiste. Pour réussir à être ainsi reconnus, le peintre original, l'artiste original procèdent à la façon des oculistes. Le traitement par leur peinture, par leur prose, n'est pas toujours agréable. Quand il est terminé, le praticien nous dit: "Maintenant regardez." Et voici que le monde (qui n'a pas été créé une fois, mais aussi souvent qu'un artiste original est survenu) nous apparaît entièrement différent de l'ancien, mais parfaitement clair. Des femmes passent dans la rue, différentes de celles d'autrefois, puisque ce sont des Renoir, ces Renoir où nous nous refusions jadis à voir des femmes. Les voitures aussi sont des Renoir, et l'eau, et le ciel: nous avons envie de nous promener dans la forêt pareille à celle qui le premier jour nous semblait tout excepté une forêt, et par exemple une tapisserie aux nuances nombreuses mais où manquaient justement les nuances propres aux forêts. Tel est l'univers nouveau et périssable qui vient d'être créé. Il durera jusqu'à la prochaine catastrophe géologique que déchaîneront un nouveau peintre ou un nouvel écrivain originaux » (t. II, p. 622-623).

Il n'y a, à aucun moment, dans *À la recherche du temps perdu*, un tableau général de tous les mouvements artistiques et culturels sous la IIIe République. Pourquoi? D'abord parce que c'est un roman et que trois artistes résument tous les autres, s'assimilant les uns, congédiant les autres. Ensuite, lorsqu'il s'agit de figurants, de noms évoqués en passant (comme ceux de Bakst ou de Stravinski), ils sont portés par une vague théorique qui les submerge au moment où elle les découvre. La comparaison de deux textes, l'un d'*À l'ombre des jeunes filles en fleurs*, l'autre du *Temps retrouvé*, le montrera. Proust y esquisse une théorie de la réception. À propos des « juges attitrés », « leur logomachie se renouvelle de dix ans en dix ans (car le kaléidoscope n'est pas composé seulement par les groupes mondains, mais par les idées sociales, politiques, religieuses, qui prennent une ampleur momentanée grâce à leur réfraction dans des masses étendues, mais restent limitées malgré cela à la courte vie des idées dont la nouveauté n'a pu séduire que des esprits peu exigeants en fait de preuves). Ainsi s'étaient succédé les partis et les écoles, faisant se prendre à eux toujours les mêmes esprits, hommes d'une intelligence relative, toujours voués aux engouements dont s'abstiennent des esprits plus scrupuleux et plus difficiles en fait de preuves». Et dans *À l'ombre des jeunes filles en fleurs* la question posée est celle-ci : y a-t-il une différence capitale entre ce qui se produit devant nous et le passé littéraire et artistique ? Une illusion nous le fait croire, mais l'œuvre de génie ne ressemblant à aucune autre a toujours été difficilement admirée tout de suite. «L'avant-garde, la révolution se dissolvent dans une philosophie de l'art bien comprise : ce temps à venir, vraie perspective des chefs-d'œuvre, si n'en pas tenir compte est l'erreur des mauvais juges, en tenir compte est parfois le dangereux scrupule des bons. Sans doute, il est aisé de s'imaginer, dans une illusion analogue à celle qui uniformise toutes choses à l'horizon, que toutes les révolutions qui ont eu lieu jusqu'ici dans la peinture ou la musique respectaient tout de même certaines règles et que ce qui est immédiatement devant nous, impressionnisme, recherche de la dissonance, emploi exclusif de la gamme chinoise, cubisme, futurisme, diffère outrageusement de ce qui a précédé. C'est que ce qui a précédé, on le considère sans tenir compte qu'une longue assimilation l'a converti pour nous en une matière variée sans doute, mais somme toute homogène, où Hugo voisine avec Molière.»

Tradition, rupture, peu importe. Par-delà tous les bruits culturels, tous ces « cris de Paris » qui ouvrent *La Prisonnière*, toutes les modes soigneusement notées en détail, le kaléidoscope fait de la tradition une addition de ruptures, de la rupture une poursuite de la tradition. De même que le Paris-Sodome et le Paris-Pompéi du *Temps retrouvé* survivent aux bombardements aériens, eux aussi enregistrés comme la modernité de la guerre, de même derrière le kaléidoscope il y a cette définition de l'art, « qui n'est qu'un instinct religieusement écouté au milieu du silence imposé à tout le reste ».

Parmi les usages que note Proust, parce que « bientôt on ne saura plus ce que cela veut dire », l'accent anglais d'Odette Swann, les thés, le samovar, les serres miniatures reçues pour Noël, les jardins d'hiver, on remarquera particulièrement les lents progrès de l'électricité et du téléphone. Ils deviennent un élément de la fiction, parce qu'ils sont décrits par les personnages dans un dialogue comique : « Vous a-t-on dit que l'hôtel particulier que vient d'acheter Mme Verdurin sera éclairé à l'électricité ? Je ne le tiens pas de ma petite police particulière, mais d'une autre source : c'est l'électricien lui-même, Mildé[9], qui me l'a dit […]. Jusqu'aux chambres qui auront leurs lampes électriques avec un abat-jour qui tamisera la lumière. C'est évidemment un luxe charmant. D'ailleurs nos contemporains veulent absolument du nouveau, n'en fût-il plus au monde. Il y a la belle-sœur d'une de mes amies qui a le téléphone posé chez elle ! Elle peut faire une commande à un fournisseur sans sortir de son appartement ! J'avoue que j'ai platement intrigué pour avoir la permission de venir un jour pour parler devant l'appareil. Cela me tente beaucoup, mais plutôt chez une amie que chez moi. Il me semble que je n'aimerais pas avoir le téléphone à domicile. Le premier amusement passé, cela doit être un vrai casse-tête[10]. » Et ce dialogue comique aura pour réplique la scène dramatique du coup de téléphone à la grand-mère, dans *Le Côté de Guermantes*, anticipation d'une séparation éternelle.

On ne sait donc plus si ce qui compte dans la ville, c'est sa figure, son histoire, ses habitants. Paris en guerre, que Proust décrit dans cent trente pages du *Temps retrouvé* ajoutées à la version prévue avant 1914, et conçues comme un chapitre sur « M. de Charlus pendant la guerre », c'est Charlus qui commente, qui admire les soldats dans la rue, qui se montre pacifiste et antimilitariste. D'autres personnages le relaient, et c'est l'occasion de montrer comment on s'informait à Paris. Mme Verdurin « reprit son premier croissant le matin où les journaux narraient le naufrage du *Lusitania*. Tout en trempant le croissant dans le café au lait, et donnant des pichenettes à son journal pour qu'il pût se tenir grand ouvert sans qu'elle eût besoin de détourner son autre main des trempettes, elle disait : "Quelle horreur ! Cela dépasse en horreur les plus affreuses tragédies." Mais la mort de tous ces noyés ne devait lui apparaître que réduite au milliardième, car tout en faisant, la bouche pleine, ces réflexions désolées, l'air qui surnageait sur sa figure, amené là probablement par la saveur du croissant, si précieux contre la migraine, était plutôt celui d'une douce satisfaction[11]. » Le Narrateur, lui, se réfugie sous les bombardements dans l'hôtel de passe de Jupien.

Au-dehors se déroule une scène épique, guerre et bombardements. Proust, qui ne décrivait que ce qu'il avait vu, ne peint la guerre que dans la mesure où elle se voit à Paris, menacé de mort dans un ciel jusque-là tranquille. À l'intérieur de l'« hôtel du libre échange », comme dit le romancier citant Feydeau, se déroulent les scènes étranges, infernales, où les invertis viennent se faire flageller, où l'on retrouve, monstre dominant les figurants, héros de la perversion, Prométhée infernal, le baron de Charlus enchaîné. Au-dehors, c'est Herculanum et Pompéi ; au-dedans, Sodome, et c'est Charlus lui-même qui avait fait cette comparaison : « Si je pense que nous pouvons avoir demain le sort des villes du Vésuve, celles-ci sentaient qu'elles étaient menacées du sort des villes maudites de la Bible. On a retrouvé sur les murs d'une maison de Pompéi cette inscription révélatrice : Sodoma, Gomora[12]. » Le Narrateur reprend le parallèle à son compte, lorsque les Parisiens, devenus des « Pompéiens », descendent, pour se protéger du « feu du ciel » (on retrouve ici l'épigraphe de *Sodome et Gomorrhe*), dans les couloirs de cette invention moderne, le métro, « noirs comme des catacombes », enfers du plaisir : « Cependant l'obscurité persiste, plongés dans cet élément nouveau, les habitués de Jupien croyant avoir voyagé, être venus assister à un phénomène naturel comme un mascaret ou comme une éclipse, et goûter au lieu d'un plaisir tout préparé et sédentaire celui d'une rencontre fortuite dans l'inconnu, célébraient, aux grondements volcaniques des bombes, au pied d'un mauvais lieu pompéien, des rites secrets dans les ténèbres des catacombes[13]. » À la cruauté artificielle de l'hôtel de passe tenu par Jupien, et qui annonce *Le Balcon* de Jean Genet, s'accorde la cruauté naturelle de la guerre. Dans cette scène sublime, on retrouve, terre et ciel, les deux plans d'un tableau du Louvre cité par Proust, *L'Enterrement du comte d'Orgaz*[14]. Par les correspondances établies, par l'usage des symboles, par la récapitulation historique (la Bible, Rome), par la référence à l'histoire de l'art, on échappe au réalisme du récit de guerre : la ville est devenue œuvre d'art, enserrée dans un tissu de leitmotive, d'images et de relations culturelles.

Dans Paris menacé de mort, on retrouve le processus de l'imagination. De même qu'Auteuil détruit, avec sa maison appartenant à la famille Weil, survit dans la maison de Combray (où sont transférées les rues des Perchamps et de la Cure, véritables rues d'Auteuil), de même un autre Paris, celui des Guermantes, objet de rêve, de désillusion, puis de résurrection. Relisons les chroniques que Proust avait données au *Figaro*, sur les salons de la comtesse Aimery de La Rochefoucauld, de la princesse Mathilde, de Madeleine Lemaire, de la princesse de Polignac, de la comtesse d'Haussonville, de la Potocka, sur la « fête à Versailles » chez Robert de Montesquiou[15] : on y trouve tout, sauf le génie. La platitude historienne n'a pas dépassé le niveau documentaire, description, catalogue de personnages et de propos. Plus tard, fondus, transfigurés par le style, animés par la fiction, pris dans une intrigue, ces lieux parisiens, empruntés aux VIIe, VIIIe et XVIe arrondissements (l'hôtel du duc de Guermantes est, en effet, par une sorte de paradoxe, situé sur la rive droite, « ce premier salon du Faubourg situé sur la rive droite[16] » : « Mais je pensais qu'à notre époque le faubourg Saint-Germain avait en quelque sorte essaimé dans différents quartiers et que par une sorte de privilège d'exterritorialité analogue à celui qui fait terre française à Saint-Pétersbourg ou à Rome l'hôtel de l'ambassade de France, alors que l'entrée de notre escalier à deux mètres de l'hôtel de Guermantes était à cent lieues du faubourg Saint-Germain, en revanche le pavillon d'entrée de cet hôtel [...] faisait essentiellement partie du plus pur faubourg Saint-Germain[17] »), sont, eux aussi, devenus œuvres d'art. L'hôtel de Guermantes, synthèse de tous les salons, de tous les lieux mondains (malgré l'existence de l'hôtel du prince de Guermantes, de celui des Verdurin), ne peut plus exister que dans une ville comme Paris ; mais c'est un Paris de rêve ou d'éternité, celui du *Temps retrouvé*. Car c'est bien sur les pavés inégaux de la capitale, modeste matière travaillée depuis le fond des âges, que, dans la fusion avec Venise, se retrouve le temps, le temps du livre.

Alors, à quoi sert l'Histoire ? Proust, admirateur de Michelet, sait mieux qu'un autre, mieux sans doute que les historiens positivistes de la fin du XIXe siècle, qu'elle doit ressusciter le passé, tout le passé. Là où l'histoire de Lavisse, Langlois, Seignobos, ou même celle des maîtres de Proust à l'École libre des sciences politiques, enchaîne les faits, les dates, les hommes selon un déterminisme superficiel, et méprise la profondeur de la vie, la permanence des grandes structures, ignorant la longue durée, l'auteur du *Temps retrouvé* découvre la fonction du roman. Tout compte, rien ne doit disparaître : ce qui risque d'être ignoré ou méprisé par l'historien contemporain de la IIIe République, intéressé par les guerres, les changements de gouvernement (ceux-ci, Proust ne les note jamais), les élections, les partis politiques, figure au contraire dans la fiction : « Les plus oiseux détails, les plus vains plaisirs », les « humbles minutes », les traits fragiles ou futiles, dont la valeur réside en ce qu'ils permettent, comme les pavés inégaux, de ressusciter le passé : « Les poètes et les philosophes nous ont dit longtemps que pour nous tous tant que nous sommes, même pour les plus grands, notre vie était promise à l'immense oubli qui en quelques années dévore et abolit ce qui paraissait le plus assuré de durer dans la mémoire des hommes. Mais voici que les archéologues et les archivistes nous montrent, au contraire, que rien n'est oublié, rien n'est détruit, que la plus chétive circonstance de la vie, la plus éloignée de nous, est allée marquer son sillon dans ces immenses catacombes du passé où l'humanité raconte sa vie heure par heure ; qu'il n'est pas un champ de Crète, d'Égypte ou d'Assyrie qui n'attende, depuis les premiers âges, que vienne se soucier d'eux l'Histoire : les plus oiseux détails, les plus vains plaisirs de la vie de Thésée, d'Aménothès ou de Sargon qui, si frivoles qu'ils parurent à ceux qui n'y trouvaient qu'un divertissement et les jugèrent sinon coupables, au moins sans intérêt par eux-mêmes, sont aujourd'hui que ce divertissement est évanoui depuis tant de siècles la matière des plus graves travaux de nos savants. [...] Tout près de nous, à la fin du XVIIIe siècle, la minute où le plus obscur révolutionnaire acheta, sans même le choisir, le pauvre mobilier au milieu duquel il vécut et que, n'ayant point d'amis, il fut peut-être le seul à voir, une de ces humbles minutes qui n'ont que pour celui qui les vit un intérêt qu'il ne peut pas espérer je ne dis même pas faire durer au-delà de lui, mais seulement de son vivant faire comprendre et partager avec quelqu'un, même cette minute survit [...]. Proche ou lointaine, presque contemporaine de nous ou antéhistorique, il n'est pas un détail, pas un entour de vie, si facile ou si fragile qu'il paraisse, qui ait péri[18]. » La ville, dans tous ses aspects méprisés des historiens, parfois ignorés des géographes, dans tous ces détails dont la frivolité ne peut être évoquée que par un esprit sérieux, datée parce que disparue, non datée parce que immortelle, survit, comme Babylone sur les sceaux mésopotamiens, dans « Un amour de Swann », *Le Côté de Guermantes*, *La Prisonnière*, *Le Temps retrouvé*. Mais il ne s'agit pas d'enquête, ni de promenade, ni de Baedeker ou de guide Joanne : chaque détail est pris dans la ligne horizontale de l'intrigue, ou évoqué verticalement par la superposition des thèmes, leur rappel symétrique. Le Bois de Mme Swann est encore traversé à la fin du livre, et il reste, aussi, pour toujours, le « jardin élyséen de la femme ».

VILLE SANS QUALITÉS

Peu de romans ont autant fait que *L'Homme sans qualités* pour répandre, hors d'Autriche, le mythe de Vienne. C'est, sans doute, aussi par ce livre que les Français, et d'autres, ont redécouvert la littérature, puis les arts, autrichiens, en attendant la grande exposition du Centre Georges-Pompidou, *Vienne 1880-1938, l'apocalypse joyeuse*, en 1986[19]. Dès la première page de l'immense roman, on reconnaît, à « l'enchevêtrement d'innombrables sons », « Vienne, capitale de l'Empire », en 1913. Mais c'est pour nier immédiatement que cette précision soit importante : « C'est depuis le temps des nomades, où il fallait garder en mémoire les lieux de pâture, que l'on surestime ainsi la question de l'endroit où l'on est. » Nous préparant à l'anonymat de son héros principal, à son « absence de qualités », Musil, qui vient de nommer le lieu jadis prestigieux de l'action, lui retire aussitôt tout intérêt : « Il ne faut donc donner au nom de la ville aucune signification spéciale. Comme toutes les grandes villes, elle était faite d'irrégularité et de changement, de choses et d'affaires glissant l'une dans l'autre, refusant de marcher au pas, s'entrechoquant ; intervalles de silence, voies de passage et ample pulsation rythmique, éternelle dissonance, éternel déséquilibre des rythmes ; en gros, une sorte de liquide en ébullition dans quelque récipient durable des maisons, des lois, des prescriptions et des traditions historiques. » On est ainsi passé du plus concret, la sensation sonore, au plus abstrait : une vision planétaire, où la demeure se mêle à la loi et à l'Histoire. Les grandes villes sont interchangeables, parce que ce qui les résume, c'est un lieu, simple « récipient », des lois, une histoire. Il y a des « questions plus importantes ». On verra pourtant, au chapitre II, la demeure de l'Homme sans qualités, située, classée, datée en quelques lignes, mais non observée : c'est plutôt elle qui est l'observatoire d'où le héros regarde les mouvements, les calcule : « Le Temps se déplaçait. » Dans ce second essai de description, la fuite est la même, et l'on retrouve les deux grandes formes de la perception, de l'esthétique transcendantale de Kant, l'espace et le temps ; dans *La Critique de la raison pure*, elles ont la même absence de romanesque.

Au thème de la ville, Musil revient, dans le chapitre VIII, « La Cacanie », qui oppose encore deux entités, la « ville hyper-américaine », et la Cacanie « maintenant engloutie » (*kaiserlich-königlich*, impériale-royale). La ville américaine est caractérisée par sa vitesse horizontale et verticale (automobiles et ascenseurs), la définition précise de ses tâches, le caractère fonctionnel de sa distribution en quartiers, la régularité de ses rythmes, l'énergie de la communauté, à courte vue, « mais la vie aussi est courte ». Dans la ville américaine le temps passe à toute vitesse. À l'opposé, en Cacanie, c'est la lenteur, le temps presque immobile, dans un pays sans passion. Quant aux habitants, il est impossible de les caractériser : « Il est toujours faux de vouloir expliquer les phénomènes d'un pays à travers le caractère de ses habitants. Car l'habitant d'un pays a toujours au moins neuf caractères : un caractère professionnel, un caractère de classe, un caractère sexuel, un caractère national, un caractère politique, un caractère géographique, un caractère conscient, un inconscient, et peut-être même encore, un caractère privé[20]. » L'espace où vit l'habitant, s'il n'est pas le même « en Italie » ou « en Angleterre », est, dans son essence, « invisible et vide ». La « réalité se dresse comme une petite ville de jeu de construction abandonnée par l'imagination ». Vienne est ainsi une ville qui ne subsiste plus que « par la force de l'habitude », dans une « liberté purement négative », « dans la conscience continuelle des raisons insuffisantes de sa propre existence ».

On découvrira, comme Ulrich (chap. CXXII, « Le Retour »), que ce qui a disparu, c'est la « loi de la narration classique » : « C'est la succession pure et simple, la reproduction de la diversité oppressante de la vie sous une forme unidimensionnelle, comme dirait un mathématicien, qui nous rassure[21]. » La ville moderne où le héros marche échappe à la narration et fait partie de l'« abstraction de la vie ». C'est ce qui l'oppose à la campagne, domaine de la simplicité, de la jeunesse du monde : « À la campagne, les dieux descendent encore vers les hommes, pensa-t-il, on est encore quelqu'un, on vit encore quelque chose ; en ville, où il y a mille fois plus d'événements, on n'est plus en état de les rattacher à soi-même[22]. » Situation paradoxale : la ville domine la narration, et elle n'est pourtant plus racontable, elle n'a plus de sens. De même que le héros est dépersonnalisé, la cité est désurbanisée : Musil raconte de manière symbolique la mort d'un empire, l'Empire austro-hongrois, à travers la mort de Vienne, celle de toute capitale. Certes, il y a encore des villes, des rues, des maisons, des êtres humains, dans la vie comme dans son livre ; mais, touchés par l'étrange maladie moderne, ils ont perdu l'existence pléthorique du Paris de Balzac, du Londres de Dickens, et de leurs habitants. La mort du héros est aussi celle de la ville héroïque. Comparé à la Vienne de Musil, le Paris de Marcel Proust est, littérairement sinon historiquement, une cité du XIXe siècle, réfugié à la fin de la *Recherche* dans le rêve. La Vienne de Musil n'est ni un songe ni même un mythe, c'est une idée périmée, un concept démodé, inutilisable.

C'est d'une autre manière que la ville du *Procès* peut être considérée comme « sans qualités ». Le décor apparaît d'abord réaliste : « Les Pragois reconnaissent aisément leur ville à travers les sobres dessins du récit : la Juliusstraße, où Joseph K. assiste à la première session du tribunal, n'existe pas, mais elle est, pour ceux qui connaissent bien la ville, caractéristique des faubourgs de Prague [...]. La réalité n'apparaît que déshabillée de l'accessoire, dépouillée de l'anecdote[23]. » On garde le souvenir de la maison de K., de celle du tribunal où l'accusé erre à la recherche de son juge, de rues sombres, de façades aveugles, de chambres sinistres, jusqu'à la petite carrière déserte et abandonnée où K. trouve la mort. Un paysage d'où le fantastique, la sympathie, l'accord avec l'homme se sont retirés, sous la lumière froide, non du soleil, mais de la lune : « Le clair de lune baignait tout avec ce calme et ce naturel qui n'est donné à nulle autre lumière[24]. » À la mort absurde du personnage s'accorde le désert de la carrière, qui contient le matériau de villes avortées ou non encore nées. Prague n'est plus que le reflet humain d'une autre ville, elle-même absente ; elle a perdu son âme, comme K. la disposition de son destin : elle est inhabitable.

La ville de *La Nausée* n'est pas une capitale, mais elle s'impose avec plus de force que le Paris des *Chemins de la liberté*. Même si elle a été inspirée en réalité par Le Havre, elle devient la cité métaphysique à laquelle le héros confronte sa solitude. On a montré comment Nizan, dans *Le Cheval de Troie* (1935), avait mis Sartre en scène dans le personnage de Lange : « Lange fut seul avec la ville : c'était son lot d'être seul avec les villes, de se promener au milieu des pierres paralysées comme lui, qui n'avaient pas plus de communications entre elles qu'il n'y en avait avec autrui. Quand il songeait à des livres qu'il pourrait écrire, il imaginait un livre qui décrirait uniquement les rapports d'un homme avec une ville où les hommes ne seraient que des éléments du décor[25]. » Les villes sont, pour Roquentin, interchangeables, Paris ou Bouville : « C'est toujours une ville : celle-ci est fendue par un fleuve, l'autre est bordée par la mer, à cela près elles se ressemblent. On choisit une terre pelée, stérile, et on y roule de grandes pierres creuses. Dans ces pierres, des odeurs sont captives, des odeurs plus lourdes que l'air[26] », viennent les mêmes bruits. Mais, même si on en a peur, il ne faut pas « sortir des villes », car la végétation qui les enserre est l'annonce de la mort : « Dans les villes, si l'on sait s'arranger, choisir les heures où les bêtes digèrent ou dorment, dans leurs trous, derrière des amoncellements de détritus organiques, on ne rencontre guère que des minéraux, les moins effrayants des existants[27]. » Et cependant : « Je vais rentrer à Bouville. Quelle horreur ! » Sous le calme minéral de la ville, celle même où Roquentin a fait l'expérience de la contingence, il entrevoit un cataclysme qui bouleverserait ce monde figé, géométrique, naturel, minéral. Lorsque le « je » s'éteint, les rues cessent de parler : « Au-dehors il y avait des rues parlantes avec des couleurs et des odeurs connues. Il reste des murs anonymes, une conscience anonyme. Voici ce qu'il y a : des murs[28], et entre les murs, une petite transparence vivante et impersonnelle. [...] La rue sombre ne s'achève pas, elle se perd dans le néant[29]. » Peu importe la topographie minutieuse de Bouville, dominée dans notre mémoire par son « boulevard Noir[30] », ses nombreux noms de rues, de places, où déambule le triste héros, ses artères de roman réaliste des années 1930-1950, que l'on trouvera chez Bove ou chez Raymond Guérin, chez Dabit ou Céline, et dans les films de Pabst, de Carné, de Renoir : comme le protagoniste, elle est « en trop », contingente, mortelle ; c'est l'expérience, morceau de bravoure du roman, vécue par Roquentin dans le jardin public : « Tout est gratuit, ce jardin, cette ville et moi-même[31]. » La ville n'a pas la nausée, puisqu'elle n'est pas consciente, mais elle la donne, et c'est assez. Roquentin et Bouville sont confondus dans un même naufrage : sans Bouville, *La Nausée* n'existe plus.

La Peste, aussi, est le roman d'une ville, Oran. C'est elle qui ouvre et ferme le récit. Un portrait sans complaisance en est peint, de manière toute classique, dans les trois premières pages du roman. La nausée était un fléau individuel dans une ville indifférente, la peste est un fléau collectif qui frappe toute la cité. Celle-ci est alors changée en personnage principal, dont les habitants ne sont que des éléments partiels et symboliques. Pour recevoir valeur d'avertissement, de philosophie, de tragédie, il fallait que le roman décrivît une ville, elle aussi, générale, un peu abstraite, somme toute inintéressante (Prague avait été vidée par Kafka de toute sa beauté baroque) : « À première vue, Oran est, en effet, une ville ordinaire [...]. La cité elle-même, on doit l'avouer, est laide [...]. Comment faire imaginer, par exemple, une ville sans pigeons, sans arbres et sans jardins, [...] un lieu neutre pour tout dire. » Dans cette ville, on travaille, on aime, on meurt « du même air frénétique et absent ». « Ville sans soupçons », Oran est donc une « ville tout à fait moderne », à l'aspect banal comme la vie que l'on y mène : « Cette cité sans pittoresque, sans végétation et sans âme finit par sembler reposante, on s'y endort enfin. » La tragédie passée, Rieux entend l'allégresse qui monte de la ville, redevenue inconsciente : « Car il savait ce que cette foule en joie ignorait, et qu'on peut lire dans les livres, que le bacille de la peste ne meurt ni ne disparaît jamais... » Cette ville a beau s'appeler Oran, elle connaît le destin tragique de la modernité anonyme, de l'Histoire criminelle, de la mort absurde : c'est pourquoi elle est sans mystère et sans beauté. Meursault n'égale pas son destin individuel ; l'Oran de Camus n'égale pas son destin collectif.

LA VILLE, ARCHITECTURE DU ROMAN

Nous avons vu comment certaines villes épousent le destin du personnage, dans le roman au XXe siècle. Le Paris d'*À la recherche du temps perdu* correspond à la biographie temporelle et spirituelle du Narrateur, selon une dialectique : rêve, désillusion, résurrection. Oran vit et meurt de la peste. Plus généralement, la mort du héros correspond à la mort de la ville. Mais d'autres cités littéraires suivent moins l'évolution du personnage, au cours du siècle, que celle de la structure romanesque. Il y a des villes qui organisent — ou désorganisent — le roman qui leur est consacré. C'est le cas du Dublin de Joyce, du Berlin de Döblin, du New York de Dos Passos. La carte de la ville organise la narration ; l'éclatement de la mégapole la multiplie, la pulvérise. Le futurisme, le cubisme, l'expressionnisme se sont plu, dans tous les arts, à montrer ces villes en morceaux, ces puzzles saccagés. On trouve ici non plus l'ordonnance de la ville réaliste, divisée en quartiers habités bien sagement par des classes sociales différentes, mais un mélange, un tohu-bohu, qu'accompagnent, à tous les niveaux de l'œuvre, des bouleversements formels. La ville qui, classique, s'étageait calmement au fond des tableaux, éclate en touches colorées et abstraites sur les toiles de Robert Delaunay.

« Ulysse »

Que Dublin soit parcourue par Dedalus et Bloom comme la Méditerranée par Télémaque et Ulysse est certainement l'une des principales intentions de Joyce. À chaque chapitre du livre peut ainsi être affectée une maison, une rue, une zone de la ville, comme Stuart Gilbert l'a mis en valeur dès 1930, dans la première étude d'ensemble consacrée à *Ulysses*[32]. Chacun des chapitres que Joyce, dans ses lettres, désigne lui-même par des titres homériques (« Circé », « Les Bœufs du soleil », « Pénélope », etc.) représente un lieu de Dublin : la tour du chapitre 1

(« Télémaque »), l'école du chapitre II (« Nestor »), la plage du chapitre III (« Protée »), la maison de Léopold Bloom (Ulysse), 7 Eccles Street au chapitre IV (« Calypso »), la Liffey, rivière de Dublin, et les bains où se rend le héros (chap. V, « Les Lotophages »), le cimetière (chap. VI, « Hadès »), le centre de la ville et les bureaux du *Freeman's Journal* (« Éole », chap. VII), les beaux quartiers que parcourt Bloom à l'heure du déjeuner (chap. VIII, « Les Lestrygons »), la Bibliothèque nationale d'Irlande (« Charybde et Scylla », chap. IX), le labyrinthe de ruelles du centre de Dublin[33] (chap. X, « Les Rochers flottants »). Le « chant des sirènes » du chapitre XI est symbolisé par les barmaids de l'Ormond Hotel, au bord de la Liffey, en même temps que tout le chapitre, inspiré par la musique, est, selon Joyce, construit comme une fugue, à laquelle s'ajoute un quintette, « comme dans les *Meistersinger*, mon opéra wagnérien favori ». Le chapitre XII, « Les Cyclopes », se passe dans le pub de Barney Kiernan (taverne/caverne). Au chapitre XIII, « Nausicaa », nous revenons au bord de la mer (Sandymount Strand). « Les Bœufs du soleil » (chap. XIV) sont consacrés à une Maternité, « Circé » (chap. XV) au bordel (il est curieux de noter que les deux plus importants romans du XXe siècle, *À la recherche du temps perdu* et *Ulysse*, contiennent une scène capitale qui se déroule dans une maison de passe). Le chapitre XVI, « Eumée », met en scène une déambulation nocturne dans les rues misérables de la ville, avant de revenir à « Ithaque » (chap. XVII), la maison de Léopold Bloom, 7 Eccles Street, où se trouve la femme de celui-ci, Molly (« Pénélope », chap. XVIII). Le voyage circulaire[34] à travers Dublin est alors terminé, qui renvoie, à travers l'Histoire et la légende, au périple méditerranéen du roi d'Ithaque. Chaque lieu contribue à la structure littéraire et symbolique de l'ensemble, grâce à la déambulation qui l'associe à son voisin par métonymie, au mythe par métaphore, à l'histoire littéraire par intertextualité. En même temps, Joyce, exilé volontaire, avait rêvé de donner de Dublin une peinture si complète que, si jamais la ville disparaissait soudainement de la terre, on pourrait la reconstruire à partir de son livre[35] (même ainsi, le nombre de références à des lieux de Dublin est très inférieur à celles du Paris de Proust).

« Berlin Alexanderplatz »

De ce roman, publié par Alfred Döblin en 1929, Pierre Mac Orlan écrivait : « Je ne connais rien dans notre littérature que l'on puisse comparer à cet ouvrage, si ce n'est le livre de L.-F. Céline, *Voyage au bout de la nuit*, qui, lui aussi, fait la somme d'une rue, d'une place, d'un système de rues, de maisons et d'hommes afin de créer une forme lyrique étroitement liée à l'actualité[36]. » Cette place, qu'on a comparée à la place Clichy ou à celle de la Bastille, est le centre d'où rayonne le roman. Le simple fait d'avoir donné à celui-ci le nom de ce lieu, et non celui du héros, Franz Bikerkopf (nous sommes, en effet, à une époque où les titres, empruntés aux lieux, aux objets, l'emportent sur les noms de personnages), signifie que la place organise le roman. Le personnage, lui, est une créature typique de l'expressionnisme allemand, parent du Wozzeck d'Alban Berg ou de sa Lulu, du *Dernier des hommes* de Murnau, du professeur Unrat d'Heinrich Mann, de M le Maudit, de Fritz Lang. Sans intériorité, misérable, toujours décrit au présent de l'indicatif, enserré dans un discours ironique, il rejoint les héros marionnettes que nous avons décrits au chapitre II. Mais ses déambulations animent la ville autour de lui et organisent le discours littéraire qui la fait vivre. L'intrigue est rompue par l'évocation périodique de certains lieux, comme les abattoirs, et par le collage : deux pages publient « un projet concernant l'immeuble 10, rue du Pont-de-Spandau[37] », suivies d'un paragraphe concernant la chasse au lapin sauvage (il s'agit d'une affiche), d'un autre sur un maître pelletier, sur la place de Rosenthal, sur l'itinéraire du tramway n° 68. Mais on revient toujours à la place : « Près de l'Alexanderplatz, on met la chaussée sens dessus dessous : travaux pour le métro. On circule sur des planches. Les tramways sont déviés. Il y a des rues à droite et à gauche. Dans les rues, des maisons et encore des maisons[38]. » L'inventaire continue sur quatre pages ; il est repris de temps à autre, à intervalles réguliers : « On se trouve sur l'Alex par un froid de canard. L'hiver prochain, 1929, sera plus froid encore[39]. » Ainsi la rue (titre d'un film de Karl Grunne) se substitue-t-elle au personnage : « En somme, pas grand-chose à narrer sur Franz Bikerkopf [...]. Seulement, il y a la rue[40]. » Jusqu'au dernier chapitre, où la narration elle-même est comparée à la marche le long d'une sombre avenue, qui s'éclaire peu à peu, la marche de l'auteur, du lecteur, rejoint celle du protagoniste : « La fin nous le montre à son poste de concierge suppléant dans une modeste usine. Il n'est plus seul comme autrefois sur l'Alexanderplatz[41]. » La littérature, en effet, « montre » plus qu'elle ne dit.

« Manhattan Transfer »

Le premier grand roman de John Dos Passos (1926 ; traduction française 1928) se passe tout entier à Manhattan. Il se compose de trois grandes parties (sans titre), qui comprennent respectivement cinq, huit et cinq chapitres. Plusieurs titres de chapitre font directement allusion à la ville de New York : « Embarcadère », « Métropole », « Allégresse dans la ville insouciante », « Portes tournantes », « Gratte-ciel ». D'autres, de manière figurée : « Dollars », « Rouleau à vapeur », « Encore une rivière avant le Jourdain », « Le Fardeau de Ninive ». Chaque chapitre est précédé d'un texte d'une quinzaine de lignes en italique, sans rapport apparent avec lui[42]. Les textes en épigraphe racontent une courte histoire, proposent un sens métaphorique ou métonymique, et, le plus souvent, résument le décor, l'atmosphère, l'espace où s'inscrira le chapitre. Tel le dernier : « Crépuscule rouge qui monte de la brume du Gulf Stream. Gorge de cuivre palpitante qui hurle dans les rues aux doigts gourds. Regards curieux des gratte-ciel aux yeux de verre. Éclaboussement de minium sur les cuisses en poutrelles des cinq ponts. Miaulement exaspérant des remorqueurs en colère sous les arbres de fumée qui vacillent dans le port. Printemps qui met une moue sur les lèvres, printemps qui nous donne la chair de poule, qui, gigantesque, s'élève du ronflement des sirènes, envahit avec un atroce fracas la circulation arrêtée entre les maisons qui, figées, sur la pointe des pieds, regardent attentives[43]. » Rien ne permet ici de prévoir le dénouement sinistre du roman, ni l'histoire qui est racontée, ni les personnages présentés ; mais tout désigne une dernière fois, en même temps que le titre toujours présent (car l'ombre d'un titre s'étend sur chaque instant de notre lecture pour la diriger ou la rectifier), le véritable sujet du livre : son décor, Manhattan, New York. Ces courts poèmes en prose pourraient être enchaînés les uns aux autres ; ils donneraient un récit aussi essentiel que l'autre, l'essence du récit.

Au-delà de ces procédés qui définissent la structure d'ensemble du roman, Dos Passos en emploie d'autres, qui deviendront classiques et fascineront leur imitateur, Jean-Paul Sartre. La fiction raconte les moments importants (en sautant les « moments nuls », comme disait André Breton) de la vie de nombreux personnages, de sexe, d'âge, de milieu différents, perdus et retrouvés selon un rythme subtil. Chaque chapitre assemble, sans transition, des morceaux de vies, et le livre se termine sur l'échec et le départ énigmatique de Jimmy Herf, personnage que nous suivions depuis l'enfance et où le romancier semble avoir mis de lui-même. Ces fragments d'existence enchaînés les uns aux autres ont un point commun : ils se définissent tous par rapport à la ville, ou, plutôt, c'est la ville qui les définit, c'est elle qui organise le roman. Dès le début, sur le bac : « Est-ce que la ville est loin de l'endroit où on débarque ? [...] Comment va-t-on à Broadway ? » Avec un soin minutieux, l'auteur précise toujours que l'on est « au coin de la 3e Avenue », « au coin de Canal Street », « dans Hudson Street ». Tout a une adresse, toute aventure a son chemin, tout spectacle est situé sur la carte ; mieux encore, les indications géographiques semblent données pour le plaisir, alors que l'histoire racontée dans un fragment est déjà terminée : « Sur la 9e Avenue, un train file au-dessus de sa tête [44] », « La 11e Avenue est pleine de poussière glacée, de grincements de roues, de claquements de sabots sur les pavés [45]. »

Toutes les rues de Manhattan défilent alors sous nos yeux, comme un tapis roulant sous des personnages immobiles (et auxquels nous nous intéressons peu : ils ne sont pas faits, dans leur absence d'intériorité, d'activité, d'intelligence, pour que nous nous intéressions à eux) : la déambulation est, comme dans *Le Paysan de Paris* mais pour d'autres raisons, permanente : « Tout en répétant : "253 W. 4e Rue", il prit un tramway qui remontait à Broadway. Il s'engagea dans la 4e Rue côté ouest et longea Washington Square [...]. Il traversa la 6e Avenue et suivit la rue malpropre, côté ouest[46]. » La biographie de chaque personnage, déjà répartie entre plusieurs chapitres et montée, comme un film, avec celle des autres héros, est encore distribuée d'un quartier à l'autre, d'une rue à l'autre : « J'ai eu toute la journée à moi, et je suis allée à pied de la 105e Rue jusqu'à la 59e en traversant le parc. Il était plein de gens des plus comiques[47]. » Peu à peu, le trottoir sinistre de la 105e Rue se substitue dans notre imagination ou notre mémoire au personnage qui le foula ; la 5e Avenue est toujours, à ses rares apparitions, d'un blanc étincelant. L'important est que la chambre dont un personnage n'aime pas l'odeur soit « dans la ville de New York, comté de New York, État de New York[48] ». La cité s'égale alors aux grandes cités historiques pour devenir un mythe : « Il y avait Babylone et Ninive. Elles étaient construites en brique. Athènes était toute en colonnes de marbre d'or. Rome reposait sur de grandes voûtes en moellons. À Constantinople, les minarets flambent comme de grands cierges tout autour de la Corne d'or... Oh ! encore une rivière à traverser. L'acier, le verre, les briques, le béton seront les matériaux des gratte-ciel. Entassés dans l'île étroite, les édifices aux mille fenêtres se dresseront, étincelants, pyramides sur pyramides, sommets de nuages bleus au-dessus des orages[49]... » La ville domine les nuages de l'Histoire pour devenir ce mythe qui attire les émigrants, les personnages, les romans. Elle donne tout à *Manhattan Transfer* : son titre, sa structure, son personnage principal : elle-même. Elle prépare aussi le « roman impersonnel » que Claude-Edmonde Magny, dans *L'Âge du roman américain*, appelait de ses vœux, et qui est le « nouveau roman ».

LA VILLE DU NOUVEAU ROMAN

L'emploi du lieu

Michel Butor a consacré à la ville le meilleur de ses quatre romans, *L'Emploi du temps* (1957). L'intrigue en est simple. Le narrateur, Jacques Revel, tient, de mai à septembre, un journal intime, qui raconte son séjour dans la ville anglaise de Bleston. Celui-ci a duré un an, d'octobre à septembre. La structure du roman est donc double, temporelle et spatiale. La structure temporelle joue sur l'écart entre le temps raconté et celui de la narration, attesté par les titres courant sur les pages (« Septembre, août » ; « Juillet, mai » ; « Juin, novembre »). Elle se donne, en outre, un modèle arithmétique et musical, indiqué par l'auteur : « Voilà comment c'est fait, en gros, il y a cinq parties ; dans la première partie est raconté un mois, dans la deuxième partie deux mois, dans la troisième partie trois mois, dans la quatrième partie quatre mois et dans la cinquième partie cinq mois. C'est on ne peut plus simple. J'ai étudié dans la musique classique les différentes formes qu'on pouvait donner au canon et j'ai vu qu'une des formes les plus intéressantes c'était lorsqu'une des parties était reprise non point exactement comme elle avait été donnée mais quand elle était reprise à l'envers, ce qui fait que dans *L'Emploi du temps* j'ai mis certaines voix en mouvement inverse, c'est-à-dire qu'il y a dans cette histoire certains mois qui sont racontés dans le sens chronologique depuis le début du mois jusqu'à la fin, il y en a d'autres qui sont racontés depuis la fin du mois jusqu'au début[50]. »

La fiction est celle d'un roman policier. Le narrateur a, en effet, lu *Le Meurtre de Bleston*, roman à clés qui dénonce la ville, et dont le meurtrier semble être un personnage réel ; il rencontre le romancier, dont il dévoile le vrai nom sous un pseudonyme à quelques amis ; ce romancier est alors victime d'un accident, peut-être provoqué par cette révélation. La recherche du meurtrier se double, comme dans tout roman policier, d'une histoire d'amour ; le narrateur aime alternativement deux sœurs, Ann et Rose Bailey. Comme dans un roman policier (mais non comme dans un roman ordinaire), *L'Emploi du temps* s'ouvre sur le plan de la ville de Bleston, divisée en douze arrondissements (comme les douze mois de l'année, structure chronologique du roman et chiffre symbolique : ce livre relève aussi de ce que nous avons dit de la structure arithmétique). Bien que Bleston ait été inspiré à Butor par Manchester, où il a séjourné un an[51], le plan de la première ville ne ressemble pas à celui de la seconde : l'auteur a construit un ensemble imaginaire, qui cependant vise le réel, et l'a divisé en douze sous-ensembles. La carte appelle un regard synthétique et des parcours innombrables. L'intrigue de

L'Emploi du temps raconte aussi, raconte d'abord l'effort d'un étranger pour prendre possession d'un espace clos, par le parcours, la visite, la promenade, l'errance, la quête.

Le plan de la ville est également (comme tout, dans ce roman, roman du roman) « mis en abyme » : le narrateur en achète un, qu'il brûle au cours d'une crise psychologique, puis un autre : « Le plan de cette ville encore tellement inconnue, qui se camoufle elle-même comme un manteau dont les plis cachent d'autres plis, qui se refuse à l'examen comme si la lumière la brûlait, [...], ce plan qui est comme sa réponse ironique à mes efforts pour la recenser et la voir entière, m'obligeant à chaque nouveau regard à confesser un peu plus grande l'étendue de mon ignorance, ce plan sur lequel se superposent dans mon esprit d'autres lignes, d'autres points remarquables, d'autres mentions, d'autres réseaux, d'autres distributions, d'autres organisations, d'autres plans en un mot[52]. » De ce plan écrit, il se sert pour écrire le journal de ses marches à travers la ville, de ses passages à travers des frontières : franchir le seuil d'une maison, c'est passer « cette barrière de refus et de méfiance qui m'emprisonnait, cet interdit dont je m'étais senti frappé dès la nuit de mon arrivée[53] ». La carte sert à comprendre la ville, et la ville la carte ; on devine que, sous le regard de Jacques Revel, l'une est aussi suspecte que l'autre : « Moi, virus, perdu dans ces filaments, tel un homme de laboratoire, armé de son microscope, je pouvais examiner cette énorme cellule cancéreuse dont chaque encre d'imprimerie, comme un colorant approprié, faisait ressortir un système d'organes[54]. »

La structure de la ville dicte celle du roman : elle est antérieure à l'intrigue, en est une forme *a priori*. « L'histoire, c'est ce qui vient en dernier, une relation à un certain nombre de problèmes, une certaine façon de parler d'autre chose[55]. » L'habileté du romancier consiste à avoir fait de Bleston le décor d'un meurtre, dont on ne sait s'il est réel ou imaginaire : « Je les connais, ces rues, dit un personnage. Voilà : c'est comme si tous les acteurs d'un meurtre y étaient cachés ; tout est prêt : la victime est derrière des portes, la main sur la poignée de la serrure [...]. Et l'attente ne finit pas ; tout est encore prêt ; car rien d'autre ne saurait véritablement se passer dans un tel décor, que de sordides crimes, et tout le reste y mène à travers d'innombrables détours, tout le reste n'est que voile devant eux[56]. » Le meurtre de Bleston est aussi le sujet du « Vitrail du Meurtrier » de l'ancienne cathédrale, celui du roman policier qui est au centre de l'intrigue, et aussi, renvoyé dans le passé, celui des tapisseries du musée[57] : elles représentent des meurtres, dont celui d'Œdipe, et, par-delà, l'histoire de Thésée. À cet instant, on entrevoit que la tapisserie qui montre le labyrinthe et Ariane figure Bleston et la jeune fille aimée par le narrateur. Le thème du labyrinthe domine le roman, parce qu'il désigne une structure spatiale où l'on se perd à l'infini : infini de la marche, infini des représentations en écho, en reflet, infini des interprétations. Le narrateur écrit pour se donner à lui-même un fil d'Ariane à travers le labyrinthe spatio-temporel : « Ce cordon de phrases est un fil d'Ariane parce que je suis dans un labyrinthe, parce que j'écris pour m'y retrouver[58]. » Suivant un procédé cher à Butor, une figure une fois identifiée se retrouve partout : il suffit que le héros aille voir un film, *The Red Nights of Roma*, pour y reconnaître le labyrinthe.

Chaque maison, chaque rue de la ville, chaque monument important (ses deux cathédrales, son musée), chaque parc a donc sa place dans chaque chapitre du roman. Mais il ne s'agit pas seulement d'un décor, d'une description : tout cela est fort peu décrit, nommé plutôt, placé, distribué. La fonction de chacun de ces sous-ensembles est de faire apparaître la totalité de la cité comme un véritable personnage. Le narrateur la considère bientôt comme une créature maléfique, aux « mauvais prestiges [59] », objet de haine [60], sur laquelle pèse un « danger de mort [61] ». La ville où rien n'arrive, image traditionnelle des cités anglaises, devient celle où tout peut arriver. Un personnage soupçonné de crime devient la « main de Bleston [62] ». Le roman confronte deux personnages, Bleston et Jacques Revel, comme le labyrinthe, ou le Minotaure, et Thésée. Pris dans une sorte de délire paranoïaque, le héros-narrateur s'imagine entendre le défi lancé par la nouvelle cathédrale : « Jacques Revel qui veut ma mort, regarde ce nouveau visage de l'hydre [...]. Je suis Bleston. » La cathédrale évoque alors l'auteur du roman policier qui attaquait Bleston, et les jeunes filles, fausses Ariane, perdues par le protagoniste : « Tu as failli causer toi-même la mort de ton complice George Burton ; cette Rose que tu aimais, tu l'as perdue par ta propre faute, et par ta propre faute, cette Ann que tu voudrais tant retrouver ne pense plus à toi ; renonce [63]. » C'est que la ville aurait été touchée à vif par l'« écriture du narrateur [64] ». Dans sa lutte contre la ville, le narrateur n'a, un jour de dépression, rien trouvé de mieux que de brûler son plan : en vain, elle n'a pas disparu. Mais il y a entre le texte et la ville un lien profond. Un récit policier, nous dit l'auteur du *Meurtre de Bleston*, « n'est plus la simple projection plane d'une série d'événements, mais la restitution de leur architecture, de leur espace, puisqu'ils se présentent différemment selon la position qu'occupe par rapport à eux le détective ou le narrateur [65]... » *Le Meurtre de Bleston* représente donc la ville, l'histoire de son auteur, qui sera victime d'une tentative de meurtre, l'occasion de la principale aventure du narrateur, et la signification esthétique du roman : la restitution d'une architecture. Bleston, dans ce jeu d'échos à travers le temps, ressuscite une ville antique, comme l'indiquent les tapisseries du musée. Le dernier chapitre du roman est une adresse à Bleston, dont le nom au vocatif revient six fois : les phrases de Michel Butor, qui s'allongent à mesure que progresse le récit, de manière paratactique, par entassement d'appositions (et non de subordonnées comme chez Proust ou James, qu'il donne pourtant comme exemple), et les répétitions de mots, de noms propres, de formules (notamment l'emploi constant du démonstratif, qui dénote la nostalgie des arts visuels, peinture, architecture) transforment la narration en incantation. C'est l'incantation qui suscite la représentation, le chant qui recrée l'espace.

L'Emploi du temps est donc le deuxième des trois romans géographiques et urbains de Michel Butor. *Passage de Milan*, son premier roman, commencé en Égypte et fini en Angleterre, essaie de « reconstituer mentalement ce que pouvait être Paris », « ces blocs qui forment la matière même de Paris, ces immeubles les uns à côté des autres[66] ». La structure de l'immeuble en étages dicte celle du livre, comme, plus tard, dans *La Vie mode d'emploi* de Georges Perec. *La Modification* tente le roman de deux villes, Paris et Rome, d'où le train qui emmène le héros de l'une à l'autre, comme d'une femme à l'autre. Après *Degrés*, Butor abandonne — y reviendra-t-il ? — le roman, comme si le « génie du lieu » ne pouvait plus parler par la fiction. Mais en trois livres, il a montré que l'obsession formelle que manifeste par nécessité l'architecture pouvait être, réutilisée, reproduite, ressuscitée par le roman.

Robbe-Grillet

S'il s'agit de déshumaniser le monde, de traiter les personnages comme des choses, de renoncer à toute profondeur métaphysique, quoi de mieux que la géométrie froide de la ville moderne ? Les titres le signifient déjà : *Dans le labyrinthe* (1959), *Projet pour une révolution à New York* (1970), *Topologie d'une cité fantôme* (1976). La ville de Robbe-Grillet est décrite dès les premières pages de *Dans le labyrinthe* : « Dehors il neige. [...]. Les flocons serrés descendent doucement, dans une chute uniforme, ininterrompue, verticale [...] devant les hautes façades grises, dont ils empêchent de bien distinguer la disposition, l'alignement des toits, la situation des ouvertures. Ce doivent être des rangées toutes semblables de fenêtres régulières, se répétant à tous les niveaux, d'un bout à l'autre de la rue rectiligne. Un croisement, à angle droit, montre une seconde rue toute semblable : même chaussée sans voitures, mêmes façades hautes et grises, mêmes fenêtres closes, mêmes trottoirs déserts. Au coin du trottoir, un bec de gaz est allumé, bien qu'il fasse grand jour. Mais c'est un jour sans éclat, qui rend toutes choses plates et ternes. Au lieu des perspectives spectaculaires auxquelles ces enfilades de maisons devraient donner naissance, il n'y a qu'un entrecroisement de lignes sans signification, la neige qui continue de tomber ôtant au paysage tout son relief, comme si cette vue brouillée était seulement mal peinte, en faux-semblant, contre un mur nu[67]. » D'une ville, on ne peut dire moins : des façades, des chaussées, des trottoirs, des rangées de fenêtres. Que l'on n'attende pas, contrairement à ce qui se présente dans *L'Emploi du temps*, des différences de quartier à quartier : les rues sont toutes semblables. Que l'on n'espère aucun pittoresque, tout est « plat et terne », rien n'est spectaculaire. La lumière elle-même a perdu son éclat, malgré la présence irréaliste d'un « bec de gaz allumé en plein jour », comme dans une toile de Magritte. De peur que l'on n'ait pas compris, la narration ajoute que tout cela est « sans signification », un « entrecroisement de lignes ». Comme il sera dit plus loin, « cette grande ville [a une] disposition trop géométrique[68] » ; et le soldat, héros, si l'on ose dire, de l'histoire, n'arrive pas à s'y orienter : elle ne dit que la ressemblance, et l'identité, répétition pure de son propre espace, ville américaine de bande dessinée (mais ce n'est pas une ville américaine), tableau de De Chirico (et c'est peut-être, aussi, un tableau). Ce tableau de la ville est repris de nombreuses fois, au fil du récit, répétition de la répétition. Les variations renforcent le thème central, malgré le changement de quelques mots : « Cette nouvelle voie le conduit, comme la précédente, à un carrefour à angle droit, avec un dernier lampadaire dressé dix mètres avant le bord en quart de cercle du trottoir, et, tout autour, des façades identiques[69]. » S'agit-il de signifier que la ville moderne est déshumanisée ? qu'elle n'a plus de sens ? Mais, chacun l'a noté, affirmer qu'une chose n'a pas de sens, c'est encore lui en donner un. Or Robbe-Grillet refuse, aussi, de prétendre à une philosophie de l'absurde : *Le Voyeur* n'est pas *L'Étranger*. La ville ne signifie rien, même pas qu'elle ne signifie rien : elle est une pure surface. Le deuxième texte, moins commenté, de *Dans le labyrinthe* le montre bien. « Dans les couloirs du métropolitain » (qui évoque la « métromanie » de *L'Aveuglette* de Paulhan) décrit l'« escalier mécanique », « cet immense escalier vide, rectiligne », et ses cinq passages ; « un souterrain [...] dont les murs sont garnis, à droite comme à gauche, par des affiches publicitaires toutes identiques se succédant à intervalles égaux »; « Derrière le portillon » montre enfin le système géométrique qui condamne le quai du métro : le moyen de transport par excellence des grandes villes n'est ni beau ni laid, ni utile ni déplaisant; il est réduit à sa pure apparence sans finalité. L'important est que cette apparence ne puisse être rendue que comme, que par un système de formes. La ville est forme, comme le roman. Mais, puisqu'on ne se raccroche à rien, que tout se ressemble et qu'en même temps le texte est le tissu subtil de variantes sur un même décor, le lecteur est toujours perdu, dans un labyrinthe.

« C'est de nouveau la même scène qui se déroule », cette phrase de la première page de *Projet pour une révolution à New York* (1970) pourrait servir de titre à toute l'œuvre de Robbe-Grillet. Le décor est tantôt celui de souterrains pour une nouvelle Metropolis, à colonnades immenses, plusieurs étages, multiples escaliers, galerie marchande, de manière à abriter une « foule énorme[70] »; tantôt une chambre avec vue sur Central Park[71]; tantôt un immeuble détruit par une explosion[72]; tantôt, un métro souterrain (avec son vampire) ou un terrain vague. Les scènes de torture fantasmatiques qu'affectionne l'auteur s'y répètent à l'infini; ces répétitions correspondent au jeu de miroirs du récit, narration d'une narration ou d'une lecture, récit d'un scénario à l'infini. La révolution n'aura pas lieu, dans ce New York de bande dessinée, de feuilleton ou de rêve. On n'aurait pu pousser plus loin l'abstraction de la cité dans le roman contemporain, s'il n'y avait eu, en 1976, *Topologie d'une cité fantôme*, qui évoque le monde ruiné de Paul Delvaux, avec son protagoniste et ses jeunes filles nues : « Avant de m'endormir, la ville, encore une fois, dresse devant mon visage pâli, aux traits marqués par l'âge et la fatigue, dresse très haut devant moi, très loin derrière moi, de tous les côtés à perte de vue, des pans de murs noircis, des statues mutilées, des ferrailles tordues, des colonnades en ruine dont les fûts géants brisés gisent au milieu des décombres[73]. » Dans cette Pompéi, qui s'appelle «Vanadium», «détruite en 39 avant notre ère», avait été épargnée la prison des femmes ; cette histoire est lue dans une cellule de cette même prison. En outre, on songe à édifier, au centre de la ville détruite, une «gigantesque cité des plaisirs», et dans un théâtre se joue un spectacle qui est le dédoublement de l'histoire racontée, cérémonial figé dans une «cité fantôme». Le fantôme de la cité qui hante ce roman symbolise ce que fait de la ville un roman qui ne veut rien exprimer, rien signifier, et prétend utiliser par ironie (mais l'ironiste est aussi victime de son objet) les vieilles ficelles du récit érotique et sadique. Les reprises, les variantes, le modèle musical expressément invoqué dans les titres de chapitre confirment, en tout cas, la prééminence accordée à l'espace. Les personnages sans épaisseur deviennent eux-mêmes espace, tableaux, et n'ont pour fin que de l'animer. Dans l'univers de Robbe-Grillet, il n'y a pas de différence entre un souterrain, une colonne en ruine et une petite fille torturée : ce sont des images de cartes (et dans ce roman des personnages, en effet, jouent aux cartes), de carton, de papier. New York, ou la cité fantôme, sont des villes en papier.

VILLES IMAGINAIRES

Une partie du roman contemporain a voulu affirmer sa fascination de la modernité en explorant le phénomène de la mégapole, en le reproduisant, en le mimant dans sa structure. Le nouveau roman réagit contre ce qui est, pour lui, encore entaché de réalisme. Un autre courant a réconcilié la grande ville avec l'imaginaire, en construisant, mais non par jeu, des royaumes utopiques. Le thème de la cité imaginaire se trouve déjà chez Platon, dans l'Atlantide du *Critias*; on pourrait en suivre la réincarnation à travers l'histoire de la littérature. Au XXᵉ siècle, il aimante les prestiges de l'exotisme finissant, l'horreur de histoire vécue, la fascination de la philosophie : Malraux, Jünger, Hesse.

« *Royaume-farfelu* »

Le plus engagé de nos romanciers a d'abord créé des royaumes qui l'étaient peu. Le « royaume farfelu » est évoqué dès le deuxième chapitre, « Voyages », de *Lunes en papier* (1921) : un musicien l'habite, avec son phonographe, et des serpents « bigophones » qui chantent *Viens, Poupoule*, des tubes de Geissler animés et, dans la montagne, des monstres : « Lorsqu'ils passaient, une tête en forme de pyramide, enjolivée d'un nez en bec de cafetière, d'yeux de chouettes et d'oreilles en lame de canif, sortait de dessous chaque roc ; parfois, le personnage entier, devenant visible, étirait longuement un corps de salsifis, le dressait sur des pattes de moineau et agitait des nageoires rondes semblables aux cerveaux de papier que les clowns font traverser à leurs cochons roses[74]. » Quant à la « ville farfelue », elle est une fête, au chapitre III, « Victoire » ; sa reine, la Mort, est mourante, et mourra à la dernière page : « La Mort était morte. Assis sur les créneaux de la plus haute tour du château, les péchés regardaient le soir caresser la ville calme[75]. » Un monde sorti du romantisme allemand (Hoffmann est cité en épigraphe d'un prologue finalement écarté) et des *Illuminations*, et pourtant étranger au surréalisme dont il paraît si proche, fait une entrée discrète en littérature. Un monde éloigné du réel, et dont l'art est la seule valeur : dans ces villes imaginaires, l'esthétique des *Voix du silence* est déjà en germe. L'article « Des origines de la poésie cubiste » a montré ce qu'elle devait à Max Jacob[76].

Royaume-farfelu (1928) reprend, avec plus de grandeur et de force, le thème du royaume imaginaire : « Un vagabond marche vers une ville éblouissante [...] — un roi qui n'aime plus que la musique et les supplices erre la nuit, désolé [...]... et voici qu'à la frontière des deux Indes, sous des arbres aux feuilles serrées comme des bêtes, un conquérant abandonné s'endort dans son armure noire, entouré de singes inquiets[77]... » La ville a « des architectures peu humaines[78] » ; un profil de « crustacés et champignons ». Son caractère fantastique est affirmé par le bestiaire inquiétant qui la peuple, phénix, dragons, canards tatoués, rats tapés, poissons tristes, ou qui la menace : « Ville née de la mer, quelque jour les poissons des ténèbres envahiront tes palais aux formes animales[79]... » Y règne un prince de fantaisie, appelé ironiquement « le Petit Mogol », « entouré de princes barbares ». Les frontières du royaume sont parsemées de dragons aux os blanchis. Mais, comme la description est un genre littéraire et qu'elle obéit ici, non au réel, mais aux fantasmes de l'auteur, on y trouve des images qui reparaîtront dans les œuvres ultérieures de Malraux, dans ses discours, dans ses écrits sur l'art, telle «l'immense nuit chrétienne tendue sur toutes ses croix[80]». Un appareil descriptif et métaphorique proche de Rimbaud, d'Apollinaire, de Claudel (*Tête d'or*, *La Ville*) montre aussi tout ce que doit le jeune Malraux au symbolisme finissant (jusqu'à la «princesse de Chine[81]», que l'on trouve aussi chez Proust, au doux vieillard Idekel[82], qui évoque l'Arkel de *Pelléas et Mélisande*). À cette première ville s'oppose, dans la partie de *Royaume-farfelu* consacrée à l'expédition militaire contre Ispahan, l'ancienne capitale de la Perse, également devenue littérature, et fantastique.

Ces deux premières cités disparaissent dans le grand poème en prose où sont évoquées les images poétiques de toutes les villes exotiques possibles : «Tu te souviens des villes de sacs, de tôle et de boue grise[83].» Comme Ispahan disparaît dans l'incendie, et la marée noire des scorpions. Peu importe le nom des villes, puisque Téhéran, au fil des versions de cette œuvre, devient Trébizonde : le «royaume farfelu» oppose à la ville chargée d'Histoire, de guerre réelle, de politique, un imaginaire où les atrocités (nourries des guerres de Byzance et de ses voisins) ne sont pas moindres, mais se mêlent aux créatures de contes de fées, au fantastique 1900, à l'ironie de l'auteur ricanant. Les créatures marines qui menacent la ville sont ici conjurées par l'humour ; elles deviendront les pieuvres de Tchen[84], dans *La Condition humaine*, et l'expédition d'Ispahan la guerre civile à Shanghai ou en Espagne. Comme dans le titre de la gravure de Goya *Le sommeil de la raison enfante des monstres*, que Malraux reproduira dans *Saturne*, les cadavres des soldats dans les arbres de *Royaume-farfelu* rejoindront ceux des *Désastres de la guerre*. Ici, les «démons de la poésie» sont «sauvages».

«*Héliopolis*»

Jünger, par une évolution inverse de celle de Malraux, avait d'abord affronté son époque dans ses trois romans sur la guerre de 1914-1918, *Orages d'acier* (1920), *Le Boqueteau 125* (1925), *Feu et sang* (1925). *Jeux africains* (1936) raconte une vaine tentative d'évasion : le héros s'engage dans la Légion étrangère et part pour l'Afrique ; il rentre finalement en Allemagne ; le monde des rêves lui a échappé. C'est donc à partir de *Sur les falaises de marbre* (1939) que Jünger construit des royaumes utopiques, où se confrontent deux ordres, ou un désordre et un ordre. De même que les deux protagonistes de *Sur les falaises de marbre* construisent des «modèles» qui permettent de comprendre l'espace et le temps, *Héliopolis* (1949) propose le «modèle» d'une ville imaginaire : «Vue d'une ville disparue», dit le sous-titre français ; «*Rückblick auf eine Stadt*», le sous-titre allemand, insiste sur le «regard en arrière», la rétrospective, plus que sur la disparition : «Mais ces jours sont loin de nous», dit la dernière phrase. L'écart entre la narration et l'événement accroît l'écart entre la fiction et le réel.

Une ville qui échappe aux normes réalistes dicte ici au roman sa structure. Comme sur un échiquier dont chaque case contiendrait une histoire, chaque lieu, chaque quartier, chaque monument d'Héliopolis enferme non seulement son poids de passé mais aussi son aventure, qui se replace dans l'intrigue générale du livre. Les titres de chapitre désignent l'insertion de ces cases dans la narration : « Le retour des Hespérides » (« C'est dans leurs ports que les flottes interstellaires touchaient terre. Par-delà les Hespérides, les empires incertains s'étendaient, les domaines merveilleux dont aucune technique ne peut venir à bout[85] »), « Troubles en ville », « Au palais », « La Promenade à Vinho del Mar », « Au Pagos », « À l'école de guerre », « L'Apiarum », « À l'arsenal », « Le Coup de main sur Castelmarino », « Au jardin d'Ortner ». Le roman d'aventures suit souvent la trame de grands voyages ; ici, il s'agit de déplacements réduits, à travers une cité mythique : l'aventure a le « style des plans d'architecte[86] ». Le voyage au Caucase et à ses *tunes somniomm*, raconté au chapitre premier, montre ce que peut être l'ordre de l'univers : « Les lignes, les cercles et toutes les figures simples sont des abîmes de sagesse[87]. » L'espace appelle un ordre, qui a toujours été l'une des valeurs de Jünger, et une structure qui a été le but de sa quête, à travers les minéraux et les végétaux, les cristaux, les diamants : le naturaliste cherche un ordre et un trésor. La ville a une forme où s'incarne une force vivante, « que nous appelons une civilisation[88] » : on la perçoit, par exemple, du haut d'un observatoire. Le regard sur un dessin, tel est l'un des grands thèmes du livre, et ce thème est en même temps une forme. Le livre-ville parle de lui-même : « Les esprits perdus dans l'action devaient être pris par moments du désir de voir les motifs qu'ils tissaient ; non la trame, mais le dessin. Être spectateur, c'est là l'un des grands, des vieux désirs de l'homme — au-delà des affaires terrestres, jouir de leur image[89]. »

La construction, par le romancier, d'Héliopolis (qui n'a rien de commun avec la ville d'Égypte), puisqu'elle ne prend pas appui sur une ville réelle (comme, chez Butor,

Bleston sur Manchester), a besoin des ressources de l'Histoire. L'utopie est œuvre de mémoire, prend appui sur une immense culture et justifie l'idée selon laquelle on n'imagine que parce qu'on se souvient : « Il y a des lieux sur terre où se suivent des sanctuaires, du plus loin qu'on se souvienne ; il en est ainsi des lieux de violence. Ces endroits semblent frappés d'une malédiction, qui leur attire des troupes sans cesse renouvelées de victimes. Elles se succèdent à travers le flux et le reflux de l'histoire[90]. » Le site évoque expressément Troie, ou des lieux gréco-romains (le Pagos, l'Apiarum) ou vénitiens (Castelmarino) comme dans *Le Rivage des Syrtes* (Gracq a consacré à *Sur les falaises de marbre* une étude de *Préférences* ; par une sorte de clin d'œil, Jünger évoque l' « engagement des Syrtes »). Chez Jünger, la science-fiction n'arrive pas à prendre la forme du modernisme américain ; elle projette dans l'avenir les archétypes de la culture occidentale, qui passent par la Grèce et l'Italie : une Méditerranée immémoriale. Ainsi, l'île de Vinho del Mar, au large d'Héliopolis, est riche en vin qui, malgré la dureté des temps nouveaux, évoque le souvenir d'un « âge d'or » ; ses pêcheurs redeviennent des « messagers de Neptune ». Les demeures des riches et des puissants sont bâties en marbre éclatant.

La description d'ensemble d'Héliopolis[91] la situe entre deux caps (Blanc, riche, et Rouge, populeux et inquiétant), dans « un vaste hémicycle », divisée en deux, la vieille ville et la ville neuve. On devine que la cité a été victime de grands incendies, qui séparent dans le temps les deux quartiers. Dans la ville neuve survit un étrange bâtiment ancien, l'« Office central », sorte de cerveau policier et bureaucratique ; cette bâtisse, née de la peur et de la violence, évoque le « souvenir de nuits d'angoisse que secouaient des explosions colossales ». Les bâtiments perpétuent un esprit ; là, l'esprit de la terreur. Au sommet de la vieille ville, le palais de l'un des chefs qui se disputent l'État, le proconsul : il a traversé les siècles en s'adjoignant des constructions antiques, médiévales, modernes. La cathédrale est néoclassique ; elle rejoint l'Histoire, parce qu'elle est construite sur l'emplacement d'un temple d'Aphrodite, et aussi l'avenir : « La cathédrale attestait l'espérance nouvelle, qui avait crû puissamment après les ères du feu. » L'image du Phénix, sculptée au portail, incarne « cette pensée : de même que les monuments renaissent de leurs ruines, l'esprit ressuscite de toutes les trombes de feu et même du néant ». La vieille ville est, elle aussi, chargée d'Histoire, depuis les « âges héroïques », depuis même les « chasses primitives ». Dans une page admirable, Jünger évoque alors, dans un seul coup d'œil, le passage du temps à l'éternité, de la ville à toutes les villes : « Et si l'on faisait passer plus vite encore le temps dans son esprit, tant de naissances et de morts ressemblaient au jet d'eau qui jaillit vers le ciel, et que le vent disperse dans sa chute. Que pouvait-il bien subsister de ces cascades fugitives, si ce n'est l'arche de l'arc-en-ciel, qui s'arrondissait en elles, plus pur et plus durable que le diamant ? Ainsi, l'œil perçoit parfois, dans les piliers et leurs arcs, le reflet qui brave les temps. Les villes sont là, comme les murailles d'Ilion dans les vers d'Homère. C'est ce qui dans leur apparence nous touche et nous invite à l'action, comme la Beauté nous convie à l'Amour. » Héliopolis est dans la prose de Jünger l'arc-en-ciel d'un jet d'eau.

On trouve encore le quartier des Parsis, minorité persécutée par l'un des deux potentats qui se disputent la ville et à laquelle appartient la femme qu'épousera le héros,

Lucius. Dans ce quartier, le magasin du relieur est le lieu de la culture : « Dans les bibliothèques aussi, on pouvait encore vivre, de même qu'une vie, passée à contempler les animaux, demeurait possible. Le trésor transmis par les civilisations anciennes avait de quoi occuper, et aussi de quoi contenter une brève vie humaine. Le monde était toujours infini, tant qu'on en conservait en soi la mesure ; le temps restait inépuisable, tant qu'on gardait la coupe à la main[92]. » Autour, le bailli, homme de troubles et de police secrète, occupe ses cases de l'échiquier (le Castelmarino), comme le proconsul, chef militaire respectueux des valeurs anciennes (Vinho del Mar) : « Ils avançaient pion par pion, pour s'assurer les avantages de la vitesse et de la position[93]. » Il est d'autant plus aisé de présenter une ville comme un damier, qu'elle est imaginaire et sans modèle. Lucius loge chez le proconsul (mais devra s'exiler, sous l'effet de son amour) ; là se trouve, dans une cellule spéciale, sa collection de manuscrits ; là aussi Jünger, dans cette précieuse case, enferme l'acte de l'écrivain et son sens. L'auteur vise, en dialoguant avec Dieu, la Totalité : « Le manuscrit — c'était la précieuse scorie qu'avaient laissée ces feux, ces fusions, ces destructions et ces épurements de l'esprit. Et puis les esquisses, les plans audacieux. À plus d'un égard, ils dépassaient même l'essor des chefs-d'œuvre, comme l'idée reste toujours irréalisable[94]. » La vocation de l'artiste est de « guider avec des mots l'esprit vers l'inexprimable, avec des sons vers les harmonies silencieuses, avec du marbre vers les régions sans pesanteur, avec des couleurs vers l'éclat surnaturel[95] ». Dans ces manuscrits se trouve « mise en abyme » l'intrigue d'Héliopolis, puisque l'auteur y raconte la lutte de deux maisons rivales dans la Rome d'Alexandre VI : « Il y avait déjà là une saisie parfaite de l'individu souverain, ce grand thème des Gobineau et des Stendhal, des Burckhardt, des Nietzsche et de tant d'autres[96]. » La ville déchirée, l'individu souverain : Héliopolis et Lucius. En outre, certaines pages laissent pressentir que la structure de la ville reflète celle de l'Univers[97]. On ne le voit nulle part mieux que du palais du proconsul et de l'atelier du peintre qui s'y trouve. Jünger reprend à son tour le *topos* du lieu élevé cher à Stendhal, mais la vision du cosmos se fait inquiétante, vertigineuse : « Le sentiment lancinant du vertige se mêlait au triomphe de l'altitude. On eût dit que le cerveau s'élevait avec trop de témérité, et qu'il recevait pour réponse, pour avertissement, cette angoisse du diaphragme[98]. »

Le créateur d'utopies (Platon, Thomas More, Swift) construit un univers plein, où tout se tient, est fini, clos sur lui-même. Le royaume imaginaire de Jünger construit cela, et autre chose : c'est une utopie brisée, parce qu'un clan nostalgique, fidèle à un ordre ancien, affronte les démagogues, les barbares, les tyrans, et que ce conflit, loin de se résoudre en une grande bataille, est sans fin. Le protagoniste, Lucius, quitte la ville et part pour d'autres royaumes, au-delà des Hespérides. Un dernier regard sur la cité montre comment s'y logent, s'y répartissent souffrance et bonheur, faute et rachat : « Si la sagesse pure avait dessiné ces lignes, leur beauté serait trop rigide. Seule, l'erreur du tisserand, le tremblement de ses mains, appellent à la vie la plus profonde des figures, les rendent uniques et inimitables, comme le veut leur nature transitoire. Les villes ne doivent pas être absolues, il faut qu'elles restent un symbole[99]. » Cette conclusion annonce l'échec de la cité utopique : il est bien qu'elle soit déchirée par des conflits sans fin, condition de son progrès, mais aussi de sa vie littéraire.

La description d'une cité paradisiaque ne saurait durer sans tomber dans l'ennui, sans devenir illisible. Il n'y a pas de ville littéraire « absolue ». Le dernier mot de la poétique de la ville est que celle-ci survive comme symbole.

Hermann Hesse imagine un état utopique, sous le nom de Castalie (Chasteté), dans *Le Jeu des perles de verre* (1942), situé, lui aussi, dans l'avenir, en 2200. Des jeunes gens, qui restent célibataires, s'y adonnent aux sciences et aux arts. Le héros s'aperçoit cependant qu'un royaume coupé du monde est périssable. C'est la mort, sa présence, sa crainte, qui fait le romanesque. Sinon, le royaume utopique devient, comme chez Platon, le lieu d'un dialogue plus philosophique que romanesque, ou, pire, un vaste exposé d'idées, la présentation, sur des éventaires localisés, d'un système clos. Et ce n'est pas une solution de situer ces royaumes dans l'avenir : ils héritent la clôture des utopies passées, n'atteignent pas à la liberté nécessaire au roman. Même si cette liberté n'est qu'apparente, son absence tue. C'est pourquoi ville mythique et ville réelle se sont conciliées un moment dans les récits poétiques surréalistes[100], *Le Paysan de Paris*, *Nadja*, *La Liberté et l'Amour* : Breton, Aragon, Desnos ont su retrouver des lieux poétiques (le passage de l'Opéra, les Buttes-Chaumont) dans la prose de la ville : Paris produit son « paysan » ou son médium (Nadja), ou son héros mythique (le Corsaire-Sanglot de Desnos). Raymond Queneau, ancien surréaliste, a aussi ressuscité le charme de Paris et de sa banlieue dans ses meilleurs romans, de *Loin de Rueil* à *Zazie dans le métro*, et dans ses *Exercices de style*, où le même parcours d'autobus est raconté de quatre-vingt-dix-neuf manières différentes, et mène à la même, et pourtant toujours autre, gare Saint-Lazare. Voilà bien le secret de la ville littéraire, et ce qui la sépare de la ville réelle (qu'est-ce qui sépare un cheval littéraire d'un cheval réel ? demandait Leo Spitzer, et cette question contient, en effet, tout le sens de la littérature) : il y a une seule gare Saint-Lazare ; elle peut être présentée, par un même auteur, dans quatre-vingt-dix-neuf récits différents. L'essence unique de l'objet se volatilise dans la multiplication des mots. Un seul objet réel devient une foule d'objets littéraires, de perspectives, de points de vue, de visions.

V

LE ROMAN HISTORIQUE AU XXe SIÈCLE

Si le roman est géographique, il est aussi historique. Les romans les plus anciens du monde racontent déjà une histoire antérieure. Ils répondent à une demande vieille comme la littérature, depuis l'Égypte ancienne et la Grèce. Le roman historique obéit à quelques lois intemporelles. Dans un tissu historique connu, avec ses grands hommes, sa société, ses crises politiques et économiques, ses guerres, il introduit des personnages de second plan dans l'Histoire, mais de premier plan dans le roman. Inversement, les « grands hommes » passent à l'arrière-plan (Napoléon dans *La Comédie humaine*). Un simple capitaine, Doline, est le protagoniste du complot contre Raspoutine raconté par Joseph Kessel (*Les Rois aveugles*), et non le prince Youssoupoff. Le destin individuel s'y oppose au destin collectif.

Le roman historique dispense le romancier d'observer les réalités de son temps. Mais non toujours de s'y engager : certains retrouvent à une époque passée les drames contemporains. Il le dispense aussi d'une analyse psychologique nouvelle, du moins s'il s'agit de « grands hommes ». La documentation, loin d'être un fardeau, fournit une matière déjà constituée, qui soulage l'inspiration. Maurice

Druon, ayant épuisé la veine des *Grandes Familles*, trouve celle des *Rois maudits* en se projetant à la fin de la dynastie capétienne.

Le genre préfère en général les personnages secondaires, souvent inventés, les figurants de l'Histoire. Ce qui n'est pas sans inconvénients, bien montrés par Anatole France : « Les plus grands événements, en entrant dans leur esprit, se rapetissaient à leur mesure et devenaient insipides comme eux[1]. » Celui-ci, comme Dumas, brosse d'ailleurs le portrait de personnages illustres, tel Fouquier-Tinville, mais qui ne jouent qu'un rôle fugitif dans l'intrigue, comme il peint la situation générale sous la Terreur. De cela il ne faut pas abuser, pour ne pas tomber dans le style de manuel.

La question de la langue d'époque se pose aussi : faut-il écrire en style XVIe, XVIIe, XVIIIe ? Dumas se garde de tomber dans le piège de l'archaïsme et dans le pastiche (comme Jean-François Parot dans ses romans Louis XV) : ses héros parlent (à part quelques jurons) comme à son époque, c'est-à-dire presque comme nous. Anatole France, lui, s'est tellement assimilé le grand style classique qu'il écrit à peu près à la manière de Sébastien Mercier. Il lui arrive même de reproduire, sans l'avouer, des phrases de Voltaire : « Mais il n'est rien comme de condamner à mort un général pour donner du cœur aux autres[2]. »

FRONTIÈRES

À partir de quelle distance entre la date de la narration et celle de l'histoire racontée un roman peut-il être qualifié d'historique ? Le romancier doit être séparé de la période traitée par une génération au moins : raconter l'histoire de ses parents, non celle de sa jeunesse. Il doit avoir recours à l'enquête et non à sa mémoire.

En Histoire, la psychologie des hommes est secondaire, ce n'est qu'une cause parmi d'autres. Dans un roman, elle est primordiale. L'Histoire peut n'avoir pas les hommes en tant qu'individus pour principal sujet. Mais il n'y a pas de roman de l'économie, ni du climat.

Le temps est également miniaturisé dans le roman, les ouvertures sur la longue durée ne peuvent se prolonger. Un romancier raconte une journée de Robespierre, non un historien. Lorsqu'un historien, Frédéric Masson par exemple, narre une journée de Napoléon, il truffe chaque heure d'enquêtes considérables, de manière que la journée soit non pas unique mais au contraire la synthèse de tous les emplois du temps possibles. Une journée, une heure, une minute, c'est le territoire du roman. Tout comme la mémoire : les héros de roman se souviennent, non ceux de l'Histoire, pris dans un déroulement du passé vers le futur. Les héros de roman sont pleins de désirs non réalisés, qui importent peu à l'historien. Il a trop à faire avec le réel pour spéculer longuement, autrement qu'en passant, sur les possibles, sur le potentiel ou l'irréel. Ses personnages n'ont pas d'intériorité. Les passions sont pour lui collectives. Il n'y a d'histoire d'amour détaillée que dans le roman, qui s'en nourrit, là où l'ouvrage historique lui consacre une ligne.

Le roman n'a pas à retracer la totalité des causes d'un événement. Il est libre de choisir, de réduire, de montrer des points de vue opposés, sans trancher entre eux. La description des lieux, des paysages, du décor familial ou intime ne fait pas non plus partie des devoirs de l'historien. Si l'amour, ou en tout cas la passion, est le moteur du roman, aucun historien sérieux n'expliquera Napoléon par Joséphine ou Hitler par Eva Braun.

Un signe ne trompe pas : le dialogue est essentiel au roman, non à l'Histoire (à l'exception de l'Histoire antique), qui est entièrement récit, ou discours explicatif. Un « mot historique » n'est que ce qui surnage d'un continent englouti.

Il y a eu un temps où l'Histoire était assez proche du roman : jusqu'à Augustin Thierry et Michelet. La rupture date de la IIIe République et de Lavisse. L'Histoire proche du roman se réfugie alors dans la « petite Histoire », dont le champion fut Lenôtre (et la revue, *Historia*), et aussi parfois sous la plume des écrivains : Morand (Fouquet), Maurois (*Histoire d'Angleterre*), Troyat, d'autres encore dont nous ne savons pas s'ils sont vraiment des écrivains, ou s'ils le sont tout seuls, sans collaborateurs. Cette rupture cache aussi la question du style : l'historien n'a plus besoin d'être un grand écrivain ; pas plus que le savant. L'exemple de Michelet, voire de Tocqueville, est alors considéré comme périmé.

Les motivations personnelles
du romancier historique

Le lecteur ne peut se défendre d'une première impression. Lorsque le romancier recourt au roman historique (comme d'ailleurs lorsqu'il écrit des biographies), on peut y voir le tarissement de l'inspiration contemporaine et de l'intrigue née de rien. Le romancier espère ainsi relancer le moteur, la machine à fabuler (comme, dans le sous-genre du roman biographique, Jean Echenoz avec *Ravel*, *Courir*, *Des éclairs*). L'Histoire fournit en effet obligeamment à l'écrivain non seulement son sujet mais aussi sa structure : déroulement chronologique, organisation d'une grande crise, lieux et décors. On a quelques exemples de ces romans historiques tardifs : *Les dieux ont soif*, écrits par Anatole France à près de soixante-dix ans, *Un jardin sur l'Oronte*, que Barrès publie un an avant sa mort, *Le Frère-de-la-Côte*, avant-dernier roman de Conrad et *Angoisse* (*Suspense*), qu'il laisse inachevé. Dans ces deux livres, Conrad montre sa passion pour Napoléon (après tout, ennemi des Russes), pour la Méditerranée (comme dans *La Flèche d'or*, roman sur le carlisme) et sa fascination pour la mort qui approche. Dans *Orlando*, Virginia Woolf remonte les siècles. Henry James ne peut terminer un roman, *The Sense of the Past*, où le héros remonte le passé et s'y trouve enfermé.

Anatole France

Dans *Les dieux ont soif*, que certains considèrent comme son chef-d'œuvre, France touche à la fiction historique : il l'avait déjà fait au moins à trois reprises, notamment dans *Les Autels de la peur*, *L'Étui de nacre* et *Clio*. Après la grave crise qu'a produite en lui la mort de sa maîtresse Mme de Caillavet, conclusion dramatique d'une liaison de vingt-cinq ans, il se trouve comme libre de revenir à sa jeunesse, mais aussi obsédé par l'érotisme, la mort et la violence. Plus question d'écrire un roman à l'antique, comme *Thaïs*, ni un roman d'amour, comme *Le Lys rouge*, d'ailleurs commandé jadis par Mme de Caillavet elle-même, ni un roman d'actualité, comme *Histoire contemporaine*, consacré à l'affaire Dreyfus. Chez son père, libraire d'occasion et d'ancien, il avait grandi au milieu d'une formidable collection de documents sur la Révolution française. C'est le retour de ce contenu, de cette culture, de cette mémoire, qui le pousse à écrire son roman sur la Convention. La bibliothèque de sa jeunesse se combine ainsi à ses obsessions du moment.

Mais aussi avec une thèse : la glorification de la Révolution par la IIIe République est excessive. « N'est-on républicain que si l'on est terroriste ? » demandait-il en 1891. Il annonce, comme l'a montré Marie-Claire Bancquart, l'historiographie de la fin du XXe siècle, celle de Furet. Son roman, à l'époque de Jaurès, de Mathiez, est un combat d'idées.

Mais si les hommes de la Révolution ne sont pas des héros au-dessus de l'humanité, ils peuvent devenir des héros de roman. Non pas Robespierre, ni même Fouquier-Tinville, dans ce roman où l'on vit à l'intérieur du tribunal révolutionnaire, mais un peintre raté devenu juge d'exception. La trouvaille est d'incarner en lui la langue de bois de ses maîtres, et dans ses adversaires, qui sont ses victimes, la pensée ironique et hostile au fanatisme d'Anatole France. On voit alors mis au point les mécanismes de toute dictature : justice d'exception, condamnations à mort en série, famine qui empêche le peuple de chercher autre chose que du pain, mise en cause de l'étranger et de ses agents, illusions sur les dirigeants. Et, sinon parti unique, du moins club unique et tout-puissant : les Jacobins. France fait revivre le destin intérieur des juges et des condamnés, leur destin particulier, ce qui provoque l'émotion chez le lecteur. Il montre surtout comment les gens ordinaires, placés dans des circonstances exceptionnelles, peuvent se changer en bourreaux : « Ce ne sont pas des hommes, ce sont des choses : on ne s'explique pas avec des choses. »

Barrès

Quel contraste avec *Un jardin sur l'Oronte*, dernier roman de Barrès, publié en 1922 ! L'écrivain engagé rompt avec la politique pour satisfaire ses penchants personnels, ses obsessions secrètes, comme s'il devenait étranger à son époque par la pensée comme par le style, plus proche de l'art nouveau que du modernisme des années 1920. Son livre ayant été mal accueilli par la critique conservatrice, l'auteur réplique : « Ai-je abdiqué entre vos mains ma fantaisie de poète ? Parce que j'aime les églises et l'Église, et que j'y reconnais les plus beaux traits de la beauté suprême, va-t-on croire que je renonce à tracer, autant que je pourrai, de belles figures féminines ? Ai-je démérité pour avoir traduit à ma guise le chant voluptueux et triste que j'ai entendu sur l'Oronte ? Je ne poursuivais rien qu'un délice. » Barrès a voulu se mettre en vacances, s'éloigner des questions de politique française (ou allemande), se raconter « quelques-uns des petits opéras » qu'il avait dans l'esprit. Il s'agit de fuir dans un « parterre paradisiaque » la tristesse de son cœur et l'« irritation de son esprit ». Le roman historique, dont l'intrigue se situe au XIIIe siècle, est au service des fantasmes de l'auteur, de ses voyages dans le temps et dans l'espace : *Une enquête aux pays du Levant* (1923) rapporte un itinéraire de 1914. La mise en roman d'un voyage sur des sites antiques, déjà historiques, est un procédé cher au XIXe siècle, de Gautier à Flaubert. Barrès s'est nourri des récits de voyage romantiques, de poésie persane, d'ouvrages sur les Croisades. Il en a rempli un « sans bornes du rêve », comme il dit dans *Mes cahiers*.

L'époque qui suit les Croisades permet à l'écrivain (comme à bien d'autres, dont Walter Scott : son *Talisman* est cher à Barrès enfant) de mettre face à face chrétiens et musulmans, mais aussi chrétiens entre eux, gisement intarissable du roman historique (sinon du roman de la politique) jusqu'à nos jours (par exemple dans les romans de Zoé Oldenbourg). Le thème rebattu de la femme orientale, que la littérature et surtout la peinture ont exploité à satiété, permet aussi à Barrès de transporter dans le passé et dans le lointain la plus flamboyante de ses maîtresses, Anna de Noailles, angélique et perverse, intelligente et sensuelle, et surtout mystérieuse. L'héroïne du roman trahit en effet l'homme qu'elle aime, pour lui revenir lorsqu'il est trop tard.

Force est de dire qu'ici l'apport historique est d'une rare faiblesse, comme effacé par les clichés dignes de la plus mauvaise peinture orientaliste, par le moi omniprésent de l'écrivain, par le style tant vanté et dont la musique, jadis portée aux nues, semble aujourd'hui artificielle et démodée.

Kessel

Le jeune Kessel cherche à se délivrer du souvenir insupportable de la fin des tsars. Il ne cesse, dans ses remarquables récits des années 1920, de décrire l'agonie de la

Russie blanche. Il retrace dans *Les Rois aveugles* (1925) des événements qui se sont produits alors qu'il était en France, en s'appuyant sur une documentation de première main, fournie par Hélène Iswolsky, fille de l'ancien ministre des Affaires étrangères et ambassadeur à Paris. Il complète son information par des mémoires d'hommes politiques, comme Milioukov. «Il y avait à l'époque, écrit-il dans la préface à l'édition de 1970, sans doute, quelque audace à entreprendre un roman sur des événements terribles et tout proches, à nommer des personnes dont beaucoup vivaient encore. Mais n'était-il pas opportun de faire revivre la tragédie, de reconstituer la vérité humaine, de saisir sur le vif décors et personnages, avant que le temps n'en eût fait des statues ou des fantômes?» Il affirme ainsi n'avoir rien décrit qui ne fût appuyé sur un document ou un entretien avec un témoin du «grand drame». Comme dans tout roman historique, une histoire d'amour entre personnages secondaires (pour l'histoire) et fictifs se situe au premier plan du roman. Pour le reste, la crise profonde, fatale, que traverse la Russie, est peinte à son paroxysme. Le tsar, l'impératrice et Raspoutine sont aussi les héros de la tragédie, au second plan du récit. Kessel réussit à montrer Raspoutine comme un personnage complexe, presque sympathique par instants, et le récit de sa mort rejoint les grands opéras de Moussorgski.

Les années 1930, dominées par la description des révolutions et des guerres civiles, voient, en France au moins, paraître très peu de romans historiques à valeur littéraire (le genre continue à vivre dans la littérature populaire). Les romanciers sont trop occupés par le présent pour explorer le passé. On signalera cependant *Pontcarral*, d'Albéric Cahuet (1937) dont le succès apparaît comme une réaction contre la faiblesse de la politique extérieure de la France, et qui, porté au cinéma sous le régime de Vichy et l'occupation allemande, y connaît un triomphe.

    Le théâtre, au contraire, se veut résolument historique, et décrit ou dénonce l'époque contemporaine sous les costumes et les masques de la Grèce antique, chez Giraudoux, Anouilh et Sartre, de *La guerre de Troie n'aura pas lieu* à *Antigone*, aux *Mouches* ou à *Pauvre Bitos*. Pourquoi le théâtre et pas le roman ? Alors qu'en Allemagne une même famille, comme pour échapper au drame trop actuel que vit alors son pays, s'illustre dans le genre : Heinrich Mann se réfugie dans la France du XVIIe siècle avec son *Henri IV*, Thomas Mann dans le monde biblique, et ce sont les quatre gros volumes de l'*Histoire de Joseph*, Klaus Mann assouvit ses fantasmes dans son *Alexandre. Roman de l'utopie* (1929 ; traduit en 1931 avec une préface de Cocteau). Il retrouve dans la figure du conquérant mélancolique l'homosexualité dont il avait déjà traité dans son premier roman.

RENAISSANCE

    Après la Seconde Guerre mondiale, le roman historique connaît une renaissance sous de grandes plumes : Morand, Giono, Aragon, Yourcenar.

« Le Flagellant de Séville »

Paul Morand, dont la gloire littéraire et le succès commercial ont sombré en même temps que son honneur politique, cherche après la Seconde Guerre mondiale, de son exil suisse ou espagnol, à sortir de l'ombre et de l'oubli. Paradoxe de l'ancien moderniste qui fuit le présent qui lui déplaît, qu'il prend en haine, il n'ose écrire sur l'époque actuelle, qu'il vomit et vomira jusqu'à la fin de ses jours (en témoigne son *Journal inutile*). Dans la nouvelle *Parfaite de Saligny*, qui se passe sous la Terreur, Morand, qui se croit persécuté pour son comportement sous Vichy, attaque l'épuration qui suit la libération de la France. Il choisit le genre du roman historique pour revenir sur son aventure, s'absoudre lui-même et dénoncer son temps : « Quel alibi, l'Histoire ! » s'écrie en 1946 l'auteur de *Monplaisir en histoire*. Il constitue ainsi un modèle, une structure, qui a servi à d'autres auteurs : on se plonge dans une autre époque, qui ressemble à celle qu'on veut critiquer. Quoi de mieux qu'une autre occupation, une autre résistance, une autre collaboration ? C'est l'Espagne napoléonienne à partir de 1808 qui est choisie. Le héros, pénétré des Lumières du XVIIIe siècle français, collabore avec l'armée de Napoléon. D'autres membres de sa famille choisissent la Résistance. Il se réfugiera, après le départ des Français et de l'armée d'occupation, à l'étranger, c'est-à dire à Bordeaux, comme Morand à Vevey.

Marc Dambre, commentant ce roman, cite une lettre de l'auteur, qui en dit long sur les motivations que nous étudions : « J'ai écrit *Le Flagellant de Séville* pour mettre en repos un cœur ulcéré. » Il y a dans ce type de romans historiques des phrases pivots, qui appartiennent à deux périodes différentes : l'ancienne, et celle qu'a vécue le romancier et qu'il veut purger. Le héros de Morand déclare : « N'est-on jamais mieux tué que par ses frères ? Allait-on verser le sang pour des différences d'opinion sur les intérêts de la patrie ? » Le roman historique a une fonction purificatrice, ou purgative : il veut faire croire que le passé immédiat peut être récrit à la lumière d'un passé ancien. Comme l'écrit Morand : « Mon roman fera comprendre au lecteur qu'à la lumière des succès actuels, l'Histoire peut, et doit, être écrite à nouveau. » Toute la question est là : comme le note encore Marc Dambre, l'auteur peut-il à bon droit demander une autre écriture de l'Histoire, même si son roman la propose ? S'il reste un bon, un vrai roman, il ne peut en tout cas l'imposer, faute de tomber dans le roman à thèse.

Comment échapper à son temps tout en le dénonçant ? C'est ce que Montherlant a tenté dans un roman, *Le Préfet Spendius*, qu'il a placé sous le Bas-Empire romain, puis détruit, n'en laissant subsister que quelques pages dans *Le Treizième César*. L'auteur du *Solstice de juin* n'osait plus parler directement. C'est aussi pourquoi le roman historique fleurit sous les dictatures. C'est en effet un moyen d'échapper à la censure, soit que rien dans le sujet traité n'évoque l'époque contemporaine, soit qu'au contraire les allusions à la vie contemporaine véhiculent une ironie dont le double sens n'est pas perçu par la police. C'est ainsi que Tynianov, dont l'esthétique et les théories formalistes sont condamnées par Jdanov, écrit *La Mort du grand vazir Mokhtar*. Naguib Mahfouz commence à écrire des romans historiques sous l'occupation britannique de l'Égypte (*La Malédiction de Râ*, 1939). Il a été imité par de nombreux autres romanciers égyptiens : on décrit, par exemple, comme

Radwa Achour, les Arabes chassés d'Andalousie pour figurer le sort des Palestiniens.

Giono

Giono veut, lui aussi, réinventer le XIXe siècle, pour mieux faire ressortir les tares du XXe. Un de ses carnets contient cette remarque : « Romantisme, réaction naturelle contre la sécheresse et le cynisme de l'époque. » Dans le cycle du *Hussard*, il espère échapper au souvenir de l'Occupation, de son incarcération à la Libération, au poids de ses romans rustiques, à la tristesse de la vie quotidienne, dans une sorte de flamboiement stendhalien, de romantisme de l'action, en reculant l'action de cent vingt ans, grâce au personnage d'Angelo, colonel sous la Restauration. Il retrouve ainsi un de ses ancêtres, Jean-Baptiste Giono, carbonaro qui a soigné les cholériques à Alger. *Le Hussard sur le toit* décrit le choléra, et les guerres d'indépendance italiennes. L'Histoire y devient un temps poétique, un refuge, une couleur, des détails réalistes qui servent de « pilotis au récit » et définissent la « région où vivre » que chante le poète. Et un remake de *La Chartreuse de Parme*. Le caractère proprement historique de la saga se renforce cependant dans son dernier épisode, *Le Bonheur fou*, qui s'appuie sur une documentation ancienne mais considérable, et où se trouvent les batailles de Rivoli et de Custozza. Les opinions inspirées à Giono par le présent ne s'y rencontrent pas moins, sur l'Occupation, la Libération, l'épuration. L'auteur déclare dans une interview, en 1957 : « Évidemment, ce livre se passe pendant la Révolution de 1848 en Italie, mais on peut faire un parallèle très exact entre ce qui se passait en 1848 et ce qui se passait, par exemple, pour nous Français en 1940 pendant l'Occupation. Et après l'Occupation aussi. Après on appelle ça la Libération. Bien. En effet, *Le Bonheur fou* a été construit pour exprimer à la fois mon époque et en faire un parallèle avec une époque donnée. » Finalement, il s'agit moins, dans ce type de roman, de comprendre le passé que de critiquer le présent. Tout grand roman historique est politique, et la politique domine l'Histoire, les valeurs qu'on y trouve ou qu'on veut y mettre ont quelque chose d'intemporel.

Aragon et « La Semaine sainte »

À la même époque, Aragon conçoit lui aussi un grand roman, qui se passe également sous la Restauration, la première, qui en principe lui allait si peu. Il se sert de cette époque peu glorieuse pour régler ses comptes avec la sienne, ou plutôt pour en montrer toute la complexité. On a vu dans ce livre la suite des *Communistes*, qui laissaient leurs personnages en 1940. Louis XVIII et certains des aristocrates qui l'entourent sont revenus en France « dans les fourgons de l'étranger », comme certains dirigeants communistes grâce aux Russes, en 1940, après la défaite française. Prenant pour modèle le peintre Géricault, et *Le Rouge et le Noir* (comme Giono *La Chartreuse* : l'influence de Stendhal est considérable à cette époque), mais aussi son expérience personnelle dans les armées « de Foch et de Gamelin », il se tourne vers l'avenir de la France. Ébranlé par les événements d'URSS, ayant perdu ses repères, il montre un monde où, comme l'écrit Pierre Daix, « personne n'a à soi seul raison, ni les bonapartistes, ni les royalistes, ni les républicains ralliés à Napoléon ou ayant conspiré contre lui, ni les soldats de la Révolution devenus ceux de la Restauration, ni les émigrés ayant servi sous les bannières du tsar ou de l'Autriche. Toutes les cartes sont redistribuées. La nation est faite d'eux tous.» *La Semaine sainte* recherche donc dans le passé non seulement de quoi comprendre le présent, mais aussi à préparer l'avenir.

Marguerite Yourcenar et les «Mémoires d'Hadrien»

En 1951, apparaissent deux grands livres, *Le Rivage des Syrtes* et les *Mémoires d'Hadrien*, après des années d'après-guerre marquées par la misère, la peur d'une nouvelle guerre, l'effacement des héros, la littérature existentialiste au style venu du naturalisme. Ils apportent quelque chose d'entièrement nouveau, un empire imaginaire dans un style poétique, un monde où la littérature est première, où elle est la valeur absolue. Les *Mémoires d'Hadrien* répondent à une situation de guerre froide par l'évocation d'un immense empire fondé sur la paix. Ils rappellent au monde occidental ses origines gréco-romaines. Dans ce condensé de civilisation, Marguerite Yourcenar a montré comment vit et pense un homme d'État à la tête de cet empire. Elle avait en effet reçu une illumination à lire la phrase de Flaubert «Les dieux n'étant plus, et le Christ n'étant pas encore, il y a eu, de Cicéron à Marc-Aurèle, un moment unique où l'homme seul a été.»

Marguerite Yourcenar reproche aux historiens de proposer «du passé des systèmes trop complets, des séries de causes et d'effets trop exacts et trop clairs pour avoir jamais été entièrement vrais ». Elle se propose de plonger dans un « temps retrouvé » et de prendre possession d'un monde intérieur. Ce qui est passionnant, a-t-elle expliqué, c'est de retrouver « à une date précise du passé la manière dont les problèmes se sont posés, nos problèmes vus sous un autre angle, et de voir quelles autres solutions leur ont été apportées. C'est là que l'histoire est une école de liberté. Elle nous libère de certains de nos préjugés et nous apprend à voir certains de nos problèmes sous un autre angle ». On voit alors qu'à chaque génération, le courage et la bonne volonté humaine s'efforcent de réparer un coin de l'état des choses, « jamais triomphants, mais jamais complètement vaincus ou découragés ».

La part romanesque consiste ici à mettre en perspective toute l'histoire d'Hadrien : c'est un mourant qui revoit les moments essentiels de sa vie et la soumet à sa méditation. « Il reconstruit son passé, insistant sur ce qui compte encore pour lui, dédaignant tout le reste. » Les amours avec Antinoüs prennent un ton lyrique que ne leur donne pas l'historien. Et un aspect visuel : en s'approchant des documents, Marguerite Yourcenar voit l'homme qui aime la pluie anglaise, qui éborgne son secrétaire, qui se querelle avec des philosophes, qui n'aime pas sa femme, qui vit un deuil insensé. Elle en donne une image existentielle, et non essentielle, celle d'un individu unique.

Par-delà la psychologie, le romanesque mène à la morale ; de celle d'Hadrien, la romancière dégage une éthique pour notre temps. Le règne d'Hadrien a connu aussi ses horreurs ; le héros n'a pourtant pas renoncé à la sagesse que ce livre propose.

LA FIN DE L'INNOCENCE

Dans le dernier quart du XXe siècle, l'horizon s'assombrit, le roman historique innocent disparaît. Tout se passe comme si certains auteurs voulaient procéder à un examen de conscience, à une analyse, en remontant, non plus dans le passé d'une nation, mais dans le leur, dans celui de leur famille, de leurs ancêtres. Parfois pour y découvrir des fautes cachées, plus souvent les causes de leurs malheurs. On découvre dans la biographie de ces écrivains un traumatisme, ou au moins, dès leur enfance, des récits de parents, de grands-parents, d'amis intimes, qui les ont marqués et dont ils espèrent se délivrer en les racontant. Il s'agit souvent de récits de guerre (parmi lesquels la Première Guerre mondiale joue un rôle éminent : songeons au grand cycle de Soljenitsyne *La Roue rouge*, à Jean Rouaud et *Les Champs d'honneur* et à Daniel Rondeau *Dans la marche du temps*). À plus forte raison quand l'auteur est porté par le climat, on n'ose dire par la mode, de son temps : quand une époque est hantée par une autre, comme la Restauration a pu l'être par la Révolution et surtout par la Terreur, que Balzac, Dumas, Hugo, Barbey d'Aurevilly n'avaient pas vécue et qui les habite. Un temps s'interroge sur un autre et trouve ses porte-voix : c'est le phénomène des *Bienveillantes*, de Jonathan Littell, expression du retour du refoulé (ce que n'était pas *Vie et destin*, de Vassili Grossmann, histoire vécue par l'auteur et devenue historique pour nous).

Ainsi Margaret Mitchell, bercée dans sa jeunesse par les

histoires de la guerre de Sécession, décide de mieux faire connaître l'histoire de sa Géorgie natale. Son unique roman, *Autant en emporte le vent* (1936), est donc d'abord une histoire familiale. Faulkner lui-même véhicule ainsi l'histoire du Sud, coupable et vaincu. Il la transfigure jusqu'au mythe, de *Sartoris* aux *Palmiers sauvages*. Elle affleure partout, comme la pierre sous une terre désolée. Ainsi André Chamson, écrivain protestant et résistant, consacre de nombreux romans aux Cévennes, aux camisards, à ses coreligionnaires envoyés aux galères par Louis XIV. Le romancier retrouve alors la terre de ses ancêtres et son histoire. L'histoire personnelle se confond avec l'histoire collective ou nationale. Jules Roy, dans sa suite romanesque *Les Chevaux du soleil*, raconte la colonisation de l'Algérie. La quête peut sortir aussi d'un silence assourdissant. La mémoire chez Sebald naît du silence de ses parents sur la Seconde Guerre mondiale. Récit, mémoires, récit de voyage se combinent chez lui pour exorciser l'Histoire.

À l'origine du genre, à notre époque, il y a toujours une faute originelle : la guerre de Sécession (M. Mitchell), le massacre des Arméniens (Franz Werfel, dans le roman trop peu lu *Les Quarante jours du Musa-Dagh*), la révocation de l'édit de Nantes (André Chamson), Vichy (Paul Morand), le nazisme (Sebald), la conquête de l'Algérie, les camps de la mort (depuis *Les Jours de notre mort*, de David Rousset), l'Union soviétique (Makine). On explore un passé qui ne passe pas ; la fiction permet de le regarder en face, ou de le représenter de manière supportable. L'imagination opère la même conversion que l'hystérie.

L'expansion des nouvelles recherches sur Vichy et la collaboration, et surtout sur les responsabilités dans la déportation et la destruction des Juifs d'Europe entraîne aussi certains romanciers dans cette voie et correspond à une attente dans le public, qui fait le succès des *Bienveillantes*, de Jonathan Littell. Y aurait-il un parallélisme entre les recherches historiques et les romans sur les mêmes périodes, comme au temps où Hugo écrivait *Notre-Dame de Paris* ? Bien loin d'être une évasion, le roman historique apparaît donc comme un besoin individuel, la réponse à des interrogations ou à des fantasmes. Une activité politique aussi, puisque notre époque est visée par le récit qui, en apparence, prend ses distances avec elle. Et, chez les plus grands, une activité qui touche à la métaphysique, lorsque le roman, tel les *Mémoires d'Hadrien*, vise, par-delà l'Histoire, à l'intemporel.

D'autres, pour échapper au temps, remontent tous les siècles à la fois : Virginia Woolf dans *Orlando*.

VI

LE ROMAN ET LA PENSÉE

La poésie inscrit ses vers gnomiques sur le temple d'Apollon à Delphes ; le tragique grec lance ses sentences en vers inoubliables : « Qui sait si ces lois sont saintes chez les morts ? » L'épopée écoute un instant les actions héroïques, et l'intervention divine, pour énoncer ses simples et sévères leçons. Mais qu'y a-t-il ? Pourquoi le roman semble-t-il si étranger à la philosophie ? Le divertissement du conte et son tourbillon vertigineux d'action empêchent-ils, encore présents au cœur de l'intrigue, que l'on réfléchisse ? Est-ce cette absence supposée de contenu moral, jointe à l'absence de règles, qui fait du roman, jusqu'au XIXe siècle, ce genre dangereux dont une bonne éducation éloigne les jeunes filles ? ce genre mineur que l'on se résigne à écrire lorsqu'on a échoué au théâtre, rentrant, piteux, à la maison, comme Flaubert ou James ? Jusqu'à la fin du XIXe siècle, tous les romanciers rêvent de la scène. Au XXe siècle, Gide encore, Giraudoux, Montherlant, Sartre, Giono, Mauriac — et même Céline (*L'Église*), même Bernanos (*Dialogue des carmélites*) —, Camus, Beckett, Gracq, Yourcenar, Sarraute, la liste est longue de ces romanciers qui ont écrit des pièces. Certes, c'était d'abord pour le plaisir de voir vivre, sous l'apparence charnelle des comédiens, leurs personnages, et aussi, pour certains, à cause de la notoriété que donnait la scène. Mais comment négliger l'aisance avec laquelle s'énoncent les idées ? La preuve en est que le dialogue, dans le roman, est l'un des lieux favoris de leur expression, en tout cas où elles naissent avec le plus de naturel, parce qu'elles sont mises en situation, en perspective, qu'elles ne sont pas la voix directe de l'auteur.

Faut-il opposer les romanciers qui ont une vision du monde à ceux qui n'en ont aucune ? Sans doute. Si l'écrivain le plus médiocre exprime une idéologie (on a montré[1] le contenu du *Château de la Juive*, titre d'un roman de Guy des Cars), si n'en pas avoir (comme « ne pas faire de politique ») est encore le meilleur moyen d'en avoir une, restons dans le domaine du sérieux : les romanciers qui nous intéressent s'opposent, parce que les uns ont une vision du monde implicite, les autres, explicite. Ceux qui la taisent la montrent ; ceux qui la disent l'insèrent dans leur fiction, comme autant de courts essais, de réflexions, de sentences que l'on sera ensuite tenté d'isoler et qui seront — qui étaient — la proie privilégiée de la critique d'idées. Au XIXe siècle, Goethe, Balzac, Zola servent de référence, comme Dostoïevski et Tolstoï (qui expose sa philosophie de l'Histoire à la fin de *Guerre et paix*, quand Dostoïevski, plus scrupuleux ou plus romancier, utilise encore la parabole, dans *Les Frères Karamazov*, pour mettre en scène le Grand Inquisiteur) : les imiter ou les détruire, voilà le dilemme, mais on ne peut ignorer qu'ils ont exprimé une philosophie (ou plusieurs : la contradiction est permise au littérateur comme à l'homme politique). Au XXe siècle, tous les grands romanciers feront de même. L'évolution de la philosophie, celle de l'Histoire, et la littérature, l'expliquent.

Tout Français qui a terminé ses études secondaires est teinté de philosophie, à cause de la classe terminale par laquelle il est passé. Il n'y a, dans la rationalité que l'on prête, à tort ou à raison, à l'esprit français, aucun déterminisme génétique, rien d'inné, mais une culture acquise, un savoir-faire scolaire. Un grand romancier peut ne connaître que quelques philosophes, par extraits, par son professeur, peu importe : c'est le cas de Proust, élève de Darlu et petit-cousin par alliance de Bergson. Il peut être pénétré de la pensée de Heidegger, et de la sienne propre — en tant que technicien de la philosophie —, c'est le cas de Sartre. D'abord un peu de Freud, ensuite un peu de Marx, voici Aragon du *Paysan de Paris* aux *Communistes*. Lectures attestées ou non, il y a un air philosophique du temps : le nouveau roman coïncide avec l'essor des sciences et de la philosophie du langage, au moment où s'effacent les pensées existentialistes et les appels à l'engagement. La mort de l'homme, annoncée par Michel Foucault (dont, pourtant, ô ironie !, Didier Eribon a écrit la biographie[2]), est aussi, nous l'avons vu dans notre deuxième chapitre, celle du personnage de roman.

La pression de l'Histoire, en second lieu, oblige le romancier à la penser. L'ampleur des drames vécus au XXe siècle empêche les écrivains de s'enfermer dans leur tour d'ivoire, de faire comme si rien ne s'était passé. Le plus reclus des auteurs, Marcel Proust, doit encore intégrer la guerre de 1914 à son roman et bouleverse *Le Temps retrouvé* pour l'y insérer. Martin du Gard, Jules Romains font de même. Jünger et Gracq emploient dans *Sur les falaises de marbre* ou *Le Rivage des Syrtes* une forme de transfert proche de l'allégorie. Malraux met la guerre civile au cœur de ses romans. Or les horreurs de la guerre, l'abomination des dictatures lancent un appel à la pensée, une question qu'incarne la fiction, réponse ou non. *Le Temps du mépris* et *Docteur Faustus* sont nés de Hitler comme *Sous le soleil de Satan* de la Première Guerre mondiale : ce sont deux œuvres qui proposent, de manière éclatante, une philosophie. Malraux avait conçu, de même, *La Voie royale* comme « le tome premier des *Puissances de la solitude*, conflit des hommes modernes et des adhésions qui se proposent à eux, dont cette initiation tragique n'est que le prologue [3] ».

L'évolution de l'histoire littéraire, enfin, permet tout. On est passés d'une époque où le roman à thèse était encore honni, au point que chacun se défende d'en écrire (Paul Bourget lui-même) [4], à un temps où deux tendances rendent tout possible. La première est celle qui conduit aux grandes sources, à ce roman unique qui veut rendre compte de la totalité du monde : *L'Homme sans qualités*, *À la recherche du temps perdu*. La seconde est celle qui mène à l'éclatement des formes, à la mort du classicisme et du réalisme, parce que dans un roman en morceaux on peut tout mettre, y compris des idées, des exposés philosophiques : Kundera (*Le Livre du rire et de l'oubli*), Cortázar (*Marelle*). Le roman, jadis genre secondaire, inférieur, devient impérialiste et participe de plusieurs genres à la fois — essai, fiction, poème.

Si le lecteur peut traduire tout roman en pensée, nous ne prendrons cependant en considération que le roman où une philosophie est explicitement exposée. Susan Suleiman l'a noté à propos des romans à thèse : ceux-ci « formulent eux-mêmes, d'une façon insistante, conséquente et

Le roman et la pensée 241

inambiguë, la (ou les) thèse(s) qu'ils sont censés illustrer. Dans un roman à thèse, la "bonne" interprétation de l'histoire racontée est cousue de fil rouge — elle y est inscrite de sorte que personne ne puisse s'y tromper[5]. » Nous ne limitons pas notre analyse au roman à thèse, qui n'est qu'une variante, voyante et même compromettante, du roman philosophique ; mais nous considérons que, pour mettre en valeur les relations entretenues au XXe siècle par le roman et la pensée, il faut qu'un système de valeurs (ou sa négation) soit visiblement inséré dans l'œuvre de fiction. Notre propos ne sera pas, cependant, différent de celui du reste de ce livre : nous nous intéressons aux formes, non aux contenus ; aux contenus, dans la mesure où ils deviennent formes. Il ne s'agit donc pas d'écrire une histoire de la philosophie telle qu'elle s'illustre dans l'histoire du roman (solution du reste possible), une histoire des idées propres aux romanciers. Il s'agit de montrer sous quelle forme, et à quelle place, apparaît dans le roman contemporain la pensée abstraite. Ainsi, lorsque Malraux, dans la préface au *Temps du mépris*, affirme que son monde « se réduit à deux personnages, le héros et son sens de la vie[6] », il indique une forme possible : le « sens de la vie », c'est-à-dire ici l'idée, la valeur, l'interrogation, est traité comme un véritable personnage. Y a-t-il, ailleurs, alternance entre narration et réflexion ? Les idées ne s'expriment-elles que dans le dialogue ? La philosophie de l'auteur s'énonce-t-elle seulement dans la conclusion de l'œuvre ? Est-elle au contraire insérée dans des rêves, des allégories qui trouent le récit ? N'y a-t-il pas un lien entre la profession des personnages et l'abstraction ? Le roman du romancier, le roman de l'artiste prolifère au XXe siècle, mais les médecins de Proust, de Martin du Gard, de

Camus sont tout aussi significatifs, et le prêtre, sinon de Mauriac, tout au moins de Bernanos.

« À LA RECHERCHE DU TEMPS PERDU », OU LE COMBAT AVEC LA PHILOSOPHIE

Le titre, déjà, indique la tendance philosophique de l'ouvrage (de même chez Sade, ou Balzac, *La Recherche de l'absolu*; il est vrai que ce dernier consacre ouvertement aux « études philosophiques » la deuxième partie de *La Comédie humaine*, vingt-deux romans, dont ce dernier, et, parmi ceux qui avaient été projetés, *Le Phédon d'aujourd'hui*) : *La Condition humaine, Le Temps du mépris, L'Espoir, Les Chemins de la liberté, Le Chaos et la Nuit*. En fait, des mêmes auteurs, *Les Voix du silence, L'Être et le Néant, Service inutile* auraient pu être des titres de romans. Depuis le début du siècle, aucun titre n'a éclaté aussi triomphalement que celui que Proust a donné à l'ensemble de son cycle romanesque. Il n'a jamais confié lui-même les circonstances de son invention (tout au plus, les titres éliminés) : a-t-il songé au titre de Balzac *La Recherche de l'absolu* ? A-t-il ajouté cette curieuse (ici) préposition « à » pour donner plus de dynamisme et de romanesque à un titre qui, autrement, eût pu convenir à un essai (de Bergson, pourquoi pas) ? L'ambition métaphysique de l'œuvre ne pouvait être mieux affirmée, si bien que les sous-titres pourront être plus concrets (le concret d'une promenade

« du côté de », ou « à l'ombre de »), sauf celui de la section médiane, la quatrième des sept parties du roman, *Sodome et Gomorrhe*, et celui de la conclusion, qui annonce que son contenu répond à l'interrogation du titre général : *Le Temps retrouvé*.

La genèse de l'œuvre montre que l'ambition de l'essayiste était première. Proust conçoit *Contre Sainte-Beuve*, en 1908, comme un essai, ou comme une conversation avec sa mère. Essai ou dialogue, l'ouvrage est consacré à réfuter les théories de Sainte-Beuve sur les rapports entre l'écrivain, la vie, son œuvre, donc à présenter celles de Proust. C'est peu à peu, par le biais de la conversation, que le souvenir de l'enfance à la campagne apparaît, et par la mémoire, par l'évocation aussi des nuits d'insomnie, le roman. Mais cet essai esthétique ne disparaîtra jamais ; il sera réparti et grossi. De même, l'examen des « esquisses » que publie la nouvelle édition de la « Bibliothèque de la Pléiade » montre l'existence, dans les cahiers, préparatoires à la rédaction d'*À la recherche*, de nombreux développements abstraits, auxquels on a pu sans peine donner un titre (*Du côté de chez Swann*, « Combray », Esquisse II, « Le Réveil et les rêves », Esquisse LXX, « La Personne réelle et le nom ». *À l'ombre des jeunes filles en fleurs*, Esquisse XIX, « Musset », Esquisse XLVIII, « Le Charme imprévisible des jeunes filles ». *Le Côté de Guermantes*, Esquisse VII, « Les Noms de personne », *Sodome et Gomorrhe*, Esquisse I, « La Race des tantes », Esquisse XIII, « Les Intermittences du cœur »). Dans l'œuvre achevée, les développements sur le sommeil ou la lecture de *Du côté de chez Swann*, sur les noms et les classes sociales, du *Côté de Guermantes*, sur l'inversion, de *Sodome et Gomorrhe I*, sur les grands artistes et sur la musique, de *La Prisonnière*, sur la guerre, et surtout sur l'esthétique et le temps, du *Temps retrouvé*, montrent la persistance de cette tendance : Proust insère dans son roman des réflexions qui, par leur nombre, leur caractère suivi, se coagulent en blocs qui forment de véritables essais.

Le texte est encore rompu d'autre manière par l'intrusion de la philosophie. C'est que Proust considère la société comme une « immensité réglée par des lois[7] ». La trame du récit fait apparaître ce système de lois, qui se dégagent de l'action. Le rôle du Narrateur est ici capital : c'est l'intervention d'un Narrateur principal qui permet de présenter les lois comme le résultat de son observation et de son activité intellectuelle : « J'avais beau dîner en ville, je ne voyais pas les convives, parce que, quand je croyais les regarder, je les radiographiais. Il en résultait qu'en réunissant toutes les remarques que j'avais pu faire dans un dîner sur les convives, le dessin des lignes tracées par moi figurait un ensemble de lois psychologiques où l'intérêt propre qu'avait eu dans ses discours le convive ne tenait presque aucune place[8]. » Les personnages sont utilisés à leur tour pour véhiculer des lois et deviennent « les oiseaux prophètes, les porte-parole d'une loi psychologique [...]. Les êtres les plus bêtes, par leurs gestes, leurs propos, leurs sentiments involontairement exprimés, manifestent des lois qu'ils ne perçoivent pas, mais que l'artiste surprend en eux[9] ». Il arrive même à Proust de considérer son livre comme une « démonstration[10] ». Les dialogues entre héros, suivant un procédé antérieur au roman occidental, sont aussi utilisés pour transmettre idées, pensées, système conceptuel : c'est au cours d'une conversation avec Albertine, dans *La Prisonnière* (sans doute survivance de la conversation du héros avec sa mère, dans le *Contre Sainte-Beuve*), que le Narrateur expose ses idées sur les plus grands artistes et l'art[11] ou qu'il laisse, dans *Le Temps retrouvé*, Saint-Loup réfléchir sur la guerre. L'événement contribue, lui aussi, à la réflexion : qu'il s'agisse de situations amoureuses, d'événements mondains, de l'affaire Dreyfus, de la guerre de 1914, de rencontres artistiques, tout sert de fondation à une « construction intellectuelle. Chaque trait, dit d'observation, est simplement le revêtement, la preuve, l'exemple d'une loi dégagée par le romancier, loi rationnelle ou irrationnelle. Et l'impression de puissance et de vie vient précisément de ce que ce n'est pas observé, mais que chaque geste, chaque parole, chaque action n'étant que la signification d'une loi, on se sent se mouvoir au sein d'une multitude de lois[12]. » Mais le roman n'est pas l'essai : il retrace l'évolution d'un être, le Narrateur ; des êtres, les personnages. D'où les contradictions entre opinions différentes, les conversions, les effets de vieillissement. La *Phénoménologie de l'esprit* n'est pas un roman, parce que l'esprit absolu ne s'incarne pas dans une multiplicité de personnages. Proust n'a pas voulu retracer abstraitement l'évolution d'une pensée, « mais la recréer, la faire vivre. Je suis donc forcé, dit-il, de peindre les erreurs, sans croire devoir dire que je les tiens pour des erreurs[13] ». Faisant de son héros principal un artiste, et du sujet de l'intrigue l'histoire d'une vocation, Proust compose avec la découverte de son esthétique et de sa philosophie l'événement central de son roman. La découverte, tel est le sujet des grands romans, le départ sans retour pour explorer des terres inconnues, les parties jadis blanches de notre carte. Quant à la philosophie, on peut considérer qu'elle se rapproche du roman lorsqu'elle privilégie la quête (Kierkegaard, Nietzsche : les héros des *Étapes sur le chemin de la vie* ou Zarathoustra ont quelque chose des personnages de roman), qu'elle s'en éloigne dans l'exposé systématique. Tout roman philosophique qui supporterait ce titre, « Recherche », reste un roman ; ce qui affaiblit certains auteurs de roman à thèse, c'est que, renonçant à la pensée interrogative, ils ont déjà trouvé. On aperçoit donc deux conditions qui permettent la coexistence du roman et de la philosophie : il faut qu'il y ait des questions, plus que des réponses, et qu'elles soient incarnées. *À la recherche du temps perdu* contient toutes les voies — sauf peut-être la parabole, chère à Kafka — qu'explorera le roman philosophique du XXe siècle. Celui-ci ne se réclame pourtant jamais explicitement de Proust. Ni Musil, ni Mann, ni Hesse, ni Jünger, ni Kafka. En France, la grande époque du roman métaphysique ou existentialiste, de Malraux à Camus, à Sartre, à Simone de Beauvoir, est celle d'une génération pour qui Proust, psychologue mondain, est démodé : à cette époque, ses meilleurs amis même le renient, comme en témoignent le journal intime de Jean Cocteau (*Le Passé défini*, 1952 ; *Journal*, 1942-1945, posthumes), celui de Gide. Le récit surréaliste, l'un des plus chargés d'idéologie du siècle, est dû à des hommes, Breton, Aragon, Crevel, Vitrac (les admirables nouvelles réunies dans *Connaissance de la mort*, 1926), qui ont voulu rompre avec tous les écrivains en place, dès 1920 et les premiers numéros de leur revue *Littérature*. C'est donc rétrospectivement, et pour l'historien, que l'ensemble des formes esthétiques qui dominent le siècle est présent chez Proust ; leur influence est latente et, comme la radioactivité, s'est dispersée dans l'air du second demi-siècle : personne ne la subissait, et voici que tout le monde la respire. Nous verrons donc comment chacune de ces formes s'est incarnée dans les grands romans du siècle.

L'ESSAI DANS LE ROMAN

La forme n'est pas nouvelle. Rabelais lui a donné une allure triomphale. Rousseau s'est servi des facilités du roman par lettres pour faire alterner, dans *La Nouvelle Héloïse*, analyses psychologiques et discours théorique. Balzac, en cela héritier du XVIIIe siècle, a inséré dans ses romans de longs exposés (Paris dans *La Fille aux yeux d'or*, la pègre dans *Splendeurs et misères des courtisanes*). L'encyclopédie a fait exploser, et condamné à l'inachèvement, *Bouvard et Pécuchet*. Le roman au XXe siècle ne rompt donc pas avec cette tradition, et les plus classiques de ses écrivains, comme Anatole France, restent fidèles au roman philosophique (*L'Île des pingouins*, 1908 ; *La Révolte des anges*, 1914). Ce dernier exemple est inquiétant : sur le mobilier romanesque vieillissant, serait-ce la marqueterie des idées qui se décolle d'abord ? L'essai dans le roman est-il inférieur à tout essai philosophique, et les romanciers sont-ils de simples vulgarisateurs ? La place est incontestable ; mais le statut, l'importance ? Sautons-nous les premières pages du *Paysan de Paris* pour en venir aux deux grandes promenades ?

La condamnation que prononcent les surréalistes contre le roman les libère (lorsqu'ils ne peuvent s'empêcher eux-mêmes, par une sorte de paradoxe, d'aborder le récit) de toute contrainte.

Le Paysan de Paris (1925) est ainsi pris entre un essai inaugural, « Préface à une mythologie moderne », et un essai final, « Le Songe du Paysan ». La théorie du « merveilleux quotidien » est mise en pratique dans le récit des deux promenades [14], au passage de l'Opéra, aux Buttes-Chaumont (elles-mêmes déjà romanesques, parce qu'elles condensent en une seule d'innombrables promenades). André Breton a raconté comment naissait l'invention romanesque au cours de la marche : « Je revois l'extraordinaire compagnon de promenade qu'il était. Les lieux de Paris, même les plus neutres, par où l'on passait avec lui, étaient rehaussés de plusieurs crans par une fabulation magico-romanesque, qui ne restait jamais à court et fusait à propos d'un tournant de rue ou d'une vitrine [15]. » L'introduction définit la métaphysique des lieux, et la conclusion, le vertige de la conscience. Le rationnel des essais devient réel au cœur du roman, et la « notion » abstraite s'identifie à « l'image, qui est la connaissance poétique [16] ». Le sujet parlant passe aussi de l'abstrait au concret : « La seconde personne c'est encore la première. Je ne me mets pas en scène. Mais la première personne du singulier exprime pour moi tout le concret de l'homme. Toute métaphysique est à la première personne du singulier. Toute poésie aussi [17]. » Le promeneur résout dans la conclusion les questions qu'il avait posées dans l'introduction, si bien qu'Aragon pourra écrire, dans son autobiographie intellectuelle de 1968, *Je n'ai jamais appris à écrire ou les « incipit »* : « L'histoire est celle de l'évolution d'un esprit, à partir d'une conception mythologique du monde, vers le matérialisme, qui ne sera point atteint aux dernières pages du livre, mais seulement *promis* [18]. » Promesse, parce que Aragon n'était pas communiste en 1924. Il reste que *Le Paysan de Paris,* par la juxtaposition de l'essai et du récit, comme un pôle négatif et un pôle positif, appelle l'étincelle de la synthèse entre le rationnel et le réel. C'est l'ambition de tous les romanciers, fussent-ils involontaires, qui ont un jour appartenu au groupe surréaliste.

Le roman et la pensée

Et d'André Breton le premier. La part de l'essai ne se marque plus, comme chez Aragon, par des titres de chapitres, des introductions, des sous-titres. Les séquences rationnelles sont entrelacées aux séquences narratives, mais elles les dominent. Dans *Nadja* comme dans *L'Amour fou*, Breton pense, puis rêve. Le premier de ces deux récits s'ouvre sur une réflexion philosophique consacrée par l'auteur à *son* existence, identifiée à l'Existence, jusqu'à l'apparition du personnage féminin, Nadja : sans elle, pas de roman. Mais l'interrogation philosophique qui ouvre le livre, « Qui suis-je ? », se retrouve vers sa fin : « Qui vive ? Est-ce vous, Nadja ? Est-il vrai que l'au-delà, tout l'au-delà soit dans cette vie ? Je ne vous entends pas. Qui vive ? Est-ce moi seul ? Est-ce moi-même[19] ? » La théorie définit la poésie, le romanesque la met en pratique. *L'Amour fou* (1937) est divisé en chapitres sans titre. Nous avons montré[20] comment sa structure s'ouvre sur un discours abstrait, consacré aux trois caractères de la beauté. Le deuxième chapitre, également abstrait, expose une théorie de la rencontre (phénomène capital pour les surréalistes : de la rencontre jaillit la poésie vécue, le miracle). Les chapitres suivants mêlent le concret et l'abstrait mais les idées ont, pour Breton, la force d'un fantasme. Comme dans *Nadja*, la rencontre d'une jeune femme constitue l'épisode romanesque central (chap. IV) ; le chapitre suivant peint l'âge d'or de l'amour. Le récit a une structure dialectique (comme *Arcane 17*, qui évoque la « fusion de l'existence et de l'essence[21] »), où il tente de fondre l'essai et le roman, le sujet et l'objet, le passé et le futur, la poésie et le monde, en une sorte de « point sublime[22] ». Le livre est le lieu où l'amour s'élève « à une telle conscience poétique de lui-même que tout ce qu'il rencontre nécessairement d'hostile se fonde au foyer de sa propre gloire[23] ». L'essai et son illustration romanesque, le roman et son illustration philosophique (Ferdinand Alquié a écrit une remarquable *Philosophie du surréalisme*) s'unissent dans une synthèse des genres littéraires, ou, en tout cas, une tension dialectique. Après *Arcane 17*, cependant, André Breton, dont le souffle faiblit, n'écrit plus que des essais, et courts : l'idéologue a étouffé l'inventeur. Celui-ci survit, par éclairs, dans les articles de la fin de la vie de Breton, ces sursauts ressuscitent, au cœur des essais, le romanesque.

À la même époque, et pourtant comme dans un autre monde, le roman de langue allemande manie, avec une puissance et une ampleur inégalées, le discours philosophique. À Mann, Musil, Hesse, Jünger, vient aboutir la double tradition de Goethe et du romantisme allemand, dont les romans, *Henri d'Ofterdingen* de Novalis, *Hyperion* de Hölderlin, avaient voulu enfermer le sens du monde et rivaliser avec les écrits mystiques. La culture qui engendre, de Kant à Marx et à Freud, de Hegel à Heidegger, les titans de l'histoire de la philosophie pèse aussi sur les romanciers. Le genre du roman de formation leur donne une forme. Mais la fin des empires allemand et autrichien donne à ces romans postérieurs à la Première Guerre mondiale leur allure ironique : celle-ci est constante, dans la distance que Thomas Mann prend avec ses personnages, et dans ses intrusions d'auteur, dans la manière, aussi, dont il moque un livre (*La Mort à Venise*) par l'autre (*La Montagne magique*). L'inachèvement de *L'Homme sans qualités* donne à toutes les formes d'ironie que manie Musil une dimension supplémentaire : l'œuvre est posée et niée à la fois, comme chez Kafka. Mais c'est aussi la situation du discours idéologique dans l'œuvre ; seule l'ironie la rend sup-

Le roman et la pensée 251

portable. Elle joue, dans le roman allemand et autrichien du XXe siècle, le rôle de la poésie chez les surréalistes : l'exposé philosophique est la dérision d'un autre exposé tenu avec sérieux. Dans la distance, on retrouve l'imaginaire, et le romanesque.

La Montagne magique (écrite entre 1912 et 1913, publiée en 1924) utilise principalement, pour exposer les idées débattues, l'exposé, le récit ou condensé de pensées prêtées à Hans Castorp, le héros, et les dialogues. Dans un livre où il y a peu d'action, Mann emploie la convention du roman de sanatorium (que l'on retrouve dans *Siloé*, de Paul Gadenne, 1941) et du roman d'hôtel, où le lieu devient forme ; plusieurs personnages rassemblés ne peuvent guère que se parler (ou s'aimer) : au *topos* ancien (Boccace, Marguerite de Navarre) des voyageurs enfermés dans une auberge a succédé celui du séjour dans un lieu clos ; les contes ne défilent plus, mais les idées et les théories les remplacent (*Hôtel Savoy* de Joseph Roth). Ainsi le chapitre VI de *La Montagne magique* s'ouvre-t-il par une dissertation sur le temps : « Qu'est-ce que le temps ? Un mystère ! Sans réalité propre, il est tout-puissant. Il est une condition du monde phénoménal, un mouvement mêlé et lié à l'existence des corps dans l'espace, et à leur mouvement. » Ces réflexions et leur suite sont prêtées, plus loin, au protagoniste, mais non sans intervention du narrateur : « Le temps passe tandis que nous contons, — *notre* temps à nous, celui que nous consacrons à cette histoire, mais aussi le temps profondément antérieur de Hans Castorp et de ses compagnons de sort, là-haut dans la neige, et il produit des changements. » Cette réflexion sur le temps indique que tout le roman l'a pour sujet : les sept ans que dure le séjour de Castorp au sanatorium sont l'objet d'une manipulation et d'une méditation constantes, par le jeu des accélérations et des rebondissements, par l'intervention finale de la guerre, qui vient bouleverser l'image d'un monde clos. Le récit déploie ce que l'exposé contient enfermé en lui-même. Le chapitre VII revient sur les rapports entre le temps raconté et le temps de la narration, et leurs relations avec le temps musical, dans un monde supérieur au personnage, celui de son créateur : « Le temps est l'élément de la narration comme il est l'élément de la vie [...]. Le temps est aussi l'élément de la musique, laquelle mesure et divise le temps, le rend à la fois précieux et divertissant. » Dans ce texte capital, Mann esquisse une théorie du récit qui devance, et de loin, les recherches contemporaines : « Un morceau de musique intitulé *Valse des cinq minutes* dure cinq minutes. C'est en cela et en rien d'autre que consiste son rapport avec le temps. Mais un récit dont l'action durerait cinq minutes pourrait, quant à lui, s'étendre sur une période mille fois plus longue, pourvu que ces cinq minutes fussent remplies avec une conscience exceptionnelle ; et il pourrait néanmoins sembler très court, quoique, par rapport à sa durée imaginaire, il fût très long. D'autre part, il est possible que la durée des événements relatés dépasse à l'infini la durée propre du récit qui les présente en raccourci. » Le temps est à la fois l'« élément du récit » et « son objet », et ce qu'affirme cet essai sur le temps, c'est que le roman même où il figure est un « roman du temps ». « C'est un fait que nous ne venons de soulever la question de savoir s'il est possible de raconter le temps, que pour avouer que c'était bien là notre dessein dans l'histoire en cours[24]. » C'est donc l'essai qui donne le sens, et la théorie, du roman où il figure : le roman ne peut vivre sans lui ; il aurait pu, à la rigueur, être publié sans le roman. Le caractère philosophique du roman est accentué par le caractère abstrait des personnages, qui ne semblent avoir été inventés que pour supporter la doctrine qu'ils expriment, Settembrini, libéral et rationaliste, Naphta, religieux et irrationnel, tenté par le culte trouble de la mort. Les titres de chapitre ne cachent pas ce caractère de dialogue philosophique, quitte à le présenter sur le mode ironique : « Digression sur le temps », « Analyse », « Doutes et réflexions », « Propos de table », « Encyclopédie », « Du royaume de Dieu et de la délivrance perverse », « Humaniora », « Recherches », « Operationes spirituales », « Doutes suprêmes ». Le discours, si la guerre ne l'avait interrompu, aurait pu être infini : une chronique d'idées, comme il y a eu des romans-chroniques d'événements, où ceux-ci s'entassent sans fin.

La structure de *L'Homme sans qualités* marque encore mieux la place de l'abstraction. Le découpage en séquences numérotées permet à Musil d'interrompre l'action (dans la mesure où le roman en comporte une : de fait, moins l'action est importante, plus la place est prête pour la pensée ; l'action est inversement proportionnelle à la pensée, Hemingway à l'opposé de Musil), le portrait de son héros, les pensées de celui-ci. Ainsi, à la visite d'Ulrich, l'homme sans qualités, à ses amis d'enfance Walter et Clarisse, succède le chapitre XV, « Révolution intellectuelle », qui est une réflexion sur la fin du XIXe siècle, et la fièvre qui l'a suivie à la « date magique du changement de siècle ». Le chapitre XVI réfléchit sur « une mystérieuse maladie d'époque » : Ulrich en est affecté, mais la peinture de cette maladie pourrait exister sans lui. Comme chez Mann, les personnages semblent écrasés par les théories qu'ils supportent, cariatides menacées (le chap. XLVI, « Les Idéaux et la morale sont le meilleur moyen de combler ce grand trou qu'on appelle l'âme », présente les idées d'Arnheim, comme le chapitre XLVIII, qui aborde « Le Mystère du Tout »), et deviennent des « cas »; tel l'assassin Moosbrugger (chap. LX : « Excursion dans le royaume logico-moral »). Il arrive, d'ailleurs, que, de manière trompeuse, Musil donne, par ironie, un titre abstrait à un chapitre qui concerne entièrement des personnages du roman (chap. LXXXIX : « Il faut vivre avec son temps »; chap. CV : « Le Pur Amour n'est pas une plaisanterie »). Les frontières sont donc abolies entre l'essai et le roman, entre Ulrich et son inventeur, dont le raisonnement se substitue à celui de son personnage, parce que Musil veut montrer « tout ce que l'homme a rêvé, pensé et voulu [25] ». Les ébauches, que l'édition française (d'après l'édition allemande d'Adolf Frisé) place en fin de volume, témoignent bien de l'imagination abstraite : « *De nouveau le problème premier* : — — — Effondrement de la culture (et de l'idée de culture). Voilà en fait ce qu'a apporté l'été 14 [26] », et de la recherche d'une conclusion philosophique (« L'utopie de la mentalité inductive, ou de l'état social donné », études), fondée sur la définition de trois « utopies ».

Le récit utopique appelle le discours rationnel. C'est pourquoi *Le Jeu des perles de verre*, de Hermann Hesse (1943), s'ouvre sur un traité du jeu [27], « synthèse des sciences et des arts ». Il se ferme (tout au moins dans sa partie principale, en excluant les trois « biographies » qui complètent le récit) sur la lettre de Joseph Valet, maître du jeu, qui expose les raisons de sa démission [28] : le royaume de Castalie est un échec. Mais cet échec ne naît pas d'une suite d'aventures, plutôt d'un développement dialectique et tout intellectuel : ce « petit état de l'esprit » est exposé à des dangers intérieurs et extérieurs, par nature. Il a « tourné

Le roman et la pensée

le dos à l'Histoire », mais reste « un fragment de l'Histoire, un fruit d'une évolution » : « Il se prépare des changements de pouvoir » et, en cas de bouleversement, le jeu des perles de verre est perdu. C'est au moment où le temps historique fait irruption dans le récit que celui-ci s'interrompt : le roman est la mort du système utopique.

Hermann Broch a, dans *La Mort de Virgile*, résolu le problème de manière opposée : au lieu d'écrire une œuvre d'anticipation, il a composé un roman historique. Les dernières heures du poète mourant sont retracées sous forme de monologue intérieur (mais à la troisième personne). La méditation du poète se fait donc tout naturellement philosophique : « Fuite, oh ! fuite, oh ! nuit, heure de la poésie ! Car la poésie c'est l'œil en attente, l'œil dans la pénombre, la poésie étant l'abîme doué de vue, doué de pressentiment, sachant le crépuscule ; elle est attente sur le seuil, à la fois communion et solitude [...], l'adieu sans départ, la fuite immobile, la poésie [29]. » La littérature est recherche de la vérité, mais le discours est infini, parce que, si l'on peut connaître la vie, on ne peut connaître la mort, comme un point aveugle au centre du livre : « En effet, celui-là seul qui grâce à son savoir de la mort a pris conscience de l'infini est capable de conserver la création, chaque individualité à l'intérieur de la création aussi bien que la création à l'intérieur de chaque individualité [30]. » Quand Virgile veut brûler l'*Enéide*, l'événement romanesque renvoie à la philosophie de la littérature, qui s'exprime dans un magnifique dialogue entre Virgile et Auguste. Au cœur de l'esthétique, et de la philosophie, se trouve l'imperfection de la connaissance : « L'homme peut conduire sa pensée jusqu'aux dieux, et cela devrait lui suffire. — Oh ! l'entendement humain est infini, mais quand il touche à l'infini, il rebondit en arrière[31]. » Virgile, renonçant à détruire l'*Enéide*, accepte l'imperfection de l'art. Mais si la connaissance consiste à approcher au plus près de la mort, le roman de l'agonie est celui de la connaissance : Virgile mourant évoque, et ce sont les derniers mots du livre, le « Verbe qui est au-delà de tout langage ». La philosophie s'est incarnée dans le monologue intérieur, qui s'interrompt lorsqu'elle atteint sa limite : le silence du roman s'identifie à celui de la métaphysique, le langage se tait devant l'au-delà de tout langage.

Ainsi tendent à s'abolir les frontières entre le roman et l'essai philosophique, au cours du XXe siècle. Ce qui a d'abord été tenté avec le plus grand sérieux reparaît, à une époque où les recherches formelles — dont le nouveau roman n'est qu'un signe parmi d'autres, l'Oulipo, moins connu, étant tout aussi significatif — jouent, en littérature comme dans les autres arts, un rôle prédominant, comme divertissement, sur un mode ludique. *Marelle*, de Julio Cortázar[32], se compose de deux parties, l'une roman, l'autre essai. Divisé en cent cinquante-cinq séquences numérotées, il peut être lu, nous le savons, dans l'ordre des pages : d'abord le roman, puis l'essai ou, comme l'auteur y invite, « en commençant au chapitre LXXIII et en continuant la lecture dans l'ordre indiqué à la fin de chaque chapitre » (« Mode d'emploi »). La partie roman se termine au chapitre LVI (p. 363 de la traduction française) ; elle est suivie de deux cent vingt-trois pages d'essai (« Chapitres dont on peut se passer », écrit Cortázar). La lecture traditionnelle respecte la coupure entre les genres et, si on ne lit pas l'essai, confirme la tendance populaire à ne lire, si on lit, que des romans ; la lecture « marelle » entrelace les séquences romanesques et les séquences abstraites en un montage savant, mais avoué, exhibé, raisonné. La première lecture est sérieuse, la seconde est comique, comme le roman[33], et comme la marelle, alors que personne ne s'aviserait de ne pas prendre au sérieux *Le Jeu des perles de verre* (impossible à jouer, d'ailleurs, puisque Hesse fait semblant d'en donner les règles, sans jamais les donner) ou *La Mort de Virgile*. Dans notre siècle se côtoient les novateurs tragiques, et les novateurs farceurs (Queneau, Perec, Cortázar, Calvino) : « Une méthode : l'ironie, la constante autocritique, l'incongruité, l'imagination à rien asservie[34]. »

Par-delà le jeu, Cortázar veut changer le rôle du lecteur. Si le romancier romantique veut être compris de celui-ci, si le classique veut enseigner, le romancier moderne veut « faire du lecteur un complice, un compagnon de route. Obtenir de lui la simultanéité, puisque la lecture abolit le temps du lecteur pour transférer celui-ci dans le temps de l'auteur. Le lecteur arriverait ainsi à être coparticipant et copâtissant de l'expérience que réalise le romancier, *au même moment et sous la même forme*[35] ». Ainsi, le lecteur participera-t-il à la création de l'essai dans le roman, à son insertion, à son montage, à partir d'une « argile expressive », d'une « ébauche de forme ». L'auteur retrouve donc la théorie de la littérature contemporaine qui, depuis Roland Barthes, voit dans la lecture une écriture, et dans l'acte de lire un rival de l'invention. Enfin, on peut concevoir cette mosaïque de courts chapitres comme un labyrinthe, qui sert à piéger l'inconnu, une toile d'araignée qui sert à l'attraper : « Mais l'inconnu cerne de toutes parts notre amibe à nous. Je peux savoir beaucoup, *ou* vivre intensément, en un certain sens mais alors, *le reste*, ce que j'ignore, s'approche et me gratte la tête de son ongle froid[36]. » L'entrelacs de débris romanesques, de méditations philosophiques, de citations, de textes attribués à l'écrivain Morelli suggère autant qu'il expose. L'enchaînement rationnel est remplacé par des blancs, des trous : une « somme », ou une « implacable soustraction »[37].

Une ironie violente se retrouve associée au montage alterné de l'essai et du récit chez un autre écrivain naturalisé français (dont *L'Art du roman* a été écrit en français), Milan Kundera. L'auteur n'hésite pas à définir la forme de son roman, en interrompant le récit : « Tout ce livre est un roman en forme de variations. Les différentes parties se suivent comme les différentes étapes d'un voyage qui conduit à l'intérieur d'un thème, à l'intérieur d'une pensée, à l'intérieur d'une seule et unique situation dont la compréhension se perd pour moi dans l'immensité. […] C'est un roman sur le rire et sur l'oubli[38]. » Il ne s'agit pas ici du voyage métaphysique du héros (forme qu'empruntent de nombreux romans : ou bien le héros voyage, ou bien, comme K. dans *Le Procès*, les événements viennent le chercher. On retrouve en littérature la vieille opposition entre nomades et sédentaires), mais de celui du romancier. Le thème, double, est exposé dès la première partie (« Les Lettres perdues ») du *Livre du rire et de l'oubli*, il relève d'une philosophie de l'Histoire. À partir d'un événement, l'invasion de la Bohême par les Russes en 1968, Kundera s'élève au niveau de la philosophie, parce qu'il s'interroge sur les conditions de possibilité des événements qu'il retrace, en ne cessant de les scruter, de les retourner, quitte à inverser les rapports habituels entre l'Histoire générale et l'intrigue particulière. Ce qui est, chez les autres, horizon devient, chez lui, premier plan : « L'événement historique, oublié en une nuit, scintille dès le lendemain de la rosée du nouveau et n'est donc plus une toile de fond dans le récit du narrateur, mais une surprenante *aventure* qui se joue sur l'arrière-plan de la trop familière banalité de la vie privée[39]. » Cette réflexion sur l'impérialisme soviétique et le régime qu'il impose devient une philosophie de la dictature. Celle-ci se caractérise par l'oubli qu'elle impose : « Et pour que l'ombre du mauvais souvenir ne vienne pas distraire le pays de son idylle restaurée, il faut que le Printemps de Prague et l'arrivée des tanks russes, cette tache sur une belle Histoire, soient réduits à néant[40]. » Les personnages sont effacés comme l'Histoire elle-même. Quant au rire, il est, étrangement, lié à l'oubli, et nous le savons, parce que l'auteur nous en propose sa théorie (3ᵉ partie, chap. II) : « Celui qui éclate de ce rire extatique est sans souvenir et sans désir, car il jette son cri à la seconde présente du monde et ne veut rien connaître qu'elle[41]. » Ce rire particulier exprime l'accord avec le monde, avec l'être, « au-delà de la plaisanterie » (*La Plaisanterie* est l'un des romans de Kundera), c'est pourquoi « toutes les Églises, tous les fabricants de linge, tous les généraux, tous les partis politiques sont d'accord sur ce rire-là[42]... ». Non content de montrer ce rire en action, l'auteur en perfectionne la théorie au fil de ses chapitres intercalaires (« À propos des deux rires », p. 100-102) ; il y a un rire angélique et un rire diabolique : « Tandis que le rire du diable désignait l'absurdité des choses, l'ange voulait au contraire se réjouir que tout fût ici-bas bien ordonné, sagement conçu, bon et plein de sens. » Le rire diabolique est premier, parce qu'il réagit en face des choses privées de sens, à la fois dénonciation et soulagement (« Les choses sont plus légères qu'il n'y paraissait, elles nous laissent vivre plus librement, elles cessent de nous oppresser sous leur austère sérieux. »)

Le rire des anges veut protéger Dieu, son œuvre, les pouvoirs ; il n'est qu'une contrefaçon du rire diabolique.

Ainsi les concepts sont-ils présentés en même temps que leur application : une section, un chapitre de fiction, un chapitre de réflexion, comme si nous ne pouvions dégager nous-mêmes, nous lecteurs, ce que la fiction contient de pensée, ni, à plus forte raison, incarner dans nos fantaisies l'abstraction. Nous goûtons alors (contrairement au roman à thèse, qui gâche le roman par la thèse, et la thèse par le roman) le plaisir des deux genres confondus, celui qui parle aux sens (jusqu'à l'érotisme qui parsème les récits de Kundera), celui qui parle à l'esprit. Dans une section consacrée à la « bêtise de la musique », l'auteur présente de manière concrète (une promenade avec son père) et abstraite la relation entre la musique rock et l'oubli : « Je crois qu'il voulait me dire qu'il existait un *état originel de la musique,* un état qui précède son histoire, un état d'avant la première interrogation, d'avant la première réflexion, d'avant le premier jeu avec un motif et un thème. Dans cet état premier de la musique (la musique sans la pensée) se reflète la bêtise consubstantielle à l'être humain. Pour que la musique s'élève au-dessus de cette bêtise primitive, il a fallu l'immense effort de l'esprit et du cœur, et ce fut une courbe splendide qui a surplombé des siècles d'histoire européenne et s'est éteinte au sommet de sa trajectoire comme la fusée d'un feu d'artifice[43]. » Kundera cherche donc à définir et à réaliser un roman qui ne puisse être accusé d'être antérieur à la réflexion et qui, au contraire, assemble les thèmes de manière à construire un roman *avec* la pensée. C'est pourquoi elle y est insérée de manière aussi circonscrite, dans ses chapitres réservés, violant ainsi la convention, la tradition. Dans un roman classique, la pensée doit être masquée, répartie entre les personnages, symbolisée ; ici, elle est, comme les héroïnes de l'auteur, exhibée nue.

TECHNIQUE ET VISION :
DE BERNANOS À MALRAUX

Dans ses articles vengeurs de *La Nouvelle Revue française*, recueillis plus tard dans *Situations I*, Sartre s'attaque à la philosophie aristotélicienne de Jean Giraudoux, à François Mauriac, qui, comme Dieu, n'est pas romancier, mais ni à Bernanos (l'a-t-il lu ? Aurait-il su comment le prendre ?) ni à un autre romancier auquel l'auteur du *Mur* doit beaucoup (y compris le mot « absurde »), André Malraux. Pourtant, chez ces deux auteurs — comme chez Julien Green ou Soljenitsyne — l'essence précède l'existence, et l'existence précède les individus. Tous deux ont, un jour, abandonné le roman pour l'essai, comme si le premier n'avait jamais été que le moyen du second. *Sous le soleil de Satan* s'efface devant *Les Grands Cimetières sous la lune* comme *Les Conquérants* devant *Les Voix du silence*. Parenté du croyant et de l'athée ? Ce n'est pas Bernanos qui a écrit *Le Surnaturel*.

C'est la vision du monde qui, chez Bernanos, détruit l'art classique du roman. Cette vision est, certes, faite d'images, de paysages, de personnages remontés involontairement du fond de l'enfance, et c'est pour cela que l'auteur d'*Un mauvais rêve* est poète. Mais elle perçoit dans le monde réel la trace constante du surnaturel. Sous le discours traditionnel, psychologique et social, Bernanos rejoint l'Écriture, et l'imitation du Christ. Le réalisme est bousculé par la prophétie, la liberté par le tragique, la narration par les intrusions d'auteur. La métaphysique, si une pensée et un art religieux sont obligatoirement métaphysiques, est partout, l'océan dans lequel le continent romanesque est immergé. Ce qui fait illusion, et qui masque la grandeur de Bernanos, c'est que cette philosophie soit chrétienne : on croit s'être débarrassé à bon compte d'un des plus grands artistes de notre temps, en lui collant une étiquette qui lui nuit — alors qu'elle ne nuit pas, même en Chine, même en Grande-Bretagne, pays qui ne sont pas vraiment catholiques d'héritage, à François Mauriac, dont l'art rassure. Mettons la foi entre parenthèses (ce que Malraux, parlant de Bernanos, a fait mieux que personne), ou imaginons la même prédication au service du néant, ou de l'absurde, ou de l'aventure d'une écriture, et l'on retrouve le seul rival français de Dostoïevski (auquel la religion ne fait pas écran).

Bernanos

La pensée de Bernanos ne se circonscrit pas dans une section, préambule ou conclusion, de ses romans. Elle se lit dans la subversion des formes traditionnelles du roman balzacien (comme, déjà, chez l'un de ses maîtres, Barbey d'Aurevilly), et d'abord dans la peinture des personnages. La psychologie ne prévoit rien, ne montre rien de l'homme. L'âme est « une nuit jamais pénétrée[44] ». Comme dans la poésie baudelairienne, les individus sont traversés par des sentiments qui ne les isolent pas, mais sont communs à

Le roman et la pensée 263

toute l'humanité : l'ennui, la haine (et la haine de soi), le plaisir recherché pour lui-même, le désespoir (la « tentation du désespoir », dans *Sous le soleil de Satan*), ou, au contraire, la paix, la joie (titre d'un de ses romans). L'auteur jette sur ses personnages un regard tantôt offensif, tantôt défensif, mais, en tout cas, venu d'ailleurs et comme divin, non parce qu'il connaît et juge, mais parce qu'il aime : « La voilà donc sous nos yeux cette mystique ingénue[45] », et qu'il rencontre, non ce pauvre « petit tas de secrets » dont parle Malraux dans une formule célèbre, mais le mystère : « Les meilleures hypothèses psychologiques […] dissimulent seulement à nos yeux un mystère dont l'idée seule accable l'esprit. » De ce mystère, les damnés, s'il y en a, les héros et les saints sont les révélateurs ; les médiocres sont moqués, et finalement chassés, prêtres, écrivains, académiciens, bourgeois, aristocrates : « J'ai rêvé de saints et de héros, négligeant les formes intermédiaires de notre espèce, et je m'aperçois que ces formes intermédiaires existent à peine, que seuls comptent les saints et les héros. Les formes intermédiaires sont une bouillie, un magma — qui en a pris au hasard une poignée connaît tout le reste[46]. »

Le véritable héros du récit est donc le saint, véritable porte-parole, et « oiseau-prophète » (comme dit Proust), de la pensée chrétienne : très peu de romanciers, sauf dans des romans historiques (*Le Pauvre d'Assise* de Kazantzaki), ont osé l'utiliser dans leurs œuvres et le présenter comme tel, justement parce qu'il aurait dû détruire le roman. Certaines fictions le prennent pour modèle, dans un autre genre littéraire, la tragédie, ou l'épopée, ou l'essai, ou le poème ; Bernanos transforme la vie des saints, la biographie pieuse, en roman traversé par le soufre et le sang. Le saint, « homme surnaturel[47] », reproduit en lui-même la passion et la résurrection de Jésus-Christ : Donissan de *Sous le soleil de Satan*, Chantai de Clergerie dans *La Joie*, le curé de campagne du *Journal* échappent à la « vie » édifiante, parce qu'ils traversent d'horribles drames, se heurtent à des criminels et sont brûlés par le contact avec Dieu. La vision du héros rejoint celle du romancier : « À certaines heures, voir est à soi seul une épreuve si dure, qu'on voudrait que Dieu brisât le miroir. On le briserait, mon ami... Car il est dur de rester debout au pied de la Croix, mais plus dur encore de la regarder fixement[48]... » D'autant qu'il ne suffit pas de voir Dieu, il faut encore affronter Satan : « Entre Satan et lui, Dieu nous jette, comme son dernier rempart[49]. » Ce qui donne les grandes scènes dramatiques, antérieures à toute analyse psychologique (comme Malraux l'a noté dans sa préface au *Journal d'un curé de campagne*), où le saint est confronté à Satan. Nulle n'égale la rencontre de l'abbé Donissan et du maquignon dans *Sous le soleil de Satan*[50], reproduction romanesque de la tentation du Christ au désert. Satan, en effet, laisse les âmes médiocres à elles-mêmes, pour se réserver les saints. Chaque geste, chaque mot, dans cette scène, est à la fois réel, et même réaliste, et symbolique, puisqu'il renvoie à un sens religieux ; en outre, il reprend une autre histoire. Ainsi, Donissan se perd brusquement dans la campagne nocturne. Le labyrinthe où il erre, chargé de symbolisme spatio-temporel, est à l'opposé de celui de Robbe-Grillet, soigneusement vidé de toute signification (*Dans le labyrinthe*) : les cercles que décrit l'abbé sont ceux mêmes de l'Enfer. Pour susciter l'image de Satan, Bernanos emploie les moyens réalistes qui sont ceux du fantastique : la marche inutile, l'obstacle invisible qui empêche d'avancer, la nuit mystérieuse, et finalement la *présence*, mais c'est celle d'un maquignon en apparence sorti de Maupassant. C'est ensuite la lente révélation de Satan, jusqu'au moment où elle éclate[51] sous les propos du «rude Samaritain», qui singe la sollicitude et l'amour (comme Satan avec le Christ). C'est une histoire primordiale, l'Histoire sainte, donc une métaphysique, comme toute pensée de l'origine, qui donne son sens au roman. L'art romanesque de Bernanos se marque dans le détail imprévu : le maquignon embrasse Donissan sur la bouche, et celui-ci est envahi d'un froid glacial. Ensuite, le saint reprend son pouvoir sur Satan et en triomphe par la prière et le regard. La vérité ne se trouve que dans le regard de la sainteté, qui n'a rien à voir avec la pénétration psychologique. Le soleil de Dieu triomphe de celui de Satan. Un personnage transpersonnel, dans une scène transhistorique, et qui parle une langue à la fois quotidienne et sacrée : de nos jours, on analyse l'Évangile comme un récit[52] ; c'est le contraire qui nous est demandé ici. Le roman dépasse l'individu pour rejoindre, pour faire voir, la vie et son sens (comme dans *Le Temps retrouvé*, lorsque Proust affirme que «la seule vie pleinement vécue, c'est la littérature», ou tout au moins la «vie découverte et éclaircie») : « Le moraliste sait qu'il a devant lui ce personnage d'artifice et de fraude, ce cadavre camouflé dont nous sommes nous-mêmes dupes aussi souvent qu'autrui, jusqu'à ce que le premier regard du juge, au-delà de la mort, le fasse voler en éclats. Mais le Saint est devant nous ce qu'il sera devant le juge. Nous touchons là, d'un regard ébloui, non pas (comme on voudrait le faire croire) une vie diminuée, où la mortification retranche sans cesse, mais la vie dans son effusion et comme à l'état naissant, la vie même, ainsi qu'une source retrouvée[53]. »

Dans l'univers de Satan, devenu romanesque pour recevoir une signification sensible, « à la frontière du monde visible », l'histoire est « saisie du dedans », « rapportée aux fautes mères » ; c'est, par une « volonté invisible », « l'organisation du chaos », véritable épopée du Mal, qui réunit « des dizaines d'hommes et de femmes »[54]. Il en est de même de l'univers divin, mêlé au premier : « Rien de meilleur que d'exprimer le surnaturel dans un langage commun, vulgaire, avec les mots de tous les jours[55]. » Alors le paysage lui-même, la description, deviennent métaphysiques : Satan, « étoile reniée du matin : Lucifer, ou la fausse aurore », s'oppose à la justice de l'aube, annonciatrice du jugement dernier[56]. Chacune des grandes scènes de *Sous le soleil de Satan* se clôt sur un symbole emprunté à la nature, ou aux objets : les souliers de l'abbé Donissan, dans sa chambre, évoquent ceux de Van Gogh[57] ; la chambre, elle, révèle dans sa nudité « l'humble secret d'un grand amour ». Ainsi, constamment, « deux réalités se superposent ». Toute la *Nouvelle Histoire de Mouchette* est secrètement présente dans les images de nature, la route, la mare, la maison, la fenêtre[58]. Pour le contemplatif, tous les lieux sont habités ; pour le visionnaire, ils sont hantés (comme chez Green et Mauriac). Bernanos est hanté par le sens à donner à ses visions, par le souci de « faire rentrer dans l'ordre spirituel la vaste infortune humaine[59] ». Pour un romancier, cet ordre est d'abord littéraire : il organise la fiction.

Malraux

On a incorporé aux romans de Malraux *La Tentation de l'Occident*[60], qui est d'abord un dialogue d'idées, sous

Le roman et la pensée   267

forme de lettres (comme *Les Lettres persanes*). Rétrospectivement, le destin littéraire de Malraux, qui ne publie aucun roman après *Les Noyers de l'Altenburg* (1re édition en 1943), conduit à se demander si ses romans ne sont pas d'abord des dialogues, habillés d'un peu de récit, et si le récit lui-même n'est pas porté par le discours, par la voix de l'auteur.

La part des conversations est considérable dans ses romans, mais non comme elle le sera chez Nathalie Sarraute : nulle matière psychologique à élucider. Il ne s'agit pas de faire parler Kyo pour présenter son caractère, mais pour exprimer des idées. Chaque dialogue est le lieu d'une opposition entre deux systèmes idéologiques, ou d'un accord entre deux voix alternées, dans un monde, comme l'a dit Malraux de Dostoïevski, « moins polyphonique qu'on ne croit ». « Quant à Dostoïevski, vous avez lu ses *Carnets*. Si quelqu'un a trouvé son génie à faire dialoguer les lobes de son cerveau, c'est bien lui. [...] Et la foule de ses bouffons est un chœur qui pose à ses héros l'éternelle question : "Pourquoi Dieu nous a-t-il créés [61] ?" » L'auteur est partout, parce que les personnages ne sont que ses « virtualités ». Le héros a une figure, non pas réelle, mais « irréelle », de l'irréalité de l'art : alors, tout est permis, et même de donner à l'essai la voix du roman (il y a une part de fiction dans les écrits sur l'art, et des artistes y vivent comme des personnages de roman), au roman celle de l'essai. Dans le colloque des *Noyers de l'Altenburg*, oublions les tirets, les « répondit mon père » ou les « reprit Möllberg », nous entendons, malgré la passion, la voix du théoricien : « C'est l'histoire qui est chargée de donner un sens à l'aventure humaine — comme les dieux. [...] Nous ne pensons que ce que l'histoire nous laisse à penser, et sans doute n'a-t-elle pas de sens [...]. L'homme est un hasard, et, pour l'essentiel, le monde est fait d'oubli. » Le dialogue culmine dans la formule, dans la maxime, que notre mémoire attribue avec peine à un personnage particulier (alors que, chez Balzac, le « mot » individualise le héros, chez Malraux il l'irréalise pour l'universaliser) : « Une vie ne vaut rien, mais [...] rien ne vaut une vie » (gageons que certains prêteraient cette phrase de Garine, dans *Les Conquérants*, à Sartre). Il est vrai que la « prédication » elle-même, qui domine les personnages et l'intrigue, n'est qu'un moyen de la création : ce par quoi la littérature reste littérature, et non philosophie, ce qui sépare Balzac de Joseph de Maistre, et Dostoïevski de Soloviev[62]. Si Malraux se tourne vers les arts plastiques, c'est qu'ils refusent la servitude à l'égard du réel, et la tentation de la thèse. L'abstraction dans le roman, c'est celle-ci, c'est la théorie ; l'abstraction, en peinture, c'est la création totale, hors du réel.

On descend de la théorie vers le roman. Lorsque Malraux évoque les rapports du romancier, et de l'homme, avec ses souvenirs (« S'il existe des hommes pour lesquels l'état de souvenir flottant dont est colorée la vie est un état secourable, et d'autres pour lesquels il est une permanente menace, la différence entre ces deux types est une des plus profondes qui puissent séparer les hommes »), c'est ensuite, après le raisonnement, qu'il évoque la scène de roman : « Il y avait une scène là-dessus dans la partie perdue de *La Lutte avec l'ange*[63]. » Il y a deux sortes de romanciers, ceux qui font une scène « là-dessus », et ceux chez qui le « là-dessus » surgit spontanément — s'il surgit d'ailleurs — après et de l'écriture de la scène. Or Malraux ne compose que par scènes (lorsque Gallimard publie, comme c'était alors

Le roman et la pensée

la mode, des morceaux choisis de ses romans, Malraux intitule le livre *Scènes choisies*), bien qu'il n'ait jamais écrit pour le théâtre qu'une scène finale pour *La Condition humaine*[64], et c'est elles qu'il voit d'abord chez les autres romanciers. La scène est, en effet, le seul endroit du roman où l'écrivain puisse parler avec bonne conscience, en s'abritant dans le personnage ; c'est aussi le seul lieu où il peut répartir sa voix entre plusieurs bouches. On a dit qu'il n'y avait pas de dialogue en musique ; peut-être n'y en a-t-il pas non plus chez Malraux, mais des idées prêtées successivement, de manière alternée. Les thèmes s'entrelacent, comme dans une fugue — où ils sont toujours du même Jean-Sébastien Bach. Quant à l'apparence plastique, c'est-à-dire romanesque, de la scène, dans *La Voie royale* ou *La Condition humaine*, elle dérive de Dostoïevski et de Conrad, auxquels Malraux emprunte, au second sans le dire, ses moyens[65] : *La Voie royale* est à *Au cœur des ténèbres* ce que *La Condition humaine* est aux *Frères Karamazov*. Comme chez Bernanos, le héros dépasse le personnage : il simplifie et stylise tout ce qui relève de l'analyse psychologique classique, pour n'incarner qu'une vision qui le dépasse[66]. Même si, comme Mme Christiane Moatti l'a montré, la constellation des personnages se modifie de roman en roman, même si la prédication n'est plus la même par son contenu des *Conquérants* à *La Condition humaine*, et de celle-ci aux *Noyers de l'Altenburg*, ce qui est commun à tous ces romans, quels que soient le nombre des personnages[67], la complexité de l'intrigue, les variations de l'actualité historique, c'est la technique du prédicateur et, bien entendu, son style. Ainsi entend-on le halètement de Stravinski dans l'immense orchestre du *Sacre du printemps* comme dans ses œuvres de musique de chambre : le style, c'est d'abord ce par quoi une page abstraite de Malraux n'est pas arrachée à un essai de métaphysique, ou de philosophie de l'Histoire (Malraux n'est pas Spengler, comme « Dostoïevski n'est pas Soloviev ») : le rythme, l'ellipse, l'antithèse, la formule, l'élan lyrique. Les éclairs mêmes d'une intelligence célèbre s'accommoderaient mal de l'ordre des raisons, de l'enfermement dans le piétinement des preuves : d'où l'un des malentendus qui frappent *Les Voix du silence*.

Resterait, à l'opposé, cette structure vide dont le roman d'aventures fournit, depuis l'origine du roman, le modèle. Il nous apprend que le franchissement d'une frontière, l'errance, l'acceptation du risque et de la mort, le temps conçu comme un avenir à trouver, le lieu comme une route à ouvrir, que cette structure vide peut s'emplir de sens : Conrad y condamne la dictature et la police russes (*Sous les yeux de l'Occident*), les républiques bananières d'Amérique latine (*Nostromo*), le terrorisme aveugle (*L'Agent secret*) : son art de visionnaire s'est projeté dans l'avenir pour déchiffrer notre temps. Mais la structure vide peut aller plus loin encore : d'où vient que le récit, en apparence réaliste, de Kafka, appelle toujours d'autres interprétations qui lui donnent toujours d'autres significations ? Ce qui n'est le cas ni d'Eugène Dabit, ni de Raymond Guérin, ni de Jean Reverzy, ni des romanciers des années 1930 à 1950, novateurs dans le réalisme et la froideur sinistre. Y a-t-il, dans *Le Procès*, *Le Château*, un appel constant au fonctionnement allégorique ? Kafka ne retire le sens, et la métaphysique, que pour contraindre le lecteur à l'y remettre, alors que Robbe-Grillet construit une machine à empêcher d'interpréter. *La Colonie pénitentiaire* a l'air d'un grand récit mythique, dont la clé serait refusée (mais chacun la fabrique). Les œuvres de Kafka sont des cratères volcaniques où la lave du sens bouillonne sans jamais sortir. Nul idéologue, porte-parole de l'auteur, ne nous apporte les résultats de l'analyse : il n'y a plus de conclusion, plus de temps retrouvé. La métaphysique n'est plus là, dans l'œuvre, mais au-dehors. C'est parce qu'il est impossible de viser à la fois la première place et de renoncer à toute philosophie que des esprits aussi différents que Broch et Malraux ont fait appel à une religion future. L'œuvre d'art est, pour eux, un objet fini et achevé, symbole du monde et de l'activité créatrice. L'œuvre littéraire unifie les « éléments rationnels et irrationnels de la vie », rêve d'une « image totale de la connaissance » : « Si vous jetez un regard dans l'Histoire et peut-être aussi dans votre propre cœur vous ne tarderez pas à apercevoir que l'homme n'a jamais pu vivre sans satisfaire ses exigences métaphysiques [68]. »

Des centaines de chefs-d'œuvre pour un regard

Le XXe siècle a bouleversé la hiérarchie des genres littéraires. Le roman, au XIXe siècle encore, paraissait moins important que la poésie, que le théâtre. Non seulement il s'est hissé au premier rang, mais il a absorbé les autres genres. Il rivalise avec la poésie en utilisant ses moyens, quand sa structure rivalise avec celle du vers, quand il s'emplit de métaphores, ou joue avec la musique des mots. Il prend au théâtre monologues et dialogues, non certes pour la première fois, mais jusqu'à n'être plus que paroles et leur commentaire : les romans dialogués passent alors aisément à la radio et à la scène. Il emprunte à la critique littéraire ses fins et ses moyens, lorsqu'il présente lui-même sa théorie de la littérature et, comme chez Proust, l'analyse de quelques grandes œuvres. Les passages esthétiques du roman font parfois place à la philosophie. Les dialogues de Platon avaient un aspect romanesque, les romans de notre temps sont aussi philosophiques. Le genre accueille donc, ou s'annexe, les arts et les sciences du langage : *Finnegans Wake* égale les traités de linguistique parce qu'il les a absorbés. Enfin, il se réfléchit lui-même : il présente sa propre esthétique, ou se change en roman de l'artiste, en roman du roman.

Par-delà, c'est vers les beaux-arts que le roman a regardé. Joyce, Butor, Broch, Proust ont donné à leurs œuvres une structure musicale, par la combinaison des séquences, le rythme, la sonorité de la phrase. Proust encore a voulu construire *À la recherche du temps perdu* comme une cathédrale, Butor *Passage de Milan* et Perec *La Vie mode d'emploi* comme un immeuble. Certaines fictions, de Klossowski, de Robbe-Grillet, et même de Giraudoux (dans *Choix des élues*, le personnage qui incarne le destin), sortent d'un tableau, alors même que Max Ernst compose des romans en images, que Breton insère dans *Nadja* de nombreuses photographies pour remplacer les descriptions, et que Buzzati publie des bandes dessinées.

Dans la grande récapitulation du siècle, les formes archaïques coexistent avec les plus nouvelles. Nous avons voulu décrire les secondes, en concevant l'histoire littéraire, non comme celle des grands hommes, des grandes batailles, des événements, mais comme celle des ensembles, et d'une durée moyenne. Qu'est-ce qui unit Proust et Butor, Jünger et Gracq, Joyce et Broch, Kafka et Sartre ? Si l'on comprend la structure d'ensemble des œuvres romanesques, on peut mieux lire les œuvres particulières qui la suggèrent comme elle les engendre. Le rêve est d'embrasser un siècle de roman européen d'un seul coup d'œil. Lorsque Malraux a conçu avant la Seconde Guerre mondiale un *Tableau de la littérature française*, il rêvait ainsi d'une histoire immobilisée, devenue plastique, d'un « arrêt sur image ». Des centaines de chefs-d'œuvre pour un regard.

LE ROMAN AUJOURD'HUI

BLANCHE CERQUIGLINI

Qu'est-ce qu'un classique contemporain ?

Tout écrivain se situe d'abord *après* : dans la continuité d'autres écrivains, ou en rupture avec eux. Qu'on veuille les imiter, faire mieux ou radicalement autre chose, ceux-ci restent des références, des modèles auxquels on se mesure. Penser le roman aux XXe et XXIe siècles implique de le considérer dans une évolution, dans une histoire ; l'environnement du romancier ne sera pas seulement la production et le fait littéraires de son époque mais toute la production romanesque qui l'a précédé. Penser le contemporain, c'est d'abord voir en quoi il nous est contemporain. La méthode est comparatiste : il s'agit de penser *par différence*, par comparaison avec ce qui est pour nous l'Histoire, la tradition littéraire, la bibliothèque. Une histoire de la littérature contemporaine porte à la fois sur l'émergence de formes nouvelles et la reprise de formes anciennes. Tout effet de nouveauté ne se donne que sur un fond historique. La mémoire du lecteur ne peut s'empêcher de comparer les romans contemporains à ceux qui les précèdent. On mesure un *écart*. Les structures esthétiques demeurent.

Comment juger le contemporain ? Il s'agit d'éviter deux écueils : une immanence de la valeur, définissant des qualités jugées intrinsèques aux textes ; un relativisme, comparatiste et historique, ne jugeant les textes que selon des critères extrinsèques, à l'aune de l'histoire de la littérature. Le sens commun estime qu'on ne peut définir le classique contemporain car nous manquons de recul critique ; le jugement de la postérité fait défaut. Mais ces deux positions, internaliste et externaliste, se révèlent inadéquates quand on pense à ces livres restés longtemps au purgatoire puis redécouverts, ou à ceux tombés dans l'oubli après avoir été des classiques. Les classiques ne sont pas seulement les romans qui ont réussi l'épreuve du tribunal de la postérité. Ce sont ceux qui continuent à poser des questions, à poser problème. Le court roman de Melville *Bartleby*, paru en 1853, a inspiré une préface à Borgès en 1944, un texte à Deleuze, « Bartleby ou la formule », dans *Critique et clinique* (Minuit, 1993) et des livres à Agamben (*Bartleby ou la création*, 1993) et Vila-Matas (*Bartleby et compagnie*, 2001) : car le roman pose des problèmes herméneutiques qui renvoient à des questions philosophiques, des problèmes qui perdurent (que signifient le silence et le refus de Bartleby — « *I would prefer not to* » —, positions d'existence du héros).

Les contemporains peuvent juger les romans dès leur parution, en mesurer l'importance et les potentialités. Nombre de philosophes se sont emparés d'œuvres littéraires qu'ils venaient de lire pour en faire des objets de pensée — Derrida et Foucault ont lu avec passion les romans de Genet, Blanchot ou Bataille, et les ont intégrés à leur travail philosophique. Un classique est un roman qui constitue, pour un individu et pour une communauté de lecteurs, une rupture. Il ouvre une faille qui ne se referme jamais.

Agamben, dans *Qu'est-ce que le contemporain ?*, analyse le contemporain en termes d'écart avec l'origine, l'*arkè* : « La contemporanéité s'inscrit dans le présent en le signalant comme archaïque, et seul celui qui perçoit dans les choses les plus modernes et les plus récentes les indices ou la signature de l'archaïsme peut être un contemporain.» Être contemporain, c'est être lucide — Agamben emploie la métaphore de la lumière et l'image du courage : « Le contemporain est celui qui perçoit l'obscurité de son temps comme une affaire qui le regarde et n'a de cesse de l'interpeller, quelque chose qui, plus que toute lumière, est directement et singulièrement tourné vers lui. Contemporain est celui qui reçoit en plein visage le faisceau de ténèbres qui provient de son temps.» Être contemporain, c'est être inactuel : être toujours en décalage par rapport à son temps ; ressentir le présent comme un perpétuel déracinement. Se faire le contemporain des textes implique d'en accepter l'étrangeté, d'accepter d'être déracinés par eux.

Un classique contemporain accède au statut de classique non par une consécration (succès, reconnaissance par une autorité, postérité) mais par un double mouvement contradictoire de rupture et d'adhésion. Il est à la fois obstacle et chambre d'écho ; perception du présent et rupture avec ce présent. Il brise le flux du quotidien, la masse des romans publiés comme le flot de la vie, et marque un écart par rapport à l'actualité et à l'Histoire. Cet écart, cette rupture se donnent comme un obstacle. Ces romans entrent en résonance avec les lecteurs en leur tendant un miroir à la fois fidèle et déformant. Ces romans ne vont pas de soi et en même temps ils s'imposent comme une évidence ; on ne les attendait pas et on les ressent comme toujours-déjà là.

★

Cet essai n'est ni une *histoire* du roman français contemporain, ni un *panorama*, ni un *palmarès*. Il se veut un état des lieux des *problèmes* posés par le roman aujourd'hui et des *paradigmes* de réponses qu'il apporte. Il entend montrer les problèmes auxquels s'affronte le romancier ainsi que les réponses esthétiques qu'il y apporte, mais surtout les questions qu'il pose : la manière dont il met en question le réel, la société, l'Histoire. Nous tracerons des pistes pour comprendre le roman aujourd'hui et montrerons les outils que le romancier utilise dans le roman pour interroger le monde. Les romans retenus le sont selon nos lectures et nos goûts. Mais ce sont surtout des romans qui exemplifient un *type*, une *manière* ; un exemple sera retenu pour bien d'autres.

Cet essai ne dressera pas une liste des classiques contemporains. On trouvera des romans qui ne seront pas impérissables, ne deviendront pas des classiques. Le critère de sélection des romans est la nature des questions qu'ils exhibent et des réponses qu'ils apportent ; non pas leur qualité mais leurs potentialités : les univers qu'ils ouvrent, les problèmes qu'ils engagent.

La littérature contemporaine est un objet difficile à saisir parce qu'une figure fait obstacle : l'auteur. Vivant, livrant des déclarations dans la presse, il risque de parasiter notre compréhension des textes. Il faut donc isoler le roman de l'individu auteur, se détacher le plus possible des visages, des figures, pour privilégier les textes.

Écrire un tel essai sur le roman aujourd'hui ressemble au projet de Tristram Shandy, le héros de Sterne, qui cherche à écrire sa vie depuis sa naissance et constate cette aporie : plus j'écris, plus je vis, et plus je vis, plus j'ai à écrire. Il en est de même avec notre essai : plus je lis de romans et écris sur eux, plus il s'en publie et m'en reste à lire. C'est pourquoi il convient de s'élever des textes aux problèmes. L'enjeu est de penser le roman en subsumant les textes sous les concepts et les paradigmes, sans toutefois réduire leur singularité ni oublier la chair littéraire qui fait le plaisir et l'intérêt de la lecture.

I
« *Il faudrait une fiction, mais qui osera ?* »
LE ROMANCIER FACE À L'HISTOIRE

Le romancier a toujours entretenu des liens étroits avec l'Histoire : l'Histoire se donnant elle-même sous la forme d'un récit, le roman peut aisément se faire chronique. Après le Nouveau Roman, on a beaucoup évoqué un retour du sujet et un retour au récit, constatant un regain d'intérêt des romanciers pour le réel et l'Histoire. Nombreux sont les romans qui interrogent la légitimité du romancier à se faire historien, mais aussi la légitimité de l'historien à raconter l'Histoire. L'historien n'a pas le monopole du récit historique : le roman peut donner une autre vision de l'Histoire, non moins juste. Mais comment le romancier peut-il accéder au vrai sans les armes de l'historien (recherche et documentation scientifiques), riche des seuls moyens de la fiction ?

Les rapports entre roman et Histoire mettent en jeu deux orientations opposées : soit le roman est inféodé à l'Histoire, il n'en est qu'un récit second, soit il l'interroge, il en est un récit critique. Il met en *récit* l'Histoire ou il la met en *question*.

La mise en roman de l'Histoire permet au romancier de s'interroger sur les limites du roman : sa manière, authentique ou inauthentique, de dire le réel. Les romanciers contemporains qui prennent l'Histoire pour base posent, entre les lignes, cette question : le roman doit-il se montrer comme roman, donner au lecteur des indices de l'espace fictionnel dans lequel il se trouve, à la frontière entre Histoire et fiction ? Le roman peut-il au contraire se faire passer pour un livre d'Histoire, le romancier parlant comme un historien, et à sa place ? Cette question, fondamentale, de la responsabilité du romancier face au récit historique est posée par les romans contemporains qui mettent en récit l'Histoire.

TÉMOIGNAGE, RÉCIT, ROMAN

Le romancier qui s'affronte à l'Histoire récente hérite d'une tradition littéraire essentielle et douloureuse, celle de la littérature écrite après la Shoah — littérature des camps ou concentrationnaire. Les problématiques qu'on évoquera ici s'appliquent aussi aux romans s'inspirant d'autres périodes historiques, d'autres guerres ; mais la problématique générale trouve son origine dans la littérature issue de la Shoah.

Pour les acteurs de la Shoah, il s'agit d'une littérature de témoignage. La littérature contemporaine, écrite par une génération d'auteurs qui n'ont pas vécu ces événements, pose des questions de légitimité : comment parler de la Shoah sans l'avoir vécue ? Les auteurs qui écrivent pour raconter ce qu'ils ont vécu durant la Seconde Guerre mondiale n'écrivent pas des romans mais des récits ; ils posent des questions fondamentales, qui seront reprises par les romanciers contemporains : le roman est-il porteur d'une vérité, peut-il exprimer d'une autre façon la souffrance et la réflexion sur l'horreur ? C'est la *possibilité* du roman qui est en jeu, sa légitimité à dire le vrai. S'exprime ici le conflit

« *Il faudrait une fiction, mais qui osera ?* »

entre vérité et mensonge : comment la fiction peut-elle être vraie ? Dans certains cas, face à certaines expériences, le roman est-il *impossible* ou *interdit* : doit-il laisser la place à l'Histoire et au témoignage ? Le roman est-il en deçà ou au-delà de l'Histoire ?

Jorge Semprun défend la thèse d'une littérature utile à l'Histoire, utile au témoignage — plus encore qu'utile : nécessaire au récit de l'horreur, nécessaire pour se faire entendre, comprendre de tous, nécessaire pour sortir du cadre de l'expérience vécue, du témoignage individuel, et devenir récit lisible par tous. Dans *L'Écriture ou la vie* (Gallimard, 1994), il écrit :

> Un doute me vient sur la possibilité de raconter. Non pas que l'expérience vécue soit indicible. Elle a été invivable, ce qui est tout autre chose, on le comprendra aisément. Autre chose qui ne concerne pas la forme d'un récit possible, mais sa substance. Non pas son articulation, mais sa densité. Ne parviendront à cette substance, à cette densité transparente que ceux qui sauront faire de leur témoignage un objet artistique, un espace de création. Ou de recréation. Seul l'artifice d'un récit maîtrisé parviendra à transmettre partiellement la vérité du témoignage. Mais ceci n'a rien d'exceptionnel : il en arrive ainsi de toutes les grandes expériences historiques.

Le détour par la fiction, par la recréation, est nécessaire pour rendre audible le récit. Semprun en fait l'expérience à sa sortie du camp ; il évoque ainsi sa première rencontre avec un officier allié venu libérer le camp de Buchenwald, et son premier récit :

> Il m'avait écouté attentivement mais dans un désarroi de plus en plus perceptible. Mon témoignage ne correspondait sans doute pas au stéréotype du récit d'horreur auquel il

s'attendait. Il ne m'a posé aucune question, n'a demandé aucune précision. À la fin, il est resté plongé dans un silence embarrassé. Embarrassant, aussi. Mon premier récit sur les dimanches à Buchenwald était un bide complet.

C'est dans cette distance entre récit *vrai* et récit *véridique* que se loge la possibilité du roman. Possibilité et plus encore nécessité. Le besoin de fiction, de mise en roman, vient de ce que l'expérience vécue est indicible : indicible non parce qu'elle excède le cadre du langage mais parce qu'elle n'est vraie que *depuis* la mort. Car c'est de l'expérience de la mort qu'il s'agit : Semprun répète qu'il a vécu la mort et en est revenu ; il utilise ainsi le terme de « revenant », le préférant à celui de « rescapé » ou de « survivant ». En témoigner requiert de se mettre au niveau du lecteur qui, vivant, ne peut comprendre ce témoignage : « Il me faut donc un "je" de la narration, nourri de mon expérience mais la dépassant, capable d'y insérer de l'imaginaire, de la fiction… Une fiction qui serait aussi éclairante que la vérité, certes. Qui aiderait la réalité à paraître réelle, la vérité à être vraisemblable. »

Semprun oppose le témoignage, de l'ordre du vrai, de la parole brute, au roman, qui utilise le détour, l'« artifice de l'œuvre d'art ». Le témoignage donne à voir, le roman donne à imaginer. Or le lecteur, qui n'a pas vécu l'expérience, ne peut s'y affronter ; il doit s'en saisir par le détour de l'imagination : « Comment raconter une vérité peu crédible, comment susciter l'imagination de l'inimaginable, si ce n'est en élaborant, en travaillant la réalité, en la mettant en perspective ? Avec un peu d'artifice, donc ! » Semprun précise plus loin : « Il aurait fallu, en somme, traiter la réalité documentaire comme une matière de fiction. » L'expérience de la Shoah est trop incroyable pour être crue, pas assez crédible, affirme Semprun ; il faut en passer par la fiction, faire passer l'expérience pour une fiction, pour qu'elle soit audible. C'est à la mise en scène de ce paradoxe — la fiction, fausse, permet de faire entendre l'expérience, vraie — que vont se prêter les romanciers contemporains.

Cette nécessité du recours à la fiction, Robert Antelme la partage, et l'exprime dans l'avant-propos de *L'Espèce humaine* (Éd. de la Cité Universelle, 1947 ; Gallimard, 1957) :

> Il y a deux ans, durant les premiers jours qui ont suivi notre retour, nous avons été, tous je pense, en proie à un véritable délire. Nous voulions parler, être entendus enfin. On nous dit que notre apparence physique était assez éloquente à elle seule. [...] Cette disproportion entre l'expérience que nous avions vécue et le récit qu'il était possible d'en faire ne fit que se confirmer par la suite. Nous avions donc bien affaire à l'une de ces réalités qui font dire qu'elles dépassent l'imagination. Il était clair désormais que c'était seulement par le choix, c'est-à-dire encore par l'imagination que nous pouvions essayer d'en dire quelque chose.

Semprun résume ainsi l'impossible nécessité de la fiction pour dire cette expérience : « Il faudrait une fiction, mais qui osera ? »

PARLER À LA PLACE DE

C'est à ce défi que sont confrontés ceux qui viennent et écrivent *après* et qui, coupés de l'expérience, ont pour seules armes l'imagination, l'invention : le roman. Mais le passage par la fiction, la mise en roman d'une expérience, pratique légitime pour ceux qui ont vécu l'expérience, l'est-elle pour ceux qui ne l'ont pas vécue ? Peut-on faire *comme si* on l'avait vécue, en universalisant une expérience singulière ? C'est l'une des questions majeures que pose le roman contemporain. Tout se passe comme si cette expérience était devenue un héritage commun, grâce aux récits des acteurs (Levi, Antelme, Wiesel, Charlotte Delbo, Semprun...), si bien qu'on peut imaginer ce que d'autres ont vécu. Et ainsi parler à leur place.

Parler au nom de ceux qui sont allés jusqu'au bout de l'expérience de l'horreur, jusqu'à la mort, est une nécessité morale : « Les revenants doivent parler à la place des disparus, parfois, les rescapés à la place des naufragés. [...] Sans doute faut-il parfois parler au nom des naufragés. Parler en leur nom, dans leur silence, pour leur rendre la parole », explique Semprun. C'est aussi la thèse de Primo Levi : « L'histoire des Lager a été écrite presque exclusivement par ceux qui, comme moi-même, n'en ont pas sondé le fond. Ceux qui l'ont fait ne sont pas revenus, ou bien leur capacité d'observation était paralysée par la souffrance et par l'incompréhension », écrit-il au début de *Les Naufragés et les rescapés. Quarante ans après Auschwitz*, publié en 1986, un an avant sa mort. Celui qui écrit sur les camps, même s'il rapporte son expérience, est toujours légèrement à côté de la vérité de cette expérience — la vérité qu'est la mort.

L'expérience de la Shoah confronte celui qui veut raconter à une aporie : celui qui peut légitimement témoigner est mort, c'est le naufragé. Mais le rescapé doit témoigner. Naufragé et rescapé nouent ensemble un « pacte testimonial[1] » par lequel le naufragé délègue sa parole, son témoignage, au rescapé. Celui qui ne peut témoigner est le vrai témoin ; le vrai témoignage est impossible, selon

« *Il faudrait une fiction, mais qui osera ?* »   289

Primo Levi. Le témoignage engage deux instances : celui qui a vécu l'expérience mais ne peut la dire ; celui qui ne l'a pas vécue mais doit la dire. Le témoin ne peut témoigner pour lui-même, il a besoin d'un autre que lui ; c'est le sens des vers de Paul Celan, qu'on peut entendre comme un regret : « Personne ne témoigne pour le témoin[2]. » C'est la transmission du témoignage qui est en jeu. Tel est le rôle du romancier : témoigner pour ceux qui ne le peuvent, par une autre forme de récit : le roman.

Peut-on pour autant se passer de l'expérience ? Le romancier contemporain qui ne l'a pas vécue a-t-il le droit d'en faire une matière littéraire ? Quelle est alors la vérité d'un tel roman, sa légitimité ? Marguerite Duras, dans *La Douleur* (POL, 1985), met le doigt sur la difficulté de s'approprier une expérience qui n'est pas la nôtre. Racontant « sa » guerre, son attente du retour de Robert Antelme, elle se heurte à ce qu'elle n'a pas vécu, et qu'elle ne vit que par procuration : le camp de concentration. Parce qu'elle est coupée de cette expérience, Antelme revenant du camp lui apparaît dans toute son étrangeté :

> Je ne sais plus exactement. Il a dû me regarder et me reconnaître et me sourire. J'ai hurlé que non, que je ne voulais pas voir. Je suis repartie, j'ai remonté l'escalier. Je hurlais, de cela je me souviens. La guerre sortait dans des hurlements. Six années sans crier. […] Dans mon souvenir, à un moment donné, les bruits s'éteignent et je le vois. Immense. Devant moi. Je ne le reconnais pas. Il me regarde. Il me sourit. Il se laisse regarder. Une fatigue surnaturelle se montre dans son sourire, celle d'être arrivé à vivre jusqu'à ce moment-ci.

Avec ce récit, Duras s'affronte aux limites de la littérature : « *La Douleur* est une des choses les plus importantes de ma vie. Le mot "écrit" ne conviendrait pas. Je me suis trouvée devant des pages régulièrement pleines d'une petite écriture extraordinairement régulière et calme. Je me suis trouvée devant un désordre phénoménal de la pensée et du sentiment auquel je n'ai pas osé toucher et au regard de quoi la littérature m'a fait honte », indique-t-elle en avant-propos du texte, expliquant sa réaction en retrouvant les carnets sur lesquels elle avait écrit ce texte, quarante ans après les faits. Face à de tels événements, la réalité et le récit vrai, le témoignage, priment selon elle sur la littérature et le roman.

Pourtant, le récit des faits vrais n'est pas lui-même nécessairement vrai. La mémoire reconstruit les faits[3]. À la fin du texte « La douleur », Duras évoque la publication par Antelme du récit de son expérience de la guerre, *L'Espèce humaine* (1947) : « Il a écrit un livre sur ce qu'il croit avoir vécu en Allemagne : *L'Espèce humaine*. Une fois ce livre écrit, fait, édité, il n'a plus parlé des camps de concentration allemands. Il ne prononce jamais ces mots. Jamais plus. Jamais plus non plus le titre du livre. » « Ce qu'il croit avoir vécu » : une expression terrible, qui semble mettre en doute ce qu'Antelme a vécu, ou faire de lui un mythomane. Mais tout récit est une reconstruction. Le romancier est par définition un mythomane : il invente, se projette, mêle le vrai et le faux. Le romancier agit comme toute personne qui raconte un événement vécu : il invente pour raconter.

ÉCRIRE APRÈS : LA FICTION CONTRE L'EXPÉRIENCE

L'écriture de la Shoah pose la question de la fin de la littérature. Adorno le dit ainsi : « Après Auschwitz, écrire un poème est barbare […], il est devenu impossible aujourd'hui d'écrire des poèmes[4]. » Mais il ajoute, dans des commentaires ultérieurs où il explicite un propos qui a fait débat[5], qu'il faut en écrire. L'expérience de la Shoah ne doit pas être maintenue dans l'indicible, car ce dont on ne peut parler est l'impossible ; l'ineffable peut conduire à l'oubli, à la négation. Écrire après Auschwitz consiste à trouver comment écrire ce qu'on ne sait pas même nommer car cela dépasse l'entendement : nommer l'innommable, l'inédit, et en faire le récit. Cela conduit à une double idée : la littérature n'a pas les mots pour dire cette expérience (elle ne peut pas : limite de la littérature) ; la littérature est obscène face à une telle réalité (elle ne doit pas la dire : interdiction morale).

Or au contraire, bien des survivants des camps affirment la nécessité de ne pas maintenir la Shoah dans le silence, mais d'en témoigner. La boulimie de récit, de témoignage (que rapporte Antelme : « Nous avons été, tous je pense, en proie à un véritable délire. Nous voulions parler, être entendus enfin ») vient contredire l'idée d'ineffable, de coup d'arrêt porté à la littérature. Le témoignage est à la fois nécessaire et impossible : l'expérience de la Shoah interdit la fiction et la rend nécessaire. C'est à cette aporie que se confrontent les romanciers.

Écrire après Auschwitz est une nécessité, un impératif moral, pour ne pas tomber dans un indicible coupable. Le romancier se doit de trouver les moyens d'écrire *après*, de continuer à faire de la littérature. Mais une littérature qui soit transmission : car « écrire après » Auschwitz c'est « écrire *d'après*[6] », ou « écrire *de* », au sens médiéval : prendre la Shoah comme matière, rapportée et racontée de génération en génération. Les romanciers se voient assigner une mission, celle de la transmission du témoignage, qui passe par la mise en fiction. Après la génération des témoins vient celle des romanciers, qui s'affrontent à la fiction, celle que réclame Semprun (« Il faudrait une fiction, mais qui osera ? »).

Juste après la guerre, l'enjeu pour les romanciers est de renouer avec la fiction tout en racontant l'Histoire. Ces romans ont alors un statut particulier, mixte, car ils peuvent être lus comme des documents d'Histoire. C'est ce que montre Robert Merle dans *La mort est mon métier* (Gallimard, 1952), roman qui met en scène Rudolf Höss, le commandant d'Auschwitz, condamné à mort et exécuté en 1947. Robert Merle, qui a été agent de liaison des forces britanniques et prisonnier de 1940 à 1943, s'est inspiré des entretiens de Höss avec un psychologue américain, Gustave Gilbert, avant son procès, pour retracer sa vie[7] : « La première partie de mon récit est une re-création étoffée et imaginative de la vie de Rudolf Hoess d'après le résumé de Gilbert », écrit-il dans une préface de 1972. Dans la seconde partie du livre, dans laquelle il a selon lui « fait œuvre d'historien », il s'appuie sur des documents du procès de Nuremberg pour retracer l'histoire d'Auschwitz. Dans la préface, il explique : « De 1952 à 1972, *La mort est mon métier* n'a pas manqué de lecteurs. Seul leur âge a varié : ceux qui le lisent maintenant sont nés après 1945.

« *Il faudrait une fiction, mais qui osera ?* »

Pour eux, *La mort est mon métier*, "c'est un livre d'Histoire". Et dans une large mesure, je leur donne raison. »

Le temps passant, la guerre et la Shoah s'inscrivent dans la mémoire et deviennent une matière littéraire. Renouer avec la fiction, c'est alors crypter l'Histoire par la fiction. C'est ce que fait Perec dans *W ou Le Souvenir d'enfance* (Denoël, 1975), qui alterne récit autobiographique et roman d'aventures. Le détour par la contre-utopie (l'île de W où règne la compétition, la sélection et l'élimination par le sport, symbole d'Auschwitz) est une manière d'évoquer à mots couverts, par ce qui semble à première vue une pure fiction, le nazisme[8]. Perec révèle à la fin que la fiction de l'île de W est un récit qu'il a écrit enfant, juste après la guerre : c'est la transcription fictionnelle de son histoire personnelle (la mort de sa mère en camp de concentration, la mort de son père au retour de la guerre, son éducation d'orphelin), reprise trente ans après par l'écrivain. Jacques Roubaud renoue lui aussi avec son passé dans un très beau récit mi-fictionnel, mi-autobiographique, *Parc sauvage* (Seuil, 2008), l'histoire de deux enfants cachés dans le sud de la France, fin 1942 : Jacques (lui-même) et Dora, qui, elle, ne survivra pas.

C'est à la génération née après la guerre que revient cette tâche : se faire historien tout en restant romancier. Combler les vides de l'Histoire et les vides de l'expérience devient le rôle du romancier. On peut lire ainsi le travail de Modiano, notamment dans *Rue des Boutiques Obscures* (Gallimard, 1978 ; prix Goncourt), où un narrateur amnésique cherche son identité, une quête qui le plonge dans le Paris de l'Occupation. Cette quête d'identité est l'histoire même de Modiano : le narrateur amnésique représente métaphoriquement le romancier, né en 1945, coupé d'un passé qu'il n'a pas vécu mais qui le concerne. Nombre des romans de Modiano mettent en scène la quête de l'identité du père, dont il ne sait s'il a été résistant ou collaborateur. L'histoire familiale rejoint la grande Histoire. Le romancier se donne pour tâche de collecter des traces, de reconstituer une mémoire : l'enquête se mêle à l'invention. *Livret de famille* (Gallimard, 1977) mêle récits autobiographiques et souvenirs imaginaires ; dans *Dora Bruder* (Gallimard, 1997), Modiano retrace la vie d'une jeune fille juive disparue à Paris en 1941, dont on sait qu'elle a été déportée à Auschwitz en 1942 ; des éléments de la vie de Dora Bruder croisent celle de l'auteur : ils ont fréquenté les mêmes lieux, leurs destins auraient pu être communs. C'est un livre de souvenirs par procuration.

Avec cette génération de romanciers, il ne s'agit plus de témoignage, comme avec la première génération, mais de recréation. Le roman de Jonathan Littell *Les Bienveillantes* (Gallimard, 2006 ; prix Goncourt), par les débats qu'il a suscités, incarne ce rapport généalogique à l'histoire de la Shoah : on a reproché à l'auteur une fascination douteuse pour le Mal, le roman donnant la parole, sur mille pages, à un narrateur nazi. Littell ne fait en réalité que reconduire le procédé de Robert Merle : raconter l'Histoire par les yeux d'un bourreau. Littell, n'étant ni témoin ni historien, était suspect ; Robert Merle, prisonnier de guerre, ayant consulté les archives de Nuremberg de première main, ne l'était pas.

Pour la génération des jeunes romanciers, coupés des grands événements historiques — la Shoah ou la guerre d'Algérie, notamment —, il s'agit de réinvestir l'Histoire devenue histoire commune, passée par le prisme des manuels scolaires, des livres d'Histoire et des romans déjà écrits. Le fil de l'Histoire est rompu : les événements étant moins chargés de symbole et de sens, la fiction se révèle nécessaire pour réactiver la mémoire et combler les vides de l'expérience et du savoir.

COMBLER LES VIDES DE L'HISTOIRE : L'AFFAIRE JAN KARSKI

Tel est le profil du romancier aujourd'hui dans son rapport à l'Histoire. Cette proximité de la fiction et de l'Histoire que mettent en jeu actuellement nombre de romanciers pose des questions essentielles pour la littérature. La polémique qui a opposé Claude Lanzmann et Yannick Haenel autour du roman de ce dernier, *Jan Karski* (Gallimard, 2009), et la médiatisation littéraire de cette affaire témoignent de l'importance de ces questions. Peut-on faire de la fiction *de tout* ? Peut-on parler à la place d'un autre, et surtout d'un acteur de l'Histoire ? Ce livre a cristallisé tous les enjeux de l'écriture de la Shoah : écrire après, écrire de, parler à la place de, mais aussi la grande question des droits et devoirs du romancier.

Dans *Jan Karski*, Yannick Haenel met en scène de trois manières différentes le héros de la résistance polonaise, qui en 1942-1943 a témoigné auprès des autorités britanniques et américaines de l'extermination des Juifs en Pologne. Dans le premier chapitre, Haenel résume le témoignage de Karski dans le film *Shoah* de Claude Lanzmann (1985), témoignage qui l'a fait connaître du grand public. Dans le deuxième chapitre, il résume un chapitre de l'autobiographie de Karski, *Story of a Secret State* (1944; traduit en français d'abord sous le titre *Histoire d'un État secret* puis *Mon témoignage devant le monde*). Dans le dernier chapitre, il imagine, invente la vie de Karski après la guerre, après qu'il s'est tu (son long silence de quarante ans, jusqu'à son témoignage dans *Shoah*). C'est ce chapitre de fiction, où Haenel fait de Jan Karski un personnage, qui a suscité la polémique. Claude Lanzmann a parlé à ce sujet de «falsification» et de «faux roman[9]». Haenel s'est défendu en mettant en avant le droit du romancier à la fiction : «Le recours à la fiction n'est pas seulement un droit, il est nécessaire. [...] Redonner vie à Karski implique donc une approche intuitive, cela s'appelle la fiction[10].»

Pour appuyer son accusation de «falsification», Lanzmann a notamment pris comme exemple la scène de la rencontre entre Karski et Roosevelt, dont on sait qu'elle a eu lieu sans en connaître la teneur[11]. Cette recréation, c'est précisément ce que fait Chateaubriand dans ses *Mémoires d'outre-tombe*, quand il affirme avoir rencontré le président américain Jefferson alors qu'il n'en est rien. La liberté de l'auteur est bien là. Le romancier, qui n'a pas d'exigence de vérité, est encore plus libre que le mémorialiste; le dernier chapitre de *Jan Karski* était bien présenté par l'auteur comme une fiction. Mais peut-on prendre des libertés avec le réel, tout dire et tout faire d'une personne réelle, un autre que soi, surtout si celui-ci est pris dans un événement historique aussi grave? C'est toujours le fait de parler à la place d'un autre qui est en jeu. Ce qui pose problème, c'est la juxtaposition, en un même livre, assez court, de deux régimes de discours différents : le témoignage (de Karski dans le film *Shoah* et dans son autobiographie) et la fiction.

« *Il faudrait une fiction, mais qui osera ?* »

Dans les cent premières pages du livre, Jan Karski est vu comme un héros, puis dans les soixante-dix dernières comme un homme ordinaire (qui raconte son amour pour sa femme, ses insomnies, ses doutes). L'image du héros est dégradée : c'est ce qui a heurté Lanzmann. Surtout, il s'est senti dépossédé d'un témoin privilégié : Jan Karski, ce témoin qui se taisait depuis quarante ans, il l'a exhumé, il l'a *inventé*. Et Yannick Haenel, qui n'a rien vécu, qui n'est pas historien, s'en empare et le tord pour en faire un personnage de fiction. Lanzmann reproche à Haenel d'être « trop jeune » pour traiter d'événements qu'il n'a pas vécus et auxquels il ne connaît rien ; il en fait un effet de génération : « Les jeunes auteurs du XXIe siècle sont à plaindre : ils vivent dans des temps obscurs, sans repères ni attentes, sans futur déchiffrable [...]. Les utopies sont mortes, c'est la fin de l'Histoire. Ne s'y résignant pas, ils rebroussent chemin et se jettent voracement sur le siècle précédent, si proche et pourtant si lointain. S'éprouvant coupables de n'avoir souffert de rien — manque intolérable —, ils réactivent et rejouent un passé auquel ils n'ont eu aucune part, transformant en trouvailles tonitruantes ce qui était su et rabâché depuis bien longtemps[12]. » Haenel quant à lui reproche à Lanzmann de se croire le « propriétaire de Jan Karski, comme on l'est d'une marque[13] ». Lanzmann résume sa position de manière radicale, en affirmant le caractère non fictionnalisable de la Shoah. Il le disait déjà en s'opposant au film de Spielberg *La Liste de Schindler* (1993) :

> L'Holocauste est d'abord unique en ceci qu'il édifie autour de lui, en un cercle de flamme, la limite à ne pas franchir parce qu'un certain absolu d'horreur est intransmissible :

prétendre le faire c'est se rendre coupable de la transgression la plus grave. La fiction est une transgression, je pense profondément qu'il y a un interdit de la représentation. En voyant *La Liste de Schindler*, j'ai retrouvé ce que j'avais éprouvé en voyant le feuilleton *Holocauste*. Transgresser ou trivialiser, ici c'est pareil : le feuilleton ou le film hollywoodien transgressent parce qu'ils « trivialisent », abolissant ainsi le caractère unique de l'Holocauste [14].

Défendant « un interdit de la représentation », Lanzmann s'oppose à Semprun, pour qui le roman est nécessaire à la transmission du témoignage.

Ce que Lanzmann nomme « trivialisation », c'est pourtant le cœur du métier de romancier : la mise en fiction, la mise en roman de la réalité et de l'Histoire. Le romancier se donne un rôle, une charge : celle de combler les vides de l'Histoire. On ne sait rien de la vie de Karski après 1945, jusqu'à son témoignage dans *Shoah* : « Ce saut dans la fiction n'avait qu'un but : tenter de trouver un équivalent au silence de Karski [15] », résume Haenel.

LE ROMANCIER CONTRE L'HISTORIEN : QUESTIONS DE MÉTHODE

Cette polémique pose la question de la légitimité du roman : le romancier, quand il s'attaque à l'Histoire, doit-il « montrer ses papiers » et donner des indices de fiction ? Le mélange des genres est-il un droit du romancier ? Un premier roman a mis en avant cette confusion des genres : *HHhH* de Laurent Binet (Grasset, 2010) mêle biographie et réflexion sur les conditions de possibilité d'une biographie et la méthodologie d'une enquête historique[16]. Le romancier fait alterner le récit de l'opération ayant conduit à l'assassinat de Heydrich, le bras droit d'Himmler (HHhH, *Himmlers Hirn heißt Heydrich*, le cerveau d'Himmler se nomme Heydrich), par des résistants tchèques, et les interrogations du narrateur sur les conditions de ce récit. Se mettant en scène comme historien en herbe, le narrateur confronte la méthode historique et la méthode littéraire ; il s'interroge sur les limites de la biographie comme genre historique et littéraire. Le roman, qui a connu un grand succès, pose de bonnes questions : où s'arrête la documentation historique, où commence l'imagination ? Le récit littéraire est condamné par le narrateur au nom de l'inexactitude : mettre en récit les faits serait forcément les trahir. Mais si le narrateur, derrière lequel on devine aisément l'auteur, discrédite la littérature, il ne pratique pas pour autant la méthode historique : le récit de l'assassinat de Heydrich par deux soldats tchécoslovaques est traité comme un roman d'aventures. Il ne cite pas ses sources (mais multiplie, en incise, les « paraît-il »). Il dénonce la mise en fiction de l'Histoire qu'il pratique. Il demande au lecteur de lui faire confiance : on est bien dans un roman. Pour autant, le lecteur a le sentiment d'assister à la fabrique de l'Histoire. Jacques-Pierre Amette résume l'intérêt des romanciers contemporains pour la Shoah : « La Shoah est un trou noir et une boîte à fantasmes. [...] n'y a-t-il pas une légitimité pour la passion d'une génération à interroger individuellement ce passé, comme un Balzac ou un Hugo ont revisité la guerre des chouans ? Fantasmer et créer est-il interdit[17] ? » Plus précisément, la question est : peut-on fantasmer et créer à partir de faits historiques, et surtout de faits aussi sensibles que la Shoah ? Est en jeu la question des limites de la fiction : y a-t-il des sujets interdits de fiction parce que trop graves, leur poids de réalité pesant trop lourd [18] ?

Pour Laurent Binet, la fiction est toujours en infériorité sur le réel, notamment sur la science qui en fait le récit : l'Histoire. Il y a pour lui une « plus-value du réel [19] », le réel donne une profondeur au roman : « Le réel possède un noyau dur qui le distingue radicalement du monde des rêves ou des fantasmes, et ce noyau dur nous est accessible. » Il soutient l'idée que le réel est plus romanesque que la fiction : le réel nourrit ainsi naturellement la fiction. La littérature fondée sur l'Histoire n'en est alors qu'un simple résumé : tout romancier serait un historien raté. Laurent Binet incarne un type d'écrivains complexés par l'Histoire, qui interrogent et mettent à l'épreuve les limites du roman face à l'Histoire. Pour ce faire, ils produisent des romans mixtes, mêlant des documents à une narration romanesque, tel *Hammerstein ou De l'intransigeance* de Hans Magnus Enzensberger (2008), qui adopte le genre biographique, sur la figure du général allemand opposant au nazisme Kurt von Hammerstein, pour constituer, comme l'indique le sous-titre, « Une histoire allemande » ; une méthode qu'il avait déjà adoptée dans *Le Bref Été de l'anarchie. La vie et la mort de Buenaventura Durruti* (1972), autour de l'anarchiste espagnol. Enzensberger compose avec l'art du romancier et l'exactitude de l'historien, insère des documents historiques, des photographies, tout en ayant conscience de ne pas être historien et en affirmant que l'écrivain peut parvenir à une forme de vérité : « Même en dérapant à l'écart des faits, on peut tout à fait parvenir à des vues justes », écrit-il dans une postface. Cette insertion de documents historiques, notamment des photographies, dans la matière romanesque, c'était aussi ce que pratiquait Sebald, tentant de cerner la figure des émigrants, notamment dans *Austerlitz* (2001). Le genre biographique est propice à l'enquête historique comme à la narration romanesque : le romancier néerlandais Harry Mulisch tente de percer à jour la figure d'Hitler et l'origine du Mal dans son roman *Siegfried. Une idylle noire* (2000), qui témoigne d'une réelle érudition sur le sujet.

Contre cet art romanesque mixte, par lequel le romancier paye sa dette à l'historien, des romanciers pratiquent et défendent un roman qui s'éloigne de l'Histoire par un art strictement littéraire. C'est le cas du grand roman de Mathias Énard *Zone* (Actes Sud, 2008), phrase quasi ininterrompue de cinq cents pages, dans lequel le narrateur, un mercenaire, raconte sa guerre des Balkans, décrivant moins des faits que ses réflexions, son intériorité psychologique bouleversée par les conflits. C'est cette folie de la violence, dont l'Histoire est riche, que creusent notamment les romans de Pierre Guyotat écrits au retour de la guerre d'Algérie, *Tombeau pour cinq cent mille soldats* (Gallimard, 1967) et *Éden, Éden, Éden* (Gallimard, 1970), ou, toujours sur la guerre d'Algérie, *Des hommes* de Laurent Mauvignier (Minuit, 2010) et *Où j'ai laissé mon âme* de Jérôme Ferrari (Actes Sud, 2010). Ces romans, ancrés dans des événements historiques précis, dépassent ce cadre : l'Histoire est digérée ; ne reste que la violence pure. Le problème de l'irreprésentabilité du Mal est en jeu. « Écrire après », c'est toujours à cette question littéraire et morale que s'affronte le romancier.

II

ROMAN, SOCIÉTÉ, ACTUALITÉ

À l'époque de Louis Guilloux, on parlait de roman populiste, ce roman dont le peuple était le héros. Perec, dans *Les Choses* et *La Vie mode d'emploi*, pratiquait une poésie de la vie moderne. Aujourd'hui, les romanciers français ne s'emparent pas aisément des nouvelles formes de modernité ; les bouleversements de la société ne sont pas leur objet premier. Le roman de demain est celui qui parvient à capter aujourd'hui les signes de l'époque, les « mythologies » du contemporain (Internet, Facebook, le néocapitalisme, la haute finance), à en faire une matière romanesque. À rendre l'actualité inactuelle, atemporelle : fictionnelle.

Le détour par la fiction est une médiation nécessaire à la saisie du réel, face à l'immédiateté de l'actualité. Dans la production de narrations, le romancier est en concurrence avec le journaliste, mais aussi avec l'homme politique, qui pratique ce qu'on nomme le *storytelling*, qui n'est autre que du roman. Le recul face au réel perçu et saisi, la langue employée, le choix entre imitation, recréation et création sont des questions méthodologiques pour le journaliste, le sociologue et l'historien ; pour le romancier, ce sont de véritables enjeux littéraires.

UN ROMAN SOCIAL

Le roman social contemporain est d'abord un roman dépassionné : ce n'est plus le roman à thèse de l'écrivain engagé, théorisé et incarné par Sartre. Un roman descriptif, qui prend le pouls de la société, comme le fait un journaliste avec un documentaire. C'est ce que pratique François Bon, notamment dans son premier roman, *Sortie d'usine* (Minuit, 1982) — la même année, Leslie Kaplan publie *L'Excès-l'usine* (POL) —, ainsi que dans *Décor ciment* (Minuit, 1988), qui met en scène les habitants d'une cité HLM, *Paysage fer* (Verdier, 2000), qui décrit le paysage industriel et post-industriel vu depuis un train Paris-Nancy. Dans *Daewoo* (Fayard, 2004), François Bon se situe après la fermeture — réelle — des usines Daewoo en Lorraine : il visite les usines fermées, rencontre les ouvriers, des ouvrières surtout. Et décide de raconter, dans un livre plus engagé que les précédents : « Si les ouvrières n'ont plus leur place nulle part, que le roman soit mémoire. » François Bon assigne une fonction mémorielle, sociale et politique au roman, renouant avec une tradition dont Zola et Louis Guilloux ont été les hérauts[1].

Écrire la réalité sociale, c'est d'abord décrire un paysage, une architecture. Puis un mode de vie, des habitus. Un certain langage, des voix, des expressions. S'immerger dans un lieu et en faire jaillir les parfums, les humeurs, l'essence — tel Pierre Michon et le monde des campagnes françaises. Pour autant, le naturalisme est-il un passage obligé ? Le narrateur doit-il parler comme les personnages qu'il décrit, au risque de les singer ? C'est à la question du rôle de l'observateur, une question de méthode pour le sociologue, que s'affronte le romancier.

Laurent Mauvignier fait parler des individus : il tente de cerner leur voix, sans mimétisme ni recherche sociologique. Il agit en romancier : il invente, il construit. Inspiré d'un fait divers, *Ce que j'appelle oubli* (Minuit, 2011) est un court récit sous la forme d'un monologue, une seule longue phrase, qui raconte l'histoire d'un homme tabassé par les gardes de sécurité d'un supermarché qui l'avaient surpris alors qu'il buvait une canette de bière volée. Le style oral évoque la langue sans fioritures des gens modestes. Il en va de même avec son grand roman *Dans la foule* (Minuit, 2006), également inspiré d'un fait divers : récit de parcours croisés autour d'un drame collectif (l'accident au stade du Heysel en Belgique lors d'un match de football en 1985). Mauvignier fait parler les victimes ordinaires des drames de la vie, des drames de l'intime (suicide, viol, mort accidentelle) ; histoires de famille, d'amis, histoires de deuils. Petites gens face aux injustices de la vie, aux douleurs simples.

Le roman social s'élève jusqu'à l'Histoire : dans *Des hommes* (Minuit, 2009), Laurent Mauvignier s'empare de la guerre d'Algérie. Des hommes ont été appelés en Algérie, en sont revenus, se sont tus. Ils ont caché ce qu'ils ont fait, ce qu'on leur a fait, ce qu'ils ont vu. Ils ont ravalé leurs souvenirs, ravalé leur colère, leur haine, leur culpabilité. Ils n'ont su que se taire. Ils ont continué de vivre. Jusqu'au jour où, après quarante ans, une réunion de famille fait remonter les souvenirs et exploser rancœurs et mauvaise conscience. Dès lors il faut parler, trouver une langue pour dire ce qu'on a tu. C'est cette langue que cherche Laurent Mauvignier : dans tous ses romans, il donne une voix à ceux qui n'en ont pas. Un projet narratif et stylistique : travail sur les voix narratives, la langue orale, la langue populaire. Il joue de la polyphonie, dans des récits perspectivistes où les voix de divers personnages se croisent, d'un chapitre à l'autre. Dans *Des hommes*, la polyphonie entre au cœur de la page, le sujet change d'un paragraphe à l'autre. L'énonciation est poussée jusqu'au chaos.

Le mélange d'une vision de la société et d'une vision de l'Histoire, du temps long et du temps présent, est un bon moteur romanesque. Qui touche le grand public : le prix Goncourt 2011, *L'Art français de la guerre*, le premier roman d'Alexis Jenni (Gallimard, 2011), mêle l'histoire des guerres coloniales françaises (Indochine, Algérie) à l'histoire de la société française actuelle aux prises avec l'immigration, conséquence de ces guerres mal digérées. S'intéresser à l'Histoire du passé («rebrousser chemin», comme le dit Lanzmann de manière critique) n'est pas une manière de ne pas s'affronter au réel, au temps présent ; le retour sur l'Histoire permet au contraire une perception accrue du monde actuel.

UNE LITTÉRATURE SÉPIA

À l'inverse, le traitement de l'actualité peut être une manière de faire retour sur l'Histoire. L'un des derniers romans de Marguerite Duras, *La Pluie d'été* (POL, 1990), raconte la vie d'une famille d'ouvriers immigrés dans une ville de banlieue. Duras explique à la fin du livre qu'il s'agit d'une variation sur un thème déjà traité dans son film *Les Enfants* (réalisé en 1984), celui de la relation amoureuse d'un couple d'enfants, frère et sœur ; elle raconte que pour écrire le livre elle s'est rendue à Vitry-sur-Seine une quinzaine de fois pour se replonger dans l'ambiance du film : « C'est le lieu le moins littéraire que l'on puisse imaginer, le moins défini. Je l'ai donc inventé. Mais j'ai gardé les noms des musiciens, celui des rues. Et aussi la dimension tentaculaire de la ville de banlieue de plusieurs millions d'habitants dans son immensité. » L'un des motifs récurrents du roman est un livre brûlé par un chalumeau, retrouvé par les enfants dans une maison voisine, qui les marque profondément. Ernesto, l'enfant le plus intelligent de la famille, apprend à lire dans les passages intacts du livre. Ce livre brûlé est le seul élément inventé par Duras (« La Nationale 7 est la Nationale 7. L'école s'appelle vraiment l'école Blaise-Pascal. / Le livre brûlé, je l'ai inventé ») : il est l'indice du romanesque. Il est aussi l'indice de l'Histoire : le livre brûlé raconte l'histoire de David, roi de Jérusalem. Ernesto lit à ses frères et sœurs des passages du livre : « Les enfants avaient écouté avec une attention entière ce qu'avait fait le Roi d'Israël. Ils avaient demandé où ils étaient maintenant ces gens-là, les Rois d'Israël. / Ernesto avait dit qu'ils étaient morts. / Comment ? avaient demandé les enfants. / Ernesto avait dit : gazés et brûlés. / Les brothers et sisters avaient sans doute déjà entendu dire quelque chose là-dessus. Quelques-uns ont dit : ah oui... c'est ça... on savait. / Quelques autres avaient pleuré comme après la découverte du livre. » Duras revient ainsi sur le thème de la Shoah, qui hante son œuvre — *La Pluie d'été* paraît cinq ans après *La Douleur*.

Cet intérêt pour la société, traité dans un style épuré, est également propre à Yves Ravey et à Hélène Lenoir, deux auteurs des Éditions de Minuit, comme Duras à ses débuts. Les romans d'Yves Ravey sont difficiles à cerner : ce sont des romans couleur sépia, arrêtés dans un passé mal défini — on imagine les années 1970, une époque mi-réaliste, mi-fantasmée. Les événements sont souvent vus par les yeux d'un enfant, qui ne comprend pas tout du monde des adultes, de leur violence. Hélène Lenoir écrit des romans familiaux où, comme chez Duras, la voix est à nu, la souffrance à vif. Ces romans dessinent les contours d'une littérature modeste, *arte povera* du roman. Face au trop-plein de la société, le romancier cherche une ligne claire.

Le journal intime et l'autobiographie sont souvent le lieu d'une évocation précise de la société dans laquelle vit l'auteur. Dans *Les Découvertes* (Minuit, 2011), Éric Laurent évoque son adolescence dans les années 1970, à Clermont-Ferrand, sa découverte du corps féminin et du désir. Découverte qui passe par les affiches de film, les revues et les livres présents à la maison, tout ce qui entoure le jeune garçon : autant de signes, de mythologies d'une époque. Dans *Formation* (Gallimard, 2007), Pierre Guyotat raconte la « formation sensorielle, affective, intellectuelle et métaphysique d'un enfant né au tout début de la Deuxième Guerre mondiale, en France, dans un village du Sud-Est, dans une famille *ancienne*, catholique, et sans fortune. [...] Les sentiments, les interrogations, les pensées sont d'un enfant [...], les idées, les convictions, les tourments qui s'y manifestent sont ceux de son entourage, de son temps, dans ses lieux. » Les héros de ces récits sont des *types* (l'enfant élevé en tel lieu, à telle époque) ; ces autobiographies vont au-delà du récit personnel : ils englobent un temps, un lieu, un état de la société. Ils sont des fragments d'Histoire.

DES ROMANS BAVARDS

Le problème auquel s'affronte le romancier qui veut s'emparer de la matière sociale est celui du réalisme : le risque est de reproduire le réel, par mimétisme, au lieu de le digérer et de l'intégrer à la matière romanesque. Ce mimétisme est illustré exemplairement par l'auteur qui incarne le roman sociologique français contemporain, Michel Houellebecq. Contempteur de l'homme moderne, qu'il représente en pauvre type englué dans sa dépression, sa frustration et sa misère sexuelle, Houellebecq met au jour le nihilisme de la société (argent facile, femmes faciles, relations superficielles, libéralisme en bout de course). Il analyse l'extension du capitalisme à tous les domaines de la société (travail, amour, sexe, consommation, divertissement) et la fabrique de l'homme moderne, modelé par ce capitalisme dominant, pur produit de l'individualisme créé par la dissolution des liens sociaux. Le style se veut descriptif, d'une platitude revendiquée, mâtiné d'envolées scientistes, recyclage d'analyses sociologiques, anthropologiques et politiques. Il intègre le langage parlé, les lieux communs, sur un mode cynique et glacé, se voulant souvent drôle et y parvenant parfois. La multiplication des signes de la modernité (tics de langage soulignés par l'italique) a valeur d'exposé théorique — comme quand, au cinéma, pour exprimer le désarroi du héros, on fait tourner la caméra autour de lui pour montrer que son univers vacille. Pour exprimer la faillite des idéologies qui caractériserait notre société, Houellebecq expose en vrac des théories (aussi bien celles de Claude Bernard ou d'Auguste Comte que l'eugénisme ou le stalinisme) sans que le lecteur puisse déterminer si le narrateur les condamne ou les loue. Ambiance fin-de-siècle : l'individu est déstabilisé, écrasé sous le poids combiné de l'Histoire et de sa propre médiocrité. Le fouillis narratif est supposé mimer la confusion idéologique de l'homme moderne ; la platitude de la phrase mimer la platitude et le délitement de l'homme, du langage, de la société.

Auteur à succès, qui trouve sa place auprès du grand public comme dans le milieu littéraire, décrié pour ses provocations politiques, adulé et défendu comme un nouveau Céline, Houellebecq incarne un roman français qui tourne en rond, qui sonne creux, fourvoyé dans un pénible autopastiche — le mimétisme ayant valeur littéraire. Ses romans offrent un condensé de modernité, ou mieux encore de «postmodernité», et de grande tradition littéraire (on le dit influencé par Balzac, Zola, la métaphysique pessimiste de Schopenhauer). La pose désinvolte du narrateur, comme de l'auteur lui-même, jetant un regard blasé sur ses contemporains, nous tend un miroir grimaçant de notre époque. Littérature sans enjeu, littérature fatiguée, érigeant la banalité, le déjà dit, en symboles d'une modernité qui se prétend lucide.

Le succès de Houellebecq est un signe : le signe d'une difficulté du roman à englober le monde contemporain. Suffit-il de le reproduire, d'en donner des signes à valeur de symboles, de le tourner en ridicule ? Dans la lignée de Houellebecq, des romanciers se font volontairement journalistes, et tordent la langue comme les journalistes — tout en revendiquant une stature littéraire. Dégrader la langue, rabaisser le roman à de la sous-littérature, tout cela volontairement, en toute conscience : cela fait-il positivement du roman ? Plus drôle, marqueur de notre époque, *99 francs* de Frédéric Beigbeder (Grasset, 2000) est un roman, d'inspiration autobiographique, sur le monde de la publicité et du marketing, univers cynique et creux, représentatif de la société de consommation ; il a connu un très grand succès et demeure l'un des romans français contemporains les plus vendus à l'étranger, comme le sont ceux de Houellebecq. On pense à Bret Easton Ellis et son *American Psycho* (1991), best-seller mondial, contre-utopie située dans les années 1980, dont le héros, *golden boy* de Wall Street, est aussi un tueur en série, qui a fait scandale à sa sortie en raison de la violence et du nihilisme mis en scène. Dandy désabusé, fréquentant le tout-Paris des boîtes de nuit, Frédéric Beigbeder incarne le romancier « mode », qui affirme par sa posture que la littérature n'est pas ringarde mais peut faire bon ménage avec l'univers des médias. Dans une veine plus sérieuse, des romanciers se font polémistes, reprenant la traditionnelle position de surplomb de l'écrivain analyste de la déliquescence de la société, dans la lignée des hussards — Renaud Camus, Philippe Muray, Maurice G. Dantec, notamment.

FACE À LA SOCIÉTÉ

Mais ces écrivains ne proposent rien de neuf — rien de nouveau depuis Léon Bloy. Plus intéressants sont les romanciers qui assument de se situer à la frontière avec la sociologie la plus empirique. Le romancier n'a pas de recul face à la société à laquelle il appartient : il n'est ni sociologue ni journaliste ; quelles sont ses armes ? L'enjeu pour lui est de transcender ce qui est l'objet d'une expérience quotidienne : notre rapport aux médias, aux nouveaux modes de communication, aux nouvelles technologies. Le romancier est en concurrence avec le journaliste, qui rend compte au jour le jour de notre pratique d'hommes et d'acteurs de la société, une pratique que le romancier et le lecteur ont en partage. Le romancier est à égalité avec le lecteur quant à la matière traitée : il a les mêmes connaissances que lui, souvent la même expérience. Ce n'est pas du côté du sujet que le romancier peut faire preuve d'originalité. C'est sur le terrain narratif, celui de la composition, du style, de la langue, qu'il doit se situer pour trouver sa propre voix.

De manière modeste, moins ambitieuse, des écrivains adoptent la forme de l'enquête, du reportage, du témoignage, qu'ils incorporent à des romans. François Bégaudeau raconte dans *Entre les murs* (Verticales, 2006) son expérience de professeur de français dans un collège parisien difficile. Le roman a connu un grand succès, de même que son adaptation au cinéma, dans laquelle Bégaudeau ainsi que des lycéens jouent leur propre rôle (palme d'or au Festival de Cannes 2008). Agissant comme une enquête journalistique — le roman a été lu aussi comme un documentaire, un témoignage —, mais avec une plus forte audience, celle que donnent les romans, *Entre les murs* a été le révélateur d'un malaise de l'école ; il a également témoigné d'une vigueur du roman — et du cinéma — français. Florence Aubenas opère de tels sondages de la société, en mêlant sa pratique journalistique et l'art du récit, dans *Le Quai de Ouistreham* (L'Olivier, 2010) — à la manière d'un Raymond Depardon au cinéma –, de même que Joy Sorman qui s'immerge elle aussi dans les milieux qu'elle met ensuite en récit. Le roman social n'est plus aujourd'hui du côté du seul roman, mais à la frontière du récit, souvent appuyé sur l'expérience vécue. Il est une forme mixte, ouverte, mêlant documentaire, enquête et fiction.

Bien des romanciers contemporains contestent l'image de l'écrivain dans sa tour d'ivoire, et prouvent que le romancier est le meilleur témoin de son époque, et le roman, par sa plasticité, la meilleure forme pour en rendre compte. Le romancier enregistre l'évolution du monde qui l'entoure ; ce ne sont pas de lointains échos qui lui parviennent : il est conscient de son appartenance à un temps et à un lieu. Il ne recueille pas passivement les signes de cette évolution, il va les chercher : il se fait journaliste, enquêteur — notamment autour du fait divers[2]. Il retravaille ce matériau au point que le réel devient roman, tel Perec imaginant la vie d'un immeuble dans *La Vie mode d'emploi*, le grand roman des Trente Glorieuses ; ou prenant acte de l'envahissement de la société de consommation dans *Les Choses* ; ou enregistrant la répétition du quotidien tel un sociologue, mais attablé au Café de la Mairie, place Saint-Sulpice, dans *Tentative d'épuisement d'un lieu parisien*. L'intérêt des romanciers pour la société et le temps présent n'est pas nouveau : le monde qui l'entoure a toujours servi de décor au romancier, de même que les écrivains voyageurs ont toujours existé (de Jean de Léry à Joseph Kessel) et existent encore (Olivier Rolin, Jean Rolin ou Patrick Deville par exemple). Mais aujourd'hui les romanciers font du monde le cœur de leurs livres, leur matière même. La société est un enjeu, un objet, non plus une toile de fond. Régis Jauffret pousse cet exercice à son comble dans ses *Microfictions* (Gallimard, 2007), cinq cents récits de deux pages racontant avec cynisme, humour noir et ironie désabusée la vie ordinaire de gens ordinaires : notre humanité, notre société, nous-mêmes.

Annie Ernaux pratique quant à elle ce qu'elle nomme, à propos des *Années* (Gallimard, 2008), « autobiographie impersonnelle[3] », ainsi que la forme du journal, mais qui n'est pas journal intime ; ses romans se nourrissent de ces formes d'écriture personnelle. L'écriture autobiographique est pour elle liée à une préoccupation d'ordre sociologique — elle se dit influencée par Pierre Bourdieu. *Journal du dehors* (Gallimard, 1993) illustre exemplairement ce travail, qu'elle définit ainsi, dans l'avant-propos : « Il ne s'agit pas d'un reportage, ni d'une enquête de sociologie urbaine, mais d'une tentative d'atteindre la réalité d'une époque — cette modernité dont une ville nouvelle [elle vit à Cergy-Pontoise depuis vingt ans, nous apprend-elle] donne le sentiment aigu sans qu'on puisse la définir — au travers d'une collection d'instantanés de la vie quotidienne collective. » Elle évoque un idéal d'« écriture photographique » : une écriture de la notation, de l'enregistrement, dans laquelle le sujet qui enregistre ne serait présent que par son œil, sa vision, son cadrage. Mais elle constate au fil du récit qu'elle n'a pas réussi à se mettre le moins possible en scène ; au contraire, parlant des autres elle parle d'elle-même : « Je suis sûre maintenant qu'on se découvre soi-même davantage en se projetant dans le monde extérieur que dans l'introspection du journal intime […]. Ce sont les autres, anonymes côtoyés dans le métro, les salles d'attente, qui, par l'intérêt, la colère ou la honte dont ils nous *traversent*, réveillent notre mémoire et nous révèlent à nous-mêmes. » La banlieue est un *lieu* de son écriture, qui lui permet de dresser un portrait de la société et, en creux, d'elle-même. Son roman *L'Occupation*

(Gallimard, 2002) offre un très beau portrait de femme seule, en banlieue, dans ces interlieux que sont bretelles d'autoroutes, arrêts d'autobus, ascenseurs d'immeubles[4].
L'expérience, le vécu, le regard suffisent-ils à *faire roman*? Le romancier doit transformer cette matière réelle en matière littéraire[5]. Ce n'est pas tant de recul critique qu'il a besoin, que de mise en forme du réel.

LA LANGUE, LIEU D'INTERVENTION

Cette mise en forme passe par la langue. Or les signes, les marqueurs de la modernité, que ce soit le vocabulaire de la technologie (Internet, la communication...) ou celui du capitalisme, se disent en anglais. Cette étrangeté dans la langue, qui pourrait constituer un lieu de création, n'est que peu exploitée par les romanciers. Ce vocabulaire, qui est celui des journalistes, de notre quotidien le plus trivial, doit être transfiguré par la littérature — ce qui est rarement le cas. Les romanciers de langue anglaise, pour qui le problème ne se pose pas, parviennent mieux à intégrer le contemporain immédiat — dans la lignée de la *non fiction novel*, où manières romanesque et journalistique se mêlent. Une large part de l'œuvre de Philip Roth porte sur l'histoire des États-Unis, comme celle de Jonathan Coe sur l'histoire de la Grande-Bretagne; Don DeLillo s'empare du 11 Septembre dans *L'homme qui tombe* (2007); Jonathan Franzen du gouvernement Bush et de la guerre en Irak dans *Freedom* (2010) — ce qui lui vaut la couverture de *Time Magazine*, rarement consacrée à un écrivain, et l'inscrit pleinement comme acteur et analyste de la société. Nombre de grands romanciers étrangers fondent leur œuvre *dans* la société, ce qui est moins le cas des grands romanciers français d'aujourd'hui.

Le romancier qui s'attache au réel est aux prises avec le langage ordinaire et l'expérience commune, partagés avec le lecteur; son lieu d'intervention est en revanche strictement littéraire : c'est en s'attaquant à la langue qu'il s'attaque à la société. En déconstruisant le vocabulaire de la communication, de la politique, de l'économie, qui enferme l'individu et le dégrade de sujet en objet. En faisant de la langue de la modernité le lieu d'une intervention littéraire. C'est ce que fait Éric Laurrent, qui pratique une écriture d'un grand classicisme, longues périodes, phrases enchâssées, vocabulaire rare, qu'il nomme lui-même une nouvelle préciosité. Ce décalage entre l'époque évoquée (la société contemporaine) et la langue employée crée un effet d'atemporalité : le roman devient lieu idéalisé de la langue. Captant les signes de la modernité et les intégrant au roman, il en fait ressortir toute l'étrangeté, par l'étrangeté de cette langue qui ne « colle » pas avec le réel qu'elle décrit. Aurélien Bellanger, dans son premier roman, *La Théorie de l'information* (Gallimard, 2012), recourt à l'inverse à une écriture volontairement neutre, mimant l'objectivité scientifique et la narration des pages Wikipédia, pour raconter l'aventure technologique française des années 1980-2000, de l'invention du Minitel à la généralisation d'Internet. Tout autre également est la langue adoptée par Mathias Énard dans *Rue des Voleurs* (Actes Sud, 2012) qui, pour évoquer le tout récent « Printemps arabe », donne la parole à un jeune Marocain de Tanger pris entre attachement au pays, rêve de France et d'Espagne, et embrigadement islamiste. Trouver une voix adéquate pour dire l'ultracontemporain, à la fois ancrée dans l'actualité et atemporelle : tel est l'un des défis des romanciers d'aujourd'hui.

DES ROMANS DE GENRE, DES ROMANCIERS ENGAGÉS

Les romanciers qui placent aujourd'hui la société au cœur de leur projet sont le plus souvent ceux qui pratiquent le roman noir : roman policier qui rend compte d'un état de la société au moyen d'une vision réaliste et politique, sombre, et d'un discours critique. Ils incarnent une autre forme de littérature engagée. Jean-Patrick Manchette, Thierry Jonquet, Didier Daeninckx, Jean-Claude Izzo, Tonino Benacquista, Dominique Manotti... : un ensemble d'écrivains de gauche pratiquent le roman noir dans une visée critique. Ces romans sont souvent ancrés dans un lieu : la ville de Marseille, organisme vivant, est le véritable héros des romans de Jean-Claude Izzo (*Total Khéops*, *Chourmo* et *Solea*, la « trilogie Fabio Montale », Gallimard, 1995, 1996 et 1998). Ces romans noirs s'inspirent de faits divers[6] ou de faits de société, notamment politiques. *L'Affaire N'Gustro* de Manchette (Gallimard, 1971) se fonde sur l'enlèvement du leader tiers-mondiste marocain Mehdi Ben Barka. Didier Daeninckx plonge dans l'Histoire pour mettre au jour les rancœurs mal digérées : le massacre d'Algériens à Paris le 17 octobre 1961 dans *Meurtres pour mémoire* (Gallimard, 1984), l'Occupation et la Résistance dans *La mort n'oublie personne* (Denoël, 1989), la colonisation dans *Cannibale* (Verdier, 2002).

Les romans de genre permettent au romancier de s'attacher au *réel* sans que celui-ci soit *actuel* — de dissocier, décaler le réel de l'actualité. Faire du réel une fiction tout en le laissant lire entre les lignes ; une critique de la société à mots couverts. Cette distance est proprement l'espace de la fiction, le lieu du romancier — et non plus celui du journaliste ou du sociologue. Le roman de genre, avec ses codes connus du lecteur, permet de ne pas lire le réel au premier degré ; cette distance rend possible l'ironie et la satire sociale (Montesquieu utilisait ainsi le détour par la figure de l'étranger dans les *Lettres persanes*). Les romans de genre sont fréquemment pratiqués par les romanciers populaires — c'est le cas de Robert Merle dans *Malevil* (Gallimard, 1972), qui raconte la vie d'un groupe de survivants après une guerre atomique — dans la lignée des grands romans d'anticipation, plus exactement d'anticipation négative, contre-utopies ou dystopies, tels *1984* d'Orwell, *Farenheit 451* de Bradbury, *Le Meilleur des mondes* d'Huxley — de même qu'au cinéma les films de zombies sont des critiques sociales, tel *La Nuit des morts-vivants* de George Romero, critique du racisme et de l'individualisme. Un genre toujours pratiqué, par exemple dans *Choir* d'Éric Chevillard (Minuit, 2010), qui se situe dans une île où toutes les valeurs sont inversées, ou *Avant de disparaître* de Xabi Molia (Seuil, 2011), qui met en scène des Parisiens rescapés d'une épidémie.

Antoine Volodine est le grand auteur qui pratique aujourd'hui le genre de l'anticipation négative. Sa mise en scène d'un monde d'« après l'échec des révolutions », un monde où les hommes sont enfermés, où nul n'est maître mais chacun est esclave, est une véritable critique sociale et politique : une vision noire du monde actuel, celui de la fin des idéologies[7].

*

Le romancier n'est-il jamais meilleur sociologue qu'en étant véritablement romancier, en ne faisant précisément pas de roman social ? Les auteurs qui, à la fin des années 1980 et durant les années 1990, témoignent de leur expérience du sida, donnent une vision de la société plus puissante que celle de n'importe quel sociologue. Hervé Guibert, sous la forme du témoignage masqué, en est le meilleur exemple. L'invention, la recréation peuvent être porteuses d'une vérité d'ordre sociologique ou historique : c'est le cas avec un premier roman très ambitieux, *La Meilleure Part des hommes* de Tristan Garcia (Gallimard, 2008), qui retrace avec justesse les « années sida » en mettant en scène de manière déguisée des personnes réelles (Guillaume Dustan notamment), des événements que l'auteur, né en 1981, n'a pas vécus. Puissance d'évocation, de recréation, du roman. Le roman n'a nul besoin de se faire « social » pour évoquer la société : il est suffisamment plastique — une forme ouverte — pour englober le réel[8].

Cet exemple interroge la vérité du roman : sa véracité et sa légitimité — double question esthétique et morale majeure[9]. Le romancier fonde sa légitimité à parler de la société dans sa pratique de l'observation, de la recréation et de la langue. Il ne vise ni l'universalité ni l'objectivité. Il assume un roman mixte, mêlant matière réelle et manière romanesque.

III

Des hommes et des mythes

LE FAIT DIVERS

UNE PETITE MACHINE
NARRATIVE

Le fait divers est le moteur par excellence du roman : il est l'étincelle narrative qui suscite l'envie de raconter. Il peut aussi servir d'*exemplum*, petit récit édifiant qui condense un état moral de notre société. Le fait divers dans le roman consacre les noces de la littérature et de la vie, de l'imagination et des médias. Mais aussi de l'exhibition — l'exposition médiatique du fait divers — et de la concentration — la transposition littéraire du fait divers, qui nécessite d'épurer le trop-plein médiatique. La particularité du fait divers comme moteur narratif est son caractère toujours-déjà romanesque. Ce sont les médias qui font d'un simple événement un fait divers. Le travail du romancier apparaît d'abord second, de l'ordre de la transcription. Mais il peut faire place à un travail plus ambitieux : le fait divers, simple déclencheur et fil conducteur narratifs, peut être élevé au rang de mythe (c'est le cas de l'affaire Violette Nozière dont se sont emparés les surréalistes). Le fait divers est le *lieu* même du roman, le marqueur de la création romanesque ; le lecteur connaissant le fait divers, qui fait partie de la culture populaire, peut en comparer les traitements médiatique et romanesque.

Le fait divers a toujours passionné l'opinion publique comme les artistes. La constitution du fait divers tel qu'on le connaît aujourd'hui naît avec l'essor de la presse au XIXe siècle [1]. Le fait divers désigne d'abord une rubrique de journal rapportant les récits et anecdotes de la vie quotidienne, les actes héroïques des individus ordinaires, et les crimes. Le fait divers est d'essence médiatique : il est ce qui retient l'attention, ce qui mérite d'être raconté. Il est aussi d'essence narrative : c'est un microrécit, une petite machine narrative. C'est pourquoi il intéresse les romanciers, qui en font un déclencheur de récit. Le journaliste et le romancier exécutent le même geste : tirer le fait divers du quotidien, sortir l'extraordinaire de l'ordinaire, faire du sensationnel avec du banal. Le romancier s'inspire de faits divers qui lui sont contemporains, dont il a entendu parler dans les médias : Flaubert s'inspirait pour *Madame Bovary* d'un fait divers qui avait défrayé la chronique normande sous Louis-Philippe ; Stendhal de l'affaire Berthet de 1827 pour écrire *Le Rouge et le Noir* qui paraît en 1830 ; Dostoïevski d'un crime politique ayant eu lieu dans le milieu révolutionnaire russe peu avant qu'il publie *Les Démons*. Mais le fait divers dans la littérature du XIXe siècle est prétexte : il n'est pas le sujet du roman mais l'outil qui stimule l'imagination. Le tournant a lieu avec *De sang-froid* de Truman Capote (1965), « roman de non-fiction » (*non fiction novel*) qui mélange technique journalistique (l'auteur a suivi l'affaire pour le *New Yorker*) et narration romanesque. Le romancier s'assume comme journaliste. Il ne prétend pas être plus fort que le réel ; en rendre compte, le raconter, suffit. Et peut-être, sans qu'il soit besoin de grands moyens stylistiques, ces faits divers romancés nous offriront-ils, telle une vanité, le portrait grimaçant de notre société.

Au XIXe siècle, le traitement du fait divers entérinait la partition des genres : l'Histoire, et ce que l'on commençait à appeler la sociologie, d'un côté ; le roman de l'autre. Aux XXe et XXIe siècles, cette partition n'a plus cours. Le fait divers est par excellence le révélateur du roman *transgenre*, le *lieu* du mélange des genres, fictionnel et non fictionnel, caractéristique du roman contemporain. Les romanciers aujourd'hui mettent en scène les faits divers en les signalant comme tels ; le narrateur se montre comme enquêteur — ce qui n'était pas le cas dans *De sang-froid*. En assumant le caractère factuel de leur source d'inspiration, un fait divers réel, ces romanciers montrent que le roman est pleinement dans la société. Le réel est tout aussi romanesque que ce que peut produire un imaginaire débridé. Ces romans consacrent un retour au réel, une revalorisation de ce sol brut contre quoi on bute, sans pour autant quitter la sphère romanesque.

Le fait divers est selon Barthes une petite narration close sur elle-même, « immanente » ; une « information totale » : « Point besoin de rien connaître du monde pour consommer un fait divers, il ne renvoie formellement à rien d'autre qu'à lui-même[2]. » Dans sa forme, le fait divers est déjà un petit roman. Le romancier doit s'en emparer sans chercher à l'interpréter ; c'est le point de vue de Marguerite Duras dans un reportage de 1957 rendant compte d'un fait divers criminel : « Je crois qu'il faut [...] qu'une fois pour toutes on renonce à interpréter ces ténèbres d'où qu'ils sortent puisqu'on ne peut pas les connaître à partir du jour. » La lumière, celle que donne la presse, ne peut rendre compte de ce réel. Le romancier doit se libérer du point de vue du sens commun, de cet impensé qui circule et finit par former, au moyen des médias, l'inconscient collectif. Le romancier ne doit pas expliquer, ni interpréter, ni faire de la psychologie. Il doit raconter le fait divers lui-même, immanent à lui-même, suffisamment romanesque en soi pour faire roman. Mais le romancier contemporain ne se contente pas de l'utiliser comme matrice romanesque, et de le déplier pour en faire un vrai roman : il l'exhibe comme mythe, symbole ou métaphore de la société.

ROMAN PSYCHOLOGIQUE ?

L'Adversaire d'Emmanuel Carrère (POL, 2000) se fonde sur l'affaire Romand, cet homme qui s'est fait passer durant vingt ans pour un médecin, alors qu'il avait échoué à la première année de médecine, et, sur le point d'être découvert, a tué toute sa famille. Carrère utilise ce fait divers dans le prolongement de son travail autobiographique. La psychanalyse est passée par là : le narrateur, dont on comprend vite qu'il s'agit de l'auteur, se sent étrangement proche de Romand. Tous deux ont un fils du même âge ; Carrère se sent lui aussi vivre une vie à côté de sa vie officielle, dans ce studio qui lui sert de lieu d'écriture comme de refuge. Le studio est le pendant de la voiture de Romand dans laquelle il passe ses journées. Plus qu'une enquête, *L'Adversaire* est une forme d'autobiographie par procuration : Romand est le double monstrueux de Carrère. *L'Adversaire* prend ainsi des allures de roman psychologique : il s'agit de rapporter l'autre, radicalement autre par la monstruosité de ses actes, à soi. De cette comparaison émerge « l'adversaire », le mal qui sommeille en nous[3]. L'analyse psychologique s'avère pourtant impossible : « Le détail des malversations financières de Romand, la façon dont au fil des ans s'était mise en place sa double vie, le rôle qu'y avait tenu tel ou tel, tout cela, que j'apprendrais en temps utile, ne m'apprendrait pas ce que je voulais vraiment savoir : ce qui se passait dans sa tête durant ces journées qu'il était supposé passer au bureau. » Le fait divers est ici un déclencheur de réflexions : le roman ne peut expliquer la psychologie de Romand, il ne peut que l'évoquer, tourner autour, et Carrère le fait notamment par de très belles descriptions des paysages de montagne et de forêts du Jura, où habite et circule Romand. Le récit romanesque vient pallier les manques de l'analyse psychologique.

Qui est ce narrateur qui raconte et enquête à la fois ? Carrère rencontre Romand, lui rend visite en prison, ils échangent une correspondance : un mélange des genres trouble ? Tous les romans de Carrère tournent autour de la question de l'identité. « D'autres vies que la mienne », selon le titre de l'un de ses romans, est son mot d'ordre. C'est au moyen de cette étrangéification, en se confrontant à cette altérité absolue de l'horreur, que le narrateur se ressaisit lui-même.

« Mon problème n'est pas, comme je le pensais au début, l'information. Il est de trouver ma place face à votre histoire », écrit Carrère à Romand dans une lettre reproduite dans le roman. Carrère ne se livre à une analyse psychologique que dans ces lettres : l'analyse porte autant sur Romand que sur lui-même ; il cherche l'identité de Romand, il cherche à comprendre « ce défaut d'accès à vous-même, ce blanc qui n'a cessé de grandir à la place de celui qui en vous doit dire "je" », comme à se comprendre lui-même : « Ce n'est évidemment pas moi qui vais dire "je" pour votre compte, mais alors il me reste, à propos de vous, à dire "je" pour moi-même. À dire [...] ce qui dans votre histoire me parle et résonne dans la mienne. » Ne pas dire « je » à la place de Romand, c'est refuser un certain type de roman, refuser de *faire roman*.

L'utilisation du fait divers dans le roman a une fonction critique : le roman est interrogé dans sa capacité à raconter de manière juste et dans sa légitimité. Le romancier, en se mettant en scène comme enquêteur, interroge l'impensé que charrie le fait divers. Dans *L'Adversaire*, l'assimilation du narrateur à l'auteur, comme la présence textuelle de celui-ci, sont des formes d'objectivation : le narrateur vise l'honnêteté ; il se présente lui aussi comme un « blanc », une conscience qui se veut libérée des clichés, de l'opinion et du sens commun.

DU FAIT DIVERS AU MYTHE

L'Adversaire de Carrère travaille sur l'identité, l'autobiographie, la psychologie. *Claustria* de Régis Jauffret (Seuil, 2012) se sert du fait divers — l'affaire Fritzl, cet homme qui a séquestré sa fille dans sa cave durant vingt-quatre ans, en Autriche, l'a battue et violée et a eu sept enfants d'elle — pour écrire une mythologie moderne. L'analyse psychologique demeure hors champ ; le récit du fait divers, dans son immanence, suffit à en faire émerger la dimension mythique :

> Platon, le mythe de la caverne [...]. Des prisonniers qui ne verront jamais de la réalité que des ombres d'humains proje-

tées sur la paroi de la grotte où ils sont enchaînés. Dans le souterrain les enfants n'ont vu de l'extérieur que les images tombées du ciel qui leur parvenaient par le câble de l'antenne. Le mythe a traversé vingt-quatre siècles avant de s'incarner dans cette petite ville d'Autriche avec la complicité d'un ingénieur en béton et celle involontaire de l'Écossais John Baird qui inventa le premier téléviseur en 1926.

Reprenant ces paragraphes en quatrième de couverture, l'éditeur ajoute : « *Claustria* est le roman de cette incarnation. » Jauffret fait de ce fait divers un mythe explicatif du monde contemporain, un nouveau mythe de la caverne.

Jauffret annonce dès le début qu'il a mené un travail d'enquête : « Je me suis rendu sur les lieux fin novembre 2008. Un trou gris de Basse-Autriche cerné par les forêts, les montagnes. Un endroit comme un autre pour donner la vie et laisser se dérouler la sienne sans geindre ni se pâmer. » Pour qu'un romancier s'empare d'un fait divers, la structure mais aussi le décor de celui-ci doivent être propices au récit. Le lieu doit à la fois être banal — un lieu dans lequel tout le monde puisse se reconnaître, telles les forêts du Jura dans *L'Adversaire* — et posséder un élément symbolique propice au roman. C'est particulièrement le cas dans l'affaire Fritzl : « Je ne doutais pas de rencontrer Hitler au coin d'une rue, écrit Jauffret. Dans les années 1910 il errait là comme un pauvre diable avec ses trois idées noires qu'on aurait enterrées cinquante ans plus tard dans l'anonymat, son corps séché par la vieillesse. » Avant d'enfermer sa fille à la cave, Fritzl avait enfermé sa mère, elle-même rescapée d'Auschwitz, au grenier, durant plusieurs années, et l'avait laissée mourir de faim. Tout un condensé d'histoire familiale, mêlée à la grande Histoire tragique de l'Europe, s'incarne dans cette maison.

Ce qui obsède Jauffret, c'est la complicité passive des témoins. « Vous pensez qu'Annelise [la femme de Fritzl] savait ? » demande Jauffret à l'un des psychiatres qui a examiné Fritzl. « On peut se douter et ne pas savoir. » Jauffret réplique : « On peut se douter que son conjoint a une liaison, mène une double vie, a fondé une deuxième famille. Mais qui pourrait se douter que son mari a fait sept enfants à sa fille prisonnière dans la cave depuis vingt-quatre ans ? » Pour lui, et c'est une thèse d'ordre moral, on sait une telle chose ou on l'ignore, mais on ne peut la supposer, simplement s'en douter, parce qu'on ne peut pas se douter que l'impensable a lieu. Si on a un doute, on est déjà du côté du savoir ; et on se doit de le dénoncer. Un « monstre » peut exister, mais il ne peut agir et perdurer qu'en étant secondé par des complices plus ou moins passifs. C'est l'idée de la banalité du mal développée par Hannah Arendt à partir de la figure d'Eichmann. Sans jamais faire explicitement la comparaison avec le nazisme, c'est vers cette idée que tend le roman de Jauffret : la société autrichienne, en fermant les yeux, a rendu possibles l'existence et les activités de Fritzl.

Le fait divers est un révélateur : en parlant d'une exception, d'un monstre, il parle de notre humanité. La force de l'affaire Fritzl, qui pousse Jauffret à s'en emparer, tient à son caractère exceptionnellement monstrueux combiné à une grande banalité. Car il s'agit avant tout d'une affaire de famille. Une banale histoire de double vie se transforme en cloisonnement symbolique de l'espace : on ne parle plus de femme légitime et de maîtresse, mais de haut et de bas. Tout est illégitime dans cette affaire. Trois générations se retrouvent : au grenier la mère, adorée et honnie ; au rez-de-chaussée les enfants ; à la cave les enfants-petits-enfants. Cette structure de vaudeville (la femme, la maîtresse, la mère) est perturbée par la transgression de l'interdit fondateur de la société qu'est l'inceste. Ce fait divers, unique par son ampleur (la multiplicité des crimes) et sa durée, se double de son envers, la banalité, qui ne minimise pas l'horreur mais au contraire la renforce : « Les deux autres psychiatres qui avaient examiné Fritzl au cours de l'instruction m'ont confirmé que devant lui la psychiatrie rendait les armes. Un petit homme ennuyeux et gris qui se fondait dans la foule des braves gens et des salauds ordinaires dont chacun contribue à grossir la cohorte » ; « C'est un patient sans épaisseur, sans vie intérieure, sans aucun intérêt ». Fritzl, comme Romand, c'est M. Tout-le-monde. Cette banalité dans le mal produit chez le lecteur un malaise ; là, dans ce malaise, se loge l'essence du roman. Cet intérêt des romanciers non plus pour l'extraordinaire d'un fait exceptionnel mais pour ce que ce fait a d'ordinaire est une caractéristique du roman contemporain. La lâcheté, la médiocrité et la crédulité sont partout ; ce qui importe, pour les romanciers, ce ne sont ni les héros ni les monstres mais les hommes ordinaires. C'est dans cette banalité, cette médiocrité que se loge la mythologie contemporaine. La mise en scène romanesque du fait divers permet de révéler cette configuration de la société et de dresser un tel portrait de notre humanité sans verser dans la psychologie.

LE RÈGNE DU HÉROS ORDINAIRE

Le fait divers mis en roman laisse ainsi la place à autre chose : une affaire d'hommes et de mythes. Le fait divers raconte l'histoire d'hommes ordinaires rendus extraordinaires par une action ponctuelle, qui soudain les distingue, les isole de leur milieu, leur donne un autre statut. C'est ce dont rend compte Sartre en reprenant le mythe d'Érostrate dans l'une de ses nouvelles du recueil *Le Mur* : l'homme veut exister par sa volonté et son action. Une action dont il est le héros volontaire ou involontaire. Le romancier met ainsi en scène un autre type de fait divers, qui n'a rien d'exceptionnel : les histoires d'hommes et de crimes banals. Le romancier se fait historien du quotidien, du tragique ordinaire, porte-parole du peuple. Le fait divers mettant en jeu des hommes du peuple réveille la conscience politique des écrivains (Barthes et Duras ont été frappés par l'affaire Dominici, Genet par les sœurs Papin...). Il est une manière pour le romancier de renouer avec le roman social, avec un engagement politique ; de défendre une cause. Le fait divers agit comme un révélateur : un principe de réalité.

Le romancier renoue ainsi avec la tragédie antique : le fait divers fait passer la vie d'un individu du côté du destin. Les héros ne sont plus des êtres exceptionnels, comme dans la tragédie et le roman de l'époque prémoderne, mais des personnes ordinaires : le fait divers mis en roman élève l'individu au rang de héros. Le romancier rend à l'homme ordinaire une dignité dont le privent les journalistes, qui se concentrent sur les êtres extraordinaires. Laurent Mauvignier rend hommage aux héros du quotidien et au groupe social formé par une réunion soudaine d'individus pris dans un événement exceptionnel, dans *Dans la foule* (Minuit, 2006). Dans *Ce que j'appelle oubli* (Minuit, 2011), le narrateur se donne pour fonction de lutter contre l'oubli d'une victime d'un fait divers banal. Cette fonction mémorielle peut avoir une composante politique : l'intégration du fait divers au roman est un acte politique pour certains romanciers, notamment dans le roman policier. Pour Didier Daeninckx, « le fait divers est le premier monument érigé à la mémoire des victimes, même si ce n'est qu'un pauvre monument de papier noirci[4] ». Le roman est le tombeau des gens ordinaires : héros sans héroïsme.

Le fait divers permet au romancier d'explorer l'âme humaine à partir d'une étude de cas. Régis Jauffret, dans *Sévère* (Seuil, 2010), met en scène de manière masquée l'affaire du banquier Stern, assassiné par sa maîtresse lors de jeux sexuels sadomasochistes ; il montre que la coupable est aussi une victime (une femme maltraitée dans son enfance et traitée comme une prostituée par Stern) ; il met au jour ses motivations, l'enchaînement causal qui a mené au meurtre, sans la condamner. Le roman exemplifie un type d'événement et d'individu. Il en fait un *exemplum* noir. Il annule la transcendance, témoigne de la fin d'un horizon religieux. Le roman est ainsi au ras du sol terrestre, dans la boue du réel : le mal dans sa banalité.

C'est d'un roman sans romanesque qu'il s'agit. Le narrateur est saisi par l'horreur qui l'entoure, dont il est le témoin ; il la rapporte de manière clinique, sans porter de jugement. Le romancier réinvestit le réel en exhumant la dimension anthropologique, sociologique et mythique du fait divers. Celui-ci condense les préoccupations d'une époque (peur de la violence, repli identitaire, individualisme…) : il permet au romancier de se confronter au réel dans son incarnation sociale. Le fait divers est la traduction illustrée de peurs, d'angoisses, de fantasmes. Il est aussi le lieu et le moment où des individus se rejoignent et communient autour d'un fait exemplaire. François Bon, dans *Un fait divers* (Minuit, 1994), montre, en juxtaposant des monologues, que les individus ne dialoguent pas autour d'un fait divers : ils monologuent les uns à côté des autres, ils monologuent en chœur. Ce sentiment d'appartenance collective, cette communauté qui se forme à l'occasion d'un fait divers, qui soudain occupe quelques jours tout l'espace médiatique, est artificielle, entretenue par les médias adossés au pouvoir politique. Le romancier se confie à lui-même la tâche de mettre au jour, par le cryptage de la fiction, ces questions sociales et anthropologiques.

Le roman se donne comme un contrepoint du discours médiatique : il présente les faits dans leur immanence, tournant le dos au psychologisme de bazar induit par la surmédiatisation du fait divers. Le romancier laisse le lecteur-citoyen libre de se forger son opinion.

À LA FRONTIÈRE DES GENRES : JUDICIARISATION DU CHAMP LITTÉRAIRE

Le traitement romanesque du fait divers témoigne de la confusion des genres qui caractérise le roman contemporain. Le fait divers met en question la partition des genres, fictionnel et non fictionnel, des méthodes romanesque et journalistique. Le roman est un espace suffisamment plastique pour accueillir ce qui n'est pas directement d'ordre littéraire, et pour décloisonner ce qui est d'ordre journalistique. Avec ces textes, qui restent au plus près du réel, le roman est à la frontière du document d'actualité, du compte rendu d'enquête romancé et du récit. Les romanciers du XIXe siècle assimilaient le fait divers, le fondaient dans la matière romanesque ; les romanciers contemporains le signalent, et se font enquêteurs.

Nombre de romans contemporains inspirés de faits divers inscrivent textuellement leur proximité avec le réel, notamment dans les paratextes que sont la quatrième de couverture et le préambule. Truman Capote l'annonce dans une page liminaire de remerciements, mais surtout par le sous-titre de *De sang-froid* : « Récit véridique d'un meurtre multiple et de ses conséquences ». Dans la toute première page de *L'Adversaire*, Emmanuel Carrère met en scène sa rencontre avec l'affaire Romand : « Le matin du samedi 9 janvier 1993, pendant que Jean-Claude Romand tuait sa femme et ses enfants, j'assistais avec les miens à une réunion pédagogique à l'école de Gabriel, notre fils aîné. Il avait cinq ans, l'âge d'Antoine Romand. J'ai passé seul dans mon studio l'après-midi du samedi et le dimanche, habituellement consacrés à la vie commune, car je terminais un livre [...]. J'ai fini le mardi soir et le mercredi matin lu le premier article de *Libération* consacré à l'affaire Romand. »

La confusion des genres entretenue par ces romanciers peut induire des attaques en justice. Les romanciers contemporains en ont conscience, s'en méfient, et inscrivent cette méfiance dans le texte. Dans le très beau « Préambule » de *Sévère*, signé de ses initiales, Régis Jauffret anticipe un procès qui pourrait lui être fait : « Dans ce livre, je m'enfonce dans un crime. Je le visite, je le photographie, je le filme, je l'enregistre, je le mixe, je le falsifie. Je suis romancier, je mens comme un meurtrier. Je ne respecte ni vivants, ni morts, ni leur réputation, ni la morale ». Mais il ajoute : « Personne n'est jamais mort dans un roman. Car personne n'existe dedans. Les personnages sont des poupées remplies de mots, d'espaces, de virgules, à la peau de syntaxe. La mort les traverse de part en part, comme de l'air. Ils sont imaginaires, ils n'ont jamais existé. Ne croyez pas que cette histoire est réelle, c'est moi qui l'ai inventée. Si certains s'y reconnaissent, qu'ils se fassent couler un bain. La tête sous l'eau, ils entendront leur cœur battre. Les phrases n'en ont pas. Ils seraient fous ceux qui se croiraient emprisonnés dans un livre. » Le romancier dit au lecteur : ceci est un roman. Malgré l'inscription du réel dans le texte, ce sont bien des romans.

Ce jeu à la frontière des genres montre que le réel est fictionnalisable ; que ce réel du fait divers appartient à tous et que le romancier a le droit de s'en emparer. Mais on est là à la frontière entre deux régimes : la liberté du créateur, la liberté de l'individu.

La précaution textuelle de Régis Jauffret n'a en effet pas suffi. Huit mois après la parution de *Sévère*, au moment où une adaptation cinématographique était annoncée, une partie de la famille Stern a intenté un procès à l'auteur pour « atteinte à la vie privée », en demandant le retrait du livre, l'interdiction de sa réimpression et un euro symbolique de dommages et intérêts, ainsi que l'interdiction de l'adaptation. Les plaignants reprochaient à Jauffret de décrire Stern « de la manière la plus ignominieuse qui soit », selon les termes de l'assignation. Ils évoquaient le « préjudice moral résultant de la légèreté avec laquelle l'auteur a porté atteinte à leur vie privée ». Jauffret s'est défendu en faisant remarquer qu'« on a dit bien pire sur l'affaire dans la presse », et qu'« il n'y a pas atteinte à la vie privée puisqu'elle était devenue publique ». De plus, aucun nom n'était mentionné dans le roman, même si le très beau titre code de manière transparente le nom du protagoniste, *stern* signifiant « sévère » en anglais. Un an et demi plus tard, en janvier 2012, la famille Stern retirait sa plainte, s'estimant satisfaite d'un arrêt de principe de la Cour de cassation, rendu un mois plus tôt, rappelant que le respect de la vie privée est un principe de valeur constitutionnelle et son régime de protection conforme aux règles fondamentales d'un État de droit. L'écrivain n'a donc pas de régime de faveur. Les membres de la famille Stern, lors du retrait de leur plainte, ont rappelé tout à la fois leur respect de la liberté du créateur et « leur attachement indéfectible au droit au respect de leur vie privée et de leur intimité, dont ils estiment que personne ne peut prétendre se faire l'interprète ou le metteur en scène ».

L'arrêt de principe rendu au sujet de l'affaire Jauffret-Stern va dans le sens de l'arrêt de la Cour européenne des droits de l'homme rendu en 2007, entérinant un arrêt de 1999 sur le roman de Mathieu Lindon *Le Procès de Jean-Marie Le Pen* (POL, 1998), qui raconte le procès fictif du chef du Front national, désigné nommément dans le titre et dans le texte ; le roman lui attribue la responsabilité d'un fait divers, un crime raciste commis par un militant. À la suite de la plainte de Jean-Marie Le Pen, l'auteur et son éditeur, Paul Otchakovsky-Laurens, ont été condamnés pour diffamation : la Cour a rappelé qu'un auteur de romans n'était pas exonéré des « devoirs et responsabilités » liés à l'exercice de la liberté d'expression, et se devait de ne pas attenter à la réputation d'une personne ni nuire aux « droits d'autrui ».

C'est à cette réalité que les romanciers sont aujourd'hui confrontés : la judiciarisation de la littérature. Jouer sur la frontière de la fiction et du réel, mettre en fiction des personnes réelles, ne va pas de soi : le romancier s'expose à être pris au pied de la lettre, à ce que son roman soit lu comme un documentaire. Au XIXe siècle, les procès intentés aux écrivains l'étaient majoritairement au nom de la morale, du respect des bonnes mœurs qui régissaient la société, qu'on pense au procès des *Fleurs du Mal* ou de *Madame Bovary*[5]. Aujourd'hui, c'est une morale *individuelle* qui est mise en avant : le respect de la vie privée et le droit à l'image. Les romanciers contemporains doivent composer avec ces impératifs de plus en plus cruciaux pour le citoyen.

L'individu se demande si le romancier a le droit de se faire «l'interprète ou le metteur en scène» de la vie des autres, mais cette capacité à *mettre en fiction* le réel est la définition même de la littérature. Pour autant, cette judiciarisation de la littérature n'en diminue pas le rôle de celle-ci : au contraire, elle renforce les pouvoirs prêtés aux romanciers. Se reconnaître dans un personnage de roman, c'est accorder beaucoup à la littérature. En voulant limiter les droits du romancier et lui imposer des devoirs, on prend acte de son pouvoir potentiellement infini.

*

Pour le romancier, s'emparer du fait divers c'est *se colleter avec le réel*, comme Stendhal, lors de l'attaque d'apoplexie qui finira par l'emporter, dit qu'il s'est «colleté avec le néant[6]». Nul besoin de se tourner vers l'imaginaire quand le réel, à nos pieds, nous offre des matrices de romans. Puiser l'inspiration dans le réel immédiat n'est pas le signe d'une panne de l'imaginaire créatif : cela témoigne au contraire d'un acquiescement au réel. Un acquiescement qui peut tendre à une nouvelle forme d'engagement. Le fait divers résiste à l'historien, car il relève de l'individuel, de l'accidentel. Ce que ne peut intégrer l'historien, le romancier s'en saisit. Tout en s'attachant de près au réel, en jouant avec les méthodes du journaliste et du sociologue, le romancier consacre paradoxalement l'autonomie du champ littéraire.

IV

LES ROMANS BIOGRAPHIQUES

Une biographie est une reconstruction : non l'enregistrement de la vie mais, par l'agencement des éléments vécus et la prise en compte des éléments rêvés, la réécriture de cette vie. Écrire une vie, c'est écrire sur une matière mémorielle : des traces en voie d'effacement, des fantômes, des fantasmes, du sable — déjà une fiction. L'individu échappe toujours : il excède sa vie, et la saisie qu'on peut en faire. Le romancier se donne pour tâche de constituer ce récit impossible.

Nombre de romanciers actuels s'affrontent à cet objet précaire qu'est le récit de vie, pour en faire un objet littéraire. Le roman biographique est un genre problématique : à la frontière de deux grands ensembles, la biographie et le roman, les récits factuel et fictionnel. Pourquoi ne pas traiter de manière fictionnelle des vies réelles ? Le mélange des genres intrigue, inquiète. Le lecteur aime savoir où il se situe. C'est non seulement le statut du texte qui est en jeu, mais la partition entre fiction et réel. Peut-on mélanger les genres à l'envi ? À nouveau se pose la question : à quelles conditions peut-on mettre en fiction une personne réelle ?

Un genre littéraire est aujourd'hui majeur dans le paysage éditorial : le roman biographique[1]. Écrits à partir de biographies, ces romans sont des fictions infusées par des personnes réelles. Leur portrait, quelques traits saillants de leur biographie, sont le support d'une rêverie. Tout le reste est fiction.

Les vies, par leur caractère romanesque, parce qu'elles sont déjà de petits romans, offrent au romancier une *matière* romanesque, un tremplin qui réactive l'imagination.

Les romans biographiques ne sont pas de simples jeux avec l'érudition biographique : ils disent quelque chose de vrai sur l'individu, sur l'identité, que les biographies historiques n'atteignent pas. Le romancier embrasse la part de fantasme présente dans les vies, leur caractère de *vie rêvée*, leur part de fiction. Ce qui échappe à l'historien (l'individuel, l'anecdotique, l'infime), le romancier s'en empare. Les failles de l'Histoire constituent le lieu de la fiction romanesque.

LE ROMANCIER BIOGRAPHE, ARTISTE DE L'HISTOIRE

Les romans biographiques sont de deux types : des vies rêvées, qui sont de vraies biographies, continuées dans la fiction ; des vies imaginaires, qui sont de fausses biographies, des vies d'individus n'ayant jamais existé, de vrais romans prenant la forme de biographies. Les romans biographiques *décalent* les biographies historiques : ils se nourrissent des matériaux de l'Histoire pour en faire de la fiction ; la biographie sert de modèle de récit.

Ces romans s'inscrivent dans la tradition des « vies imaginaires », selon l'expression de Marcel Schwob dans son livre de 1896, où il trace vingt-deux portraits ou microrécits de personnes connues ou inconnues, et brosse leur vie en cinq pages[2]. Ces vies imaginaires sont tout sauf des « vies des hommes illustres ». Schwob souhaite mettre en avant l'individu, l'unique, le petit fait qui réinscrit le personnage historique dans la réalité humaine : « C'est Aristophane lui-même qui nous a donné la joie de savoir qu'il était chauve, et si le nez camard de Socrate n'eût servi à des comparaisons littéraires, si son habitude de marcher les pieds déchaussés n'eût fait partie de son système philosophique de mépris pour le corps, nous n'aurions conservé de lui que ses interrogations de morale », écrit-il en préface. Pour lui l'historien s'intéresse aux grands hommes, tandis que le biographe, comme l'artiste, s'attache indifféremment aux petits comme aux grands : « Aux yeux du peintre le portrait d'un homme inconnu par Cranach a autant de valeur que le portrait d'Érasme. Ce n'est pas grâce au nom d'Érasme que ce tableau est inimitable. L'art du biographe serait de donner autant de prix à la vie d'un pauvre acteur qu'à la vie de Shakespeare. » C'est dans cette perspective que se situe Pierre Michon quand il écrit les *Vies minuscules* (Gallimard, 1984), opposées aux vies majuscules que racontent les livres d'Histoire. Le roman se pose ainsi contre la biographie officielle, contre la grande Histoire.

Les romans biographiques apparaissent à première vue comme des réécritures de biographies historiques : le romancier s'empare d'éléments biographiques qu'il insère dans un cadre et une écriture de fiction. L'art du romancier consiste ici à « accrocher » des détails qui font de l'individu un homme comme les autres, ou qui au contraire en font un être exceptionnel. Dans ces romans, l'œuvre passe au second plan par rapport à la vie, à l'inverse d'une biographie classique ; les événements du quotidien sont surdéveloppés. Les traits individuels, particuliers, les idiosyncrasies sont mis en avant. Marcel Schwob le disait bien : il s'agit de « parvenir à rendre individuel ce qu'il y a de plus général », de « fixer pour l'éternité un individu par ses traits spéciaux sur un fond de ressemblance avec l'idéal ». Le romancier biographe doit selon lui se servir des éléments fournis par l'historien biographe, mais pour faire tout autre chose, car « il n'a pas à se préoccuper d'être vrai » : « De patients démiurges [les historiens] ont assemblé pour le biographe [le romancier biographe] des idées, des mouvements de physionomie, des événements. Leur œuvre se trouve dans les chroniques, les mémoires, les correspondances et les scolies. Au milieu de cette grossière réunion le biographe trie de quoi composer une forme qui ne ressemble à aucune autre. » C'est cette forme nouvelle qui est aujourd'hui dominante et constitue un genre : le roman biographique.

LA TENTATION DE L'HISTOIRE : INDICES, RACCORDS, DETTE, CONGÉ

La partition entre biographies historiques et biographies romanesques n'est cependant pas aussi claire que l'affirme Schwob. Car le romancier biographe s'inspire de l'Histoire et le dit : il dissémine des indices des travaux historiques ; il cite ses sources, affirmant ainsi sa dette vis-à-vis de l'historien biographe. Mathias Énard dans *Parle-leur de batailles, de rois et d'éléphants* (Actes Sud, 2010) indique dans une «Note finale» les ouvrages historiques dans lesquels sont relatés les faits qu'il a évoqués dans son roman, la présence de Michel-Ange à Constantinople à la demande du sultan Bajazet, en 1506, pour construire un pont. Mathias Énard raconte un événement peu documenté de la vie de Michel-Ange, tandis qu'à l'inverse Armand Farrachi dans *Michel-Ange face aux murs* (Gallimard, «L'un et l'autre», 2010) s'attache à la réalisation la plus fameuse de Michel-Ange, les fresques de la chapelle Sixtine. Il en retrace les étapes de création et d'exécution, de 1509 à 1541. Tous deux ont lu les mêmes livres (*Vies des plus excellents peintres, sculpteurs et architectes* de Vasari ; Condivi, le principal biographe de Michel-Ange ; la correspondance de Michel-Ange, notamment), mais n'en ont pas tiré les mêmes éléments romanesques.

Les romans biographiques se définissent par le fait qu'ils sont *aussi* des biographies, des livres d'Histoire. Des récits qui non seulement prennent l'Histoire comme base, comme source, mais en adoptent certaines des méthodes. Ainsi, les récits respectent la chronologie, les auteurs citent des dates. Plusieurs méthodes sont à l'œuvre : la simple mention factuelle de la date, comme le fait l'historien ; ou la multiplication des indices, pour en finir avec cette dette vis-à-vis de l'Histoire. Telle est la fonction du premier chapitre de *Ravel* d'Echenoz (Minuit, 2006), qui, pour installer la situation spatio-temporelle, multiplie les signes, les effets de réel : en douze pages sont évoqués la date (1927), la mode de l'époque (des femmes «en cheveux», des hommes coiffés de feutres), les voitures en usage (Panhard-Levassor et Rosengart) ; Ravel fume des Gauloises et lit *Le Populaire* et *L'Intransigeant*. Tous ces indices sont massifs, comme si l'auteur voulait se débarrasser au plus vite de l'ancrage historique et du genre biographique. Le roman biographique est bien là, dans ce subtil mélange entre événements fictionnels (on ne sait pas si ce jour-là Ravel a acheté *L'Intransigeant* plutôt que *Le Populaire*) et événements historiques.

Les caractéristiques propres aux romans biographiques sont du côté des *indices* qui tendent un pont entre Histoire et roman, indices du genre biographique, *raccords* entre fiction et Histoire : « Il en ira ainsi avec Gregor [le personnage qui représente l'ingénieur Nikola Tesla dans *Des éclairs* d'Echenoz (Minuit, 2010)] : les autres vont s'emparer discrètement de ses idées pendant que lui passera sa vie en ébullition. [...] Même si quarante-deux ans plus tard, la Cour suprême reconnaîtra l'antériorité des travaux de Gregor en matière de transmission radio, en attendant, quarante-deux ans plus tôt, c'est encore un sale coup pour lui. » Ces allers-retours entre le présent contingent de la fiction et le futur nécessaire (et connu) de l'Histoire sont un trait distinctif des romans biographiques. Manière de clin d'œil à l'Histoire, de dette rendue, pour mieux revenir à la fiction, l'espace propre du romancier[3]. Pour mieux délimiter, aussi, l'espace du roman. Ainsi de Mathias Énard : « Bien sûr, Michel-Ange ne pense pas encore à ces fresques qu'il réalisera trois ans plus tard et qui lui vaudront une gloire encore plus immense ; pour l'heure il n'a qu'un pont en tête. » Le romancier assume sa position surplombante, son omniscience (il sait, lui, comme le lecteur, que Michel-Ange réalisera la chapelle Sixtine). De la même manière Echenoz, dans *Ravel*, circonscrit dès le début son sujet, par la voix d'un narrateur omniscient : « Il part en direction de la gare maritime du Havre afin de se rendre en Amérique du Nord. C'est la première fois qu'il y va, ce sera la dernière. Il lui reste aujourd'hui, pile, dix ans à vivre. » Le romancier s'insère dans les failles, les vides, les creux de l'Histoire et de la biographie.

Les romanciers biographes mettent en avant les détails, les situations, les traits qui peuvent résumer une vie : ce que Barthes nomme les « biographèmes », terme qu'il forge dans son récit biographique *Sade, Fourier, Loyola*. Moments ordinaires d'hommes ordinaires qui vont s'avérer déterminants et faire de ceux-ci des hommes exceptionnels, des hommes dont on se souvient. Des *moments romanesques*. Le romancier biographe est omniscient : il se plonge dans la tête de son sujet, lui prête des intentions. Il fait de son sujet un personnage, qu'il ballotte à sa guise dans l'univers de la fiction.

« Un jour de triste augure où une chatte mit au monde quatre chatons morts-nés et où la soupe brûla dans son pot, Michel-Ange tomba de l'échafaudage, d'une faible hauteur, et en ressentit autant de douleur aux os que de colère au cœur », écrit Armand Farrachi, parodiant l'Histoire événementielle. Il s'agit pour le romancier tout à la fois d'exprimer une *dette* par rapport à l'Histoire et de donner *congé* à l'Histoire. Les romans biographiques sont dans une tension entre Histoire et fiction : le romancier utilise l'Histoire pour sa valeur épistémologique (il cite des faits pour valider son récit) et veut s'en démarquer (il la congédie en un tour de phrase). Une fois que les jalons historiques sont posés, le romancier peut se tourner entièrement du côté de la fiction. C'est le sens des raccourcis, des sauts temporels que pratique Echenoz. À l'inverse d'une biographie historique, l'auteur semble tout faire pour se débarrasser au plus vite des éléments qui lui semblent connus, trop connus (descriptions, récits) ; par exemple au sujet de Gregor, dans *Des éclairs*, il écrit : « Ayant ainsi appris en cinq minutes une bonne demi-douzaine de langues en sautant une classe sur deux [...]. » Ce qui, dans une biographie historique, ferait l'objet de longues descriptions et analyses, appuyées sur des sources, est expédié en une demi-phrase. Manière pour Echenoz de se démarquer de ce type de biographie et d'affirmer sa singularité et sa liberté de romancier : s'emparer d'un personnage réel sans s'embarrasser de réalisme, pour l'insérer dans un roman qui prend ainsi des allures de conte.

Mais ces indices peuvent aussi exprimer une volonté du romancier de faire de l'Histoire. L'Histoire est là pour valider les hypothèses de la fiction. C'est notamment le cas dans *Tous les matins du monde* de Pascal Quignard (Gallimard, 1991), qui raconte la vie de deux joueurs de viole de Louis XIV, Marin Marais et M. de Sainte-Colombe : « "Je mettrai une descente chromatique dans votre tombeau, Monsieur". / C'est ce qu'il fit en effet, des années plus tard. » Le romancier entend restaurer la vérité : « L'homme n'était pas si froid qu'on l'a décrit. » Le futur de l'Histoire confirme et valide le présent de la fiction. La fiction acquiert ainsi une valeur épistémologique : elle est la continuation de l'Histoire par le biais du vraisemblable.

LE RÈGNE DE L'HOMME ORDINAIRE : DÉSACRALISATION, TRANSGRESSION ET CARNAVAL

Les romans biographiques se rapprochent d'un certain type de biographies et d'un certain type d'Histoire : l'Histoire qui s'intéresse à l'homme ordinaire, qui fait une place à la subjectivité des acteurs, à leurs raisons d'agir, leurs motivations ; l'Histoire qui, aussi, accepte la place et le rôle de la fiction. Pour l'historien biographe, il s'agit d'accepter l'idée que faire une biographie est un projet qui implique un rapport à la fiction, voire une part de fiction. Cette définition du rôle que la fiction peut avoir dans le récit de l'Histoire rejoint les conceptions de la *microstoria* telle que la définit Carlo Ginzburg[4]. À l'explication par les causes, Ginzburg substitue l'explication par les indices, indices qui sont pris dans une narration. Paul Veyne allait plus loin, dans son livre de 1971, *Comment on écrit l'histoire*, en affirmant dès la préface que l'Histoire n'est « rien qu'un récit » mais un « récit véridique », et, de manière plus radicale encore, un « roman vrai ».

Les romans biographiques s'inscrivent dans l'ère biographique du retour à l'individu et dans l'ère littéraire du retour au récit. Ils mettent en scène deux processus inverses et complémentaires : l'élévation de l'homme ordinaire au rang de sujet d'une biographie (les vies minuscules traitées comme des vies majuscules) et l'abaissement du grand homme, ravalé au rang d'homme ordinaire. En un parfait carnaval, les petits deviennent des grands, les grands des petits. Dans les deux cas, l'homme ordinaire est la référence. Le romancier, employant réalisme et pure invention, en fait un personnage ouvert à tous les possibles. Marcel Schwob le disait déjà : il ne s'agit pas de « décrire minutieusement le plus grand homme de son temps, ou noter la caractéristique des plus célèbres dans le passé, mais raconter avec le même souci les existences *uniques* des hommes, qu'ils aient été divins, médiocres, ou criminels ». Les personnages historiques sont traités comme des personnages de romans, c'est-à-dire comme des personnes réelles, avec leurs faiblesses, leurs angoisses, leurs petites manies. Ils sont, paradoxalement, humanisés par la fiction.

Les « vies minuscules », selon l'expression forgée par Michon, sont dans la continuité de ce que l'historien de la Révolution Georges Lenôtre[5] nomme la « petite Histoire » : événementielle, anecdotique, narrative ; récit de la vie des petites gens qui eux aussi font l'Histoire. Michon pratique une telle forme d'Histoire modeste. Dans *Vie de Joseph Roulin* (Verdier, 1988), il prend l'Histoire par la bande, en racontant la vie du facteur Roulin, ami et modèle de Van Gogh, et non celle du peintre lui-même. Van Gogh passe en arrière-plan, au fond du tableau. Le récit est d'abord celui d'une rencontre et d'une amitié : « Ils parlent donc et se trouvent plaisants, Roulin se lève, ils sortent, ils traversent la place Lamartine qui est toute jaune. » Cette histoire n'implique un personnage connu que de manière seconde, latérale. Le récit se fait du point de vue du facteur Roulin et des petites gens : Van Gogh est d'abord un individu parmi d'autres, dans un café, sur une place de village. Cette vie d'un témoin, acteur malgré lui, montre que l'Histoire ne se fait pas seulement par les grands. Le récit montre aussi la face ordinaire de Van Gogh (qui boit de l'absinthe avec le facteur et discute de la république) : la vie majuscule est traitée comme une vie ordinaire. Les deux processus du carnaval (élévation des petits, abaissement des grands) se rejoignent.

La désacralisation des personnages célèbres est illustrée exemplairement par la scène d'ouverture de *Ravel* d'Echenoz, qu'on peut lire comme un manifeste esthétique : « On s'en veut quelquefois de sortir de son bain. » Cette première phrase est proprement scandaleuse pour un texte intitulé *Ravel*. L'évocation d'un quotidien non signifiant ne peut être que fiction, car le non-signifiant n'intéresse pas l'historien, qui ne peut en rendre compte si celui-ci n'est attesté par des sources. Une biographie commençant dans un bain ne peut être que romanesque. Le romancier installe ainsi son territoire.

DE LA POROSITÉ DES GENRES

Les romanciers entretiennent dans ces romans biographiques une proximité trouble avec les biographies historiques. Les fausses biographies, vrais romans prenant les allures de biographies — ce que l'on a appelé vies imaginaires —, jouent sur cette frontière. Michon, dans *Les Onze* (Verdier, 2009), invente un peintre, François-Élie Corentin, et son principal tableau, *Les Onze*. Le lecteur croit à une biographie, au récit d'événements qui ont eu lieu, mettant en scène des personnages qui ont existé, quand il s'agit tout simplement d'une fiction. L'enjeu pour Michon est de parvenir à faire croire à une biographie : pour cela, il construit un discours historique cohérent, crédible. Il invente un petit moment d'Histoire. Pour parfaire l'exercice, il donne des signes d'un récit biographique : « Je n'ose pas m'inspirer de ces bons romanciers qui veulent faire de Corentin un peintre philosophe, éduqué par son père. Car en vérité ils se virent peu […]. » Procédé classique des romans biographiques, consistant pour le romancier à faire croire qu'il rétablit une vérité que l'historien a manquée. Le trait de génie de Michon est de prendre appui sur « douze pages » que Michelet aurait consacrées au tableau dans son *Histoire de la Révolution française*, « chapitre III du seizième livre ». C'est faux, bien sûr : ces pages n'existent pas. Mais Michon tient la référence jusqu'au bout, commentant l'analyse de Michelet, allant jusqu'à conclure : « Là nous ne pouvons plus le suivre. » La clé du roman est précisément du côté de Michelet, l'historien : Michon conteste son interprétation du tableau en affirmant qu'il compose une « fiction », une « fable », alors que c'est ce qu'il fait lui-même. La référence fictive à l'Histoire est là pour montrer au lecteur qu'il est dans une fiction. Mais seuls de parfaits connaisseurs de l'histoire de l'art et de Michelet, qui savent qu'il n'a pas parlé de ce tableau, peuvent le comprendre. L'exercice a si bien marché que des lecteurs se sont rendus au Louvre, demandant à voir le tableau.

Ce jeu savant avec l'érudition pose une question de légitimité : Michon peut-il, dans un roman qui se présente comme un récit historique, affirmer que Michelet parle du tableau *Les Onze* — un énoncé qui a l'apparence du vrai — alors qu'il n'en est rien ? Le romancier biographe a-t-il tous les droits ? N'est-il pas soumis aux mêmes exigences de vérité que l'historien ? C'est la question majeure des droits et devoirs du romancier qui est en jeu.

Dans ces romans biographiques, la fiction se donne comme jeu avec le réel. Une telle lecture est rendue possible par la porosité de ces régimes de discours, comme le souligne Gérard Genette : « Si l'on considère les pratiques réelles, on doit admettre qu'il n'existe ni fiction pure ni Histoire si rigoureuse qu'elle s'abstienne de toute *mise en intrigue* et de tout procédé romanesque ; que les deux régimes ne sont donc pas aussi éloignés l'un de l'autre, ni, chacun de son côté, aussi homogènes qu'on peut le supposer[6]. » Les romans biographiques entérinent cette absence de partition des genres fictionnel et factuel, cet indécidable. Le mot «roman» sur la couverture entre en contradiction avec un paratexte indiquant l'ancrage historique du récit[7] : le statut mixte de ces romans est ainsi clairement posé. Mathias Énard, en donnant le fin mot de l'énigme de son texte dans les dernières lignes du livre, en révélant la part de vérité et celle de fiction, définit le geste narratif propre à ce genre littéraire qu'est le roman biographique : «Pour le reste, on n'en sait rien.» Tel est l'espace de liberté ouvert pour le romancier.

*

Avec les romans biographiques, la fiction s'affirme comme poursuite de l'Histoire par d'autres moyens. Elle permet mieux que l'Histoire de faire vivre l'individu : elle l'incarne, lui donne chair. Plus encore, la fiction humanise l'Histoire, par le détail concret, le petit fait vrai. Paradoxe : la fiction est plus vraie que l'Histoire. Par l'imaginaire, l'invention, le fantasme, elle capte mieux l'humain dans sa complexité. Elle laisse demeurer une part de mystère. Elle accepte que tout ne puisse être expliqué, que le tout de l'homme ne soit pas cohérent. Le roman écrit une nouvelle forme d'Histoire, en la prolongeant dans le mythe. Les éléments mis en avant par les romanciers sont ceux que l'on retient, ceux qui résument l'individu pour la mémoire collective. La fiction anime l'Histoire et l'inscrit dans le mythe.

Ces romans biographiques signent une littérature de l'*écart* : entre biographie et fiction, entre petite et grande Histoire. Le romancier s'insère dans les vides laissés par l'historien ; il reconstitue et reconstruit des vies. Il met sur un même plan réussites et échecs, actes héroïques et bassesses, grandes actions et micro-faits. La fiction a ainsi une valeur épistémologique parce qu'elle montre et n'explique pas ; elle raconte et ne juge pas. Car une vie n'est pas entièrement maîtrisée par son acteur. Le récit de notre vie inclut ce que les autres en voient, en retiennent, en font. La pluralité des récits possibles d'une même vie est une manière de dire la pluralité des vies possibles : il n'y a pas *une* vie, *une* identité. C'est à cette déstabilisation des identités que se livrent les romans biographiques, en cela excellente chambre d'écho des interrogations et aspirations contemporaines.

V

« *D'autres vies que la mienne* »

L'ÉCRITURE DE SOI

Écrire sur soi, écrire *de* soi, se prendre comme *matière* a toujours consisté pour l'auteur à trouver une voix pour se mettre soi-même à distance : créer un écart de soi à soi, au moyen de la langue. Le genre des romans autobiographiques, pratiqué aujourd'hui par un grand nombre de romanciers, comporte une telle mise à distance : l'auteur prend le masque du narrateur ou du personnage de roman pour pratiquer l'« écriture de soi[1] ». Ce sont les différentes formes de romans autobiographiques aujourd'hui que l'on mettra ici au jour.

L'écriture de soi au tournant du XXIe siècle se caractérise par la recherche d'une nouvelle manière de se dire, une forme nouvelle, qui n'ait pas été déjà exploitée dans la longue tradition des textes autobiographiques. L'écriture de soi contemporaine rompt avec le genre des Mémoires (à la de Gaulle), caractérisés par une vision politique ; le narrateur n'est plus le grand témoin du monde (à la Malraux). Non que ces genres de textes ne soient plus représentés — bien des écrivains continuent à les pratiquer — mais ils ne sont plus majoritaires. Des formes mixtes dominent le paysage éditorial : qu'on pense à un livre qui a connu un grand succès, *Les Années* d'Annie Ernaux (Gallimard, 2008), dont la quatrième de couverture nous apprend que l'auteure « inscrit l'existence dans une forme nouvelle d'autobiographie, impersonnelle et collective ». « Autobiographie impersonnelle » : alliance de mots qui dit le projet paradoxal de cette écriture de soi. Dans les dernières pages du livre, le récit rejoint le temps de l'écriture, et Annie Ernaux explicite son projet : « Ce ne sera pas un travail de remémoration, tel qu'on l'entend généralement, visant à la mise en récit d'une vie, à une explication de soi. Elle ne regardera en elle-même que pour y retrouver le monde, la mémoire et l'imaginaire des jours passés du monde » ; « Aucun "je" dans ce qu'elle voit comme une forme d'autobiographie impersonnelle — mais "on" et "nous" ». « Ce qui compte pour elle c'est [...] de saisir cette durée qui constitue son passage sur la terre à une époque donnée, ce temps qui l'a traversée, ce monde qu'elle a enregistré rien qu'en vivant », écrit-elle. Annie Ernaux s'inscrit dans une forme de roman-Mémoires, d'autobiographie d'impressions, de journal transversal dans lequel biographie et autobiographie s'entremêlent — proche de ce que faisait Marguerite Duras dans des livres où l'autobiographie est à peine déguisée sous le roman.

L'abandon des grandes formes d'écriture de soi tels les Mémoires ou le journal intime se fait au profit de formes plus simples, d'une écriture volontairement pauvre, témoignant d'une ambition en apparence modeste[2]. L'auteur est attentif au corps, à la sexualité. Il dit « je » sans complexe. C'est paradoxalement cette forme en apparence modeste qui se prête aux fréquentes accusations d'orgueil, de nombrilisme, étiquette attachée aux romans autobiographiques français.

L'écriture de soi pratiquée actuellement par les romanciers comprend deux orientations majeures opposées : d'un côté une écriture de la transparence, qui peut aller vers un naturalisme, portée par un narrateur souvent décomplexé ; le roman serait à première vue un masque de l'autobiographie, il pourrait n'être qu'une autobiographie romancée (c'est l'autobiographie qui prime). De l'autre une écriture qui vise la construction de soi ; l'autobiographie serait un tremplin pour le roman (c'est le roman qui prime). On est ici du côté de la performance, opposée à la transparence ; du constructivisme, face au naturalisme.

Au début du XXIe siècle, deux formes d'écriture de soi coexistent, pratiquées parfois par les mêmes auteurs, dont Annie Ernaux : d'un côté cette « autobiographie impersonnelle », manière d'aborder le monde et l'Histoire par le « je », telle que la pratique aussi Patrick Modiano avec la mémoire de l'Occupation, mêlant l'autobiographie impersonnelle et la biographie personnelle, dans *Dora Bruder* par exemple (Gallimard, 1997), où le récit de cette jeune Juive déportée se confond avec sa propre mémoire et sa quête de souvenirs[3]. De l'autre, une autobiographie de l'intime, mais qui peut s'universaliser, telle qu'Annie Ernaux la pratique dans de courts textes, sur la maladie de sa mère notamment. Écriture de la brièveté, du fragment, de l'impression ; forme d'écriture blanche par une absence d'expression de sentiments, d'émotions ; les faits sont relatés, posés sur le papier sans analyse ni commentaire ; ils se suffisent à eux-mêmes, dans leur force et leur immanence.

Si la majorité des auteurs veulent rompre avec une certaine vision de l'autobiographie telle qu'elle se pratique au moins depuis le XVIIe siècle, ils n'inventent pas pour autant une nouvelle forme; ils réinventent plutôt une forme, la remettent au goût du jour : celle de la construction de soi.

L'AUTOFICTION :
UN NÉOLOGISME, UN OXYMORE,
UNE PRATIQUE ANCIENNE

S'il y a une image d'Épinal du roman français contemporain, c'est bien l'« autofiction ». Ce genre revient dans la bouche de tous les journalistes. Mais est-ce seulement un genre ? N'est-ce pas plutôt une simple étiquette ? Un constat s'impose d'emblée : une réalité de textes et de pratiques d'écriture correspondant à la définition de l'autofiction existe de tout temps, bien avant que Serge Doubrovsky forge l'expression, en 1977, à propos de son roman *Fils* (Galilée). L'autofiction met un mot sur une pratique ancienne consistant à mêler en un roman le vrai et le faux, le vécu et l'imaginaire. Le terme d'autofiction est un outil de pensée important par son caractère d'oxymore : il associe le registre de l'autobiographie, qui repose sur le pacte d'une triple identification (auteur, narrateur, personnage principal), et le registre de la fiction, qui repose sur la séparation de ces trois instances. L'autofiction serait une forme de roman vrai en « je », qui ressortirait à la catégorie — oxymorique — de ce qu'Aragon nomme le « mentir-vrai » (dans le premier texte de son recueil *Le Mentir-vrai*, Gallimard, 1980). Selon Aragon, c'est par le détour de l'imagination, qui ressaisit les souvenirs, qu'on peut approcher au mieux de la vérité. C'est dire que la vie réelle, élément de base de l'autofiction, se nourrit des fantasmes, de la réécriture qu'opère le souvenir. La même relation oxymorique se retrouve dans les expressions anglaises de *faction* (*fact* + *fiction*), d'*autobiographical novel* (roman autobiographique) et de *non fiction novel* (roman de non-fiction, roman non fictionnel), expression apparue pour qualifier le livre de Truman Capote *In Cold Blood* (*De sang-froid*, 1965), un genre dans lequel des faits vrais sont traités par une technique romanesque.

Plusieurs critiques contemporains travaillent à légitimer ou délégitimer l'autofiction, à montrer ou nier l'existence d'un tel genre et la pertinence de l'expression. En premier lieu Philippe Forest, qui écrit lui-même des romans classés dans cette catégorie. Forest est d'accord avec les contempteurs de l'autofiction pour dire qu'il y a une mauvaise autofiction, qui relève d'un « exhibitionnisme psychologique » : « Réduite aux proportions d'un nouveau naturalisme de l'intime, l'"autofiction" se prête aux critiques les plus légitimes. Car dans la plupart des cas, le recours aux codes ordinaires de l'écriture romanesque ne sert qu'à couvrir une vision naïve du projet autobiographique[4]. » L'autofiction ainsi définie n'est qu'une entreprise autobiographique traditionnelle déguisée en projet romanesque. Pourquoi ce déguisement, si ce n'est parce que ces romanciers croient en un épuisement de la forme autobiographique ?

Forest propose de nommer cette mauvaise autofiction « ego-littérature », à quoi il oppose une plus vaste catégorie, celle du « roman du je » — reprenant l'expression allemande « *Ich-Roman* ». Le « roman du je » marque selon lui l'entrée de l'autobiographie dans « l'ère du soupçon » : les rapports entre réalité et fiction sont interrogés ; la vérité n'est plus vue, de manière naïve, comme l'expression du véridique. Contrairement à l'autofiction, le « roman du je » admet comme postulat la dichotomie de l'auteur, du narrateur et du personnage (car « une telle identité jamais n'existe », précise Forest). « C'est par ce hiatus [...] que la vérité se manifeste sous forme de fiction » : « Celui qui écrit sa vie se dédouble et devient à lui-même un autre, une figure fictive dont le roman dit les aventures et les avatars. » Pour lui, toute mise en récit est mise en fiction : « qui raconte sa vie la transforme fatalement en roman ». Il considère plus encore que la vie est toujours déjà un roman, que le « je » est toujours un personnage, toujours construit, qu'il n'y a pas de donné brut ; ainsi l'autobiographie est-elle toujours du roman. L'autofiction se définirait alors comme une identité non tautologique — l'inverse de ce que dit le terme même d'« autofiction », dans son alliance de mots. Le paradoxe de l'autofiction, le hiatus entre autobiographie et fiction, ne serait qu'apparent.

Néanmoins, la thèse qui sous-tend toutes les analyses de Forest, une thèse relativiste radicale selon laquelle tout est fiction, et la vie toujours-déjà roman, ne fonctionne que si le lecteur connaît la vie de l'auteur et peut dire qu'il y a (ou non) équivalence entre le texte et la vie. Cette thèse ne fonctionne en fait que pour l'auteur lui-même. Il est normal que le lecteur d'un récit en « je » mettant en scène ce « je », ayant tous les signes du véridique selon un pacte de lecture implicite, juge le récit vrai. Comment peut-on contester l'illusion réaliste, comme le fait Forest ? Il n'y a pas de pacte de lecture dans les romans de Forest, pas de paratexte indiquant que tout ce qu'on va lire est vrai (ou faux) ; le style même, l'écriture en « je » et au présent, l'absence de fioritures, le refus apparent de « faire de la littérature », orientent le lecteur vers une lecture autobiographique. Mais rien n'interdit qu'on lise ces textes comme des fictions, puisque ce sont, pour nous lecteurs qui ne connaissons pas l'auteur, des fictions. Le lecteur a-t-il vraiment besoin de savoir s'il est dans un récit vécu ou dans un récit d'événements fantasmés ? Qui cela intéresse-t-il sinon l'auteur lui-même ? Les débats autour de l'autofiction mettent en jeu le statut, la posture de l'auteur, par le biais du narrateur, qui en est un double. On comprend pourquoi ces romans sont considérés comme autocentrés : même dans la critique qu'on peut en faire, on ne sort pas de la question de l'auteur.

MATIÈRE AUTOBIOGRAPHIQUE, MANIÈRE ROMANESQUE

Pour en sortir, justement, il faut déplacer le problème. L'enjeu n'est pas dans le rapport du roman au réel et à la vérité, dont le lecteur ne peut juger, mais dans la manière de raconter : une autre forme de pacte, un pacte esthétique, plus difficile à cerner qu'un pacte de lecture présent dans un paratexte. La structure fondamentale qui sous-tend ce qu'on appelle autofiction est la question du « je » : comment parler de soi dans la forme romanesque, c'est-à-dire de manière à la fois véridique et déguisée ? Doubrovsky dit les choses clairement : pour lui l'autofiction est l'alliance d'une matière autobiographique et d'une manière romanesque[5] : « En bonne et scrupuleuse autobiographie, tous mes faits et gestes du récit sont littéralement tirés de ma propre vie ; lieux et dates ont été maniaquement vérifiés. La part d'invention dite romanesque se réduit à fournir le cadre et les circonstances d'une pseudo-journée, qui serve de fourre-tout à la mémoire », écrit-il dans un texte critique, *Autobiographiques*, pour expliquer son roman *Fils*.

Quand Serge Doubrovsky invente le concept d'autofiction, c'est comme s'il répondait à une question que Philippe Lejeune posait deux ans auparavant dans *Le Pacte autobiographique* : « Le héros déclaré comme tel peut-il avoir le même nom que l'auteur ? Rien n'empêcherait la chose d'exister, et c'est peut-être une contradiction interne dont on pourrait tirer des effets intéressants. Mais dans la pratique, aucun exemple ne se présente à l'esprit d'une telle recherche. » Doubrovsky écrit son roman *Fils* et théorise l'autofiction comme pour donner un exemple à Lejeune. La question du nom est déterminante. Camille Laurens la pose en écrivant des romans dont le héros se nomme Camille et à propos desquels elle affirme que ce n'est pas elle, de même que l'un des personnages de *Cité de verre*, le premier texte de la *Trilogie new-yorkaise* de Paul Auster (1987), porte le nom de l'auteur. L'ambiguïté est entretenue, dans une visée critique : il s'agit pour ces romanciers de mettre en question l'identification du narrateur et de l'auteur que le lecteur a tendance à faire naturellement. L'autofiction a d'abord une fonction *critique*. C'est à la fois un rapport de l'auteur à lui-même, à sa propre histoire, à sa « vérité », et un jeu avec le lecteur, dont les attentes ont été forgées par des siècles de lecture de romans.

Les romans d'autofiction ne produisent pas toujours de grands textes, et peu resteront dans les annales de la littérature ; en revanche, ils posent de bonnes questions, comme le souligne Marie Darrieussecq : « L'autofiction met en cause la pratique "naïve" de l'autobiographie, en avertissant que l'écriture factuelle à la première personne ne saurait se garder de la fiction [...]. L'autofiction, en se situant entre deux pratiques d'écriture à la fois pragmatiquement contraires et syntaxiquement indiscernables, met en cause toute une pratique de la lecture, repose la question de la présence de l'auteur dans le livre, réinvente les protocoles nominal et modal[6]. »

Emmanuel Carrère pratique le récit autobiographique en assumant de dire « je » et en réfléchissant à ce qu'implique, pour son entourage, sa mère notamment, cette écriture en « je ». Dans *Un roman russe* (POL, 2007), récit autobiographique sur ses origines russes, il prend acte — par le titre même, qui fait référence aux grands romans russes à la Dostoïevski — de la richesse et de la complexité de sa propre vie, qui est déjà romanesque. Le réel qui l'entoure, le matériau autobiographique, suffisent à faire roman. Carrère affirme user « de toutes les techniques du romanesque pour faire le récit de faits réels » ; « J'ai été frappé, ajoute-t-il, que les gens me demandent quelle était la part de fiction dans *Un roman russe*, alors qu'il me paraissait clair qu'elle était nulle. » Matière autobiographique, manière romanesque. Il revendique, pour ses derniers livres, l'écriture de romans « à 100 % vrais » : des « écrits autobiographiques[7] », quand le système littéraire privilégie et valorise les romans. La force de ses livres, qu'on les appelle romans ou récits, est de dépasser le strict cadre du solipsisme et de pouvoir être lus comme des romans — comme si rien n'était vrai. Ce n'est pas leur véridicité qui fait leur qualité, c'est le vrai talent de conteur de Carrère.

L'AUTOFICTION, *ARTE POVERA*

Doubrovsky écrit en quatrième de couverture de *Fils*, dans le fameux fragment où il définit le statut de son livre : « Autobiographie ? Non, c'est un privilège réservé aux importants de ce monde, au soir de leur vie [il fait référence aux Mémoires], et dans un beau style. Fiction, d'événements et de faits strictement réels [8] ; si l'on veut autofiction d'avoir confié le langage d'une aventure à l'aventure d'un langage en liberté, hors sagesse et hors syntaxe du roman, traditionnel ou nouveau. Rencontres, fils de mots, allitérations, assonances, dissonances, écriture d'avant ou d'après littérature, concrète, comme on dit musique. » Doubrovsky définit l'autofiction dans le cadre d'une critique de la « Littérature » ; c'est pour lui une nouvelle manière de faire du roman, débarrassé des pesanteurs de la tradition. L'autofiction est aussi pour lui l'autobiographie du pauvre : mise en avant du quotidien, du peu ; récit qui traditionnellement trouverait place non pas dans un roman mais dans un journal intime. Dans *Un amour de soi* (Hachette, 1982), Doubrovsky maintient sa vision réductrice de l'autobiographie : « J'écris mon roman. Pas une autobiographie vraiment, c'est là une chasse gardée, un club exclusif pour gens célèbres. Pour y avoir droit, il faut être quelqu'un. Une vedette de théâtre, de cinéma, un homme politique, Jean-Jacques Rousseau. Moi, je ne suis, dans mon petit deux pièces d'emprunt, personne. J'existe à peine, je suis un être fictif. J'écris mon autofiction. » C'est parce que l'auteur estime avoir si peu d'existence que l'autobiographie traditionnelle est trop grande pour lui ; l'invention romanesque pallie son manque de consistance. Le roman est pour lui un genre moins noble que l'autobiographie, une forme plastique qui peut accueillir des êtres ordinaires.

L'autofiction serait ainsi un *arte povera* narratif et stylistique. Du point de vue narratif, c'est la valorisation du banal; du point de vue stylistique, c'est l'anti-«beau style[9]». Le narrateur qui parle n'est pas un héros, pas non plus un antihéros. Plutôt un personnage dans lequel tout le monde peut se reconnaître. Le roman n'est plus le lieu de l'exceptionnel, de l'expérience unique qui élit un héros, mais le compte rendu d'expériences communes. «Ma vie ratée sera une réussite littéraire», écrit Doubrovsky dans *Un amour de soi*: la fiction et la mise en roman viennent compenser le caractère banal de la vie. Ainsi de Guillaume Dustan, qui, dans *Génie divin* (Balland, 2001), écrit: «Et l'autofiction c'est quoi alors: la liberté de se faire. Autofaction. [...] Voilà. Être un héros, quoi, même si c'est dans ma chambre» (son premier roman s'intitule *Dans ma chambre*, POL, 1996). L'autofiction s'inscrit dans le cadre de la désacralisation du roman: héros du quotidien, écriture du pauvre, esthétique du banal. Mais le roman garde sa force d'invention et de construction de soi.

Dans l'autofiction, la vie est première: c'est d'elle que procède l'envie d'écrire, de raconter, de s'inventer. Un événement comme la mort d'un enfant, unique dans son caractère tragique, est traité avec pudeur par Philippe Forest et Camille Laurens, qui transcendent la singularité de l'expérience pour en faire un événement partageable par tous. L'élément déclencheur de toute l'œuvre romanesque de Philippe Forest est la mort de sa fille (morte d'un cancer à l'âge de quatre ans): un drame qu'il reprend, sous des angles différents, dans tous ses romans, notamment *L'Enfant éternel* (Gallimard, 1997) et *Toute la nuit* (Gallimard, 1999), et sous la forme de l'essai dans *Tous les enfants sauf un* (Gallimard, 2007). La littérature et la vie sont intimement liées : Philippe Forest explique qu'il n'aurait jamais écrit s'il n'avait vécu ce drame[10]. Son œuvre est la reprise de cette expérience. Le roman est travail et retravail d'une *matière*. Drames personnels ou rencontre déterminante, comme celle de Yann Andréa pour Marguerite Duras (*L'Été 80*, Minuit, 1981), qu'elle forge, transforme (Yann Lemée devient Yann Andréa Steiner, nom qu'il conservera), dont elle fait un personnage (*Yann Andréa Steiner*, Gallimard, 1992). Cette écriture de soi se caractérise par une esthétique pauvre assumée par les auteurs — ce qu'Annie Ernaux nomme l'«écriture plate». Ces auteurs montrent que toute vie peut être mise en roman, que l'expérience commune à tous (la maladie d'un proche, l'amour, la sexualité...) peut être sublimée par l'écriture romanesque. Les textes d'autofiction sont des mémoires du pauvre : le roman universalise l'expérience personnelle ; la banalité conduit à l'universalité.

L'autofiction ainsi entendue, dont Doubrovsky lance le manifeste, a libéré nombre d'auteurs, comme une psychanalyse. Plus besoin de plonger dans l'imaginaire : la matière romanesque est à portée de main, dans la vie même, dans le «vécu». Raconter sa vie n'est plus honteux : cela peut faire roman. Le romancier est désinhibé. Selon ses détracteurs, l'autofiction contemporaine regroupe ainsi des romans impudiques, où le moi se répand ; de simples autobiographies déguisées sans talent sous le masque de la fiction. Autre reproche récurrent : l'autofiction serait un exercice de femmes, le genre du lamento féminin. Ce serait en fait un simple journal intime : journal de deuil, de maladie, compte rendu de relations amoureuses. Il est vrai que la psychanalyse joue un grand rôle dans la définition de l'autofiction par Doubrovsky et dans sa pratique d'écriture. « Si j'écris, c'est pour tuer une femme par livre », affirme-t-il, de manière volontairement provocatrice, dans *Le Livre brisé* (Grasset, 1989) — un des thèmes de son travail d'écriture a été la mort prématurée de sa femme.

L'écriture *de soi* est intimement liée à l'écriture *des autres*. Déterminant à cet égard est le roman d'Emmanuel Carrère *D'autres vies que la mienne* (POL, 2009), qui n'est pas une autofiction mais un récit mêlé à une autobiographie : racontant l'histoire d'autres que lui, il se raconte lui-même ; il s'interroge sur ses réactions, sa manière d'organiser sa vie face aux événements dont il n'est pas l'acteur mais le témoin, l'écho que le récit de ces vies a en lui. Il explique, en quatrième de couverture du livre :

> À quelques mois d'intervalle, la vie m'a rendu témoin des deux événements qui me font le plus peur au monde : la mort d'un enfant pour ses parents, celle d'une jeune femme pour ses enfants et son mari.
> Quelqu'un m'a dit alors : tu es écrivain, pourquoi n'écris-tu pas notre histoire ?
> C'était une commande, je l'ai acceptée. C'est ainsi que je me suis retrouvé à raconter l'amitié entre un homme et une femme, tous deux rescapés d'un cancer, tous deux boiteux et tous deux juges, qui s'occupaient d'affaires de surendettement au tribunal d'instance de Vienne (Isère).
> Il est question dans ce livre de vie et de mort, de maladie, d'extrême pauvreté, de justice et surtout d'amour.
> Tout y est vrai.

Le roman raconte l'impossibilité de raconter ; Carrère se met en scène en tant qu'écrivain, comme il le fait souvent dans ses livres ; il compare ce récit qu'il veut faire à son roman *L'Adversaire* : « Il faudrait, techniquement, l'écrire comme *L'Adversaire*, à la première personne, sans fiction, sans effets », note-t-il. Il interroge le rôle de témoin : non pas témoin de faits historiques, d'événements graves, mais témoin du quotidien. Témoin actif puisqu'il recueille le témoignage de l'un des protagonistes, qui lui raconte sa propre vie et la vie de celle qui n'est plus. Le rôle du romancier est de se faire porte-parole. Il en va d'une responsabilité d'écrivain : « La vie m'a fait témoin de ces deux malheurs, coup sur coup, et chargé, c'est du moins ainsi que je l'ai compris, d'en rendre compte », écrit-il à la fin. Et ce qui semble relever de l'altérité (raconter la vie des autres) est en fait un mode de l'écriture de soi.

Le détour par les autres nous ramène à soi. Mais le dédoublement se fait aussi au cœur même du sujet : se raconter, c'est toujours se considérer, pour le dire avec Ricœur, « soi-même comme un autre ».

DÉGUISEMENT ET CRÉATION

Ce dédoublement — « soi-même comme un autre » — est au cœur de l'écriture de soi et tout particulièrement de l'autofiction. Il convient de distinguer deux types d'autofiction, « forte » et « faible ». D'un côté les romans qui ne font que déguiser l'autobiographie sous le masque de la fiction (on est alors du côté du roman à clés qui tend à prendre les atours prestigieux du roman d'imagination). De l'autre les romans qui, sur une base d'autobiographie, font du «je» un personnage, augmentent la puissance d'être de ce personnage qui est «je». Le *déguisement* (autofiction faible) s'oppose à la *création* (autofiction forte), compris tous deux dans la catégorie générale de l'autofabulation, où création de fables et affabulation se mêlent. Cette opposition recoupe celle que fait Philippe Forest entre autofiction et «roman du je», ainsi que la distinction de Gérard Genette entre les «vraies autofictions, dont le contenu narratif est, si je peux dire, authentiquement fictionnel» — il cite *L'Aleph* de Borgès et la *Divine Comédie* de Dante — et les «fausses autofictions[11]» — il cite Barthes et Robbe-Grillet — qui ne sont fictions «que pour la douane : autrement dit, autobiographies honteuses». Le déguisement est souvent la première étape de la création ; c'est fondamentalement la question de l'*identité* qui est en jeu. Des artistes plasticiens en témoignent : Sophie Calle enquête sur elle-même en se mettant en scène (elle se fait quelque temps femme de chambre d'hôtel et photographie les poubelles des clients), invente des saynètes, des microrécits (elle suit un homme dans la rue, à Venise, ou reconstitue l'identité d'un inconnu à partir d'un carnet d'adresses trouvé), des microperformances (installée au sommet de la tour Eiffel, elle reçoit le public comme des visiteurs de l'intime). Elle construit ainsi une autobiographie romancée et fantasmée, continuée d'œuvre en œuvre, et qui inclut l'altérité, la vie des autres. La non-séparation de la vie et de l'œuvre, la vie comme matière de l'œuvre, est une définition classique du travail de l'artiste — à la manière d'Oscar Wilde, de Jean Cocteau ou d'Andy Warhol, pour qui il s'agit de faire de soi une œuvre d'art. C'est de ce travail artistique de l'ordre de la transfiguration que participe l'autofiction de création.

L'autofiction de déguisement est riche d'une longue tradition, puisqu'elle englobe tous les romans où l'auteur puise la matière de son livre dans sa vie. Elle passe notamment par l'invention d'un double, la projection d'un moi fantasmé (Bardamu pour Céline, Nathan Zukerman chez Philip Roth, Goodman chez Jacques Roubaud...), qui témoigne de la capacité de l'écrivain à se mettre à la place d'un autre, à la place des personnages qu'il invente — à qui il donne vie — et fait parler. L'invention d'un double littéraire est une manière pour l'auteur de vivre par procuration, de vivre en littérature ce qu'il ne vit pas dans la vie. C'est cette coupure d'avec l'expérience qui fait littérature[12]. L'auteur se raconte à travers un écran de fiction. Mais il s'agit souvent de récits à la troisième personne : le lecteur ne peut savoir que la base romanesque est réelle. La situation narrative devient plus complexe et plus ambiguë quand les récits sont en «je», comme le sont les autofictions contemporaines.

L'invention de soi par et dans l'écriture est une pratique ancienne. L'autofiction de création reconduit cette projection de soi, cette mise en fiction, «mise en personnage» de soi. Flaubert le dit à Louise Colet dans une lettre du 23 décembre 1853 : «C'est une délicieuse chose que d'écrire ! que de ne plus être *soi*, mais de circuler dans toute la création dont on parle. Aujourd'hui, par exemple, homme et femme tout ensemble, amant et maîtresse à la fois, je me suis promené à cheval dans une forêt, par une après-midi d'automne, sous des feuilles jaunes, et j'étais les chevaux, les feuilles, le vent, les paroles qu'ils se disaient et le soleil rouge qui faisait s'entre-fermer leurs paupières noyées d'amour[13]. » C'est la faculté de projection de l'écrivain qu'évoque ici Flaubert, sa capacité à vivre, par l'écriture, d'autres vies que la sienne, pour paraphraser Emmanuel Carrère. L'autofiction vient satisfaire cette envie d'altérité, tout en respectant le « moi » authentique de l'auteur, considéré comme le substrat d'une fiction possible.

Jean Genet est l'un des auteurs du XXe siècle qui a le plus et le mieux pratiqué cette autocréation littéraire. Genet s'invente une biographie dans l'écriture : ces récits que l'on considère comme autobiographiques sont en fait assez éloignés de la réalité (on sait qu'il est loin d'avoir vécu tout ce qu'il raconte dans *Journal du voleur* notamment). La phrase clé est celle-ci, qu'on trouve dans *Journal du voleur* (Gallimard, 1949) : « J'éprouvais le besoin de devenir ce qu'on m'avait accusé d'être. » Tous les romans de Genet relèvent d'une manière d'autobiographie détournée, tordue. Le roman de formation est ici roman de transformation, de déformation. L'auteur s'invente autant qu'il se raconte[14]. L'écriture de soi est création de soi. L'un des signes les plus forts de cette mise en fiction de soi est l'inscription textuelle et fictionnelle du nom, présente dans plusieurs romans. Sa littérature transforme sa vie, la réécrit, et plus encore l'écrit. « Ce livre, j'ai voulu le faire des éléments transposés, sublimés, de ma vie de condamné », écrit-il dans *Notre-Dame-des-Fleurs* (L'Arbalète, 1948). À la fin de *Journal du voleur* il affirme avoir « héroïsé » sa vie. Son livre ainsi héroïsé est devenu sa Genèse : le récit d'une vie mythique. Naissance extraordinaire, en effet, que celle d'un orphelin, autodidacte, petit délinquant, qui sait qu'il deviendra écrivain. Et qui *se fait* écrivain. Naissance qui n'est pas tant la découverte d'une vocation que le travail d'une *matière*, « la matière Genet » — une expression qu'il emploie dans *Notre-Dame-des-Fleurs* — que sont le nom et la vie de Jean Genet. Cette matière, Genet la façonne dans ses livres en reconfigurant le donné, le vécu, au moyen du non-vécu — le rêve, le fantasme. C'est à un travail de *formation* que l'on assiste : formation intellectuelle, naissance d'un écrivain, et transformation de sa propre vie, naissance d'une mythologie d'écrivain. Genet, dans ses romans, n'écrit pas sa vie, il construit sa légende : « Combien d'agents déjà, d'inspecteurs sur les dents, comme on dit si bien, pendant des jours et des nuits, se sont acharnés à débrouiller une énigme que j'avais posée ? Et je croyais l'affaire classée, tandis qu'ils cherchaient toujours, s'occupant de moi sans que j'en sache rien, travaillant la matière Genet, la trace phosphorescente des gestes Genet, me besognant dans les ténèbres. » On parle de lui sans qu'il le sache : sa légende est en marche. Il l'affirme aussi dans *Journal du voleur* : je voulais « réussir ma légende ». La légende, c'est aussi la geste (Genet affectionne l'imaginaire médiéval) : les « gestes Genet » constituent la geste Genet, déployée et construite dans ses romans. Cette légende, Genet la constitue aussi dans sa correspondance, dans les entretiens accordés, et dans les amitiés entretenues : cette vie ainsi créée est toute une.

Pas de partition des genres non plus chez Hervé Guibert : une continuité narrative et stylistique entre le roman, l'autobiographie, le journal, la photographie, le film. C'est une même esthétique qui oriente ces pratiques artistiques et traverse les textes. Une même recherche : celle de la vérité, celle de la beauté. Dans *Le Protocole compassionnel* (Gallimard, 1991), il affirme à propos de ses livres : « Je sens bien qu'ils sont traversés, entre autres choses, par la vérité et le mensonge, la trahison, par ce thème de la méchanceté » — la trahison, un thème qui obsède aussi Genet. Cette solidarité des différentes parties de l'œuvre repose sur le caractère autobiographique de celle-ci. Témoigner, raconter, se raconter ne font qu'un. La découverte de la maladie, le sida, ne fait qu'accélérer un tropisme vers le récit de soi qui s'était développé dans de très beaux textes, notamment *Mes parents* (Gallimard, 1986), inspiré de son journal intime (qui sera publié de manière posthume, en 2001, sous le titre *Le Mausolée des amants*), *Fou de Vincent* (Minuit, 1989), *L'Incognito* (Gallimard, 1989, récit de son séjour à la Villa Médicis). Avec le sida, vivre et écrire s'avèrent urgents. Le sida devient le déclencheur du récit, son moteur, et son principal objet ; il est aussi la métaphore de la fiction : « C'était une maladie qui donnait le temps de mourir, et qui donnait à la mort le temps de vivre, le temps de découvrir le temps et de découvrir enfin la vie [...]. Le sida m'avait permis de faire un bond formidable dans ma vie », écrit-il à la fin de *À l'ami qui ne m'a pas sauvé la vie* (Gallimard, 1990), premier des trois livres sur le sida — suivront *Le Protocole compassionnel* et *L'Homme au chapeau rouge* (Gallimard, 1992), ainsi que le très beau roman d'un voyage en Afrique et vers la mort, *Le Paradis* (Gallimard, 1992 ; Guibert meurt en décembre 1991).

L'urgence : dans *À l'ami qui ne m'a pas sauvé la vie*, il note : « Le sida aura été pour moi un paradigme dans mon projet du dévoilement de soi et de l'énoncé de l'indicible. » Le sida est l'ami qui aide à vivre en pleine conscience de la mort mais ne sauve pas la vie. Un rapport nouveau au monde (amitié, trahison, amour, corps) se déploie à partir du sida. L'« ami » est d'abord le faux ami Bill, qui donne à croire au narrateur qu'il pourra lui procurer un vaccin contre le sida : « J'ai eu le sida pendant trois mois. Plus exactement, j'ai cru pendant trois mois que j'étais condamné par cette maladie mortelle qu'on appelle le sida. [...] Mais, au bout de trois mois, un hasard extraordinaire me fit croire, et me donna quasiment l'assurance que je pourrais échapper à cette maladie [...] je n'avouai à personne [...] que j'allais m'en tirer, que je serais, par ce hasard extraordinaire, un des premiers survivants au monde de cette maladie inexorable. » Ainsi débute le livre, qui installe le lecteur dans un espace intermédiaire entre fiction et véridicité ; le suspens, élément classique d'un début de roman, est installé : le narrateur va-t-il « s'en tirer » ? Ne se construit-il pas lui-même une fiction, celle de la guérison ? Le narrateur ne sait pas comment le livre va se finir, puisque l'écriture, en temps réel, se confondant avec la vie, dépend de la maladie : « J'entrevois l'architecture de ce nouveau livre [...] mais j'en ignore le déroulement de bout en bout, je peux en imaginer plusieurs fins [...], mais l'ensemble de sa vérité m'est encore caché ; je me dis que ce livre n'a sa raison d'être que dans cette frange d'incertitude, qui est commune à tous les malades du monde. » Le livre est le récit d'une désillusion, comme en témoigne le paragraphe final : « La mise en abîme de mon livre se referme sur moi. Je suis dans la merde. Jusqu'où souhaites-tu me voir sombrer ? Pends-toi Bill ! Mes muscles ont fondu. J'ai enfin retrouvé mes jambes et mes bras d'enfant. » Retour à l'enfance, au temps de l'innocence, de l'avant. Dans *Le Protocole compassionnel*, le corps sera celui d'un vieillard, et le narrateur projeté dans un futur qu'il ne connaîtra pas : « Le sida m'a fait accomplir un voyage dans le temps, comme dans les contes que je lisais quand j'étais enfant. Par l'état de mon corps, décharné et affaibli comme celui d'un vieillard, je me suis projeté, sans que le monde bouge si vite autour de moi, en l'an 2050. En 1990 j'ai quatre-vingt-quinze ans, alors que je suis né en 1955. »

La maladie ouvre l'espace des possibles — comme le fait la fiction. Autobiographie et autofiction se mêlent dans un indécidable. «Il ne lui arrive que des choses fausses», aurait dit Michel Foucault au sujet de ce que raconte Guibert dans ses livres (raconte Guibert lui-même dans *Le Protocole compassionnel*). Événements vécus si incroyables qu'ils entrent immédiatement dans l'univers de la fiction. Trop fictionnels pour être vrais. Et en même temps trop vraisemblables pour être fictifs. C'est dans cet espace, dans cet indécidable, que s'inscrit l'autofiction.

PERFORMANCE DE SOI ET RÉALITÉ AUGMENTÉE

L'autofiction définie comme construction de soi relève de ce que Michel Foucault nomme le «souci de soi», la «technique de soi», le «gouvernement de soi» : ces «pratiques de soi» que sont les différents modes de subjectivation, de constitution du sujet, selon les époques, qui mènent à l'émergence d'une personnalité singulière. Foucault développe ces notions à la fin de sa vie, dans le dernier tome de l'«Histoire de la sexualité» intitulé *Le Souci de soi* et dans son derniers cours au Collège de France en 1984, l'année de sa mort ; il les inscrit dans une réflexion sur le savoir, la vérité et l'éthique — dans un cadre politique, et non solipsiste. L'autofiction est la forme littéraire d'une préoccupation contemporaine plus générale, celle de la performance de soi, telle que l'expose notamment Judith Butler avec la théorie constructiviste du genre. Pour Chloé Delaume, romancière qui pratique et théorise l'autofiction, celle-ci est un geste politique. Se situant dans la lignée de Butler, elle définit l'autofiction comme une construction de soi, une réappropriation de sa vie par la langue, un «trouble dans le genre», entre fiction et autobiographie. Chloé Delaume considère l'autofiction comme une manière de se créer une nouvelle identité au-delà de la partition hétéronormée des genres : «L'autofiction est un genre expérimental. Dans tous les sens du terme. C'est un laboratoire. Pas la consignation de faits sauce romanesque. Un vrai laboratoire. D'écriture et de vie[15].» «Mon Je est politique», affirme-t-elle. Mais comment ce «je» peut-il être politique tout en étant strictement individuel ? Cette universalisation du «je» est l'enjeu du travail artistique. La transformation de soi relève du politique pour la photographe Cindy Sherman : se prenant toujours pour modèle, dans des photos toujours sans titre, elle se déguise, se métamorphose de manière stupéfiante. Elle explique que ce geste est politique car il permet d'interroger les représentations de la femme qui passent essentiellement par le regard des hommes, que ce soit au cinéma (ses premiers travaux étaient inspirés par les films d'Hitchcock), dans l'histoire de l'art (elle reproduit des tableaux célèbres), dans la publicité, dans la vie courante.

L'autofiction met en question le problème ancien de la vie et de la vérité, en le liant à des préoccupations et des techniques contemporaines. Elle se comprend comme *réalité augmentée*, cette technique d'informatique permettant de greffer à une saisie du réel des images virtuelles, des hyperliens, des informations interactives. L'autofiction est vérité augmentée : elle nous montre que la vie écrite n'est pas moins *vraie* que la vie rêvée, que le fantasme est tout aussi réel *pour nous* que le vécu. « D'autres vies que la mienne » est bien le chiffre de l'écriture de soi : il s'agit de vivre par l'écrit ce qu'on ne vit pas dans la réalité. Anne Garréta le dit dans le prologue de son très beau roman *Pas un jour* (Grasset, 2002), douze nouvelles, douze « nuits », douze histoires de désirs et « pas un jour sans une femme » : « Dans la série de ces nuits, il y en a une, au moins une, qui est une fiction. Et tu ne diras pas laquelle », révèle-t-elle en épilogue. Ce qui met en péril tout l'édifice narratif : les histoires fausses ont le même statut épistémique que les histoires vraies, celles qui ont été vécues (les histoires dites fausses, la narratrice-auteure aurait pu les vivre). Très belle manière de rapporter l'œuvre autobiographique à une œuvre fictionnelle, en montrant que le souvenir se nourrit de fantasmes.

« Peut-être sommes-nous dans une égale mesure faits de ce qui a été et de ce qui aurait pu être », écrit le romancier espagnol Javier Marías dans son recueil *Littérature et fantôme*. Notre vie se compose de nos réussites et de nos échecs, de nos accomplissements comme de nos potentialités. Telle est précisément la définition de la fiction, telle qu'elle s'incarne notamment dans le roman : ce qui aurait pu être et n'a pas (encore) été. Le détour par la fiction, pour une entreprise autobiographique, est tout sauf un acte de mythomanie ou de traîtrise : c'est au contraire une manière d'acquiescer à l'idée que nous sommes faits aussi de ce que nous n'avons pas été. C'est le constat que font les auteurs d'autofiction, sans pour autant théoriser les choses ainsi.

LA PUDEUR ET L'IMPUDEUR

L'écriture de soi est intimement liée au réel ; ce rapport est exacerbé dans l'autofiction, qui met en scène, sans toujours les déguiser, des personnes et des faits réels. Hervé Guibert met en avant la vérité : il n'est du côté ni de la création ni du déguisement. Il s'inscrit dans une recherche de la vérité de soi héritée de Montaigne et de Rousseau. Ce faisant, il entraîne avec lui les autres, et en vient à se poser la question de la responsabilité du romancier. Chez Hervé Guibert, on est bien au-delà d'un narcissisme primaire souvent dénoncé. On est ailleurs : dans une langue classique et un sens du romanesque qui se greffent sur l'intime.

Dans ses derniers romans, il installe un projet autobiographique qui inclut les relations avec ses proches[16]. La mise en scène qu'il fait de Michel Foucault, mort en 1984, a fait polémique, parce que sous un masque transparent il révélait ce qui était caché (ses pratiques sadomasochistes, sa mort du sida) et décrivait son agonie. Ce qui compte pour Guibert, c'est ce qu'il nomme lui-même « la vérité[17] », mais aussi « le romanesque », qui vient mettre en balance la vérité. Un projet littéraire qu'il justifie : « La vérité est la base de "mon" romanesque », écrit-il dans son journal, *Le Mausolée des amants*, « mais "mon" romanesque prime la vérité ? » s'interroge-t-il. Le romanesque serait-il la fin qui justifie les moyens — justifiant même de trahir la vérité ? La mise en scène des proches de manière faussée — faussée par la mise en fiction — est faite au nom du roman, qui prime. Ce n'est pas la vérité qui prime mais *sa* vérité, la vérité mise *par lui* en fiction. La liberté du romancier est première ; la vérité du roman (vérité interne à la fiction) prime sur la vérité de la société (vérité externe). Pourtant, Guibert a conscience qu'en tant qu'écrivain mettant en scène ses proches il a une responsabilité — c'est le terme qu'il emploie dans son journal : « Affolement devant les dédicaces à faire aux personnes "visées" dans ces deux livres. Responsabilité nouvelle. » Il s'interroge également sur le récit qu'il fait de l'agonie de Foucault dans *À l'ami qui ne m'a pas sauvé la vie* : « Mais de quel droit je fais ça ? […] Je fais un acte de traîtrise. »

Dans un entretien avec Didier Eribon en 1991, quelques mois avant sa mort, il s'explique : « Le fait que j'étale ma vie ne justifie pas forcément que j'accapare la vie des autres. Je le fais. Voilà tout. C'est une sorte de crime. Toujours amoureux. Mes personnages sont toujours des gens très proches. Le personnage principal, c'est moi, et autour il y a cette constellation de gens que j'aime et que je maltraite parfois. Moi aussi je me maltraite[18]. » L'écriture *des* autres est dans la continuité de l'écriture *de* soi. Guibert raconte par exemple l'agonie de Foucault comme il raconterait la sienne — comme précisément il sait qu'il ne pourra pas la raconter. Même s'il est sûr de son projet d'écriture, il code, crypte les personnes réelles quand il en fait des personnages : Michel Foucault dans *À l'ami…* est Muzil, un nom qui renvoie à Robert Musil, l'auteur de *L'Homme sans qualités*, et à Georges Dumézil, l'un des maîtres de Foucault. On est bien dans un roman à clés. Mais ce cryptage ne vise pas tant à se protéger des attaques qu'à signifier que tout est vrai et tout est faux à la fois. La mise en scène transparente des proches donne à ceux-ci une nouvelle existence, mi-réelle, mi-fictionnelle. Ainsi Guibert affirme-t-il dans une interview : « Tout est scrupuleusement vrai », mais en même temps les individus mis en scène « ne sont pas tout à fait ce qu'ils sont dans la réalité », et « même celui qui est Hervé Guibert dans le livre est un personnage ».

Guibert choisit de traiter le réel à sa guise, de le tordre pour le mettre en roman. Ce qui peut irriter, déconcerter, choquer. À la manière de Duras dans ses derniers romans, le narrateur est tout-puissant ; il emmène le lecteur où il veut, le malmène, mais toujours dans une belle langue transparente, qui s'impose d'elle-même. L'œuvre d'Hervé Guibert donne la clé de l'écriture de soi contemporaine : pudeur de la manière, impudeur de la matière [19].

DEVOIR DE VÉRITÉ ?

L'autofiction se heurte à la nécessité de masquer un réel trop aisément reconnaissable, afin d'éviter des poursuites juridiques. C'est dans l'encodage du réel, la transfiguration de la vérité que réside le travail de création du romancier. C'est dans cette mise en fiction du réel que se nouent les problèmes d'identification du réel, notamment de reconnaissance des personnes réelles dans des personnages de fiction.

La mise en fiction du réel est aussi vieille que le roman. Mais au XXe siècle, le romancier a joué de plus en plus sur la frontière entre réel et fiction et en est venu à s'interroger sur cette frontière. Ainsi de Marguerite Duras, qui se demande si elle doit publier le récit intitulé « Monsieur X. dit ici Pierre Rabier » dans *La Douleur*, texte sur l'agent de la Gestapo qui a arrêté Robert Antelme (récit commencé en 1958 et repris en 1985). Duras le nomme Pierre Rabier ; son vrai nom est Charles Delval. Plus exactement, le nom qu'il donne : « J'ai appris pendant son procès que l'identité de Rabier était fausse, qu'il avait pris ce nom à un cousin mort dans les environs de Nice. Qu'il était allemand », écrit Duras. La question du nom fictif est présente dans le récit ; le titre met en avant le statut moitié fictionnel moitié réel de « Pierre Rabier ». Il y a ainsi un système complexe de trois niveaux de codage : la personne réelle code elle-même son nom (du nom allemand à Charles Delval) ; Duras le code en Pierre Rabier ; dans le titre, elle le code en « Monsieur X. ». Dans le titre, « Monsieur X. » est le vrai nom, le nom que Duras veut taire, mais aussi ce vrai nom qu'elle ignore, et « Pierre Rabier » le nom fictif.

Dans le texte liminaire au récit, elle écrit : « Il s'agit d'une histoire vraie jusque dans le détail. C'est par égard pour la femme et l'enfant de cet homme nommé ici Rabier que je ne l'ai pas publié avant, et que ici encore je prends la précaution de ne pas le nommer de son vrai nom. Cette fois-ci quarante ans ont recouvert les faits, on est vieux déjà, même si on les apprend ils ne blesseront plus comme ils auraient fait avant, quand on était jeune. » Duras affirme dès le début qu'elle prend des précautions avec la personne réelle de cet homme, plus exactement avec la sensibilité des proches qui lui survivent. Mais dans le paragraphe suivant, elle s'interroge : « Reste ceci, que l'on peut se demander : pourquoi publier ici ce qui est en quelque sorte anecdotique ? C'était terrible certes, terrifiant à vivre, au point de pouvoir en mourir d'horreur, mais c'était tout, ça ne s'agrandissait jamais, ça n'allait jamais vers le large de la littérature. Alors ? » Immédiatement après l'affirmation d'une sensibilité, de précautions, elle se reprend pour dire que cette histoire relève non pas de la littérature mais de l'anecdote. Pour que l'histoire devienne de la littérature, elle transfigure la personne réelle en personnage de fiction et en fait une matière. Dans le troisième et dernier paragraphe, les proches, les amis, d'autres personnes réelles viennent trancher l'affaire : « Dans le doute je l'ai rédigée. Dans le doute je l'ai donnée à lire à mes amis, Hervé Lemasson, Yann Andréa. Ils ont décidé qu'il fallait la publier à cause de la description que j'y faisais de Rabier, de cette façon illusoire d'exister par la fonction de la sanction et seulement de celle-ci qui la plupart du temps tient lieu d'éthique ou de philosophie ou de morale et pas seulement dans la police. » Ses amis lui conseillent de publier le texte pour des raisons littéraires, morales et politiques. La littérature finit par triompher, malgré les précautions initiales. Duras a conscience que la littérature qu'elle pratique peut heurter le réel ; dans *Écrire* (Gallimard, 1993, trois ans avant sa mort), elle affirme : « Le type de littérature que je pratique est scandaleux. J'écris dehors, de façon indécente. Ce que d'ordinaire on cache, je l'écris au grand jour. »

Le romancier peut *dénaturer* les individus, mais aussi leur donner une *nouvelle réalité*, une nouvelle épaisseur réelle (sans le roman de Duras, Pierre Rabier/Charles Delval serait resté un inconnu). Le romancier peut les *trahir* ; il peut aussi les *inventer* : Duras n'a-t-elle pas dit la vérité sur Yann Andréa en en faisant un personnage, en tirant de lui ce qu'il n'aurait pu tirer lui-même (Yann Lemée devenu Yann Andréa Steiner, intégrant la famille des personnages durassiens), en prolongeant sa vie dans la fiction, en lui faisant vivre une vie de fiction ?

Même si l'écriture est première, si elle prime sur la vie, le romancier n'a pas pour autant tous les droits. Le romancier qui joue avec le réel se doit désormais d'être « responsable ». Il ne peut être détaché des devoirs que le rapport au réel, à la société, aux droits des individus, impose. Hervé Guibert est allé loin dans la mise en scène de la vie privée de personnes réelles. Pourtant personne n'a porté plainte. Une polémique littéraire a eu lieu, autour de la question « Peut-on tout dire ? ». Aujourd'hui, les conséquences de la multiplication des textes d'autofiction, souvent transparents, souvent romans à clés, sont une multiplication d'attaques en justice. Pourquoi, maintenant, des procès ? Peut-être parce que les exemples de Duras et Guibert ont décomplexé les auteurs. Parce que l'écriture de soi est une expérimentation à laquelle a droit le romancier, et qui l'autorise à mener ses expériences *aussi* sur les autres, au nom d'un possible *devoir de vérité* du romancier, d'une éventuelle *exigence de transparence* du roman — deux notions éminemment problématiques. Le romancier n'a-t-il pas au contraire un *devoir de contre-vérité* ? L'écriture romanesque qui met en fiction le réel est prise dans une tension entre un devoir de vérité face au réel et l'infinie transfiguration qu'offre la fiction.

La question fondamentale mise au jour par les attaques en justice est une question littéraire, philosophique et morale : qui a le droit de raconter ce qui relève de l'expérience, du vécu, du privé ? Y a-t-il, quant à certains sujets, un primat du vécu sur le dit : la nécessité pour l'auteur d'avoir vécu ce qu'il raconte ? La question s'est posée à l'occasion d'une polémique entre Camille Laurens et Marie Darrieussecq, la première accusant la seconde, lors de la sortie de son roman *Tom est mort* (POL, 2007), de «plagiat psychique», car Darrieussecq racontait la mort d'un enfant, événement qu'elle n'avait pas vécu, qui pour elle était fictif mais réel pour Camille Laurens, qui l'avait relaté dans un texte autobiographique, *Philippe* (POL, 1995[20]). Ce n'était pas tant la notion de plagiat qui était en jeu que celle de la mise en fiction du vécu. Marie Darrieussecq avait-elle le droit de raconter une fiction dans laquelle la narratrice perdait son enfant alors qu'elle n'avait pas connu ce drame ? Camille Laurens lui reprochait de ne pas décrire les sentiments de la mère de manière crédible. Est-ce à dire qu'il y a des sujets interdits de fiction ? Ou des sujets qui requièrent un travail littéraire particulier, afin d'atteindre un degré acceptable de crédibilité — acceptable pour ceux qui ont vécu les événements ? Le roman est pourtant le lieu d'une création qui sublime le réel pour en faire un objet littéraire détaché du vécu.

L'écrivain et son éditeur se doivent aujourd'hui d'anticiper les attaques qui pourraient leur être faites : quand la fiction déborde sur le réel, la naïveté n'est pas de mise. Les livres seront disséqués, on le sait. Plusieurs auteurs inscrivent cette méfiance dans leurs textes. Anne Garréta évoque à la fin de *Pas un jour* les précautions que doit prendre un romancier qui s'inspire de ses proches et les met en scène : « Ne risquais-tu pas, quelles que fussent tes précautions, si tu publiais ces exercices, de blesser telle ou telle qui se reconnaîtrait — à tort ou à raison — sous telle initiale ? » Elle ajoute, de manière amusée : « *Quid* de celles qui ne se retrouveront pas dans ces nuits ? L'omission ne risque-t-elle pas de blesser, elle aussi ? »

Le vieux débat sur la littérature et la vie, le roman et la vérité, est renouvelé. Marguerite Duras, racontant sa découverte du texte « La douleur », enfoui depuis la guerre dans son grenier de Neauphle-le-Château, écrit : « Je me suis trouvée devant un désordre phénoménal de la pensée et du sentiment auquel je n'ai pas osé toucher et au regard de quoi la littérature m'a fait honte. » La littérature est parfois inférieure à la vie ; il y a bien des expériences qu'on ne peut mettre en littérature qu'avec un sentiment de honte. Alors même qu'elle place l'écriture au-dessus de tout — « écrire » étant pour elle, surtout à la fin de sa vie, un mot d'ordre existentiel —, Duras reconnaît que certaines expériences ne peuvent se dire que dans des récits véridiques, non des romans. Le romancier qui pratique l'écriture de soi est pris entre les devoirs moraux envers les personnes réelles et les faits, et sa propre exigence littéraire. Il est pris entre vérité et création. Cette opposition classique redevient centrale aujourd'hui.

« CETTE LANGUE ME SCANDALISE »

L'autofiction n'a pas le monopole de l'écriture de soi au début du XXIe siècle, même si elle représente une tendance lourde. Une autobiographie traditionnelle est toujours pratiquée. Le roman de formation notamment, avec par exemple la formation érotique dans *Les Découvertes* d'Éric Laurent (Minuit, 2011) ; la formation sensorielle et intellectuelle dans *Formation* et *Arrière-fond* de Guyotat

(Gallimard, 2007 et 2010). La collection « Traits et Portraits » du Mercure de France offre une nouvelle forme de recherche autobiographique : texte et images se répondent pour dresser un portrait sensoriel de l'auteur, une autobiographie d'impressions et de pensées, notamment *Coma* de Guyotat (2006) et *L'Africain* de Le Clézio (2004). La collection « L'un et l'autre » de Gallimard regroupe des romans autobiographiques qui prennent l'autobiographie par la bande, en creux, par le détour d'un autre que soi. Jacques Roubaud, dans son projet *Le Grand Incendie de Londres* (1989-2008), qui comprend six romans, questionne le rôle de la mémoire et refuse la catégorie d'autobiographie, ses romans étant des montages complexes de souvenirs et de fiction qu'il nomme « prose de mémoire ». Mathieu Lindon, dans *Ce qu'aimer veut dire* (POL, 2011), fait du roman autobiographique le lieu d'un questionnement sur les différentes formes d'amour vécu, de l'amitié pour Foucault à l'amour pour le père.

Pour le romancier, l'écriture de soi ne vise pas tant à se connaître, à se comprendre, qu'à se transformer, à se rendre autre par et dans l'écriture. Cette transformation se joue au cœur même de ce que l'auteur a, en tant qu'individu, en commun avec les autres hommes et, en tant qu'écrivain, en propre : la langue. Pierre Guyotat, dans *Coma*, constate que par l'écriture il devient autre : « Comment me faire moi-même à cette réalité de ma langue, de la langue de mon être avant que je sois ? [...] Cette langue dépasse ma pauvre force, elle va plus vite que ma pauvre volonté. [...] Elle me scandalise. » La langue est devant lui : face à elle il est autre. Un processus de dédoublement a lieu — de soi à soi —, par l'écriture, au sein du langage. Il ne se reconnaît plus dans sa langue, qui pourtant émane de lui. C'est le « Je est un autre » de Rimbaud que Guyotat découvre par la langue — ce « bloc-rythme », cet objet qui s'émancipe de lui et par lequel il s'émancipe de lui-même. Transformation de soi, de la langue, du roman : c'est à ce degré de transfiguration radicale que tend l'écriture de soi.

VI

L'ÉCRITURE BLANCHE

Tout oppose, à première vue, les deux courants romanesques les plus caractéristiques de la littérature contemporaine française : l'autofiction et l'écriture blanche. Là où les romans qualifiés d'autofiction semblent être le lieu de l'épanchement impudique du moi, les romans relevant de l'écriture blanche témoignent d'une neutralisation du « je », de l'émotion, de la narration même. Pourtant, ces deux courants partagent un point commun : une même volonté de mise à distance de la tradition romanesque.

L'écriture blanche désigne un style réaliste, qui tient éloignées émotion et analyse. On sent de la part du romancier une envie de dire les choses de manière simple, sobre, sans ajouts stylistiques. « Blanc » évoque une impression de transparence, de grande simplicité, voire de froideur. « Parler d'une voix blanche », la métaphore le dit bien : une voix blanche, ce n'est pas une voix sans timbre, sans tonalité, c'est une voix que l'émotion paralyse, et où l'émotion est neutralisée. La voix blanche prend en elle toutes les émotions et n'en laisse émerger aucune, de même que le blanc englobe toutes les couleurs pour n'en laisser dominer aucune.

La métaphore du blanc est aussi celle du blanc typographique, du blanc de la page : le blanc renvoie au vide, le noir au remplissage de la page, voire au trop-plein, à la saturation de la page par le noir typographique que sont les mots, mais aussi le sens et le style. L'écriture noire, c'est celle du grand roman balzacien, le roman à personnages, à histoires, roman du trop-plein de sens. C'est à elle que s'oppose l'écriture blanche, dans la lignée du Nouveau Roman : elle veut produire un texte sans surcharge, sans fioriture stylistique, s'imposant de lui-même.

L'écriture blanche est une expression fréquemment employée par la critique littéraire pour qualifier le style de certains textes contemporains. Elle désigne alors indifféremment neutralité, objectivité, impassibilité, minimalisme, mise en scène de l'ordinaire ; et tout à la fois classicisme de la forme et avant-garde. Un magma d'impressions de lecture. Elle est appliquée à des romanciers très différents : certains « auteurs Minuit » (de Marguerite Duras à Jean Echenoz et Christian Oster), Jean Cayrol, Annie Ernaux... Il ne s'agit donc pas d'une école de style mais plutôt d'un sentiment de lecture : l'impression d'une rupture avec la tradition des belles-lettres, du beau style, du grand romanesque. L'écriture blanche désigne non seulement un type d'écriture, un style, mais aussi un type de narration : une vision du roman comme une vision du monde. Une manière de considérer ce que c'est qu'écrire un roman au début du XXIe siècle, dans un monde surchargé de signes et de sens.

À L'ORIGINE, *L'ÉTRANGER* DE CAMUS

L'écriture blanche est une expression forgée par Roland Barthes à partir d'une analyse de *L'Étranger* d'Albert Camus (1942). En 1944, âgé de vingt-huit ans, Barthes écrit dans la revue des étudiants du sanatorium où il est soigné un article sur le roman de Camus. Dix ans avant *Le Degré zéro de l'écriture* (1953), il souligne qu'avec ce roman « se lève un nouveau style » qui est « style du silence du style », où la voix de l'auteur est « une voix blanche, la seule en accord avec notre détresse irrémédiable ». « Silence du style » car « ce livre n'a pas de style ». L'énonciation y est selon lui « une présence sans passion ». C'est d'abord pour lui le sentiment d'une rupture face à la tradition littéraire.

L'Étranger a également marqué Sartre et Blanchot, qui voient en lui le roman inaugural d'une nouvelle manière d'écrire : « La phrase est nette, sans bavure, fermée sur soi ; elle est séparée de la phrase suivante par un néant. [...] Une phrase de *L'Étranger*, c'est une île. Et nous cascadons de phrase en phrase, de néant en néant », commente Sartre[1]. En 1943, dans *Faux Pas*, Blanchot s'intéresse aussi à *L'Étranger*, le qualifiant de « livre qui fait disparaître la notion de sujet. Tout ce qui s'y montre s'y laisse saisir sous la forme objective. [...] Nulle analyse, nul commentaire sur les drames qui se forment et les passions qu'ils provoquent. » Il souligne « l'objectivité presque absolue du récit ». Dans *L'Entretien infini*, Blanchot emploie les expressions de « non-concernant » et de « neutre » pour désigner une forme de distance narrative à l'œuvre dans le roman.

L'écriture blanche, pour Barthes, est une « écriture neutre », « écriture enfin innocente », une « parole transparente », « indicative », « amodale » ; c'est « un style de l'absence qui est presque une absence idéale de style ». Barthes pose une équivalence entre l'écriture blanche et le degré zéro de l'écriture ou écriture degré zéro : « C'est en lui [*L'Étranger*] que j'ai puisé la première idée d'un type d'écriture blanche qui essaie de dépasser les signes du style, de la littérature, pour arriver à une sorte d'écriture que j'appelais "blanche" et qu'ensuite j'ai appelée "écriture degré zéro" », se souvient-il dans un entretien en 1970. Dans l'article de 1944, il dit du style de *L'Étranger* : « C'est une sorte de substance neutre [...]. Le résultat en est que ce livre n'a pas de style et qu'il est pourtant bien écrit ; que son absence d'emphase [...] est une sorte de victoire nulle ; [...] l'aboutissement admirable de ce travail est une eau qui coule, rien ; pas de littérature, mais aucune négligence. » Une littérature qui ne se prend pas pour de la littérature. Le jeune Barthes souligne que le livre est « bien écrit », qu'il n'y a « aucune négligence » : c'est bien de la littérature, mais elle n'a pas besoin de s'afficher comme telle.

UNE GRAMMAIRE BLANCHE

Barthes et Sartre ont été frappés par l'emploi du passé composé : « C'est pour accentuer chaque unité phrastique que M. Camus a choisi de faire son récit au parfait composé », commente Sartre, Barthes remarquant que Camus renonce au « passé simple, ce temps ponctuel et romantique, fatigué par Flaubert, pour adopter le passé composé, ce mélange de présent et de passé, où l'événement, suffisamment décanté, résonne encore sourdement, à la fois lointain et présent, distinct et étranger, inaccessible et individuel comme un phénomène de tragédie grecque ».

Grammaire et psychologie sont liées : « On évite toutes les liaisons causales, qui introduiraient dans le récit un embryon d'explication et qui mettraient entre les instants un ordre différent de la succession pure », analyse Sartre. « L'acte est promu au rang d'unité fondamentale du temps romanesque, et non plus les raisons de l'acte, comme dans la psychologie du roman traditionnel », affirme Barthes dans le dernier texte qu'il consacre à *L'Étranger*, en 1954.

Le style de *L'Étranger* se caractérise par une « esthétique soustractive », pour reprendre l'expression de Dominique Rabaté. En effet, *L'Étranger* est une forme d'épure de *La Mort heureuse*[2], roman que Camus commence en 1936 et renonce à publier. La description de l'appartement dans *La Mort heureuse*, « Et quand Meursault pensait avec tristesse à la disparue, c'était sur lui, au vrai, que sa pitié se retournait. Il eût pu se loger plus confortablement, mais il tenait à cet appartement et à son odeur de pauvreté », devient dans *L'Étranger* : « Après le déjeuner, je me suis ennuyé un peu et j'ai erré dans l'appartement. Il était commode quand maman était là. Maintenant il est trop grand pour moi et j'ai dû transporter dans ma chambre la table de la salle à manger. » Cette *réduction* stylistique est au service d'une *concentration* narrative : une économie de moyens fait sentir le vide, l'absurde des situations et des personnages.

L'écriture blanche est aussi une métaphore d'inspiration existentialiste : « Si l'écriture est vraiment neutre [...], alors [...] la problématique humaine est découverte et livrée sans couleur », écrit Barthes dans *Le Degré zéro de l'écriture*.

Le style doit illustrer l'absurde de l'humanité : « Le style reste la crête difficile où l'homme doit se maintenir entre les idées infinies et les mots inconsistants. [...] Mieux vaut donc [...] asservir le style et en faire un objet à la mesure du désespoir absurde, du bonheur absurde », écrivait-il en 1944. L'ornementation, l'emphase, le beau sont inaptes à dire le vide de l'homme. Barthes n'explique pas tant l'écriture blanche comme réponse à un épuisement de la littérature (à la manière de Blanchot), de la parole littéraire, de la possibilité de faire un récit, que comme un moyen de dire le vide existentiel de l'homme.

CONTRE

L'écriture blanche est d'abord *contre*: contre la littérature du passé qui charrie des lourdeurs stylistiques et narratives, contre les belles-lettres, le beau style. Elle se définit *par différence* avec le style littéraire « classique », celui auquel le lecteur est habitué. Elle prend ses distances avec la tradition littéraire. C'est comme si le romancier souhaitait revenir à un état d'innocence du roman — Barthes la qualifie d'écriture innocente. Elle vise la transparence du langage : une utopie.

Pourtant, l'écriture blanche n'est pas une avant-garde formaliste. Elle se caractérise au contraire par l'emploi du langage ordinaire, un langage qui se voudrait extralittéraire ; elle vise la clarté voire l'objectivité, celui du constat ; elle témoigne de la volonté du romancier d'épurer le langage romanesque. L'écriture blanche se situe dans une tradition antirhétorique. Christian Oster explique sa pratique de l'écriture blanche par une « volonté d'évacuer un certain nombre de vieilleries stylistiques, littéraires, au nom d'une forme de modernité », « volonté d'évacuer le lyrisme, le pathos[3] ». « Lorsque la tentation romanesque se profile, elle est toujours tenue à distance », résume Dominique Viart.

L'écriture blanche n'est pas seulement une notion stylistique ; c'est aussi une notion narrative. Elle répond à la critique adressée par certains théoriciens du Nouveau Roman au narrateur omniscient. Elle installe une posture descriptive visant l'objectivité contre la subjectivité du narrateur. Mais la description impersonnelle est impossible dans un roman car elle est portée par une voix narrative. Claude Simon le dit dans *Le Jardin des Plantes* : « Il est impossible à qui que ce soit de raconter ou de décrire quoi que ce soit d'une façon objective [...], il n'existe pas de style neutre ou comme on l'a aussi prétendu d'écriture "blanche"[4]. »

LES IMPASSIBLES

Pourtant, il y a bien sinon une école de style du moins une parenté de *manière*, tant dans la forme que dans le contenu romanesques. Les romanciers des Éditions de Minuit, qu'on a nommé les « impassibles », en sont les représentants. Jérôme Lindon, fondateur des Éditions de Minuit, explique ainsi le sens du terme « impassible » : « Ça n'est pas l'équivalent d'"insensible", qui n'éprouve rien ; cela signifie précisément le contraire : qu'on ne trahit pas ses émotions[5]. » C'est bien la métaphore de la voix blanche : un narrateur qui a des émotions, mais les contrôle ; un romancier qui neutralise les effets de style. Christian Oster le dit en ces termes : « Il s'agissait de faire passer l'idée qu'en fait l'affect était présent, mais absolument impalpable, invisible sous le travail de la langue, de la distance, de l'humour[6]. » Les personnages d'Echenoz ou d'Oster sont trop fatigués pour exprimer leurs sentiments ou garder une femme — toutes choses que fait un traditionnel héros de roman. Christian Oster le dit lui-même : « Je pars d'une situation [...] extrêmement simple [...], qui est une situation de rencontre amoureuse. Je la développe et l'inscris dans un cadre concret. » Il ajoute, en forme de boutade : « Mon propos, c'est de raconter une histoire : j'écris des romans sentimentaux. » L'écriture blanche neutralise tout ce que le roman d'aventures a pu produire : « Dans mes livres on ne part pas en Amazonie : on est comme à la maison[7] », résume Oster.

En effet, on ne part pas bien loin. Et pourtant on part : c'est le point de départ narratif de presque tous les romans de Jean Echenoz et de Christian Oster (exemplairement, le titre le dit : *Je m'en vais* d'Echenoz et *Rouler* d'Oster). Leurs héros quittent Paris, quittent leur vie, leur travail, une femme (ou sont quittés). La rupture est posée comme première et demeure inexpliquée : elle ne fait l'objet d'aucun développement romanesque, elle est seulement le déclencheur du récit. Pourquoi le narrateur décide-t-il de quitter Paris pour se rendre à Marseille, dans *Rouler* d'Oster (L'Olivier, 2011) ? Pourquoi la femme qu'il rencontre au milieu de son périple décide-t-elle de quitter son mari ? Le narrateur ne lui pose pas de question et accepte de l'emmener. Dans ces romans, tout est possible, tous les choix pourraient être faits ; et pourtant rien de vraiment romanesque n'arrive. Les narrateurs ne sont pas des héros, au sens traditionnel du héros de roman, et leurs actions ne sont qu'ordinaires. Les possibilités avortent, comme dans la vraie vie. La rupture comme point de départ renvoie au symbole de la page blanche. Une rupture, un passé qu'on n'explique pas : ce sont les conditions d'un présent ouvert.

La neutralisation de l'émotion, qui caractérise l'impassibilité, s'applique aussi à la narration. Dans ces romans, on n'est pas surpris qu'un événement arrive (un tremblement de terre ne surprend ni le narrateur ni le lecteur dans *Nous trois*[8] d'Echenoz, 1992, ni non plus l'embarquement impromptu dans une navette spatiale). Qu'on en juge par le résumé des intrigues de quelques romans de Christian Oster. Un homme, dont le voisin de palier vient de mourir, accueille la femme de celui-ci chez lui et décide de se remettre au volley-ball. Il cherche des gens pour constituer une équipe (*Volley-ball*, 1989). Un homme se retrouve à la porte de chez lui; une femme lui donne rendez-vous à la piscine; il en rencontre une autre, qui attend un enfant; il part avec elle, en train, en province, où elle va accoucher; il s'y installe et travaille dans une grotte tenue par le frère de la femme (*Mon grand appartement*, 1999). Un homme reçoit un appel de Paul, le nouveau compagnon de son ancienne compagne, Sandra, qui lui demande de venir à Ger (Hautes-Pyrénées) s'occuper de Sandra pendant son absence. Il s'y rend, en voiture. À son arrivée, Sandra est partie. Il part à sa recherche avec Paul, puis seul, en voiture (*Paul au téléphone*, 1996). Un homme, que sa femme vient de quitter, engage une femme de ménage. Elle s'installe chez lui. Sa femme décide de revenir. Il s'enfuit, avec sa femme de ménage, vers le Sud, où vit un ami, en voiture (*Une femme de ménage*, 2001). On constate un double mouvement inverse : ce qui est traditionnellement considéré comme romanesque (une rupture, un départ, une rencontre...) est traité comme un événement sans importance ; à l'inverse, de petits événements sont « montés en épingle » par un narrateur qui se pose mille questions. L'infime, le microévénement, ce qui d'ordinaire va de soi dans un roman devient un enjeu romanesque.

UN ROMANESQUE DU PEU

C'est un romanesque du peu qui caractérise l'écriture blanche. Certains romans, qui relèvent d'un formalisme, peuvent être qualifiés de romans du rien : le récit est poussé à une épure. C'est le cas de *Monsieur* (1986), le deuxième roman de Jean-Philippe Toussaint : le héros, Monsieur, est un avatar de Monsieur Teste de Valéry ou de Plume de Michaux. Bonhomme ordinaire perdu dans un monde trop grand, trop complexe, trop moderne, Monsieur ne fait rien à son travail car il n'a rien à faire, il vit sa vie en spectateur. Une métaphysique du vide se dégage : le costume que la vie lui a taillé est trop grand pour lui. La narration renvoie, de manière pascalienne, au vide intérieur de l'homme. C'est aussi le cas du héros de *K. 622* de Christian Gailly (1989) : en décalage face aux autres, face au monde, il cherche à faire perdurer l'émotion musicale qu'il a ressentie à l'écoute d'un concerto pour clarinette de Mozart ; ce déclencheur du récit le conduit à se rendre à un concert pour réentendre le morceau, où il rencontre une femme — aveugle. Ces romans à l'allure de conte se révèlent pourtant porteurs d'une profondeur métaphysique.

Cette métaphysique du vide s'incarne dans un rêve de dénuement, tel que le met en scène le premier roman d'un auteur de vingt-huit ans, Jean-Philippe Toussaint, *La Salle de bain* (1985), manifeste de l'écriture blanche contemporaine. Les paragraphes sont numérotés jusqu'à cinquante, le livre est placé sous le signe de Pythagore («Le carré de l'hypoténuse...») : manières d'indiquer que la vie est mise en équation — à la fin tout rentre dans l'ordre, tout est «carré», le narrateur qui, au premier paragraphe, s'installe dans sa salle de bain, la quitte au dernier paragraphe, et reprend le cours de sa vie. Un véritable formalisme se donne également dans un autre roman de Toussaint, *La Réticence* (1991), qui ne raconte à proprement parler rien puisque le héros éprouve une réticence envers toute action qu'il ne s'explique pas; le réel qui l'entoure (un chat mort flottant à la surface de l'eau) lui apparaît étrange et hostile.

Plus généralement, les narrateurs des romans d'écriture blanche ont de la difficulté à parler; c'est ce qu'exprime exemplairement la première phrase de *Mon grand appartement* d'Oster : «Je m'appelle Gavarine, et je voudrais dire quelque chose.» Le narrateur veut parler, accéder à l'être, veut s'imposer alors qu'il pense ne pas en avoir les moyens; comme chez Beckett, c'est une parole difficultueuse qui se donne. Le protagoniste de ces romans n'est pas un héros, c'est un type ordinaire, peu sûr de lui; il devient un héros par des actes qui le qualifient comme tel. Mais l'héroïsme est rabaissé : les enjeux, les quêtes sont de peu (à la fin de *Dans la cathédrale* d'Oster, 2010, le narrateur, qui doit se rendre à un mariage, tombe en panne, et l'enjeu devient pour lui de monter sur une moissonneuse-batteuse pour rejoindre la cathédrale). Le romanesque est rabaissé, tourné en carnaval : l'enjeu est traité comme s'il était considérable, alors qu'il s'agit d'une chose ridicule.

Ce qui constituerait en soi un roman est réduit à une

simple péripétie : le romancier coupe court aux attentes du lecteur. C'est le cas du début de *Je m'en vais* d'Echenoz (1999, prix Goncourt) : « Je m'en vais, dit Ferrer, je te quitte. Je te laisse tout mais je pars. Et comme les yeux de Suzanne, s'égarant sur le sol, s'arrêtaient sans raison sur une prise électrique, Félix Ferrer abandonna ses clés sur la console de l'entrée. Puis il boutonna son manteau avant de sortir en refermant doucement la porte du pavillon. » Le récit commence après la crise ; cette crise, qu'un roman traditionnel aurait racontée, Echenoz l'élude, lui règle son compte narratif en un paragraphe liminaire. De même, dans *Un an* d'Echenoz (1997), une femme trouve à son réveil l'homme à côté d'elle mort ; elle s'enfuit, et change de vie durant un an ; on ne saura pas pourquoi cet homme est mort. Cet événement aurait été le cœur même de l'intrigue d'un roman classique ; ici il n'est que le déclencheur du récit.

Ces romanciers montrent que tout peut faire roman, que le romanesque peut surgir de tout, de l'infime, du micro-événement, du ridicule. Les protagonistes sont promus héros par des actions non héroïques. Ces œuvres tranchent radicalement, de manière ironique, avec la conception classique du roman, ses personnages et ses enjeux.

L'écriture blanche signe, dans la lignée du Nouveau Roman, la banalisation du héros et la mise en roman du quotidien. La matière romanesque est prise dans le flux du quotidien ; une inquiétante étrangeté s'en dégage. Ces romans flottent dans une atmosphère de conte. Le héros est fatigué ; il ne va pas au bout de ses actions ; blasé, il ne s'étonne de rien. Ce sont souvent des romans où tout rate. Le procédé narratif consistant à faire avorter toute velléité romanesque se transcrit dans la phrase. Chez

Echenoz et Oster, les phrases sont interrompues avant qu'elles deviennent des périodes. Les phrases sont courtes et, plus caractéristique encore, souvent arrêtées en plein vol : quand la narration pourrait prendre son envol, quand le narrateur s'emballe, il s'interrompt volontairement, trop fatigué pour poursuivre. L'hésitation est aussi frappante : chez Oster, le narrateur se pose beaucoup de questions, il dissèque son propre comportement, dans une irrésolution permanente. L'épuisement gagne le narrateur, qui n'a pas la force de se battre, d'argumenter, face aux autres comme avec le langage — il agit alors au contraire sans réfléchir, se laissant déterminer par d'autres que lui et par le cours des choses.

Le romanesque est mené à son point d'épuisement. L'écriture blanche ne produit pas pour autant des romans sans romanesque; le romanesque est au contraire revalorisé : tout peut faire roman. Ces romans du peu font matière romanesque de tout.

LA FICTION MISE À NU

Les romanciers « impassibles » ne s'attaquent pas seulement au roman traditionnel; ils s'attaquent à la fiction. Le jeu avec les attentes du lecteur a pour but de montrer la toute-puissance de la fiction. Dans les romans d'Oster, le lecteur se demande comment cela va finir, car le récit part dans tous les sens — cela ne peut pas finir. On prend plaisir à se laisser conduire par la fiction. On se dit que c'est trop gros, que le romancier ne va pas faire ça (emmener son héros au fond d'une grotte, le faire monter dans une navette spatiale ou sur une moissonneuse-batteuse...). Et il le fait. Chez Jean Echenoz, une intrigue simple est court-circuitée par des événements improbables et vraiment romanesques (le tremblement de terre). Ce qui nous plaît dans ses romans, c'est ce qui nous plaisait, enfants, dans les contes : tout peut arriver, et tout arrive. On entre dans cette fiction, on se laisse guider, manipuler, comme le narrateur se laisse lui-même entraîner par ses rencontres. Le terme d'« impossible » s'entend aussi pour le lecteur : on ne s'étonne de rien, on accepte qu'on nous raconte une histoire. Le roman flotte dans une telle atmosphère d'irréalité que des événements exceptionnels semblent tout à fait normaux pour le héros, le narrateur et le lecteur. Tout peut arriver, et tout arrive : curieux mélange de réalisme et d'irréalité. Ces romans relèvent non pas de l'absurde mais du conte : les liens causaux sont absents, les faits sont présentés dans leur simplicité, leur simple présence, leur transparence — leur blancheur.

Ce sont là les conditions d'une fiction ouverte. L'écriture blanche vise non seulement à mettre de côté l'analyse, le sentiment, mais aussi à ouvrir aux yeux du lecteur l'univers fictionnel, à en montrer l'extension — le règne des possibles. L'écriture blanche ne définit pas tant un style qu'un rapport à la fiction : l'exhibition de la fiction comme création de possibles. Il ne s'agit pas d'un antiréalisme mais d'un nouveau réalisme : ces romans traitent la réalité, l'enchaînement des événements, à la manière des contes. Ils montrent l'irréalisme du réel, qui est l'espace fictionnel même.

UNE MÉTAPHYSIQUE BLANCHE

L'écriture blanche telle que la concevaient Camus, Barthes, Sartre et Blanchot était une réponse, par une mise en forme narrative et stylistique, à la philosophie de l'absurde. L'écriture blanche contemporaine répond-elle à une telle vision philosophique ? Ces romans proposent-ils une vision du monde ?

La critique du personnage traditionnel de roman peut-elle se lire comme une critique du personnage social ? La fin du grand héros de roman transcrit-elle une certaine fin de l'homme ? Comme le Nouveau Roman mettant en avant l'absurde de la société et de l'humanité, l'écriture blanche produirait implicitement (et peut-être sans que les romanciers eux-mêmes en soient conscients) une critique d'une société qui perd ses repères, apolitique et désengagée — critique développée par exemple dans *L'Ère du vide* de Gilles Lipovestky.

Les héros de ces romans sont libres, désengagés de toute contrainte. Ils semblent être des agents, non des acteurs : personnages sans profondeur, sans idéologie. Les contraintes matérielles ne les atteignent pas ; ils démissionnent sans se poser de questions (Oster, *Une femme de ménage*), n'ont pas de travail précis mais suffisamment de ressources pour vivre, pour que le récit se déroule sans que la question de l'argent, symbole par excellence du réalisme social, se pose. Quand ils agissent, ils ne se justifient pas. S'ils se posent des questions, il s'agit d'hésitation velléitaire, non de questionnement profond.

Cette écriture descriptive, sur le modèle du constat ; cette narration qui oublie les liens causaux et avance de fait en fait; ces héros blasés qui ne s'étonnent plus de rien : quelle philosophie s'en dégage ? La blancheur peut s'interpréter comme une indifférence face au monde. L'humour qui émane de ces textes est assimilable à l'élégance du désespoir. Ces romans s'écrivent à l'ère non plus de l'absurde mais du nihilisme.

Les intrigues ne sont pas situées dans l'espace et dans le temps; les héros sont sans âge, sans passé défini : aucune description ne vient leur donner chair et épaisseur. L'écriture blanche tend à une forme d'efficacité romanesque. La blancheur n'est pas pour autant synonyme de désengagement politique ou d'une cynique efficacité, ni d'un caractère simplement «ludique[9]». Ces romans ne sont pas des récits poétiques; le récit n'est pas réduit à la pure sensation. Au contraire, la narration est très riche, les rebondissements nombreux. Mais il semble n'y avoir aucun arrière-fond, aucune profondeur. Un récit blanc, c'est aussi un récit ouvert, dans lequel le lecteur peut mettre ce qu'il veut. Ces textes relèvent d'une métaphysique blanche : c'est au lecteur d'insuffler du sens. Comme chez Beckett, rien n'est explicite. Mais tout peut faire sens. Dans *Rouler* de Christian Oster, par exemple, il se passe encore moins de choses que dans ses romans précédents, et pourtant, incidemment, des questions métaphysiques sont posées. Les thèmes de la solitude et de la vieillesse sont abordés. Où aller ? comment s'orienter dans la vie ? Rouler, rouler, jusqu'où ? «En même temps, je n'attendais rien de spécial de quoi que ce soit, et, si j'évoque ici la crainte que je pourrais nourrir d'une déception, ce n'était pas réellement par rapport à un enjeu. Je n'attendais rien d'un village comme Aureille. Ce que je veux dire, c'est que si j'avais été dans un état normal, légèrement porté par la vie, par exemple, j'en aurais probablement attendu quelque chose, et c'est par rapport à ce quelque chose en soi que j'avais peur d'être déçu. » Les méandres de la réflexion du narrateur illustrent la mélancolie latente, la légèreté de l'être, la métaphysique blanche qui se dégagent de ces romans.

UNE PRATIQUE D'ÉCRITURE

Avant de viser le déploiement d'une vision du monde, l'écriture blanche est d'abord une pratique d'écriture, un rapport de certains romanciers à la tradition littéraire. Barthes évoquait les noms de Cayrol, Camus, Queneau et Blanchot comme représentants de l'écriture blanche. D'autres auteurs gravitent, selon les critiques ou les théoriciens, dans la sphère de l'écriture blanche : on parle d'une écriture de « l'ordinaire » ou de « l'infra-ordinaire » chez Perros et Perec ; d'un « épuisement de la littérature » chez Beckett. L'expression n'est pas employée uniquement par les critiques ou les théoriciens de la littérature, mais par certains écrivains eux-mêmes : Valéry parle du « sous-écrire » ; Pascal Quignard, d'un « texte comme haillonneux » ; Annie Ernaux, d'une « écriture plate ».

Marguerite Duras voit quant à elle son écriture comme une « écriture courante ». Duras a analysé, voire théorisé son processus d'écriture dans plusieurs textes. Elle affirme dans *Écrire* (Gallimard, 1993) que l'on peut écrire « à partir de n'importe quoi » et « avec la voix parlée ». Pour elle, la vie et l'écriture ne font qu'un ; il n'y a pas de séparation entre l'ordinaire de la vie courante et l'extraordinaire du statut d'auteur. Pas de séparation non plus entre la langue parlée et la langue écrite. Dans *La Vie matérielle* (POL, 1987), elle affirme : «J'écris pour rien.» L'écriture trouve sa finalité en elle-même ; elle n'obéit qu'à la loi qu'elle se fixe. Duras, comme Barthes, fait de cette écriture un horizon : «Il y aurait une écriture du non-écrit. Un jour ça arrivera. Une écriture brève, sans grammaire, une écriture de mots seuls. Des mots sans grammaire de soutien. Égarés. Là, écrits. Et quittés aussitôt», affirme-t-elle dans *Écrire*.

L'écriture blanche vise à annuler les effets de littérature ; rejoignant l'écriture du journal intime, neutralisant les affects du «je», elle est souvent pratiquée par les auteurs d'autofiction. Visant une forme d'objectivité, elle peut produire un effet de sécheresse. Elle rejoint un mouvement général de l'art contemporain, le minimalisme. Le minimalisme de la langue (phrases courtes, adjectifs et adverbes employés au minimum, langage ordinaire) rejoint le minimalisme du dit, le romanesque du peu. Du côté de la philosophie du langage, elle peut renvoyer à une forme de naturalisme, au mythe de la transparence. Retour à un état primitif — illusoire — du langage, où les mots disent les choses, où un langage vrai atteint la vérité des choses.

Ce mouvement littéraire qui vise à déconstruire la littérature s'enracine dans une tradition ancienne. Zola, dans une lettre à Valabrègue du 9 décembre 1866, définit le roman moderne, qu'il qualifie d'«analytique», en ces termes : «Le cadre du roman lui-même a changé. Il ne s'agit plus d'inventer une histoire compliquée d'une invraisemblance dramatique qui étonne le lecteur ; il s'agit uniquement d'enregistrer des faits humains, de montrer à nu le mécanisme du corps et de l'âme. L'affabulation se simplifie ; le premier homme qui passe est un héros suffisant ;

fouillez en lui et vous trouverez certainement un drame simple qui met en jeu tous les rouages des sentiments et des passions. » Ce retour à l'homme ordinaire, ce romanesque qui naît du quotidien, cette critique d'un imaginaire débridé et d'un héroïsme irréaliste constituent un mouvement de fond de la littérature, qui trouve son point d'aboutissement, dans le roman d'aujourd'hui, avec l'écriture blanche.

VII

LE ROMAN TRANSFUGE

LE ROMANCIER ÉRUDIT, LE ROMAN LETTRÉ

« Je ne retourne à rien, je continue. Je laisse en moi continuer ce qui s'est toujours passé en littérature, et comment pourrait-il en être autrement ? La table rase est une bêtise, nous avons lu, nous sommes quand même informés, nous écrivons sur et avec la littérature universelle, nous ne passons pas par-dessus[1]. » Ainsi Pierre Michon conteste-t-il l'idée souvent émise que ses romans participeraient d'un retour au récit. Les romanciers contemporains connaissent très bien l'histoire littéraire, certains étant de vrais érudits (Pierre Guyotat, Pascal Quignard, Pierre Michon, Jacques Roubaud, Anne Garréta…), et savent qu'ils s'inscrivent dans cette histoire. Mais là où un Quignard affiche son érudition, notamment dans ses *Petits Traités*, d'autres avancent masqués.

Nombre d'auteurs s'inscrivent dans la grande tradition des romanciers érudits qui réfléchissent sur l'histoire littéraire à laquelle ils appartiennent, sur le modèle de Borgès (avec notamment « La Bibliothèque de Babel » et « Pierre Ménard, auteur du *Quichotte* », dans ses *Fictions*). La question de la réattribution d'une œuvre[2], jeu sur l'histoire littéraire et l'érudition bibliographique, est un excellent déclencheur de fiction (le véritable auteur de ce texte bien connu, ne serait-ce pas cet obscur...?). La figure de l'auteur est souvent inscrite textuellement (Éric Chevillard empêché d'écrire par un « hérisson naïf et globuleux » posé sur son bureau dans *Du hérisson*, Minuit, 2002) ; les romanciers pratiquent des jeux à peine déguisés avec l'histoire littéraire. Ces fictions d'histoire littéraire[3] sont illustrées notamment par Perec et *Le Voyage d'hiver* (Hachette, 1980), prodigieuse mise en abyme : un jeune chercheur découvre un court texte intitulé *Le Voyage d'hiver*, dont l'auteur lui semble avoir plagié les grands écrivains du XIXe siècle ; il s'aperçoit bientôt que c'est en fait cet auteur qui a été plagié ; le chercheur consacre alors sa vie à le prouver ; à sa mort, ses élèves découvrent un dossier intitulé *Le Voyage d'hiver* retraçant l'histoire de ses recherches, huit pages, les trois cent quatre-vingt-douze autres étant blanches. Dans ce court roman de trente pages, Perec interroge notre histoire littéraire : qu'est-ce qui nous prouve que nos grands auteurs ont bien écrit leurs textes ? Comment remettre à l'honneur un auteur disparu[4] ? C'est ce que fait Éric Chevillard, mais avec un auteur fictif, dans *L'Œuvre posthume de Thomas Pilaster* (Minuit, 1999) ; dans *Démolir Nisard* (Minuit, 2006), il joue de la figure de l'érudit irritant qu'il faut « déconstruire », Désiré Nisard, qui incarne la vieille histoire littéraire. Pascal Quignard inscrit son travail dans une histoire littéraire qui remonte à l'Antiquité : dans *Albucius* (POL, 1990), il reconstitue les écrits d'un auteur romain d'après les fragments conservés — une manière de se situer dans la continuité de la grande tradition littéraire. La biographie est le genre littéraire érudit par excellence, avec ses codes, sa méthodologie, son nécessaire travail d'enquête (on l'a vu dans le chapitre consacré aux romans biographiques). Un genre que pratiquent ces romanciers érudits, notamment Michon dans *Rimbaud le fils* (Gallimard, 1991) et *Vie de Joseph Roulin* (Verdier, 1988, sur Van Gogh, mais de manière détournée, par l'évocation du facteur que le peintre a connu et dont il a fait le portrait), ainsi que dans *Les Onze* (Verdier, 2009), « biographie » d'un tableau (en réalité fictif) ; Quignard dans *Tous les matins du monde* (Gallimard, 1991, sur les joueurs de viole M. de Sainte-Colombe et Marin Marais) et *Terrasse à Rome* (Gallimard, 2000, sur un graveur du XIIe siècle). Ces romans ont une fonction critique : ils mettent en question l'Histoire et l'histoire littéraire, de manière à peine déguisée.

Ainsi la culture est-elle non pas cachée, refoulée ou travestie, mais exhibée. Perec et Queneau sont des romanciers lettrés (Queneau a créé l'« Encyclopédie de la Pléiade » ; il se situe dans la lignée d'un Joyce). Jacques Roubaud dissémine sa culture de mathématicien dans ses romans, et s'en inspire pour créer des contraintes oulipiennes. Anne Garréta réutilise les personnages de *Du côté de chez Swann* de Proust dans *La Décomposition* (Grasset, 1999), mettant en scène un narrateur qui utilise l'œuvre de Proust pour assassiner ses semblables. Anne Garréta et Jacques Roubaud rejouent le thème du texte trouvé, grand schème narratif des XVIIe et XVIIIe siècles, dans *Éros mélancolique* (Grasset, 2009), à la mode contemporaine : le déclencheur du récit est le texte d'un chimiste datant des années 1960, qu'aurait retrouvé Roubaud sur Internet.

Anne Garréta le résume bien, dans un entretien de 1999 : « J'aime la littérature des XVIIe et XVIIIe siècles parce que la division disciplinaire entre la littérature et la philosophie, entre la narrativité et les idées n'y est pas encore accomplie. Parce que c'est stériliser la littérature que de la cantonner dans les limites d'une pure intrigue narrative. La grande force de la littérature, c'est justement de ne pas avoir de terrain. Même vague. Elle est absolument universelle au sens où elle est la remise en jeu de toute la variété du monde. »

Les romanciers contemporains assument l'idée que, étant donné la richesse de notre tradition littéraire, l'originalité est impossible. C'est à un travail sur le déjà-lu qu'ils se livrent. Tout se passe comme si on en revenait à l'époque prémoderne, où le plagiat n'existait pas puisque l'originalité se manifestait par l'invention dans l'imitation, le réemploi d'histoires connues.

RECYCLAGE, RÉÉCRITURE

Ce travail romanesque sur la tradition littéraire, entre fiction et érudition, passe notamment par un jeu sur les genres. Le romancier joue sur les attentes du lecteur : il compte sur le fait que le lecteur a lui aussi une culture littéraire — c'est en constatant cette intertextualité que des journalistes qualifient le roman français contemporain d'intellectualiste. Mais les romanciers s'emparent des genres érudits comme des genres populaires. Ces romans peuvent se lire au premier et au second degré, comme de vrais romans de genre ou comme des parodies, des décalages ironiques. Presque tous les romans de Jean Echenoz se fondent sur un *genre* (le roman policier à la Manchette pour *Cherokee*, le roman d'aventures pour *L'Équipée malaise*, le roman d'espionnage pour *Lac*, le roman biographique pour *Ravel*, *Courir* et *Des éclairs*, le roman historique pour *14*); pourtant, on ne réduit pas ces romans à une littérature de genre. Le genre est un tremplin; il est aussi une manière d'hommage rendu par des écrivains à d'autres écrivains. La culture littéraire n'est pas un handicap, un élément castrateur qui empêche d'écrire; au contraire, c'est un élément créateur.

Tanguy Viel joue avec le genre du roman familial dans *Paris-Brest* (Minuit, 2009), ainsi qu'avec des topos littéraires tels l'auteur, le manuscrit, le livre, l'écriture et la vie, l'impossibilité d'écrire une autobiographie. Le narrateur, devenu écrivain, revient dans sa famille, à Brest, son « autobiographie familiale » en poche, dans laquelle il raconte les secrets de famille. Tanguy Viel se joue, de manière ironique, des contraintes du genre : « Un roman familial sans enterrement, ai-je pensé en l'écrivant, ce n'est pas un vrai roman familial », se dit le narrateur. Ses précédents romans (*Le Black Note*, 1998 ; *L'Absolue Perfection du crime*, 2001 ; *Insoupçonnable*, 2006, tous parus aux Éditions de Minuit) reprenaient habilement les codes du roman policier. *Paris-Brest* va plus loin parce que l'auteur s'y libère des genres : en les assumant, en mettant en scène un écrivain. Ainsi, le roman s'assume comme métaroman.

Par ce jeu sur les genres littéraires identifiables, le romancier dévoile les coulisses de la fiction, tel un metteur en scène qui monte sa pièce en laissant visibles les coulisses. Le roman se montre en train de s'écrire, le lecteur sait qu'il est dans une fiction. Pour Tanguy Viel, les topos littéraires sont des « embrayeurs de fiction ». Il explique ainsi ses emprunts à la littérature :

> J'ai beaucoup de mal à faire les choses au premier degré. Souvent quand j'ai une idée pour commencer un roman ou même une scène, je me retrouve aussitôt peuplé d'images et de souvenirs de récits antérieurs, qui peuvent venir du cinéma ou de la littérature, avant même de vraiment écrire. Cela crée comme un parasitage de ce que je pourrais essayer de fabriquer tout seul et souvent mon travail ne consiste pas beaucoup plus qu'à agencer et fondre ensemble ces fantômes qui se sont invités, sans d'ailleurs que je les convoque vraiment[5].

Tanguy Viel avance la même idée que Pierre Michon : le romancier n'est pas naïf, il est riche de tout le passé littéraire, dont les figures passent en lui comme des fantômes, dont il doit se déprendre pour créer, ou qu'il doit détourner en une recréation.

Recréation, c'est ce que pratique Éric Chevillard avec l'Histoire-fiction : histoire littéraire détournée, on l'a vu, dans *Démolir Nisard* et *L'Œuvre posthume de Thomas Pilaster*; variation autour de la figure de l'explorateur James Cook dans *Les Absences du Capitaine Cook* (Minuit, 2001), réécriture du conte des frères Grimm dans *Le Vaillant Petit Tailleur* (Minuit, 2004). Le jeu avec les genres littéraires, aussi, tels le récit de voyage et la figure du baroudeur blanc en Afrique dans *Oreille rouge* (Minuit, 2005). Les références, qui forment le sous-texte de ses romans, ne relèvent pas de l'influence mais du souvenir qui hante le récit. Ce sont des voix qui passent : Jérôme Bosch (le bestiaire de l'enfer), Rabelais (le plaisir du vocabulaire), Michaux (l'épuisement de la parole, l'onirisme du *Voyage en Grande*

Garabagne), Beckett (la métaphysique plongée dans l'absurde). Chevillard pratique en particulier la parodie de traité philosophique dans *Dino Egger* (Minuit, 2011), dont le postulat est celui de l'Histoire contrefactuelle : que serait le monde si un certain Dino Egger avait existé ? Tout le roman est fondé sur un raisonnement par l'absurde : « Il faut se rendre à l'évidence : ce monde est tel parce que Dino Egger n'a jamais existé. » S'ensuit une liste des inventions que Dino Egger aurait réalisées s'il avait vu le jour, et qui nous font cruellement défaut (« La scissiparité du célibataire » ; « Plusieurs autres tableaux de Leonard de Vinci » ; « Le dernier mot »), liste établie par son biographe, Albert Moindre. La parodie de questionnement philosophique (« Pourquoi y eut-il rien plutôt que Dino Egger ? » ; Dino Egger *manque*, donc il *est*; réflexion sur la causalité) le dispute à la parodie de méthode historique dans l'enquête du biographe (« Où trouver les témoins d'une chose qui ne s'est pas produite ? »). L'ironie vient de ce que Chevillard fonde son roman sur ce qui est le postulat même de toute fiction : un être qui n'existe pas, dont on imagine l'existence. De quoi cette absence est-elle le nom, sinon d'un monde imaginaire ? Ce personnage est le *signe* de la fiction.

Ce mélange des genres, cette fiction *transgenre*, qui s'intéresse notamment à la question des origines et propose une nouvelle Histoire, Éric Chevillard en résume ainsi les enjeux :

> Les histoires (la littérature) ont-elles pour but de défaire l'Histoire, ou de la refaire ? […] Il s'agit toujours de contester un état des choses que l'historien contribue à fixer en ancrant l'aventure humaine dans la chronologie et dans le récit infiniment ressassé du passé. Bien entendu, ce travail est important et je n'en nie pas l'intérêt, mais mon réflexe d'écrivain est toujours de m'arc-bouter contre tout ce qui nous

condamne ou nous damne, et l'Histoire est bien une manière d'être maudit jusqu'à la dernière génération : on n'en sort pas. Je vois donc plutôt le romancier comme un ironiste attaché à introduire le doute dans le grand récit des origines afin qu'il soit possible encore d'imaginer d'autres départs[6].

Et de conclure : « Je cache ce que je veux montrer, je compte sur l'intelligence du lecteur pour ne pas s'y tromper mais les plats énoncés m'ennuient et la littérature ne commence-t-elle pas avec le refus de se plier aux faits ? »

La fiction a un rôle critique face au savoir, elle tourne l'érudition et la connaissance en dérision, c'est sa fonction carnavalesque ; elle fait planer le doute. Elle déstabilise les certitudes érudites et idéologiques, fait vaciller les pesanteurs de l'Histoire. De là naît le comique, l'humour de ces romans intertextuels, lettrés et ironiques.

L'ÉCRITURE DE FANTAISIE

Le savoir est depuis longtemps associé à la fantaisie, celle-ci agissant comme son envers : la fantaisie permet de dérider le savoir, tout en l'affirmant. Qu'on pense à *Don Quichotte*, à Rabelais, au *Roman comique* de Scarron, à *La Bataille des livres* et *Le Conte du tonneau* de Swift ou *Tristram Shandy* de Sterne, jusqu'à *Bouvard et Pécuchet* : ces romans sont des livres érudits dans lesquels le savoir est à la fois posé et tourné en dérision.

Le roman français contemporain est souvent accusé d'être cérébral. Quand les romanciers s'amusent, ils le font en un exercice de style, dans des romans à la marge de leur œuvre ou un peu à part — c'est notamment le cas pour le très drôle court roman *Mon valet et moi* d'Hervé Guibert, sous-titré « roman cocasse » (Seuil, 1991), où Guibert condense son humour cynique en une forme brève — ou, le plus souvent, on l'a vu, en détournant un genre littéraire ou en parodiant la culture érudite. Un humour distant, discret, « blanc », affleure dans les romans de Jean Echenoz et de Christian Oster[7].

L'un des auteurs qui pratiquent le mieux un véritable roman comique, dans la tradition du *nonsense* illustrée par Swift et Sterne, mais aussi dans la lignée d'un Marcel Schwob, est Éric Chevillard. Il met en scène son goût pour les métaphores animales, son grand bestiaire (le crabe, le hérisson, l'orang-outan), et son goût pour l'imaginaire mythologique, particulièrement développé dans *Palafox* (Minuit, 1990), *Préhistoire* (Minuit, 1994) et *Choir* (Minuit, 2010) : l'origine mythique du monde, la préhistoire comme espace-temps idéal du roman, utopie rendant toute fiction possible. La nature parodique de nombre de ses ouvrages, on l'a vu avec *Dino Egger*, a une fonction comique. Fonctions comique et critique sont fermement liées dans *Choir*, contre-utopie qui raconte la vie des habitants de l'île de Choir, univers inverse du nôtre, où tout ce qui est négatif et violent est loué. Le ton de Chevillard est aigre-doux, doucement ironique, celui d'un humour fantaisiste, d'un lyrisme de l'absurde. Comment, avec sérieux, louer les vertus du « tabassage » (à Choir, on paye pour se faire tabasser), pleurer un enfant qui naît, envier celui qui meurt ? Le narrateur a des accents de Winnie dans *Oh ! les beaux jours* de Beckett quand il décrit, avec grandiloquence, un quotidien tragique et violent — et drôle.

Cette écriture de fantaisie n'est pas seulement ludique[8],

car on rit jaune. Comme chez Rabelais et Sterne, on est du côté de la satire, dans la lignée de la sotie médiévale, parodie bouffonne de la société. Gide, en 1914, avait appelé « sotie » *Les Caves du Vatican*, qu'il ne voulait pas nommer « roman ». Le rire conduit agréablement au sérieux ; il n'est jamais gratuit. Chevillard le dit en ces termes : « Le rire a toutes les qualités, il croise l'ironie, le dépit, la joie, le plaisir, il rencontre l'émotion, la colère, la compassion, la tristesse, la fantaisie [...]. Je constate que de nombreux lecteurs sont naïvement impressionnés par le ton d'un livre et ne considèrent gravement que ceux qui traitent gravement de sujets graves. [... Or] l'humour est par principe subversif. » Cette écriture de fantaisie, ironique dans son décalage avec l'histoire littéraire, souvent parodique, montre que le romancier assume sa dette, son héritage littéraire, sans en être dupe.

DE LA BRIÈVETÉ.
ROMAN ET RÉCIT

Le roman a la capacité de circuler entre les différents genres narratifs et réflexifs, sans perdre son essence romanesque. Il est transgenre : capable d'absorber tous les genres, de les cannibaliser, les digérer, pour en faire émaner une forme, une voix, un récit. Ces romans ne sont pas pour autant des monstres d'érudition ; bien au contraire, la forme simple est l'horizon de cette littérature de l'assimilation.

L'art littéraire de Pierre Michon en est un bon exemple. L'auteur est réticent à qualifier ses livres de « romans » ; il préfère le terme de « récit ». Il récuse également la « nouvelle », qui, bien qu'étant un récit bref, renvoie pour lui à un gros plan, une tranche de vie, alors que ses récits de vies englobent la longue durée, de la naissance à la mort. « "Récit" me convient mieux : il fait porter l'accent non pas sur un contenu, des énoncés, mais sur la position de narration, la voix, l'énonciation », affirme-t-il dans un entretien de 1989. Il développe la question de la brièveté :

> La brièveté est essentielle. J'incline à penser que j'écris des romans courts — densifiés, resserrés, dégraissés — plutôt que des nouvelles. Je rêve d'un roman plus pur que l'autre, le long — « Aujourd'hui, je vais fabriquer un petit roman de trente pages », disait Lautréamont. Je suis toujours surpris de l'extensivité de cette baudruche qu'est le roman, ce fourre-tout encombré de digressions, de dialogues, d'effets de vérité, où l'énonciation se perd : le bouillon est trop allongé, elle s'y noie. Il est vrai que les thuriféraires du genre vantent cette souplesse infinie : mais je ne peux m'empêcher d'y voir de la mauvaise foi, une impuissance maquillée en triomphe.

Il ajoute, positivement : « Ce que je recherche, c'est peut-être l'épure du roman, son minimum vital, ce qui lui suffit : quelque chose comme ce que fut le sonnet à tout le champ de la poésie, cette petite prison de quatorze vers essentiels en regard d'unités poétiques certes plus souples, plus longues, plus libres — mais grevées d'inessentiel[9]. » L'avantage du récit bref ou du roman court, pour lui, est de pouvoir « tenir en main le lecteur », éviter que le lecteur se disperse dans une lecture entrecoupée de pauses — la temporalité longue qui est celle de la lecture des gros romans. Le récit est la quintessence du roman : une totalité close sur elle-même. C'est une forme modeste — un médaillon —, qui contient potentiellement, implicitement, un arrière-plan beaucoup plus vaste. L'imaginaire historique considérable de Michon est résumé, condensé dans des récits brefs qui n'en gardent qu'évocations, souvenirs — comme l'histoire de la Révolution française est contenue dans le tableau (fictif) *Les Onze*.

Michon définissant ses livres se situe par rapport à la forme roman : le roman reste premier. Par sa plasticité, il a la capacité d'engendrer ce qui n'est pas lui, une forme autre et qui néanmoins émane de lui — le roman court.

Ce roman court, c'est aussi ce que cherche Tanguy Viel, qui prend pour modèle le film. Son roman *Cinéma* (Minuit, 1999), description du *Limier* de Mankiewicz *in extenso*, par un narrateur obsédé par le film, fonctionne comme un manifeste esthétique. La grammaire du récit est pour lui celle du film : un cadre permettant de construire un rythme, des séquences, des enchaînements, de penser une durée, de visualiser des images. Tanguy Viel s'en explique :

> En fait, un film, ce serait peut-être un modèle du temps, de la maîtrise du temps. Cette chose qu'on regarde d'une traite et qui semble condenser en une heure trente tant d'émotions ou de pensées ou d'images, c'est une telle puissance à capturer la matière que j'ai souvent l'impression que les livres à côté se délitent, comme s'ils fuyaient ou se liquéfiaient, qu'ils étaient incapables de produire cette gangue bien définie, bien close comme un film. Je pense au rêve de Flaubert de tenir tout *Madame Bovary* en une seule phrase, comme s'il lui fallait dominer son livre, le voir comme une maquette qui tiendrait dans la main. Eh bien, je trouve que le cinéma, le précipité d'images que rend le cinéma, donne cette sensation-là. Alors inconsciemment, pour ma part, il y a ce modèle qui vient porter son ombre sur le roman. En

lisant récemment *La Montagne magique*, je me disais toujours : ce n'est pas possible, c'est trop long, ça fuit de tous les côtés. Je suppose que c'est pour ça que j'écris des livres courts, qu'on peut lire en deux ou trois heures. Et sans doute la grammaire générale du livre, notamment sa division en scènes, ses ellipses, ses transitions un peu abruptes, est en grande partie formalisée par le cinéma[10].

LE ROMAN TRANSGRESSIF

La forme roman explose : le roman peut aller vers l'infime, le récit bref, le portrait, comme vers l'énorme. Le roman peut être transgressif : non seulement par son contenu (Tony Duvert, par exemple, accusé de prôner la pédophilie dans ses romans), mais par sa forme et sa langue, par sa plasticité.

Écrire après la rupture, après l'échec des révolutions, telle est la définition du « post-exotisme », courant littéraire inventé et pratiqué par Antoine Volodine, qui écrit sous plusieurs hétéronymes. Chez Volodine, c'est la guerre, c'est la nuit (*Nuit blanche en Balkhyrie*, Gallimard, 1997). C'est toujours encore la fin du monde (*Des anges mineurs*, Seuil, 1999). On est enfermé, on est torturé, sans qu'on sache ni par qui ni pourquoi (*Le Port intérieur*, Minuit, 1995 ; *Dondog*, Seuil, 2002) ; on est seul, ou on est mort (*Bardo or not Bardo*, Seuil, 2004). Et on tente de survivre, de s'accrocher à la vie en témoignant par la parole ou par l'écrit. Tout n'est pourtant pas si noir : ce que Volodine nomme « l'humour du désastre » vient mettre un peu de légèreté dans cet univers sombre et condamné. De roman en roman, tout est soumis à une répétition inquiétante : obsessions et dénonciations, pessimisme, fatalisme (la folie décrite comme si elle était la norme). Pour dire cette éternelle narration du même, Volodine invente une forme qu'il nomme « narrats », petites narrations répétant des légendes fictionnelles. Rien n'avance, rien n'est résolu. Car le monde post-exotique, tout en étant un univers carcéral, ne se laisse pas enfermer dans une forme fixe — la nouvelle, le portrait, ni même l'espace de la page, l'espace de la phrase. La narration est bouleversée, les voix s'entremêlent, le chaos pénètre jusqu'au cœur de la phrase (Volodine vise à produire « une littérature étrangère écrite en français »). Ce qui donne l'impression d'étrangeté et d'angoisse ressentie à la lecture : des êtres qui se heurtent à leur propre cadre, aux murs qu'ils se sont construits. Dans ses *Pensées*, Pascal dit au sujet de Platon et d'Aristote : « S'ils ont écrit de politique, c'était comme pour régler un hôpital de fous. » Écrire, pour Volodine, est un acte politique qui consiste à donner la parole à ces « fous ».

Autre romancier de la transgression, Pierre Guyotat pratique deux types d'écriture : « en langue » et « en langue normative », une opposition qui recoupe ce qu'il nomme « la langue » et « l'écriture ». L'écriture « en langue », qu'il faut entendre au sens biblique plutôt que psychanalytique, est celle d'une langue inventée, mélange de berbère et d'occitan, à valeur essentiellement rythmique et poétique. Ces textes, *Prostitution* (Gallimard, 1975), *Progénitures* (Gallimard, 2000), difficiles à déchiffrer (blocs de textes sans interruption), font éclater le cadre du roman, du texte, de l'écriture ; on est face à un bloc de langue, une langue-rythme, faite pour être entendue plutôt que lue. L'écriture, « en langue normative », est celle des premiers romans, *Sur un cheval* (Seuil, 1961) et *Ashby* (Seuil, 1964), des grands romans, *Tombeau pour cinq cent mille soldats* (Gallimard, 1967), écrit au retour de la guerre d'Algérie, *Éden, Éden, Éden* (Gallimard, 1970, censuré à sa parution et jusqu'en 1981), des livres autobiographiques, *Coma, Formation, Arrière-fond*, et explicatifs (*Littérature interdite*, Gallimard, 1972, qui revient sur l'interdiction d'*Éden, Éden, Éden*; *Vivre*, Denoël, 1984 et 2003, et *Le Livre*, Gallimard, 1984). Guyotat pratique un lyrisme de la violence et de la sexualité. *Tombeau* et *Éden, Éden, Éden* sont des chants, de longues litanies de violence et de mort, plus proches d'un lyrisme poétique et d'une poésie épique que d'une forme romanesque classique. L'univers de Guyotat est un monde mythique et mythologique, très inspiré de Genet pour les thèmes du viol, de la masturbation, pour l'imaginaire homosexuel (Genet fantasmant les figures du voleur, du marin, du travesti, Guyotat celles de l'esclave sexuel, du prostitué). Ses textes sont politiques : le lien entre sexe, politique et écriture est constant ; sa littérature est pornographie, fondée sur des obsessions récurrentes et transgressives. Son imaginaire est mythologique, biblique, historique (sensible dans ses textes autobiographiques [11]) ; la question de l'origine, dans son versant concret, corporel, celui de l'enfantement, est centrale. Pierre Guyotat est l'un des plus grands romanciers — ou plutôt, ainsi qu'il se définit lui-même, un « artiste » — du tournant du siècle parce qu'il réunit classicisme de la langue, éclatement de la forme et de cette même langue, message politique, douceur et violence. Nous sommes face à une voix, une langue, une pensée et une pratique littéraires majeures, qui, par leur singularité et le déroutement qu'elles suscitent, constituent une forme d'expérience limite, de *genre limite*.

L'HYPERROMAN

Le roman contemporain se donne en majesté, comme une forme pouvant inclure lyrisme et épopée. Mais aussi comme une forme modeste, maniant l'infime (roman bref, microfiction, récit). Le roman n'est pas un « fourre-tout », pour reprendre l'expression de Michon, mais une forme englobante, suffisamment plastique pour inclure ce qui n'est pas lui (essai, récit, enquête), l'infralittéraire. Une forme qui se retourne sur elle-même dans une réflexivité ironique, le roman se donnant comme métaroman. Le romancier est conscient des codes du genre qu'il pratique et de son histoire. Nombre de romanciers incorporent d'autres arts au roman, comme grammaire du récit : chez Tanguy Viel, le modèle est cinématographique ; il est musical chez Pascal Quignard. Le roman assimile les autres modes de fiction et les savoirs, en un processus créateur.

Pour autant, le romancier n'est plus à l'ère des « grands romans » à la Balzac ; le roman n'est plus une forme-monde au sens balzacien, un univers, mais une forme qui travaille sur les marges : une *forme-monde* au sens de la « littérature-monde » dont parle Édouard Glissant. C'est dans sa plasticité que réside sa force. On est à l'ère de l'*hyperroman*, celui des liens ou, en langage informatique, des hyperliens. Le roman est le genre littéraire dominant dans le paysage éditorial : il est en situation de monopole, laissant à la marge le récit, la nouvelle [12], ou les incorporant. Le développement du livre numérique influera sans doute sur la manière de faire des romans, la forme, le format du roman : il induira d'autres modes de lecture mais aussi d'écriture.

Le fait que le roman se nourrisse à diverses sources (le fait divers comme photographie de la société, la vie des autres, le déjà écrit), qu'il fasse matière de tout, n'est pas un aveu de faiblesse, ni le signe d'une panne de l'imaginaire romanesque, mais la preuve de la place qu'occupe le roman dans la société : pivot, carrefour, point de convergence, lieu naturel de toute écriture, de toute narration.

Pourquoi encore des romans ?

Pourquoi la survivance de ce genre ancien qu'est le roman, et de cette pratique ancienne qu'est la fiction ? Pourquoi écrit-on encore des romans et continue-t-on à en lire ? À quels besoins le roman répond-il ? L'une des premières définitions du roman, celle de Pierre-Daniel Huet dans son *Traité de l'origine des romans* (1670), est toujours d'actualité : les romans sont des « fictions d'aventures amoureuses, écrites en prose avec art, pour le plaisir et l'instruction des lecteurs ». La théorie d'une connaissance procurée par la littérature s'inscrit dans cette tradition. Les romans nous apprennent quelque chose sur le monde ; ils sont un réservoir d'exemples, d'expériences, de mises en pratique de savoirs, de mythes. Il y a bien pour nous une *réalité* littéraire, une réalité induite par la littérature. « L'Espagne de 1600 que nous connaissons et qui compte aujourd'hui pour nous est celle de Cervantès et non une autre [...] ; n'existe ni ne compte d'autre France de 1900 que celle que Proust a décidé d'inclure dans son œuvre de fiction », affirme Javier Marías, dans son recueil *Littérature et fantôme*. L'homme a besoin de fiction, on le sait depuis Aristote. Il a besoin de connaître

« ce qui est imaginaire en plus de ce qui est arrivé dans la réalité », « ce qui est possible en plus de ce qui est certain », « ce qui aurait pu être en plus de ce qui a été », résume Javier Marías. Les romans contemporains répondent à cette quête de savoir et à ce besoin de potentialités. Notre connaissance du réel, de la société, de l'Histoire, du monde n'est pas épuisée par les romans existants : cette veine est inépuisable. Le plaisir que procure le roman est également inépuisable : il est lié au plaisir immédiat et le plus souvent solitaire, isolé du monde, que donne la lecture — en plus de l'enrichissement durable qu'elle permet. La fonction de divertissement du roman n'est pas moins noble que sa fonction de *connaissance*.

« Pourquoi continuons-nous à lire des romans et à les apprécier et à les prendre au sérieux […], dans un monde de moins en moins ingénu ? » s'interroge Javier Marías. Et pourquoi les romanciers continuent-ils à en écrire ? Dans un texte intitulé « Sept raisons de ne pas écrire de romans et une seule d'en écrire », il affirme que la seule raison qui puisse pousser un écrivain à écrire des romans est de pouvoir s'installer dans la fiction, « le seul endroit supportable ». La fiction est selon lui le « royaume de ce qui aurait pu être et n'a jamais été », « le territoire de ce qui est encore possible ». La littérature est l'endroit le plus « supportable » non seulement parce qu'elle offre « divertissement et consolation », mais surtout parce qu'elle est à la fois « fiction présente » et « le possible futur de la réalité ». Pour le romancier, et c'est là la seule chose qui le pousse vraiment à écrire, « il existe une possibilité — infinitésimale, mais possibilité tout de même — que ce qu'il écrit façonne et soit ce futur qu'il ne verra jamais ». Le roman a une véritable fonction morale ; le romancier a une responsabilité dans l'élargissement de l'horizon humain. Le roman crée virtuellement d'autres vies, que nous ne vivrons jamais ; il fait exister une réalité augmentée.

Quelle vision du monde, quelle réalité nous offre le roman contemporain ? L'une des lames de fond qui meut les romanciers est de redonner droit de cité aux « petits », aux formes modestes, faire entrer en littérature l'extralittéraire qu'est le quotidien et le banal. C'est le cas dans les romans biographiques (vies minuscules contre vies majuscules), dans l'écriture blanche et l'autofiction. Un autre mouvement général est celui du roman cultivé, de l'assimilation et du mélange des genres. Le roman se confronte à d'autres arts, d'autres savoirs : à ce qui n'est pas lui, qui l'informe et le modèle. Une littérature de l'écart se constitue.

Dans le paysage éditorial actuel, tout est roman. Genre dominant, le roman vampirise les autres genres narratifs : aujourd'hui, un récit est un roman, une autobiographie est un roman, un livre d'Histoire peut être un roman. La partition des genres a explosé : le roman les subsume tous. Nous n'avons plus le même rapport au roman qu'un lecteur du XIXe ou du XXe siècle. Nous consommons les romans à égalité avec les autres modes de divertissement et de culture. Le romancier est confronté à un double impératif contradictoire : sa production va de soi dans le paysage littéraire et il doit en même temps l'imposer dans le paysage culturel, la fonder, la justifier. Il doit s'imposer dans le remous de l'actualité. Le romancier joue le temps long du récit contre le temps bref de l'actualité, tout en faisant entrer le roman en résonance avec les préoccupations des lecteurs, ici et maintenant. Italo Calvino, dans *Pourquoi lire les classiques*, le dit ainsi : « Est classique ce qui tend à reléguer l'actualité au rang de rumeur de fond, sans pour autant prétendre éteindre cette rumeur. » Mais aussi : « Est classique ce qui persiste comme rumeur de fond, là même où l'actualité qui en est le plus éloignée règne en maître. » Le romancier s'empare de l'actualité, l'assimile, la transforme et la rend inactuelle, tandis que le roman demeure toujours actuel dans son inactualité.

La place et le rôle du romancier dans la société ont profondément changé. Le romancier n'est plus à l'ère de l'engagement mais à l'ère de la *responsabilité*. Les droits et devoirs du romancier sont questionnés ; celui-ci n'a plus de statut d'exception, il doit se soumettre aux limites de la liberté d'expression et au droit des individus.

Pourquoi encore des romans dans un monde où les films et les séries télévisées nous procurent divertissement et connaissance ? Le roman permet une lecture solitaire, dans un ordre et une temporalité choisis par le lecteur ; l'interprétation n'est pas donnée mais seulement suggérée. Cette plasticité pourrait conduire le roman à une dissolution : à sa perte. Demain, le roman ? La survivance et le renouvellement du genre reposent sur la faculté des auteurs à créer un univers romanesque signifiant et cohérent, à construire une petite machine narrative suffisamment organisée pour engager notre adhésion, notre croyance, et répondre à notre besoin de fiction.

NOTES

Le roman au XXe siècle

I. QUI PARLE ICI ?

1. Par exemple P. Van den Heuvel, *Poétique de l'énonciation*, José Corti.
2. F. Kafka, *Œuvres complètes*, « Bibliothèque de la Pléiade », 1980, t. II, p. 1251.
3. Voir notre *Proust et le roman*, chap. I, « Problèmes du Narrateur », Gallimard, 1971, « Tel », 1978.
4. « Bibliothèque de la Pléiade », 4 volumes, 1987-1989.
5. Voir P. Morand, « Ode à Marcel Proust », *Lampes à arc*, Au Sans Pareil, 1920.
6. F. Grover, *Six Entretiens avec André Malraux*, « Sur Louis-Ferdinand Céline », Gallimard, « Idées », 1978, p. 86-102.
7. H. Godard, préface à : Céline, *Romans*, « Bibliothèque de la Pléiade », 1988, t. III, p. XIII ; sur le concept de « roman-autobiographie », voir aussi H. Godard, *Poétique de Céline*, Gallimard, « Bibliothèque des Idées », 1985.
8. F. Grover, *Six Entretiens avec André Malraux*, op. cit., p. 94.
9. Cité par M. Raimond, *Les Critiques de notre temps et Gide*, Garnier, 1971, p. 52.
10. A Gide, *Journal*, t. I, 7 mai 1912. *Les Caves du Vatican* a été publié en feuilleton dans *L'Humanité*, du 12 au 30 juillet 1913.
11. Y. Davet, notice des *Caves du Vatican*, « Bibliothèque de la Pléiade », p. 1568.
12. Sur ce personnage, voir A. Breton, *Anthologie de l'humour noir*, Le Livre de Poche, 1972, p. 323.

13. A. Gide, *Les Caves du Vatican*, dans *Romans et récits*, « Bibliothèque de la Pléiade », t. I, lettre-dédicace à J. Copeau, p. 679.
14. M. Bakhtine, *Esthétique de la création verbale*, Gallimard, 1984, p. 39-42.
15. Ce mot ne porte pas de jugement de valeur : à l'Opéra même, dans un quintette comme celui de *Rigoletto*, il est impossible d'entendre à la fois ce que dit chaque personnage.
16. N. Sarraute, « Conversation et sous-conversation », *L'Ère du soupçon*, Gallimard, 1956.
17. Voir le beau livre de Claude-Edmonde Magny, *L'Âge du roman américain*, Seuil, 1948 ; et J.-P. Sartre, « À propos de John Dos Passos et de *1919* », *Situations I*, p. 18-31 (article d'août 1938), qui le tenait alors « pour le plus grand écrivain de notre temps ».
18. A. Malraux, *Romans*, « Bibliothèque de la Pléiade », 1947, p. 131.
19. *Ibid.*, p. 148.
20. J. Romains, *Les Hommes de bonne volonté*, t. I, *Le 6 octobre*, Flammarion, 1932, p. 28.
21. *Le Sursis*, *Les Chemins de la liberté*, dans *Œuvres romanesques*, « Bibliothèque de la Pléiade », 1981, p. 753.
22. *Ibid.*, p. 968.
23. *Ibid.*, p. 1025.
24. J. Romains, *Mort de quelqu'un*, Gallimard, « Folio », p. 13.
25. Cité par J. Bersani, M. Autrand, B. Vercier, J. Lecarme, *La Littérature en France depuis 1945*, Bordas, 1970, p. 471.
26. S. Beckett, *L'Image*, Minuit, 1988, p. 9. Voir le petit dictionnaire établi par L. Janvier, *Beckett par lui-même*, Le Seuil, 1969, notamment « Voix », p. 180-185 ; A. Simon, *Beckett*, Belfond, 1983, « Les Mots et le Silence », p. 138-143 ; et R. Ellmann, *Samuel Beckett, Nayman of Noland* (expression empruntée à *Finnegans Wake*, où elle désigne ironiquement l'artiste), Washington, Library of Congress, 1986.
27. L.-R. Des Forêts, *La Chambre des enfants*, Gallimard, « L'Imaginaire », 1960, p. 62.
28. Sur ce sujet, voir G. Genette, *Seuils*, Seuil, 1987, p. 38-53.
29. À part Berick Traven Torsvan, dit Bruno Traven, ce qui est à peine un pseudonyme. Traven (1890-1969) a mené une existence mystérieuse. Il est l'auteur du *Trésor de la sierra Madre* (1927).
30. Le premier roman égyptien moderne a paru sous un pseudonyme « anonyme » : *Zaynab* (1914) par un « Égyptien paysan », en réalité Hassanein Haykal, qui dénonce, au nom d'idées sociales modernes, les persécuteurs de la société de son pays et, craignant les réactions, ne signe pas d'abord de son nom.
31. F. Vitoux, *La Vie de Céline*, Grasset, 1988, p. 203.

32. Pour une typologie de la préface, voir G. Genette, *Seuils, op. cit.*, p. 150-270.
33. Que l'on trouvait déjà chez Lanson; voir notre *Critique littéraire au XXe siècle*, p. 183.
34. A. Gide, *Romans*, «Bibliothèque de la Pléiade», 1958, p. 368.
35. 1913!
36. L. Aragon, *Le Libertinage*, Gallimard, 1924, p. 5.
37. J. L. Borges, *Le Rapport de Brodie*, Gallimard, «Folio», p. 8.
38. Voir W. Booth, *A Rhetoric of Irony*, University of Chicago Press, 1974.
39. L.-F. Céline: «... Je vous le dis tout de suite. Je supprimerais tout.»
40. R. Kipling, *Œuvres*, «Bibliothèque de la Pléiade», 1988, t. I, p. 235.
41. H. Broch, *Les Somnambules*, Gallimard, «L'Imaginaire», p. 177.
42. *Ibid.*, p. 387.
43. *Poétique*, n° 36.
44. Gallimard, «L'Imaginaire», p. 132.
45. A. Berrendonner, *Éléments de pragmatique linguistique*, Minuit, 1981, p. 223.
46. Voir L. Aragon *et al.*, «D'un grand art nouveau: la recherche», *Essais de critique génétique*, Flammarion, 1979.
47. Presses de la Cité, 1951.
48. Ses reportages ont été réunis en volume par F. Lacassin dans la collection «10/18.»
49. *Tout Simenon*, Presses de la Cité, t. IV, 1988, p. 776-777.
50. *Ibid.*, p. 784.
51. *Ibid.*, p. 790.
52. Sur les conditions de rédaction de *Pedigree*, voir la préface de 1957 dans *Tout Simenon*, t. II, p. 478-480: Simenon explique comment il est passé de la première à la troisième personne sur les conseils... d'André Gide, lequel mettait enfin en application, mais au profit d'un confrère, le conseil que lui avait jadis donné Proust: «Vous pouvez tout raconter, à condition de ne jamais dire *je*.»
53. J.-L. de Rambures, M. Chapsal, R. Bellour, J. Chancel (dont les «radioscopies» ont également figuré en cassettes). Citons aussi les films d'Astruc sur Sartre, de Keigel ou de Drot sur Malraux, de Marc Allégret sur Gide, qui contiennent de précieuses confidences. De la fin du XIXe siècle, l'enquête de Jules Huret sur le symbolisme et, du début du XXe siècle, celle d'Agathon sur la jeunesse d'aujourd'hui sont restées mémorables.
54. Voir R. Martin du Gard, *Œuvres complètes*, t. I, p. LXI-LXII, comparaison entre la version 1 et la version 2.
55. R. Martin du Gard, *Souvenirs*, p. LXXX-LXXXII.
56. Documents publiés par A. Angremy, *Les Dossiers préparatoires des*

«*Hommes de bonne volonté*», *Cahiers Jules Romains*, n° 5, Flammarion, 1982, p. 30.
57. *Ibid.*, p. 39.
58. J. Romains, *Ai-je fait ce que j'ai voulu?*, p. 113, cité par A. Angremy, *Les Dossiers préparatoires...*, *op. cit.*, p. 50.
59. Cité par A. Angremy, *Les Dossiers préparatoires...*, *op. cit.*, p. 64.
60. *Ibid*
61. *Ibid.*, p. 74
62. *Ibid.*, p. 87.
63. *Ibid.*, p. 239.
64. *Cahiers Jules Romains*, n° 6, p. 49.
65. M. Proust, *À la recherche du temps perdu*, «Bibliothèque de la Pléiade», 4 volumes, 1987-1989.
66. Voir édition Kolb, Gallimard, 1976.

II. LE PERSONNAGE SANS PERSONNE

1. R. Abirached, *La Crise du personnage dans le théâtre moderne*, Grasset, 1978.
2. Collection «10/18», UGE, série «Grands Reporters» (où figurent également d'autres romanciers, Béraud, Cendrars, Leroux, Mac Orlan), 1976.
3. Les textes de Jacques Rivière sur Marcel Proust (1918-1924) ont été recueillis par T. Laget, in J. Rivière, *Quelques Progrès dans l'étude du cœur humain*, Gallimard, 1985.
4. M. Proust, *À la recherche du temps perdu*, édition J.-Y. Tadié, 1987, t. I p. 19.
5. *Ibid.*, p. 558.
6. *Ibid.*, t. II, p. 229.
7. *Ibid.*, p. 270.
8. *Ibid.*, p. 471.
9. *Ibid.*, t. III, p. 131.
10. *Ibid.*, p. 153.
11. *Ibid.*, p. 850.
12. *La Fugitive*, édition J.-Y. Tadié, *Albertine disparue*, t. IV, p. 34.
13. R. Musil, *L'Homme sans qualités*, trad. Ph. Jaccottet, Seuil, 1956; rééd. 1982, t. I, p. 176-179. Voir aussi A. Longuet-Marx, *Proust et Musil*, PUF, 1986.
14. R. Musil, *L'Homme sans qualités*, *op. cit.*, p. 181.
15. Voir M. Raimond, *La Crise du roman*, José Corti, 1967, p. 257-298. Il rappelle notamment la parodie du monologue intérieur chez Giraudoux

(*Juliette au pays des hommes*, Grasset, 1925, p. 115-119, 1re éd., E. Paul, 1924), *La Nuit kurde* de J.-R. Bloch (1925), la nouvelle de E. Berl, « Saturne » (1927), quelques pages de *Solal* de A. Cohen (1930), *L'Enseveli* (1931) de J. Schlumberger, *Jean Darien* de L. Bopp (1924).

16. J. Paris, *James Joyce par lui-même*, Seuil, 1957, p. 127.

17. J. Joyce, *Lettres*, trad. Marie Tadié, Gallimard, 1981, t. III, p. 243 : « J'ai reconnu dans cette nouvelle de nombreux points que nous avons discutés pendant des *notti bianche*. » Larbaud recevra, par ailleurs, le plan d'*Ulysse* en novembre 1921, en vue de la conférence qu'il prononcera le 7 décembre 1921 à la librairie La Maison des Amis des Livres, rue de l'Odéon, tenue par Adrienne Monnier. Cette conférence, publiée dans *La NRF* (1er avril 1922), est recueillie dans *Domaine anglais* en 1936. Voir V. Larbaud, « À propos de James Joyce et d'"Ulysse" », *La NRF*, 1er janvier 1925.

18. Sur les relations entre Larbaud et Dujardin, voir V. Larbaud, *Œuvres*, « Bibliothèque de la Pléiade », p. 1243-1245.

19. Proust intitulera « La regarder dormir » l'extrait qu'il donne à *La NRF* sur le sommeil d'Albertine en 1922.

20. Voir aussi « Mon plus secret conseil », recueilli dans le même volume *Œuvres, op. cit.*

21. W. Faulkner, *Œuvres romanesques*, « Bibl. de la Pléiade », t. I, p. 1240.

22. *Ibid.*, p. 1272.

23. Qu'il appelle lui-même, comme la critique anglo-saxonne, « courant de conscience », « *stream of consciousness* » (lettre du 13 mars 1946, citée p. 1524).

24. W. Faulkner, *op. cit.*, p. 154.

25. V. Larbaud, *Domaine anglais*, dans *Œuvres complètes*, t. III, p. 300, qui, pourtant, reconnaît la présence du monologue intérieur et que l'œuvre exige deux lectures. En revanche Larbaud ignore James, lorsqu'il évoque, comme une invention de Faulkner, l'usage du « réflecteur, que le romancier braquerait sur chacun de ses personnages à tour de rôle » (p. 305).

26. M. Nathan, préface à *La Promenade au phare*, Stock, 1957, p. II.

27. V. Woolf, *La Promenade au phare, op. cit.*, p. 146-147.

28. V. Woolf, *Journal d'un écrivain*, 27 juin 1925 ; trad. fr. G. Beaumont, Le Rocher ; voir p. 143-144, 151, 157.

29. *Ibid.*, p. 91-96 (1922).

30. *Les Vagues*, trad. fr. M. Yourcenar, Stock, « Biblio », p. 309. Cf. *Journal d'un écrivain*, 25 novembre 1928, p. 232 : « Quelle est ma position à l'égard de ce qui est intérieur et de ce qui est extérieur ? » Voir p. 245, 11 octobre 1929 : « Cette conscience de la chanson du monde réel, alors que l'on est poussé par la solitude et le silence hors du monde habitable. » La frontière abolie entre l'intérieur et l'extérieur met ainsi fin au personnage de

roman autonome ; il n'y a plus qu'une « voix qui parle » (*Journal*, p. 258) ou qui court à l'appel d'elle-même (*ibid.*, p. 277).

31. Ce thème a inspiré, au cinéma, Marcel L'Herbier et Sacha Guitry. Pirandello est l'auteur d'un des premiers romans sur le cinéma (*On tourne...*, 1915), monologue d'un opérateur devenu aphasique.

32. Cité par P. Renucci, dans L. Pirandello, *Théâtre complet*, « Bibliothèque de la Pléiade », 1977, t. I, préface, p. XLV. Pirandello cite, dans le même essai, *Les Altérations de la personnalité*, d'Alfred Binet (*ibid.*, p. LI).

33. *Ibid.*, p. LII.

34. *Un, personne et cent mille*, Gallimard, « L'Imaginaire », 1930, p. 49.

35. *Ibid.*, p. 73.

36. *Ibid.*, p. 95.

37. *Ibid.*, p. 173.

38. *Ibid.*, p. 229.

39. M. Raimond, *La Crise du roman*, *op. cit.*, p. 413 sq.

40. *Ibid.*, p. 431. Cf. J. Rivière, *op. cit.*, *Le Disque vert*, juin 1924, « Freud et la psychanalyse ».

41. Voir J.-P. Sartre, *Œuvres romanesques*, « Bibliothèque de la Pléiade », 1982, *La Nausée*, notice de M. Contat et M. Rybalka, p. 1657-1678. La première version, sans doute perdue, « est achevée en deux ans » ; la deuxième date de 1933-1934. La troisième est terminée en 1936, qui s'appelle « Melancholia ». Une révision est imposée par Gallimard, qui a accepté le manuscrit en 1937 (coupures suggérées par Brice Parain). C'est Gaston Gallimard qui trouve le titre.

42. *Ibid.*, p. 1664. Sur l'impression fausse d'inauguration, de point de départ, voir p. 1675, et l'allusion à L. Goldmann, « le premier roman où le personnage est en voie de dissolution et où le statut du sujet devient des plus problématiques ». En histoire littéraire, comme ailleurs, on n'atteint jamais, à coup sûr, l'origine.

43. Édition citée, p. 200.

44. Rappelons que *Les Carnets de Malte Laurids Brigge* de Rilke, dont le héros-narrateur vit dans l'angoisse et qui, nous dit-on (édition citée), n'ont pas été sans influence sur Sartre, datent de 1910 (voir Rilke, *Correspondance*, Le Seuil, 1976, lettre du 30 août 1910, p. 156 : « Ce n'est pas sans quelque horreur que je songe à toute la violence dont j'ai usé dans le *Malte Laurids*, à la manière dont le désespoir conséquent de ce livre m'avait amené jusqu'au revers de toute chose, jusqu'au revers de la mort, en sorte que plus rien n'était possible, pas même de mourir »). Voir p. 161, 179 : « Le personnage, en partie fait de mes dangers, sombre pour m'épargner... »

45. G. Bernanos, *Œuvres romanesques*, « Bibliothèque de la Pléiade », p. 1034.

46. *Ibid.*, p. 1185.

47. R. Guérin, *L'Apprenti*, Gallimard, « L'Imaginaire », p. 419.

Notes des pages 67 à 80

48. H. Broch, *Création littéraire et connaisance*, Gallimard, 1966, p. 278.
49. H. Broch est l'auteur d'une étude sur «Joyce et le temps présent»; voir *Création littéraire...*, *op. cit.*, p. 185-214.
50. *Ibid.*, p. 280.
51. *Ibid.*, p. 284.
52. *Ibid.*, p. 285.
53. H. Broch, *La Mort de Virgile* [1946], trad. fr. Albert Kohn, Gallimard, «L'Imaginaire», 1955, p. 439.
54. Repris dans l'ouvrage du même titre, Gallimard, 1956. Voir J.-Y. Tadié, «Un traité du roman; Nathalie Sarraute», *L'Arc*, n° 95, 1984, p. 55-59
55. *L'Arc, op. cit.*
56. N. Sarraute, *L'Ère du soupçon*, p. 72.
57. N. Sarraute, *Entre la vie et la mort*, Gallimard, 1968.
58. Quatre exemplaires vendus en 1948; voir A. Simon, *Beckett*, Belfond, 1983, p. 183.
59. S. Beckett, *Malone meurt.*
60. C.-E. Magny, *L'Âge du roman américain*, Seuil, 1948, p. 50.
61. *Ibid.*
62. C.-E. Magny, *L'Âge du roman américain, op. cit.*, p. 73.
63. E. Hemingway, *Œuvres romanesques*, «Bibliothèque de la Pléiade», t. II, p. 1051.
64. *Ibid.*, p. 279 (dernières phrases de la nouvelle «Les Tueurs»).
65. *Ibid.*, p. 386. Même art de la question sans réponse, au début de «Qui a tué les anciens combattants?» (p. 387): «Qui gênaient-ils [...]? Qui les a envoyés [...]? Qui est responsable de leur mort?».
66. Voir notre chapitre sur la ville, p. 157 du présent ouvrage.
67. J. Romains, *Mort de quelqu'un*, Gallimard, «Folio», p. 149.
68. Recueil de poèmes, Gallimard, 1908.
69. J. Romains, *Les Hommes de bonne volonté*, Flammarion, t. I, 1932, p. VIII.
70. Pour se borner à la France et à quelques exemples majeurs. En Grande-Bretagne, on prendrait également en compte les cycles de C.P. Snow (*Strangers and Brothers*, 1940-1968) et d'Anthony Powell (*Dance on the Music of Time*, 1951).
71. J. Romains, *Les Hommes de bonne volonté, op. cit.*, p. XIX.
72. *À la recherche du temps perdu, La Prisonnière*, «Bibliothèque de la Pléiade», t. III, p. 583. Cf. p. 663, et note 1 p. 1718.
73. Le titre sous lequel Kafka faisait allusion à son livre était plus significatif: «L'Oublié». *L'Amérique* est le titre donné par Max Brod. Voir la notice de Claude David dans F. Kafka, *Œuvres complètes*, «Bibliothèque de la Pléiade», t. I, p. 811. À la fin du roman, le héros devait perdre jusqu'à son nom.

74. Claude David, in *ibid.*, p. 1087.
75. F. Kafka, *Œuvres complètes*, *op. cit.*, p. 543.
76. N. Sarraute, *L'Ère du soupçon*, *op. cit.*, p. 72.
77. Ces initiales (qui correspondaient d'abord à un nom, Humphrey Chimpden Earwicker) renvoient, d'après Anthony Burgess, à la « généralité de l'homme pécheur ». Mais elles permettent toutes sortes d'expressions : « Here Comes Everybody », « Houth Castle and Environs », H2 C E3, etc. (*A Shorter Finnegans Wake*, Faber and Faber, 1966, p. 8).
78. Voir L. Dällenbach, *Claude Simon*, Le Seuil, 1988.
79. J. Bersani, M. Autrand, B. Vercier, J. Lecarme, *La Littérature en France depuis 1945*, *op. cit.*, p. 593.
80. Voir M. Rieuneau, *Guerre et révolution dans le roman français* (1919-1939), Klincksieck.
81. P. Drieu la Rochelle, *La Comédie de Charleroi*, Gallimard, p. 57-58.
82. H. de Montherlant, *Romans*, « Bibliothèque de la Pléiade », t. I, p. 554-555.
83. *Ibid.*, p. 560.
84. H. de Montherlant, *Le Chaos et la Nuit*, *Romans*, « Bibliothèque de la Pléiade », t. II, p. 1026.
85. M. Raimond, *Les Romans de Montherlant*, Sedes, 1982, p. 179.
86. H. de Montherlant, *Va jouer avec cette poussière*, Gallimard, p. 55. Cité par M. Raimond, *op. cit.*, p. 200-201.
87. L. F. Céline, *Voyage au bout de la nuit*, *Romans*, « Bibliothèque de la Pléiade », t. I, 1968, p. 99.
88. *Ibid.*, p. 66.
89. *Ibid.*, p. 111.
90. *Ibid.*, p. 489.
91. Laplanche et Pontalis, *Vocabulaire de la psychanalyse*, Puf, 1967, p. 440.
92. M. Proust, *La Prisonnière*, *À la recherche du temps perdu*, « Bibliothèque de la Pléiade », t. III, p. 881.
93. M. Proust, *Contre Sainte-Beuve*, « Bibliothèque de la Pléiade », p. 644-645. Freud a noté qu'un sentiment de culpabilité pouvait exister « avant le délit » ; voir Laplanche et Pontalis, *op. cit.*, p. 441.
94. M. Proust, *Le Temps retrouvé*, *À la recherche du temps perdu*, *op. cit.*, t. IV, p. 481.
95. Laplanche et Pontalis, *Vocabulaire de la psychanalyse*, *op. cit.*, p. 440.
96. J.-Y. Tadié, *Le Roman d'aventures*, Puf, 1982, « Joseph Conrad », p. 149-188.
97. J. Conrad, *Nostromo*, *Œuvres*, « Bibliothèque de la Pléiade », t. II, p. 209.
98. *Ibid.*, p. 261.
99. Graham Greene l'a bien vu, dans un article de 1937 (*Collected Essays*,

Penguin Books, 1970, p. 140 : Conrad ressemble aux Français, jadis catholiques, et par exemple à l'auteur de *La Condition humaine*).
100. G. Greene, *Collected Essays*, « The Spy » (1968), Penguin, p. 311.
101. Voir C. David, notice du *Procès*, Kafka, *Œuvres complètes, op. cit.*, t. I, p. 953-962.
102. *Ibid.*, p. 453-455.
103. *Ibid.*, p. 455.
104. F. Kafka, *Journaux*, janvier 1918, *Œuvres complètes*, t. III, p. 469.
105. G. Bernanos, *Le Crépuscule des vieux*, Gallimard, « Blanche », p. 29, 34, 79-80.
106. *Ibid.*, p. 26.
107. *Ibid.*, p. 83.
108. *Ibid.*, p. 54.
109. G. Bernanos, *Œuvres romanesques*, « Bibl. de la Pléiade », p. 235.
110. *Ibid.*, p. 276.
111. *Ibid.*, p. 254-257.
112. *Ibid.*, p. 213.
113. G. Bernanos, *Les Enfants humiliés*, Gallimard, « Blanche », p. 199.
114. Repris dans *Situations I* et dans *Critiques littéraires*, Gallimard, « Idées », p. 43-69.
115. J.-P. Sartre, article paru en février 1939 dans *La NRF*, p. 55.
116. J.-P. Sartre, article de 1939 paru dans *La NRF*, repris dans *Situations I* et dans *Critiques littéraires*, Gallimard, « Idées », p. 57 ; et plus bas, « il nous donnerait alors des romans comme ceux de Hemingway », à condition de rester en dehors des personnages. Ou bien, comme Mauriac n'a pas le sens du temps, il aurait dû se « détourner d'écrire des romans ». C'est bien là, au nom de la liberté, une pensée totalitaire : le temps des romans de Sartre, qui n'est pas un virtuose de l'ellipse ni de la concision, devient, lui, infini, interminable. Enfin, il prête (p. 66) à Mauriac, pour le lui reprocher, une conception de la scène qui fait avancer l'action jugée « théâtrale », qui sera justement celle de Sartre et de Simone de Beauvoir (d'après les Mémoires de celle-ci).
117. Nous avons montré ailleurs comment le héros du récit poétique est le simple support, sans psychologie, de ses expériences (*Le Récit poétique*, Puf, 1978) et comment le héros du roman d'aventures se ramène à quelques caractéristiques très simples (*Le Roman d'aventures*, Puf, 1982) : il est le prétexte de l'action.

III. LA STRUCTURE DU ROMAN

1. Joyce a supprimé, en corrigeant ses épreuves, le titre de ces chants — comme Apollinaire la ponctuation d'*Alcools*.

2. I. Fonagy, *Langages*, n° 31, septembre 1973, p. 98.
3. Lettre de 1919 à J. de Gaigneron (*Lettres retrouvées*, p. 131). Voir notre *Proust et le roman*, p. 241.
4. Voir Enid G. Marantz, « La Genèse de Bloch », *Bulletin d'informations proustiennes*, n° 16, 1985, p. 50-56, qui rappelle par ailleurs les passages violemment antisémites de *La Foire sur la place*, 5e partie de *Jean-Christophe* (parue en 1908-1909 dans les *Cahiers de la quinzaine*). M. Proust, *Contre Sainte-Beuve*, « Romain Rolland », p. 307-310 (extrait du cahier 29).
5. Voir Marie Maclean, *Le Jeu suprême*, José Corti, 1973.
6. J. Giraudoux, *Suzanne et le Pacifique*, Grasset, p. 25.
7. J. Gracq, *Lettrines*, II, José Corti, p. 29. Voir aussi *Magazine littéraire*, décembre 1981.
8. J. Gracq, *Lettrines*, *op. cit.*, p. 23.
9. *Ibid.*
10. J. Gracq, *Le Rivage des Syrtes*, José Corti, p. 18.
11. Nabokov fait précéder *Ada* de l'arbre généalogique de la famille, sur cinq générations ; les ancêtres sont morts en 1797 et 1809 ; Ada est née en 1872.
12. M. Proust, *Jean Santeuil*, « Bibliothèque de la Pléiade », p. 242-246.
13. *Ibid.*, p. 245.
14. *Ibid.*, p. 271-272.
15. Sous le titre général « Le Roman », et en paginant de 1 à 27. Voir éd. citée, p. 411-423, 1026.
16. M. Proust, *Jean Santeuil, op. cit.*, p. 423.
17. *Ibid.*
18. *Ibid.*, p. 876.
19. M. Proust, *À la recherche du temps perdu*, 1989, t. III, p. 300, et note 1 p. 1514. Cf. le *Carnet de 1908*, p. 56 : « Le visage maternel dans un petit-fils débauché. »
20. R. Martin du Gard, « La Mort du père », *Les Thibault*, dans *Œuvres complètes*, « Bibliothèque de la Pléiade », t. I, p. 1267 sq.
21. *Ibid.*, p. 1297.
22. *Ibid.*, p. 1343.
23. *Ibid.*, p. 1344.
24. Quatre générations. Trois, dans la jadis célèbre *Saga des Forsyte* (6 volumes, 1906-1928) de John Galsworthy. Les grandes sagas familiales trouvent leur origine dans l'épopée : Priam avait cinquante fils.
25. J. Giraudoux, *Bella*, Grasset, p. 14. On sait ce que ce clan doit aux Berthelot (le père est directement inspiré par Philippe Berthelot), comme les Rebendart aux Poincaré.
26. *Ibid.*, p. 53.
27. Sans doute faudrait-il faire une place particulière aux romans de l'inceste entre frère et sœur : *Ada*, de Nabokov, *Sang réservé*, de Mann, *Les*

Enfants terribles, de Cocteau, *Confidence africaine*, de Martin du Gard, quintessence et perversion du roman familial, ou roman familial du névrosé, à l'état pur.

28. F. Mauriac, *Œuvres romanesques et théâtrales complètes*, « Bibliothèque de la Pléiade », t. II, p. 1237.

29. *Ibid.*, p. 673.

30. J.-P. Sartre, *Œuvres romanesques*, « Bibliothèque de la Pléiade », p. 1882-1885.

31. *Ibid.*, notice de M. Contat, p. 1862.

32. *Ibid.*, p. 1863.

33. *Ibid.*, p. 1869.

34. *Ibid.*, p. 1131

35. Dès la première page, « Première partie/Les Approches/25 juin ».

36. Le jeu de mots de *Farewell to Arms*, adieu aux armes et aux bras de Catherine, exprime cette ambiguïté.

37. « Une génération passe, une autre lui succède ; mais la terre demeure ferme pour jamais / Le soleil se lève aussi... » « Une génération perdue » est aussi le titre, en français, d'un chapitre de *A Moveable Feast* (où Hemingway fait l'éloge de Simenon) ; l'anecdote s'y trouve rapportée (E. Hemingway, *Œuvres romanesques*, « Bibliothèque de la Pléiade », t. I, p. 760).

38. Voir les souvenirs de Hemingway, *Paris est une fête* (1964) (*A Moveable Feast*).

39. E. Hemingway, *Œuvres romanesques*, *op. cit.*, t. I, p. 761.

40. Comme le fait remarquer R. Asselineau, qui rapproche aussi ce roman de l'épopée.

41. R. Queneau, *Entretiens*, avec Georges Charbonnier, Gallimard, « Blanche », p. 48.

42. *Ibid.*, p. 49.

43. S. Alexandrian, *Le Surréalisme et le Rêve*, Gallimard, 1974, p. 127.

44. R. Queneau, *Entretiens...*, *op. cit.* p. 55. Il s'agit en fait du chap. CXI : « Nel mezzo del cammin di nostra vita », citation de Dante. Comme *Les Enfants du limon* ont cent soixante-huit chapitres, et trois cent seize pages, celui-ci, p. 193, n'est pas au milieu...

45. R. Queneau, *Entretiens...*, *op. cit.*, p. 55.

46. *Ibid.*, p. 56.

47. S. Alexandrian, *Histoire de la philosophie occulte*, Seghers, 1983, p. 30. Voir aussi « L'Arithmosophie », p. 109-139.

48. C'est-à-dire des écrivains qui ont publié, « sans intéresser personne ».

49. *Les Présocratiques*, « Bibliothèque de la Pléiade », p. 56.

50. E. Mâle, *L'Art religieux du XIIIe siècle en France*, livre I, Le Livre de Poche « Art », 1968, t. I, p. 44.

51. *Ibid.*, p. 45. Voir p. 46 : « Béatrix elle-même devint un nombre », neuf, qui dérive de la Trinité.

52. M. Kundera, *L'Art du roman*, Gallimard, «Blanche», 1986, écrit en français, p. 107 sq.
53. *Ibid.*, p. 110.
54. *Ibid.*, p. 111.
55. V. Nabokov, *Pale Fire*, Penguin, p. 229.
56. Voir notre *Critique littéraire au XXe siècle*, Belfond, 1987, p. 210-212.
57. Ses quatre premiers chapitres datent de 1907.
58. Sur Malraux et le cubisme, voir A. Vandegans, *La Jeunesse littéraire d'André Malraux*, Pauvert, 1964, p. 70-87
59. A. Jarry, *Œuvres complètes*, «Bibliothèque de la Pléiade», t. I, p. 1217.
60. Voir W. Spies, *Max Ernst. Les collages, inventaire et contradictions*, Gallimard, 1984.
61. G. Le Rouge, *Le Mystérieux Docteur Cornélius*, rééd. F. Lacassin, UGE, «10/18».
62. Sur la rédaction du *Libertinage*, voir L. Aragon, *Je n'ai jamais appris à écrire ou les «incipit»*, Skira, 1969, p. 14-18.
63. *Ibid.*, p. 14.
64. *Ibid.*, p. 47.
65. *Ibid.*, p. 54.
66. W. Faulkner, cité in *Dictionnaire des œuvres*, Laffont-Bompiani.
67. G. Charbonnier, *Entretiens avec Michel Butor*, Gallimard, 1967, p. 16.
68. *Ibid.*, p. 191.
69. I. Calvino, *Si par une nuit d'hiver, un voyageur* [1979], Le Seuil, 1981, p. 117.
70. *Ibid.*, p. 173.
71. *Ibid.*, p. 189.
72. *Ibid.*, p. 211.
73. Oulipo: *La Littérature potentielle*, Gallimard, «Idées», 1973; *La Bibliothèque oulipienne*, présentation Jacques Roubaud, Slatkine, 1981.
74. Oulipo, *Atlas de littérature potentielle*, Gallimard, «Idées», p. 166.
75. *Ibid.*
76. *Ibid.*, p. 33.
77. *Ibid.*, p. 382-386
78. *Ibid.*, p. 390: «On remarquera cependant que le livre n'a pas cent chapitres, mais quatre-vingt-dix-neuf. La petite fille de la page 295 et de la page 394 en est seule responsable.»
79. G. Perec dans Oulipo, *Atlas...*, *op. cit.*, p. 387-395.
80. *Ibid.*, p. 388.
81. *Ibid.*, p. 331.
82. R. Roussel, *Comment j'ai écrit certains de mes livres*, Pauvert, 1963; rééd. UGE, «10/18», 1985, p. 20.
83. *Ibid.*, p. 23.

84. *Ibid.*, p. 26; et P. Janet, *De l'angoisse à l'extase*, L'Harmattan, t. I, p. 132 sq.
85. Voir *Le Débat*, «Le Cognitif», janvier 1988.
86. L. Edel, *Henry James, A Life*, New York, Harpers and Row, 1985, p. 505. Nous traduisons.
87. J. Conrad, *Angoisse*, trad. fr. G. Jean-Aubry, de l'anglais *Suspense*, New York, Doubleday, puis Londres, Dent, 1925.
88. J. Conrad, lettre du 20 août 1919, *Lettres françaises*, Gallimard, 1930, p. 147, citée par G. Jean-Aubry dans sa remarquable préface à *Angoisse*. Voir aussi «C'est comme une course dans un cauchemar, ensorcelée et épuisante. La nouvelle que vous avez achevé un roman m'apporte un peu de réconfort. Il y a donc des romans *qui peuvent* être achevés — alors pourquoi pas le mien» (1924, *ibid.*, p. 14).
89. J. Conrad, *Angoisse, op. cit.*, p. 338, dernière phrase.
90. F. Kafka, *Œuvres complètes, op. cit.*, t. I, p. 255.
91. *Ibid.*, cité par C. David, t. I, p. 818.
92. *Ibid.*, p. 1141. Voir aussi le dialogue, rayé, p. 1345.
93. Cf. J. L. Borges, *Livre de préfaces*, Gallimard, 1980, p. 139: «Le *pathos* de ces romans "inachevés" naît précisément du nombre infini d'obstacles qui sans cesse arrêtent leurs identiques héros. Franz Kafka ne les termina pas parce que l'important était qu'ils fussent sans fin.» Les vicissitudes du personnage, «il suffit que nous comprenions qu'elles sont infinies comme l'enfer».
94. P. Jaccottet, «Postface du traducteur» à R. Musil, *L'Homme sans qualités*, Le Seuil, t. II, p. 1037-1038. La 2ᵉ édition Frisé date de 1978; elle comprendrait, traduite en français, «six à sept cents pages» de plus que l'actuelle édition Jaccottet, souvent notes brèves ou variantes.
95. P. Jaccottet, «Postface du traducteur», *op. cit.*, p. 1032.

IV. ROMAN DE LA VILLE, VILLE DU ROMAN

1. P. Hamon, *Expositions*, José Corti, 1989, p. 29-52.
2. *Ibid.*, p. 36; voir aussi le chapitre «Espace» de notre *Récit poétique*, PUF, 1978, rééd. Gallimard, «Tel», 1994.
3. «Mais il n'y a plus de Sorbonne, dit le docteur Cottard à M. de Cambremer: il n'y a plus que l'Université de Paris» (III, p. 364). Allusion à la loi du 10 juillet 1896.
4. On peut penser que Proust se souvient ici de son père. En effet, *Le Figaro*, dans sa notice nécrologique, «Le docteur Proust», du 27 novembre 1903, écrit sous la plume de Maurice de Fleury: «En ces années dernières, estimant que l'hygiène peut être envisagée comme une partie de la morale, il avait posé sa candidature à l'Académie des sciences

morales et politiques, elle y comptait nombre de partisans » (M. Proust, *Correspondance*, Plon, t. III, p. 443). Adrien Proust était, cependant, membre de l'Académie de médecine.

5. Le narrateur qualifiant de chef-d'œuvre la « Botte de radis » d'Elstir, Norpois s'écrie : « Si vous appelez chef-d'œuvre cette vive pochade, que direz-vous de la "Vierge" d'Hébert ou de Dagnan-Bouveret ? », anticipant ainsi sur le musée d'Orsay.

6. Tableau de D.G. Rossetti, qui se trouve à la Tate Gallery.

7. Voir, sur la *Légende de Joseph*, *Albertine disparue*, t. IV, p. 225, « éblouissante ».

8. On connaît la dédicace de Proust à Astruc (*Le Pavillon des fantômes* [1929], Belfond, 1987, p. 252) : « À monsieur Gabriel Astruc, qui a suscité des chefs-d'œuvre de Debussy, de Stravinski, de Maurice Denis, de Bakst, qui a monté *Boris Godounov* et, en général, suppléa aux défaillances de l'Opéra-Comique et de l'Opéra en créant un théâtre unique, vrai temple de la musique, de l'architecture et de la peinture, et qui, pour que soit encore ennoblie d'un désastre la plus haute tentative d'art, en a été remercié comme on sait. »

9. Maison fondée en 1900.

10. M. Proust, *À la recherche du temps perdu*, t. I, p. 596. Il n'y avait que deux mille abonnés à l'électricité, à Paris, en 1900 ; vingt-sept mille abonnés au téléphone en 1894, en France, et quarante-quatre mille en 1897 (*ibid.*, p. 1416).

11. *Ibid.*, t. IV, p. 351.

12. *Ibid.*, p. 386 et n. 1.

13. *Ibid.*, p. 413.

14. *Ibid.*, p. 338.

15. M. Proust, *Contre Sainte-Beuve*, « Bibliothèque de la Pléiade. »

16. M. Proust, *À la recherche du temps perdu*, t. II, p. 330.

17. *Ibid.*, p. 1065.

18. M. Proust, *Contre Sainte-Beuve*, *op. cit.*, p. 925.

19. Catalogue de 794 pages, sous la direction de Jean Clair. Voir particulièrement E. Canetti, « Sur Robert Musil », p. 655-661. Musil, y lit-on, détestait Joyce et Broch. Ce dernier disait de Musil : « C'est un roi dans un royaume de papier. »

20. R. Musil, *L'Homme sans qualités*, *op. cit.*, t. I, p. 39.

21. *Ibid.*, p. 775.

22. *Ibid.*

23. C. David dans F. Kafka, *Œuvres complètes*, *op. cit.*, t. I, p. 953.

24. *Ibid.*, p. 465.

25. P. Nizan cité par M. Contat et M. Rybalka dans J.-P. Sartre, *Œuvres romanesques*, *op. cit.*, p. 1658.

26. J.-P. Sartre, *Œuvres romanesques*, *op. cit.*, *La Nausée*, p. 183-184.

27. *Ibid.*, p. 184.
28. Voici paraître le titre du recueil de nouvelles qui suivra *La Nausée*
29. J.-P. Sartre, *La Nausée*, *op. cit.*, p. 200-201.
30. *Ibid.*, p. 33.
31. *Ibid.*, p. 155.
32. S. Gilbert, *James Joyce's "Ulysses". A Study*, New York, Vintage Books.
33. Pour lequel Joyce s'est inspiré des *Argonautiques* d'Apollonios de Rhodes, et où il reprend et organise les « éléments significatifs des autres épisodes » ; voir J. Joyce, *Œuvres*, « Bibliothèque de la Pléiade », 1982, t. I, p. XXI.
34. Voir F. Delaney, *James Joyce's Odyssey. A Guide to the Dublin of "Ulysses"*, Holt, Rinehart and Winston, New York, 1981.
35. Cité par F. Delaney, *James Joyce's Odissey*, *op. cit.*, p. 10. Le propos aurait été tenu à Budgen (Budgen, *The Making of James Joyce's Ulysses*, p. 69).
36. P. Mac Orlan à la traduction française de *Berlin Alexanderplatz*, Gallimard, 1970, p. 8.
37. Édition « Folio », p. 74-75.
38. *Ibid.*, p. 183-186.
39. *Ibid.*, p. 243.
40. *Ibid.*, p. 425.
41. *Ibid.*, p. 621.
42. Quitte à être emprunté à un autre : p. 20 et p. 316 de l'édition « Folio », par exemple.
43. *Manhattan Transfer*, trad. fr. M.-E. Coindreau, Gallimard, « Folio », p. 465.
44. *Ibid.*, p. 61.
45. *Ibid.*, p. 64.
46. *Ibid.*, p. 67.
47. *Ibid.*, p. 175.
48. *Ibid.*, p. 317.
49. Épigraphe du chap. II « Métropole », p. 20, repris dans le texte du chap. VII de la 2e partie, p. 316.
50. G. Charbonnier, *Entretiens avec Michel Butor*, *op. cit.*, p. 106-107.
51. *Ibid.*, p. 92. Butor inverse la relation habituelle entre le réel et sa reproduction : « Manchester qui ressemble à bien des égards à la ville de Bleston. »
52. M. Butor, *L'Emploi du temps*, Minuit, 1957, p. 106. Voir p. 43 : « J'ai embrassé d'un seul regard toute l'étendue de la ville. »
53. *Ibid.*, p. 51.
54. *Ibid.*, p. 44.
55. M. Butor, *Le Monde*, 11 juin 1971, entretien avec J.-L. de Rambures.

56. M. Butor, *L'Emploi du temps*, p. 92. Jenkins a ici le ton de certains personnages prophètes du destin d'Orsenna, dans *Le Rivage des Syrtes*, et prend soin de noter que nulle part le pouvoir des rues n'est plus fort qu'à Bleston.
57. *Ibid.*, p. 158.
58. *Ibid.*, p. 187.
59. *Ibid.*, p. 160.
60. *Ibid.*, p. 199.
61. *Ibid.*, p. 174.
62. *Ibid.*, p. 239.
63. *Ibid.*, p. 231, 232.
64. *Ibid.*, p. 261.
65. *Ibid.*, p. 161.
66. G. Charbonnier, *Entretiens avec Michel Butor*, op. cit., p. 51.
67. A. Robbe-Grillet, *Dans le labyrinthe*, « 10/18 », p. 15-16.
68. *Ibid.*, p. 201.
69. *Ibid.*, p. 55-56. Voir p. 33, etc.
70. A. Robbe-Grillet, *Projet pour une révolution à New York*, Minuit, p. 30.
71. *Ibid.*, p. 60.
72. *Ibid.*, p. 83.
73. A. Robbe-Grillet, *Topologie d'une cité fantôme*, Minuit, 1976, p. 11. Voir p. 28-29, 54, 153-154, 166-170.
74. A. Malraux, *Lunes en papier*, *Œuvres complètes*, « Bibliothèque de la Pléiade », t. I, p. 18-19.
75. *Ibid.*, p. 25.
76. Voir la notice de W. Langlois pour *Écrit pour une idole à trompe*, ibid., p. 868, qui précise également les relations du jeune Malraux avec Reverdy, Salmon, Gabory, Radiguet.
77. A. Malraux, *Royaume-farfelu*, *Œuvres complètes*, op. cit., p. 317.
78. *Ibid.*
79. *Ibid.*, p. 318.
80. *Ibid.*, p. 321.
81. *Ibid.*, p. 322.
82. *Ibid.*, p. 323.
83. *Ibid.*, p. 330-331. Voir aussi A. Malraux, *Voyage aux îles Fortunées*, (1927) *Œuvres complètes*, op. cit. : « Vous reverrai-je, villes déployées le long des baies comme des ailes d'oiseaux morts » (p. 354).
84. Comme les crabes de Sartre, dans *Les Séquestrés d'Altona*.
85. E. Jünger, *Héliopolis*, Le Livre de Poche, p. 39.
86. *Ibid.*, p. 17
87. *Ibid.*, p. 19.
88. *Ibid.*, p. 28.
89. *Ibid.*, p. 50.

90. *Ibid.*, p. 56. Il s'agit du château dans l'île, au large d'Héliopolis, sorte de Bastille ou de château d'If, premier des lieux maléfiques que l'on découvre en arrivant et qui est voisin de l'Institut de toxicologie, où l'on empoisonne, sur l'ordre du chef de la police du bailli, Messer Grande (p. 59).
91. *Ibid.*, p. 68-71.
92. *Ibid.*, p. 85.
93. *Ibid.*, p. 81.
94. *Ibid.*, p. 104.
95. *Ibid.*, p. 105.
96. *Ibid.*, p. 104.
97. *Ibid.*, p. 115.
98. *Ibid.*, p. 117.
99. *Ibid.*, p. 408.
100. Voir notre *Récit poétique*, *op. cit.*, Puf, 1978.

V. LE ROMAN HISTORIQUE AU XXe siècle

1. A. France, *Les dieux ont soif*, «Folio classique», p. 111.
2. *Ibid.*, p. 119

VI. LE ROMAN ET LA PENSÉE

1. H. Mitterand, *Le Discours du roman*, Puf, «Écritures», 1980.
2. D. Eribon, *Michel Foucault*, Flammarion, «Champs», 1989.
3. Notre mise par Malraux à la fin des épreuves de *La Voie royale*, *Œuvres complètes*, *op. cit.*, p. 1370.
4. S. Suleiman, *Le Roman à thèse*, Puf, «Écritures», 1983.
5. *Ibid.*, p. 18.
6. A. Malraux, *Le Temps du mépris*, *Œuvres complètes*, *op. cit.*, t. I, p. 775.
7. M. Proust, *Le Temps retrouvé*, *À la recherche du temps perdu*, *op. cit.*, t. IV, p. 475.
8. *Ibid.*, p. 297.
9. *Ibid.*, p. 479.
10. *Ibid.*, p. 424.
11. M. Proust, *La Prisonnière*, *À la recherche du temps perdu*, *op. cit.*, t. III, p. 876 sq.
12. M. Proust, *Contre Sainte-Beuve*, «Bibliothèque de la Pléiade», p. 420-421 (essai sur Tolstoï).
13. M. Proust, lettre à J. Rivière, *Correspondance Proust-Rivière*, Gallimard, p. 3.
14. Voir J. Lévi-Valensi, *Aragon romancier*, Sedes, 1989, p. 90.

15. A. Breton, *Entretiens*, Gallimard, 1952, « Idées », p. 38.
16. L. Aragon, *Le Paysan de Paris*, Gallimard, 1925, p. 246. Voir notre *Récit poétique*, *op. cit.*, p. 127-128.
17. L. Aragon, *Le Paysan de Paris*, *op. cit.*, p. 249-250.
18. L. Aragon, *Je n'ai jamais appris à écrire...*, Skira, 1968, p. 58-59.
19. A. Breton, *Nadja*, Gallimard, 1928, p. 190.
20. J.-Y. Tadié, *Le Récit poétique*, *op. cit.*, p. 124-125.
21. A. Breton, *Arcane 17*, Brentano's, New York, 1945, p. 40.
22. A. Breton, *L'Amour fou*, Gallimard, « Blanche », p. 171.
23. *Ibid.*, p. 127.
24. T. Mann, *La Montagne magique*, trad. fr. M. Betz, Le Livre de Poche, t. II, p. 270-272. Voir aussi t. II, p. 497-498.
25. R. Musil, *L'Homme sans qualités*, *op. cit.*, t. II, p. 507.
26. *Ibid.*, p. 1023.
27. Hemann-Hesse, *Le Jeu des perles de verre*, trad. fr. Jacques Martin, Calmann-Lévy, 1955, p. 20-52.
28. *Ibid.*, p. 346-369.
29. H. Broch, *La Mort de Virgile* [1946], trad. fr. Albert Kohn, Gallimard, « L'Imaginaire », 1955, p. 62-63.
30. *Ibid.*, p. 298.
31. *Ibid.*, p. 316.
32. J. Cortázar, *Marelle* [1963], trad. fr. Laure Bataillon et Françoise-Marie Rosset, Gallimard, « Du Monde entier », 1966.
33. Voir le chap. LXXIX, p. 411-413.
34. J. Cortázar, *Marelle*, *op. cit.*, p. 411. Voir p. 101 : « Je suis, moi, un Argentin francisé (horreur, horreur), en marge de la mode adolescente, du *cool*, ayant anachroniquement dans les mains un *Êtes-vous fou ?* de René Crevel, dans la mémoire le surréalisme, sur le ventre le signe d'Antonin Artaud, dans les oreilles les *Ionisations* de Varèse et dans les yeux Picasso (bien que je sois un Mondrian, d'après ce qu'on m'a dit). »
35. J. Cortázar, *Marelle*, *op. cit.*, p. 412.
36. *Ibid.*, p. 422.
37. *Ibid.*, p. 552.
38. M. Kundera, *Le Livre du rire et de l'oubli*, 1978 ; nouv. éd. revue par l'auteur, Gallimard, « Folio », 1985, 6e partie, chap. VIII, p. 254.
39. *Ibid.*, p. 20.
40. *Ibid.*, p. 30.
41. *Ibid.*, p. 95.
42. *Ibid.*, p. 96.
43. *Ibid.*, p. 276.
44. G. Bernanos, *Œuvres romanesques*, « Bibliothèque de la Pléiade », p. 83.
45. *Ibid.*, p. 213.

46. G. Bernanos, *Les Enfants humiliés, Essais et écrits de combat*, «Bibliothèque de la Pléiade», p. 199.
47. G. Bernanos, *Œuvres romanesques, op. cit.*, p. 198.
48. *Ibid.*, p. 254 sq; voir p. 1187, 1598.
49. *Ibid.*, p. 261.
50. *Ibid.*, p. 162-184.
51. *Ibid.*, p. 173.
52. N. Frye, F. Kermode, L. Marin ont présenté des analyses sémiotiques de la Bible ou des fragments des Évangiles; voir *Le Grand Code*; *Sémiotique de la passion*.
53. G. Bernanos, *Saint Dominique, Essais et écrits de combat*, «Bibliothèque de la Pléiade», t. I, p. 13.
54. G. Bernanos, *Œuvres romanesques, op. cit.*, p. 205.
55. *Ibid.*, p. 223. Toutes ces remarques interrompent, ou complètent, le récit lui-même.
56. *Ibid.*, p. 234.
57. *Ibid.*, p. 286-288.
58. *Ibid.*, p. 106-112.
59. G. Bernanos, *Le Crépuscule des vieux*, Gallimard, «Blanche», p. 11.
60. A. Malraux, *Œuvres complètes*, t. I, «Bibliothèque de la Pléiade», 1989.
61. Voir G. Picon, *Malraux par lui-même*, Le Seuil, p. 41; note de Malraux.
62. *Ibid.*, p. 58; note de Malraux.
63. *Ibid.*, p. 60; note de Malraux.
64. Le reste du roman a été adapté par Thierry Maulnier, à qui Malraux expose sa conception du théâtre dans une lettre figurant en tête de programme; voir *Œuvres complètes, op. cit.*, t. I, p. 766-767.
65. Voir Christiane Moatti, *Le Prédicateur et ses masques. Les personnages d'André Malraux*, Publications de la Sorbonne, 1987, p. 58-59, et notre *Roman d'aventures*, Puf, 1982.
66. Les «personnages naissent les uns des autres, comme s'ils étaient destinés à incarner les états successifs de la philosophie de l'auteur», lettre de Malraux à E. Jaloux, 12 janvier 1931 (fonds Doucet), citée in A. Malraux, *Œuvres complètes, op. cit.*, t. I, p. 1281.
67. Le nombre des références et des noms propres s'accroît de roman en roman, quatre fois plus dans *L'Espoir* et *Les Noyers de l'Altenburg* que dans *Les Conquérants, La Voie royale, La Condition humaine*; voir le répertoire établi par C. Moatti, *Le Prédicateur..., op. cit.*, p. 514-462.
68. H. Broch, *Création littéraire et connaissance, op. cit.*, p. 243.

Le roman aujourd'hui

I. « IL FAUDRAIT UNE FICTION, MAIS QUI OSERA ? ».
LE ROMANCIER FACE À L'HISTOIRE

1. Selon l'expression de Philippe Forest (dans une conférence au Collège de France reprise dans *Le Roman, le réel et autres essais*, Cécile Defaut, 2007), qui s'appuie sur l'analyse que fait Giorgio Agamben, à partir de Primo Levi, dans *Ce qui reste d'Auschwitz* (1998).
2. « Niemand / zeugt für den / Zeugen », extrait de « Gloire et cendres » (1964), dans *Renverse du souffle* (1967) ; voir *Choix de poèmes réunis par l'auteur*, trad. J.-P. Lefebvre, « Poésie / Gallimard ».
3. C'est ce qu'a admis Élie Wiesel à propos de *La Nuit* (Minuit, 1958), récit de sa déportation à Auschwitz, qui a suscité des débats quant à son statut, sa valeur de vérité : il a été qualifié de roman, parce qu'on y a trouvé des inexactitudes. Dans la préface à une nouvelle édition (2006), l'auteur reconnaît que sa mémoire l'a trahi, que sa reconstruction narrative des faits l'a conduit à ces inexactitudes ; le témoin, Wiesel, a eu besoin de l'historien pour valider son récit. Mais, pour lui, ce récit est bien un témoignage, et n'a rien du roman : il est sa « déposition », affirme-t-il dans ses mémoires. La question de la valeur de vérité d'un témoignage est débattue par les historiens : pour Raoul Hilberg, le grand historien de la Shoah, un témoignage ne peut constituer une source unique et doit être validé par d'autres documents.
4. Conférence prononcée en 1949, reprise dans *Prismes. Critique de la culture et société*, 1955 ; Payot, 1986.
5. Dans *Métaphysique. Concept et problèmes*, notes de cours de 1965, à l'époque de la fin de la rédaction de *Dialectique négative*.
6. C'est l'analyse de Jean-Pierre Lefebvre dans sa préface aux *Choix de poèmes* de Celan. La poésie de Celan est une réponse à Adorno.
7. R. Höss rédige en prison ses Mémoires, publiés en 1958 sous le titre *Le commandant d'Auschwitz parle*, document important pour les historiens. Robert Merle affirme néanmoins : « Le bref résumé de ces entretiens — que Gilbert voulut bien me communiquer — est dans l'ensemble infiniment plus révélateur que la confession écrite plus tard par Hoess lui-même dans sa prison polonaise. Il y a une différence entre coucher sur le papier ses souvenirs en les arrangeant et être interrogé par un psychologue... »
8. Des échos de l'Allemagne et du nazisme affleurent au fil du récit : le vocabulaire administratif, celui des grades des différents chefs de W, est en allemand, apprend-on dans les derniers chapitres.

9. C. Lanzmann, «Un faux roman», *Marianne*, 23 janvier 2010.
10. Y. Haenel, *Le Monde*, 26 janvier 2010.
11. Yannick Haenel prête des actions, plus exactement une inaction, à Roosevelt, en le montrant désinvolte face à la gravité du récit de Karski sur le ghetto de Varsovie. La critique de Lanzmann envers cette reconstitution imaginative, partagée notamment par l'historienne Annette Wieviorka, est en fait une critique de la thèse d'une responsabilité des États-Unis dans l'abandon des Juifs, thèse défendue par Karski et Haenel.
12. C. Lanzmann, *Le Nouvel Observateur*, 3 mars 2010.
13. Y. Haenel, *Le Monde*, op. cit.
14. C. Lanzmann, «Holocauste, la représentation impossible», *Le Monde*, 3 mars 1994, repris dans le recueil *La Tombe du divin plongeur*, Gallimard, 2012.
15. Y. Haenel, entretien au *Nouvel Observateur*, 27 août 2009.
16. Claude Lanzmann a joué Laurent Binet contre Yannick Haenel, le bon apprenti historien qui se pose des questions méthodologiques et déontologiques contre le romancier falsificateur, voire plagiaire, d'une mémoire qui n'est pas la sienne.
17. J.-P. Amette, *Le Point*, 1er février 2010.
18. Nous retrouverons cette question dans le chapitre sur l'écriture de soi : le vécu est-il irréductible à la fiction ?
19. L. Binet, «Le merveilleux réel», *Le Débat*, «L'Histoire saisie par la fiction», n° 165, mai-août 2011 ; voir aussi l'ensemble du numéro.

II. ROMAN, SOCIÉTÉ, ACTUALITÉ

1. C'est pour rompre avec cette tradition que les journalistes emploient actuellement au lieu de «social» le terme de «sociétal», supposé être plus sociologique.
2. Voir le chapitre suivant.
3. Voir le chapitre sur l'écriture de soi.
4. Un paysage urbain très bien mis en scène dans l'adaptation du roman au cinéma, sous le titre *L'Autre* (2008), par Patrick-Mario Bernard et Pierre Trividic, avec Dominique Blanc. Ce roman témoigne de ce qu'une certaine Histoire appartient au passé : l'occupation ne désigne plus la période de l'Histoire de France mais l'état psychologique d'une femme, malade de jalousie pour une autre femme, obsédée par elle. Ce titre est symptomatique d'un certain roman social déshistoricisé.
5. Les attaques en justice visant des romanciers qui mettent en scène des personnes réelles reposent sur ce problème de la distance face au réel : le romancier est attaqué parce qu'il n'est pas suffisamment du côté de la

fiction, parce qu'il ne code pas assez le réel. Voir à ce sujet le chapitre sur l'écriture de soi.
6. Sur les faits divers, voir le chapitre suivant.
7. Sur Antoine Volodine, voir le chapitre sur le roman transfuge.
8. Voir le chapitre sur le roman transfuge.
9. Question posée dans le chapitre sur l'Histoire.

III. DES HOMMES ET DES MYTHES. LE FAIT DIVERS

1. L'expression « fait divers » entre dans la langue au XIXe siècle, par le biais des gazettes. La circulation des nouvelles a historiquement pris la forme d'un affichage public à Rome, les *Acta publica*, d'une transmission orale par les jongleurs médiévaux, et de littérature de colportage au XVIe siècle, notamment.
2. R. Barthes, « Structure du fait divers », *Essais critiques*, Seuil, 1964.
3. Dans sa traduction d'épisodes de la Bible pour les Éditions Bayard, Emmanuel Carrère reprend le terme d'«adversaire», désignation traditionnelle de Satan.
4. D. Daeninckx, *Petit éloge des faits divers*, Gallimard, 2008.
5. À l'exception notable de l'attaque d'un syndicat de pharmaciens qui s'est senti humilié par la représentation d'Homais dans *Madame Bovary*.
6. Stendhal, lettre à Domenico Fiore, 5 avril 1841 ; Stendhal meurt le 23 mars 1842.

IV. LES ROMANS BIOGRAPHIQUES

1. Ce chapitre s'inspire pour une large part de mes articles «Des vies rêvées», *Critique*, n° 767, avril 2001, et «Quand la vie est un roman», *Le Débat*, n° 165, mai-août 2011. Le roman biographique est à distinguer de la biographie romancée, où la biographie est première.
2. Quelques-unes de ces *Vies imaginaires* de Marcel Schwob : «Cratès, cynique», «Lucrèce, poète», «Pétrone, romancier» mais aussi «Katherine la dentellière, fille amoureuse» ou «Walter Kennedy, pirate illettré».
3. Ce clin d'œil à l'Histoire est par exemple très précisément contenu dans un adverbe qu'Echenoz emploie quand il évoque cette année que Gregor « a passé[e] à la montagne — et qui est accessoirement la dernière du dix-neuvième siècle ». Référence désinvolte et ironique : le renvoi à l'Histoire n'est, pour le romancier, qu'«accessoire». Patrick Deville fait parler un même narrateur omniscient et désinvolte pour raconter, dans *Peste & Choléra* (Seuil, 2012), la vie du découvreur du bacille de la peste, Alexandre Yersin.

4. C. Ginzburg, dans son article fondateur, «Signes, traces, pistes. Racines d'un paradigme de l'indice», *Le Débat*, 1979.
5. G. Lenôtre, de son vrai nom Théodore Gosselin (1855-1935). Ses livres sont fondés sur l'utilisation de sources primaires (documents d'époque tels que journaux, registres, témoignages des acteurs).
6. G. Genette, *Fiction et diction*, chap. «Récit fictionnel, récit factuel», Seuil, 1979.
7. La quatrième de couverture de *Des éclairs* d'Echenoz affirme : «Fiction sans scrupules biographiques, ce roman utilise cependant la destinée de l'ingénieur Nikola Tesla (1856-1943) et les récits qui en ont été faits», et révèle rétrospectivement le statut des deux livres précédents : «Avec lui s'achève, après *Ravel* et *Courir*, une suite de trois vies.» Revendiquer la base factuelle du roman est aussi une manière de se protéger d'éventuelles accusations de plagiat.

V. «D'AUTRES VIES QUE LA MIENNE». L'ÉCRITURE DE SOI

1. «L'écriture de soi», une expression de Louis Marin.
2. On verra plus loin les rapports de l'écriture de soi, notamment l'autofiction, et d'une forme d'*arte povera* littéraire, que l'on retrouve également dans l'écriture blanche.
3. Les romans biographiques peuvent être des romans autobiographiques déguisés, où le narrateur parle d'un autre pour parler de lui.
4. P. Forest, *Le Roman, le réel et autres essais*, Cécile Defaut, 2007.
5. Pour reprendre une définition récente de Doubrovsky (*La NRF*, «Je & Moi», sous la dir. de Philippe Forest, n° 598, octobre 2011) : «Je donnerais ultimement cette définition de l'autofiction : récit dont la matière est entièrement autobiographique, la manière entièrement fictionnelle.»
6. M. Darrieussecq, «L'Autofiction, un genre pas sérieux», *Poétique*, n° 107, 1996, p. 379.
7. E. Carrère, entretien avec Nelly Kaprièlian à l'occasion de la sortie de *D'autres vies que la mienne* (POL, 2009), *Les Inrockuptibles*, 8 mars 2009.
8. Une formule qui rappelle celle de l'un des premiers auteurs à penser le roman, Pierre-Daniel Huet, dans son *Traité de l'origine des romans* (1670) (paru d'abord comme préface à *Zaïde* de Mme de Lafayette), pour qui les romans sont des «fictions d'aventures amoureuses, écrites en prose avec art, pour le plaisir et l'instruction des lecteurs».
9. Comme, on le verra plus loin, l'écriture blanche. Doubrovsky a un jugement hâtif sur Rousseau, qui, selon la préface des *Confessions*, souhaite au contraire se montrer tel qu'il est, avec ses défauts.
10. De même que l'écriture de plusieurs auteurs qui ont vécu la Shoah,

Primo Levi, Jorge Semprun, Élie Wiesel notamment, est entièrement déterminée par cet événement, qui déclenche le besoin d'écrire.

11. G. Genette, *Fiction et diction*, Seuil, 1991.

12. Les plus belles descriptions sont celles des lieux que l'on ne connaît pas, transfigurées par l'imagination et la création littéraire; c'est ce que montre Pierre Bayard dans *Comment parler des lieux où l'on n'a pas été?*, Minuit, 2012.

13. Cité par Vincent Colonna, l'un des premiers théoriciens de l'autofiction, dans *Autofiction et autres mythomanies littéraires*, Tristram, 2004.

14. Voir à ce sujet mon article «La matière Genet», *Critique*, n° 774, novembre 2011.

15. C. Delaume, *La Règle du Je*, Puf, «Travaux pratiques», 2010.

16. Hervé Guibert a expliqué s'être inspiré, pour écrire certains livres dans lesquels il s'attaque à ses amis, du récit de Thomas Bernhard *Des arbres à abattre*, sous-titré «Une irritation», dans lequel l'auteur raconte un dîner en ville et éreinte ses proches.

17. À «Apostrophes», le 16 mars 1990, Bernard Pivot fait remarquer à Hervé Guibert qu'il écrit dans son journal, en rentrant d'une visite à Michel Foucault sur son lit d'hôpital, qu'il a dû se savonner les lèvres après l'avoir embrassé. «C'est terrible d'écrire ça», lui dit-il. Guibert répond: «Oui, c'est terrible. C'est la vérité.» Ce qui est terrible, pour Pivot, c'est d'écrire qu'il a fait ce geste. Ce qui est terrible pour Guibert, c'est de l'avoir vécu. L'écrire en découle nécessairement.

18. H. Guibert, entretien avec D. Eribon, *Le Nouvel Observateur*, 18-24 juillet 1991.

19. Selon le titre de son documentaire où il se filme dans les derniers moments de sa vie, *La Pudeur et l'impudeur*, diffusé sur TF1 un mois après sa mort.

20. Accusation à laquelle Marie Darrieussecq a répondu en sortant du genre romanesque pour publier un essai, *Rapport de police. Accusations de plagiat et autres modes de surveillance de la fiction* (POL, 2010), Camille Laurens restant quant à elle dans l'autofiction avec *Romance nerveuse* (Gallimard, 2010).

VI. L'ÉCRITURE BLANCHE

1. J.-P. Sartre, «Explication de *L'Étranger*», article paru dans *La NRF* en février 1943 et repris dans *Situations I* en 1947.

2. Voir l'analyse de Jean-Michel Adam dans *Écritures blanches*, sous la dir. de Dominique Rabaté et Dominique Viart, Presses de l'université de Saint-Étienne, 2009: «Une page de *L'Étranger* opère une réduction de deux pages de *La Mort heureuse*.»

Notes des pages 393 à 421 453

3. C. Oster, entretien réalisé à la Maison des Écrivains en 2002, reproduit dans *Écritures blanches, op. cit.*
4. C. Simon, *Le Jardin des Plantes*, Minuit, 1997, p. 272-273, cité par Dominique Viart dans *Écritures blanches, op. cit.*
5. J. Lindon, entretien, *La Quinzaine littéraire*, 1989. Il précisera plus tard que l'expression, qu'on lui prête souvent, n'est pas de lui mais d'un critique. On a pu la lire dans une publicité pour les Éditions de Minuit en 1989.
6. C. Oster, entretien à la Maison des Écrivains en 2002, *op. cit.*
7. C. Oster, entretien à *Livres Hebdo*, 1999.
8. Dans ce chapitre, les titres sans mention d'éditeur ont paru aux Éditions de Minuit.
9. Pour reprendre l'expression d'Olivier Bessard-Banquy dans *Le Roman ludique. Jean Echenoz, Jean-Philippe Toussaint, Éric Chevillard*, Presses universitaires du Septentrion, 2003.

VII. LE ROMAN TRANSFUGE

1. P. Michon, entretien avec Marianne Alphant en 1994, repris dans *Le roi vient quand il veut. Propos sur la littérature*, Albin Michel, 2007.
2. Pour une réflexion générale sur la réattribution des œuvres et les jeux sur l'histoire littéraire, voir notamment Pierre Bayard, *Et si les œuvres changeaient d'auteur?*, Minuit, 2010.
3. Voir *Fictions d'histoire littéraire*, études réunies et présentées par Jean-Louis Jeannelle, La Licorne, Presses universitaires de Rennes, 2009.
4. Roger Chartier, dans *Cardenio entre Cervantès et Shakespeare. Histoire d'une pièce perdue* (Gallimard, «NRF essais», 2011), analyse le cas d'une pièce de théâtre, *Cardenio*, dont on ignore l'auteur : pièce écrite par Shakespeare et Fletcher en 1612 d'après une nouvelle de Cervantès incluse dans *Don Quichotte*, remaniée par un éditeur de Shakespeare en 1727, qui s'en attribue la paternité ; œuvre sans auteur défini, sans trace matérielle (aucun manuscrit ne subsiste), dont on sait pourtant qu'elle a existé et qui continue à être jouée en Angleterre.
5. T. Viel, entretien avec Blanche Cerquiglini, «Nous venons du rien et nous allons vers les choses», *Europe*, n° 976-977, août 2010.
6. É. Chevillard, entretien avec Blanche Cerquiglini, «La littérature commence avec le refus de se plier aux faits», *Critique*, n° 767, avril 2011.
7. Voir le chapitre sur l'écriture blanche.
8. Voir Olivier Bessard-Banquy, *Le Roman ludique, op. cit.*
9. P. Michon, entretien avec Tristan Hordé, repris dans *Le roi vient quand il veut, op. cit.*
10. T. Viel, entretien avec Blanche Cerquiglini, *Europe, op. cit.*
11. Voir le chapitre sur l'écriture de soi.

12. Récit et nouvelle sont publiés essentiellement par des auteurs confirmés ; la *novella* à la Borges, genre important de la littérature hispanique, n'a guère d'équivalent français aujourd'hui (ce pourrait être le roman court, ou le récit bref à la Michon).

NOTE SUR L'ÉDITION 7

LE ROMAN AU XXᵉ SIÈCLE
Jean-Yves Tadié

D'une affirmation à une négation	11
I. Qui parle ici ?	13
II. Le personnage sans personne	47
L'invasion de l'intériorité	50
Le personnage comme objet : le triomphe de l'extériorité	72
Perte d'identité	78
Le sentiment de culpabilité	89
III. La structure du roman	103
Structure fermée et structure ouverte	107
Modèle individuel 109 — *Modèle familial* 119 — *La génération comme structure* 125 — *La structure arithmétique* 131	
L'œuvre ouverte	137
La structure en morceaux 138 — *Collage* 141 — *Montage* 142 — *L'aléatoire* 145 — *L'inachevé* 151	
IV. Roman de la ville, ville du roman	157
La ville proustienne	162
Une capitale de la culture 164 — *Les salons et les théâtres* 167	

Ville sans qualités	182
La ville, architecture du roman	188

« Ulysse » 189 — *« Berlin Alexanderplatz »* 191 — *« Manhattan Transfer »* 193

La ville du nouveau roman	196

L'emploi du lieu 196 — *Robbe-Grillet* 202

Villes imaginaires	206

« Royaume-farfelu » 206 — *« Héliopolis »* 209

V. Le roman historique au XXe siècle	217
Frontières	218

Les motivations personnelles du romancier historique 220 — *Anatole France* 221 — *Barrès* 223 — *Kessel* 224

Renaissance	226

« Le Flagellant de Séville » 227 — *Giono* 229 — *Aragon et « La Semaine sainte »* 230 — *Marguerite Yourcenar et les « Mémoires d'Hadrien »* 231

La fin de l'innocence	233
VI. Le roman et la pensée	237
À la recherche du temps perdu, ou le combat avec la philosophie	242
L'essai dans le roman	247
Technique et vision : de Bernanos à Malraux	261

Bernanos 262 — *Malraux* 266

Des centaines de chefs-d'œuvre pour un regard	273

LE ROMAN AUJOURD'HUI
Blanche Cerquiglini

Qu'est-ce qu'un classique contemporain ?	277
I. « Il faudrait une fiction, mais qui osera ? ». Le romancier face à l'histoire	283
Témoignage, récit, roman	284
Parler à la place de	287
Écrire après : la fiction contre l'expérience	291
Combler les vides de l'Histoire : l'affaire Jan Karski	295
Le romancier contre l'historien : questions de méthode	298

II. Roman, société, actualité	303
Un roman social	304
Une littérature sépia	306
Des romans bavards	309
Face à la société	311
La langue, lieu d'intervention	315
Des romans de genre, des romanciers engagés	317
III. Des hommes et des mythes. Le fait divers	321
Une petite machine narrative	321
Roman psychologique ?	324
Du fait divers au mythe	326
Le règne du héros ordinaire	329
À la frontière des genres : judiciarisation du champ littéraire	332
IV. Les romans biographiques	339
Le romancier biographe, artiste de l'Histoire	340
La tentation de l'Histoire : indices, raccords, dette, congé	342
Le règne de l'homme ordinaire : désacralisation, transgression et carnaval	346
De la porosité des genres	349
V. «D'autres vies que la mienne». L'écriture de soi	353
L'autofiction : un néologisme, un oxymore, une pratique ancienne	356
Matière autobiographique, manière romanesque	359
L'autofiction, *arte povera*	362
Déguisement et création	366
Performance de soi et réalité augmentée	373
La pudeur et l'impudeur	376
Devoir de vérité ?	378
«Cette langue me scandalise»	383
VI. L'écriture blanche	387
À l'origine, *L'Étranger* de Camus	389
Une grammaire blanche	390
Contre	392

Les impassibles	393
Un romanesque du peu	396
La fiction mise à nu	399
Une métaphysique blanche	401
Une pratique d'écriture	403
VII. Le roman transfuge	**407**
Le romancier érudit, le roman lettré	407
Recyclage, réécriture	410
L'écriture de fantaisie	414
De la brièveté. Roman et récit	416
Le roman transgressif	419
L'hyperroman	422
Pourquoi encore des romans ?	**425**
NOTES	429

*Cet ouvrage a été composé par
I.G.S.-Charente Photogravure
et achevé d'imprimer
par Normandie Roto Impression s.a.s.
61250 Lonrai
Dépôt légal : 23 octobre 2012
Numéro d'imprimeur : 124092*
ISBN 978-2-07-013701-5/ Imprimé en France

240117